हिन्दी साहित्य : एक सरल परिचय

हिन्दी साहित्य : एक सरल परिचय

डॉ. सुरैय्या शेख़

प्रोफेसर एवं अध्यक्ष हिन्दी विभाग

मा.ह. महाडिक कला एवं वाणिज्य महाविद्यालय

मोडनिंब, सोलापुर

महाराष्ट्र

लोकभारती प्रकाशन

लोकभारती प्रकाशन
पहली मंज़िल, दरबारी बिल्डिंग, महात्मा गांधी मार्ग
प्रयागराज-211 001

वेबसाइट : www.lokbharatiprakashan.com
ईमेल : info@lokbharatiprakashan.com

शाखाएँ : 1-बी, नेताजी सुभाष मार्ग, दरियागंज
नई दिल्ली-110 002
अशोक राजपथ, साइंस कॉलेज के सामने
पटना-800 006
1, अनमोल सोराबजी संतुक लेन, धोबी तलाव,
मरीन लाइंस, मुम्बई-400 002

पहला संस्करण : 2020
संस्करण : 2024

मुद्रक : बी.के. ऑफसेट
नवीन शाहदरा, दिल्ली-110 032

HINDI SAHITYA : EK SARAL PARICHAY
by Suraiya Shekh

ISBN 978-93-89243-93-2

अनुक्रम

हिन्दी साहित्य के इतिहास

हिन्दी साहित्य के इतिहास

(क)

1. हिन्दी साहित्य के इतिहास का काल-विभाजन

हिन्दी भाषा का विकास 1000 ई. के आस-पास माना जाता है। तब से लेकर अब तक लगभग 1000 वर्षों का जितना भी साहित्य हिन्दी प्रदेश में उपलब्ध होता है, वह 'हिन्दी साहित्य' है। अध्ययन की सुविधा के लिए यह अत्यन्त आवश्यक समझा गया कि इस दीर्घ अवधि को कालखण्डों में विभक्त कर लिया जाय। हिन्दी साहित्य के प्रारम्भिक इतिहासकारों ने काल-विभाजन का कोई प्रयास नहीं किया। न तो गार्सां-द-तासी के इतिहास में इस प्रकार का कोई प्रयास है, न शिवसिंह सेंगर द्वारा रचित 'शिवसिंह सरोज' में। सर्वप्रथम सर जॉर्ज ग्रियर्सन ने 'द माडर्न वर्नाक्यूलर लिटरेचर ऑफ हिन्दुस्तान' में कालक्रमानुसार वर्णन करते हुए सम्पूर्ण पुस्तक को ग्यारह खण्डों में विभक्त किया है, जिन्हें स्थूल रूप से काल-विभाजन कह सकते हैं परन्तु वह कोई व्यवस्थित काल-विभाजन नहीं है।

(1) मिश्रबन्धुओं का काल-विभाजन

काल-विभाजन का सर्वप्रथम व्यवस्थित प्रयास मिश्रबन्धुओं द्वारा रचित 'मिश्रबन्धु विनोद' (सन् 1913 ई.) में किया गया है। उनके द्वारा प्रस्तुत काल-विभाजन निम्नवत् है—

1. आरम्भिक काल
   - पूर्वारम्भिक काल (संवत् 700 वि. - 1343 वि.)
   - उत्तरारम्भिक काल (संवत् 1344 वि. - 1444 वि.)
2. माध्यमिक काल
   - पूर्वमाध्यमिक काल (संवत् 1445 वि. - 1560 वि.)
   - प्रौढ़ माध्यमिक काल (संवत् 1561 वि. - 1680 वि.)
3. अलंकृत काल
   - पूर्वालंकृत काल (संवत् 1681 वि. - 1790 वि.)
   - उत्तरालंकृत काल (संवत् 1791 वि. - 1889 वि.)

4. परिवर्तन काल (संवत् 1890 वि. - 1925 वि.)

5. वर्तमान काल (संवत् 1926 वि. - अब तक)

मिश्रबन्धुओं के इस काल-विभाजन में स्पष्ट रूप से कुछ त्रुटियाँ विद्यमान हैं, यथा—

1. इस काल-विभाजन का कोई सुस्पष्ट आधार नहीं है। एक कालखण्ड के उपरान्त दूसरे कालखण्ड में कविता के स्वरूप में परिवर्तन क्यों हुआ, इस प्रश्न का कोई समुचित उत्तर नहीं दिया गया है।

2. विभिन्न कालखण्डों के नामकरण में भी एक जैसी पद्धति नहीं अपनायी गयी है। आरम्भिक काल, माध्यमिक काल और वर्तमान काल जहाँ विकासवादिता के सूचक हैं, वहीं अलंकृत काल आन्तरिक प्रवृत्ति पर आधारित है।

3. हिन्दी साहित्य के इतिहास का प्रारम्भ मिश्रबन्धुओं ने संवत् 700 वि. से मानकर वस्तुतः अपभ्रंश के साहित्य को हिन्दी में समेटने की भूल कर दी है, क्योंकि अब यह धारणा सुस्थिर हो गयी है कि हिन्दी साहित्य का प्रारम्भ 1000 ई. के बाद ही हुआ।

4. परिवर्तन काल भी यहाँ अस्वाभाविक ही लगता है, क्योंकि एक काल के उपरान्त दूसरा काल आने पर बीच में परिवर्तन तो होता ही है, अतः यदि परिवर्तन काल की सत्ता को स्वीकार करना ही है, तो वह किन्हीं दो कालों के बीच में सर्वत्र होना चाहिए, अलंकृत काल और परिवर्तन काल के बीच में।

सम्भवतः इन्हीं न्यूनताओं को दृष्टिगत रखकर आचार्य रामचन्द्र शुक्ल ने मिश्रबन्धुओं के काल-विभाजन पर व्यंग्य करते हुए अपने 'हिन्दी साहित्य का इतिहास' में लिखा है—"सारे रचना-काल को केवल आदि , मध्य, पूर्व, उत्तर 3, खण्डों में आँख मूँदकर बाँट देना—यह भी न देखना कि इस खण्ड के भीतर क्या आता है, क्या नहीं—किसी वृत्त-संग्रह को इतिहास नहीं बना सकता।"

स्पष्ट है कि वे मिश्रबन्धुओं द्वारा रचित 'मिश्रबन्धु विनोद' को 'कविवृत्त-संग्रह' तो अवश्य मानते हैं, पर इसे इतिहास कहने में उन्हें संकोच है।

2. आचार्य रामचन्द्र शुक्ल का काल-विभाजन

आचार्य रामचन्द्र शुक्ल ने अपने ग्रन्थ हिन्दी साहित्य का इतिहास में काल-विभाजन का स्पष्ट आधार देते हुए जो काल-विभाजन किया एवं विभिन्न कालखण्डों के जो नाम दिये, वे निम्नवत् हैं—

1. आदिकाल (वीरगाथाकाल) (संवत् 1050 वि. - 1375 वि.)
2. पूर्व मध्यकाल (भक्तिकाल) (संवत् 1375 वि. - 1700 वि.)
3. उत्तर मध्यकाल (रीतिकाल) (संवत् 1700 वि. - 1900 वि.)
4. आधुनिक काल (गद्यकाल) (संवत् 1900 वि. - 1984 वि.)

आचार्य शुक्ल ने दुहरे नामकरण किये हैं। कोष्ठक में दिये गये नाम ही शुक्ल जी को स्वीकार्य हैं कोष्ठक से पूर्व दिये गये नाम केवल यह दिखाने के लिए है

कि जिन्हें पूर्व में आदिकाल, पूर्व मध्यकाल, उत्तर मध्यकाल या आधुनिक काल कहा जाता है, उनके लिए उचित नाम क्रमशः वीरगाथाकाल, भक्तिकाल, रीतिकाल एवं गद्यकाल है।

शुक्ल जी के काल-विभाजन की विशेषताएँ–

शुक्ल जी द्वारा किया गया यह काल-विभाजन सरल, स्पष्ट एवं तर्कसंगत है। यही कारण है कि परवर्ती इतिहास लेखकों ने प्रायः इसी का आधार ग्रहण करते हुए अपने काल-विभाजन प्रस्तुत किये। इस काल-विभाजन की कई विशेषताएँ मिश्रबन्धुओं के काल-विभाजन की तुलना में बतायी जा सकती है यथा–

1. इसमें हिन्दी साहित्य का प्रारम्भ 1050 वि. से मानकर अपभ्रंश की उन रचनाओं को हिन्दी में स्थान नहीं दिया गया जो मिश्रबन्धुओं के द्वारा हिन्दी साहित्य का प्रारम्भ 700 वि. से मान लेने के कारण हिन्दी में समाविष्ट कर ली गयी थीं।

2. कालों के नामकरण में एक जैसी पद्धति अपनायी गयी है। कालखण्डों का नामकरण, उस काल-विशेष में पायी जानेवाली 'प्रधान प्रवृत्ति' के आधार पर किया गया है। विभिन्न कालखण्डों के नामकरण इस तथ्य के सूचक हैं कि किस कालखण्ड में किस प्रवृत्ति की प्रधानता रही है। शुक्ल जी के मत से वीरगाथाकाल में वीरगाथा की प्रवृत्ति प्रधान है, तो भक्तिकाल में भक्तिपरक रचनाओं की प्रचुरता है। इसी प्रकार रीतिकाल में रीतितत्त्व की प्रधानता है, तो गद्यकाल में गद्य की प्रवृत्ति प्रधान है।

3. मिश्रबन्धुओं के काल-विभाजन में जहाँ कालखण्डों की संख्या आठ तक पहुँच गयी थी, वहीं इस काल-विभाजन में कालखण्डों की संख्या चार तक सीमित कर दी गयी है।

4. शुक्ल जी की काल-विभाजन पद्धति का एक सुस्पष्ट तर्कसंगत आधार है, जो मिश्रबन्धुओं के काल-विभाजन में दिखायी नहीं पड़ता।

शुक्ल जी की काल-विभाजन पद्धति का आधार

आचार्य शुक्ल ने यह सिद्धान्त दिया कि जनता की चित्तवृत्ति के परिवर्तन से साहित्य के स्वरूपों में भी परिवर्तन होता चलता है। जनता की यह चित्तवृत्ति तत्कालीन परिस्थितियों के कारण बनती है, अतः कारणस्वरूप उन परिस्थितियों का निरूपण करना भी परम आवश्यक है। किसी विशेष समय में जनता की रुचि जिस प्रकार की होती है, उसी प्रकार के साहित्य की प्रमुखता भी उस काल में रहती है, यही कारण है कि समय-समय पर विशेष प्रवृत्ति की प्रमुखता साहित्य में दिखायी पड़ती रही है। इस प्रधान प्रवृत्ति को आधार बनाकर ही काल-विभाजन किया जा सकता है।

शुक्ल जी की काल-विभाजन पद्धति के दो आधार बताये जा सकते हैं–

(क) प्रधान प्रवृत्ति, तथा (ख) ग्रन्थों की प्रसिद्धि

जिस कालखण्ड के भीतर किसी विशेष ढंग की रचनाओं की प्रचुरता दिखायी पड़ी है, वह एक अलग कालखण्ड माना गया है और रचनाओं की प्रचुरता के आधार पर उस काल की प्रधान प्रवृत्ति का निर्धारण कर लिया गया है। उदाहरण के लिए यदि किसी कालखण्ड में उपलब्ध 20 पुस्तकों में से 12 में एक प्रवृत्ति है तथा शेष में अन्य दूसरी

प्रवृत्तियाँ, तो उस काल की प्रधान प्रवृत्ति वह हुई जो 12 रचनाओं में है, वीरगाथाकाल में उपलब्ध बीस पुस्तकों में से यदि बारह रचनाओं में वीरता की गाथा है, तो वीरगाथा उस काल की प्रधान प्रवृत्ति मानी जायेगी और इस प्रधान प्रवृत्ति के आधार पर ही उस काल का नाम वीरगाथाकाल किया जायगा। प्रधान प्रवृत्ति का निर्धारण करने के लिए ग्रन्थों की प्रसिद्धि को कसौटी बनाया गया है अर्थात् प्रवृत्ति का निर्धारण उस काल के प्रसिद्ध ग्रन्थों के आधार पर ही किया गया है। ऐसी पुस्तकों को शुक्ल जी ने कोई महत्त्व नहीं दिया जो साधारण कोटि की हैं। उनकी मान्यता है कि, "प्रसिद्धि भी किसी काल की लोकप्रवृत्ति की प्रतिध्वनि है।"

शुक्ल जी ने काल का नामकरण प्रधान-प्रवृत्ति के आधार पर किया है, पर वे अन्य प्रवृत्तिवाली रचनाओं के अस्तित्व से इनकार नहीं करते। सभी कालों में सभी प्रवृत्तियों की रचनाएँ होती रही हैं, पर प्रधानता उनमें से किसी एक प्रवृत्ति की रही है। वर्गीकरण एवं नामकरण के लिए इस प्रधान प्रवृत्ति का ही आधार ग्रहण किया गया है।

शुक्ल जी के काल-विभाजन की त्रुटियाँ—

1. शुक्ल जी ने हिन्दी साहित्य के इतिहास का प्रारम्भ संवत् 1050 वि. से स्वीकार किया है। इस प्रकार मिश्रबन्धुओं की तुलना में वे यथार्थ सीमा के कुछ अधिक निकट अवश्य आये हैं, परन्तु भाषावैज्ञानिकों के मत से हिन्दी भाषा का प्रारम्भ 1000 ई. से तथा हिन्दी साहित्य का प्रारम्भ लगभग 1200 ई. के आस-पास हुआ। अतः 1050 वि. से हिन्दी साहित्य का प्रारम्भ मानना युक्तिसंगत नहीं है।

2. आचार्य शुक्ल ने अपभ्रंश के सम्बन्ध में किसी स्पष्ट नीति का अनुसरण नहीं किया। कभी तो वे अपभ्रंश को हिन्दी से अभिन्न मानकर उसे पुरानी हिन्दी या प्राकृताभास हिन्दी कहते हैं, तो कभी अपभ्रंश और हिन्दी को पृथक्-पृथक् स्वीकार करते हैं। वीरगाथाकाल में उपलब्ध साहित्यिक सामग्री को वे दो वर्गों में विभक्त करते हैं—अपभ्रंश काव्य, देशभाषा काव्य।

3. शुक्ल जी द्वारा किये गये नामकरण में सबसे अधिक आपत्ति 'वीरगाथाकाल' नाम पर की गयी है। जिन रचनाओं के आधार पर इस काल का नामकरण किया गया है वे अप्रामाणिक, अस्तित्वहीन एवं परवर्तीकाल की सिद्ध हो गयी हैं। अधकचरी एवं अप्रामाणिक सामग्री के आधार पर किसी काल की प्रधान प्रवृत्ति का निर्धारण करना और कालखण्ड का नाम देना उचित नहीं।

3. डॉ. रामकुमार वर्मा का काल-विभाजन

शुक्लोत्तर इतिहासकारों में से अनेक ने शुक्ल जी के काल-विभाजन को संशोधित कर उसे नया रूप देने का प्रयत्न किया, पर उनमें से कोई भी उल्लेखनीय सफलता प्राप्त नहीं कर सका। केवल डॉ. रामकुमार वर्मा ने इस सम्बन्ध में कुछ नवीनता का समावेश किया। उन्होंने अपने ग्रन्थ हिन्दी साहित्य का आलोचनात्मक इतिहास में जो काल-विभाजन प्रस्तुत किया वह इस प्रकार है—

1. सन्धिकाल (750 वि. - 1000 वि.)
2. चारणकाल (1000 वि. - 1375 वि.)

3. भक्तिकाल (1375 वि. - 1700 वि.)
4. रीतिकाल (1700 वि. - 1900 वि.)
5. आधुनिककाल (1900 वि. से अब तक)

इस काल-विभाजन में शुक्ल जी के काल-विभाजन की तुलना में वो संशोधन किये गये हैं। एक तो उन्होंने हिन्दी साहित्य के इतिहास का प्रारम्भ 750 वि. से मानकर सन्धिकाल नामक एक नये कालखण्ड के अस्तित्व को स्वीकार किया। उनकी मान्यता है कि यह वह कालखण्ड है जिसमें अपभ्रंश और हिन्दी की सन्धि हो रही थी, अर्थात् अपभ्रंश समाप्त होती जा रही थी और अपना रूप ग्रहण करती जा रही थी। वस्तुतः यह संशोधन गुणात्मक न होकर दोषपूर्ण ही अधिक है। हिन्दी साहित्य के इतिहास का प्रारम्भ 10वीं शताब्दी से पूर्व मानना एक भ्रान्ति ही है, क्योंकि उस समय की रचनाएँ हिन्दी भाषा की न होकर अपभ्रंश की रचनाएँ होती थीं। वर्मा जी ने अपभ्रंश की रचनाओं को हिन्दी में समेटकर वही भूल की है जो मिश्रबन्धुओं ने की थी। दूसरा संशोधन इस काल-विभाजन में यह दिखायी पड़ता है कि शुक्ल जी जिसे वीरगाथाकाल कहते हैं उसे डॉ. वर्मा चारणकाल कहने के पक्ष में हैं। वस्तुतः इन दोनों नामों में कोई तात्त्विक अन्तर नहीं है।

4. डॉ. गणपतिचन्द्र गुप्त का काल-विभाजन

आचार्य गणपतिचन्द्र गुप्त ने अपने ग्रन्थ 'हिन्दी साहित्य का वैज्ञानिक इतिहास' में पहली बार शुक्ल जी के काल-विभाजन को अयुक्तिसंगत ठहराते हुए नवीन ढंग से काल-विभाजन किया है। वे शुक्ल जी की इस मान्यता को तो स्वीकार करते हैं कि साहित्य का विकास जनता की चित्तवृत्ति के अनुरूप होता है, किन्तु शुक्ल जी की इस धारणा से सहमत नहीं हैं कि किसी एक कालखण्ड में एक विशेष प्रवृत्ति की प्रधानता रहती है। उनकी मान्यता है कि हिन्दी का साहित्यिक क्षेत्र इतना व्यापक है कि उसमें एक ही युग में अनेक प्रवृत्तियाँ एक साथ चलती हुई दिखायी पड़ती हैं। जिस समय राजस्थान में चारण वीरता के गीत गा रहे थे, उसी समय मिथिला में कवि सौन्दर्य एवं प्रेम के गीत गा रहे थे। जहाँ राजदरबारों में रसिकता और वीरता का पोषण हो रहा था, वहाँ धर्माश्रय और लोकाश्रय में शुद्ध भक्ति-भावना एवं प्रणय की प्रवृत्तियाँ पनप रही थीं। निष्कर्ष यह कि वीरता, शृंगार, भक्ति आदि की धारणाएँ एक साथ सभी युगों में देखी जा सकती हैं।

आचार्य गणपतिचन्द्र गुप्त ने हिन्दी के प्रारम्भिक काल एवं मध्यकाल की काव्य सामग्री को मुख्यतः तीन केन्द्रों में विभक्त किया है–

1. धर्माश्रित काव्य 2. राज्याश्रित काव्य 3. लोकाश्रित काव्य

इनमें से प्रत्येक केन्द्र में अनेक काव्य-परम्पराओं का उदय एवं विकास हुआ। डॉ. गणपतिचन्द्र गुप्त ने अपने 'हिन्दी साहित्य का वैज्ञानिक इतिहास' में जो काल-विभाजन प्रस्तुत किया है, वह अग्रवत् है–

1. प्रारम्भिक काल (1184 ई. - 1350 ई.)

2. मध्यकाल (1350 ई. - 1857 ई.)
3. आधुनिक काल (1857 ई. - 1965 ई.)

मध्यकाल को वे पुनः तीन उपविभागों में विभक्त करते हैं—

(क) पूर्व मध्यकाल (1350 ई. - 1500 ई.)
(ख) मध्य मध्यकाल (1500 ई. - 1600 ई.)
(ग) उत्तर मध्यकाल (1600 ई. - 1857 ई.)

आधुनिक काल का विकास वे भारत के प्रथम स्वतन्त्रता संग्राम 1857 ई. से स्वीकार करते हैं और इसमें पूर्ववर्ती काव्य-परम्पराओं का उल्लेख न कर नवीन काव्य-परम्पराओं यथा—भरतेन्दु युग, द्विवेदी युग, छायावादी युग, प्रगतिवादी युग एवं प्रयोगवादी युग आदि का उल्लेख करते हैं।

मध्यकाल में उन्होंने 11 काव्य-परम्पराओं का उल्लेख किया है जिनमें से धर्माश्रय में चार, राज्याश्रय में पाँच और लोकाश्रय में दो काव्य-परम्पराएँ हैं। इन काव्य-परम्पराओं के नाम आगे दिये जा रहे हैं।

डॉ. गुप्त के काल-विभाजन को सुविधाजनक रीति से निम्न तालिका में दिखाया गया है—

हिन्दी साहित्य का काल-विभाजन
(1184 ई. - 1965 ई.)

1184-1350 ई.
प्रारम्भिक काल

1350-1857 ई.
मध्यकाल

1857-1965 ई.
आधुनिक काल

पूर्व मध्यकाल (1350-1500 ई.)
मध्य मध्यकाल (1500-1600 ई.)
उत्तर मध्यकाल (1600-1857 ई.)

विभिन्न कालखण्डों में विकसित काव्य-परम्पराओं का विवरण निम्नवत् है—

1. प्रारम्भिक काल

1. धार्मिक रास-काव्य परम्परा
2. सन्त-काव्य परम्परा

2. मध्यकाल

1. सन्त-कव्य परम्परा
2. पौराणिक गीति परम्परा
3. पौराणिक प्रबन्ध-काव्य परम्परा
4. रसिक भक्ति-काव्य परम्परा

धर्माश्रित काव्य

1. मैथिली गीति-परम्परा
2. ऐतिहासिक रास-काव्य परम्परा
3. ऐतिहासिक चरित-काव्य परम्परा
4. ऐतिहासिक मुक्तक परम्परा
5. शास्त्रीय मुक्तक परम्परा

राज्याश्रित काव्य

1. रोमांसिक कथा-काव्य परम्परा
2. स्वच्छन्द प्रेम-काव्य-परम्परा

लोकाश्रित काव्य

डॉ. गणपतिचन्द्र गुप्त द्वारा किया गया काल-विभाजन एक प्रौढ़ प्रयास है परन्तु उनकी मान्यताओं का कोई पुष्ट आधार नहीं है। शुक्ल जी की काल-विभाजन पद्धति का आधार तर्कसंगत और उपयुक्त है।

(क)

2. काल-विभाजन के आधार—भाषा, साहित्य, प्रथम साहित्यकार, भाषा क्षेत्र

उन्नीसवीं शताब्दी के अन्त तक अनेक कवियों और लेखकों द्वारा ऐसे ग्रन्थों का निर्माण हुआ जिनमें हिन्दी के साहित्य के निर्माताओं के व्यक्तित्व और कृतित्व का उल्लेख मिलता है किन्तु यह सब-कुछ व्यष्टि रूप से हुआ, समष्टि रूप से नहीं। इसके अतिरिक्त उनमें समग्र ऐतिहासिक चेतना का भी अभाव है उदाहरणार्थ– चौरासी वैष्णवन की वार्त्ता, भक्तमाल और कविमाला आदि में कवियों का निर्देश किसी धर्म अथवा सम्प्रदाय-विशेष की भावना से किया गया है, व्यक्तित्व अथवा कृतित्व को ध्यान में रखकर नहीं। इनमें कालक्रम तथा सन् संवत् आदि का भी अभाव है। अतः इन ग्रन्थों को सच्चे अर्थों में इतिहास कहना कठिन है।

यह एक आश्चर्य की बात है कि अब तक की जानकारी के अनुसार हिन्दी साहित्य के इतिहास का सर्वप्रथम लेखक एक विदेशी फ्रेंच विद्वान् 'गार्सां-द-तासी' ठहरता है। उन्होंने फ्रेंच भाषा में 'इस्तवार द ला लितेरात्युर एदुई ऐदुस्तानी' नामक ग्रन्थ में अंग्रेजी वर्णक्रमानुसार हिन्दी और उर्दू भाषा के अनेक कवियों और कवयित्रियों का परिचय दिया है। ग्रन्थ के आरम्भ में लेखक ने 24 पृष्ठों की भूमिका में हिन्दी भाषा और उसके साहित्य के विषय में विचार प्रकट करते हुए उर्दूभाषा को हिन्दी के अन्तर्गत सम्मिलित कर लिया है। इससे ग्रन्थ का कलेवर अत्यधिक बढ़ गया है। लेखक ने अपने ग्रन्थ के आधे से भी अधिक पृष्ठ उर्दू कवियों की साहित्य साधना में व्यय किया है। निःसन्देह तासी का उक्त प्रयास भाषावैज्ञानिक दृष्टि से अनुचित नहीं है। किन्तु हिन्दी के कवि जयशंकर प्रसाद तथा उर्दू के कवि इकबाल को एकत्र उपन्यस्त करने में किसी भी दृष्टि से कोई

औचित्य नहीं है। लेखक ने हिन्दी के प्रधान कवियों की जीवनियाँ और उनके काव्य ग्रन्थों का विवरण प्रस्तुत किया है। साहित्यगत प्रवृत्तियों की चर्चा नहीं की है। तासी ने काल-विभाजन का भी कोई प्रयास नहीं किया है। उपर्युक्त परिसीमाओं और न्यूनताओं के बावजूद भी तासी के इतिहास का साहित्यिक और ऐतिहासिक महत्त्व है। भारत से बहुत दूर फ्रांस देश में बैठकर विदेशी भाषा में हिन्दी साहित्य का इतिहास लिखना कोई कम महत्त्वपूर्ण नहीं है। तासी के ग्रन्थ का महत्त्व उसकी उपलब्धियों के दृष्टिकोण से नहीं बल्कि नवीन दिशा की ओर अग्रसर होने के प्रारम्भिक स्तुत्य प्रयास की दृष्टि से आँकना चाहिए। इस रूप से तासी हिन्दी साहित्येतिहास लेखन-परम्परा में इतिहास के श्रीगणेशकर्त्ता एवं प्रवर्तक के गौरवपूर्ण स्थान के अधिकारी ठहरते हैं। तासी के उक्त ग्रन्थ हिन्दी साहित्य के सर्वप्रथम इतिहास का हिन्दी भाषा में अनुवाद होना आवश्यक है।

इस परम्परा का दूसरा महत्त्वपूर्ण ग्रन्थ शिवसिंह सेंगर का 'शिवसिंह सरोज' है। इसमें लगभग एक हजार भाषा कवियों के जीवन-चरित्र और उनकी कविताओं के उदाहरण जुटाये गये हैं। कवियों के जन्मकाल तथा रचनाकाल आदि के भी संकेत कर दिये गये हैं। यद्यपि वे अधिक विश्वसनीय नहीं हैं। तासी के ग्रन्थ में हिन्दी कवियों की संख्या 70 से कुछ ऊपर थी किन्तु शिवसिंह सरोज में उक्त संख्या को एक हजार तक पहुँचाकर इस परम्परा को आगे बढ़ाया। इतिहास की दृष्टि से इस ग्रन्थ का अधिक महत्त्व नहीं है, फिर भी इसमें हिन्दी साहित्य के इतिहास-लेखन के लिए उपयोगी सामग्री को व्यापक रूप से संकलित कर दिया गया है और यही इसकी विशेषता है।

जॉर्ज ग्रियर्सन के 'द माडर्न वर्नाक्यूलर लिटरेचर ऑफ नार्दर्न हिन्दुस्तान' का प्रकाशन 1822 में एशियाटिक सोसाइटी ऑफ बंगाल की पत्रिका के विशेषांक के रूप में हुआ। यद्यपि ग्रियर्सन ने मुख्यतः सरोज को ही आधार बनाया है किन्तु उसने अपने ग्रन्थ में काल-विभाजन के साथ समय-समय पर उठी हुई प्रवृत्तियों का भी दिग्दर्शन करा दिया है। अतः ग्रियर्सन का प्रयास अपेक्षाकृत अधिक व्यवस्थित व वैज्ञानिक है। इसमें कवियों की संख्या 952 है। यद्यपि इस ग्रन्थ के नाम से इतिहास के भाव का बोध नहीं होता किन्तु इसे सच्चे अर्थों में हिन्दी साहित्य का पहला इतिहास माना जा सकता है। ग्रियर्सन ने हिन्दी साहित्य के स्वरूप और विकास से सम्बद्ध जिन मान्यताओं की स्थापना की है वे आगे चलकर इतिहास-लेखकों का किसी-न-किसी रूप में पथ प्रदर्शन करती रहीं। जॉर्ज ग्रियर्सन ने हिन्दी भाषा, उसके साहित्य तथा उसके क्षेत्र निर्धारण में जिस निश्चयात्मिका वैज्ञानिक बुद्धि का परिचय दिया वह नितान्त प्रशंसनीय है। उन्होंने हिन्दी भाषा की परिधि में संस्कृत, प्राकृत, अपभ्रंश तथा उर्दू भाषाओं को बाहर रखा। उन्होंने तासी और शिवसिंह सरोज के अतिरिक्त भक्तमाल, गोसाईं चरित, हजारा नामधारी ग्रन्थों तथा अन्य काव्यग्रन्थों की सामग्री का उपयोग करते हुए यथास्थान मूल आधारों के सन्दर्भों का भी संकेत कर दिया है। इससे उनके एक सच्चे इतिहास लेखक के लिए अत्यावश्यक गुण-तटस्थता, ईमानदारी, प्रामाणिकता, समन्वयात्मकता, ऐतिहासिक चेतना समानुपातिकता तथा समग्रता आदि लक्षित होते हैं। उन्होंने उपलब्ध सामग्री को कालक्रमानुसार रखा। काल-विभाजन करते हुए प्रत्येक अध्याय को काल-विशेष का

सूचक बताया और प्रत्येक अध्याय के अन्त में उस काल के गौण कवियों का उल्लेख किया। हिन्दी साहित्य के विकासक्रम को नाना प्रवृत्तियों के रूपों–चारण काव्य, धार्मिक काव्य तथा दरबारी काव्य के रूप में रखकर भक्ति-भाव को हिन्दी का स्वर्णकाल घोषित किया। सच यह है कि यदि एक विदेशी विद्वान् तासी हिन्दी साहित्य के इतिहास के सर्वप्रथम लेखक ठहरते हैं तो हिन्दी साहित्य के इतिहास को वैज्ञानिक पद्धति पर सर्वप्रथम सुव्यवस्थित रूप से प्रस्तुत करने का श्रेय भी एक विदेशी विद्वान् जॉर्ज ग्रियर्सन को है।

इतिहास-लेखन की परम्परा को आगे बढ़ाने के क्षेत्र में मिश्रबन्धुओं का महत्त्वपूर्ण योगदान है। इन्होंने चार भागों में 'मिश्रबन्धु विनोद' लिखा। इसमें 2250 पृष्ठ हैं। इसमें 5000 से अधिक कवियों के विवरण दिये गये हैं। इससे अनेक अज्ञात कवि प्रकाश में आये। मिश्रबन्धु विनोद में साहित्य के विभिन्न अंगों पर प्रकाश डालकर साहित्यकारों का साहित्यिक मूल्यांकन कर दिया गया है तथा उनकी श्रेणियाँ बना दी गयी हैं। मिश्रबन्धुओं ने काव्य समीक्षा करते समय परम्परागत सिद्धान्तों का अनुकरण किया है अतः उनमें आधुनिक समीक्षा दृष्टि का अभाव है। यद्यपि मिश्रबन्धुओं ने अपने ग्रन्थ को इतिहास का नाम नहीं दिया किन्तु इसे एक आदर्श इतिहास बनाने में उन्होंने भरसक प्रयत्न किया। निस्सन्देह उन्हें इस दिशा में अपने पूर्ववर्ती इतिहास लेखकों से अधिक सफलता मिली है। आचार्य शुक्ल ने मिश्रबन्धुओं के महत्त्व को स्वीकार करते हुए लिखा है–कवियों के परिचयात्मक विवरण मैंने प्रायः मिश्रबन्धु विनोद से लिये हैं। मिश्रबन्धु विनोद परवर्ती इतिहास लेखकों के लिए एक आधार ग्रन्थ का काम करता रहा है।

हिन्दी साहित्य के इतिहास ग्रन्थों के इतिहास में आचार्य रामचन्द्र शुक्ल रचित हिन्दी साहित्य का इतिहास का अधिक महत्त्वपूर्ण स्थान है। यह मूलतः नागरी प्रचारिणी सभा काशी द्वारा प्रकाशित हिन्दी शब्द सागर की भूमिका के रूप में लिखा गया था। आगे चलकर इसके परिवर्द्धित रूप को स्वतन्त्र पुस्तक का रूप मिला। आचार्य शुक्ल ने साहित्य को जनता की चित्तवृत्तियों का प्रतिबिम्ब स्वीकार कर उसकी उत्तरोत्तर विकासोन्मुख प्रवृत्तियों को तद्युगीन व्यापक परिस्थितियों–राजनीतिक, धार्मिक, सामाजिक एवं सांस्कृतिक आदि के व्यापक सन्दर्भों के आलोक से देखकर इतिहास के विकासवादी दृष्टिकोण का परिचय दिया। उन्होंने कवियों की संख्या की अपेक्षा कवियों के साहित्यिक मूल्यांकन को अधिक महत्त्व दिया। कवियों के निरूपण में आधुनिक समालोचनात्मक दृष्टिकोण को अपनाया। कालखण्डों और काव्यधाराओं का सुनिश्चित वर्गीकरण कर कवि और लेखकों की शैली-विशेष का वैज्ञानिक विश्लेषण कर उपयुक्त उदाहरण जुटाये और इस दिशा में उन्हें असाधारण सफलता मिली। आचार्य शुक्ल ने हिन्दी साहित्य के इतिहास को चार कालखण्डों– 'वीरगाथाकाल, भक्तिकाल, रीतिकाल तथा आधुनिक काल में विभक्त कर उनके दुहरे नाम भी जुटाये। भक्ति, रीति और आधुनिक काल की नाना शाखाओं, धाराओं और उपविभागों में विभक्त किया। सरलता, निश्चयात्मकता और स्पष्टता के कारण शुक्ल जी का उक्त काल-विभाजन बहुत समय तक प्रचलित और मान्य रहा। इतना सब-कुछ होते हुए भी आचार्य शुक्ल के इतिहास की कतिपय

परिसीमाएँ हैं जिन्हें आचार्य शुक्ल जी की परिसीमाएँ न समझकर इतिहास की परिसीमाएँ समझना चाहिए। आज का बहुसाधनसम्पन्न प्रबुद्ध इतिहास लेखक शुक्ल जी के समूचे काल-विभाजन काल-सीमा, निर्धारण, काव्यधाराओं के वर्गीकरण, काव्यधाराओं के मूल स्रोतों के संकेतीकरण को आदि को सन्देह की दृष्टि से देखता है और उसका ऐसा व्यवहार समीचीन भी है। शुक्ल जी द्वारा इतिहास को तैयार करने के समय में हिन्दी का प्राचीन साहित्य प्रायः अज्ञात, अप्राप्य और अप्रकाशित था। उस समय आज के हिन्दी जगत् का विकसित अनुसन्धान अपनी शैशव अवस्था में भी नहीं था। अतः उनके सामने एक सुवैज्ञानिक इतिहास के लिए अपेक्षित समृद्ध व सुपुष्ट आधारभूत सामग्री का अभाव था। अतः उन्हें कल्पना और अनुमान का आश्रय लेना पड़ा। इससे तथ्य निरूपण और तत्सम्बन्धी निष्कर्षों के प्रतिमापन में न्यूनताओं और त्रुटियों का रह जाना भी अनिवार्य था। इन परिसीमाओं के बावजूद भी हिन्दी साहित्येतिहास परम्परा में शुक्ल का इतिहास मील के पत्थर के समान है। यह अपने विषय का सर्वप्रथम इतिहास है जिसमें अत्यन्त व्यापक सूक्ष्म दृष्टि, विकासवादी दृष्टिकोण, विशद विवेचन व विश्लेषण तथा तर्कानुगत निष्कर्ष एकत्र मिलते हैं। आज के हिन्दी साहित्य के इतिहास के दिशा व भवन की सुदृढ़ नींव अप्रतिम तथा सशक्त आलोचक एवं समर्थ सक्षम इतिहासकार आचार्य शुक्ल ने रख दी थी।

हिन्दी साहित्येतिहास शृंखला में आचार्य हजारीप्रसाद द्विवेदी के ग्रन्थों—हिन्दी साहित्य की भूमिका; हिन्दी साहित्य : उद्भव और विकास तथा हिन्दी साहित्य का आदिकाल आदि सब एक नवीन दिशा को प्रस्तुत करते हैं। इनमें एक नवीन दृष्टि, नवीन सामग्री और अभिनव विद्वत्ता है। आचार्य शुक्ल ने प्रत्येक युग के साहित्य की प्रवृत्तियों के निर्धारण में युगीन परिस्थितियों को प्रमुखता दी जबकि आचार्य द्विवेदी ने इस देश की प्राचीन परम्पराओं, बहूद्देशीय संस्कृति के द्वारा बाह्य रूप, शास्त्रीय एवं लोकपरम्पराओं के व्यापक सन्दर्भ में प्रत्येक युग के साहित्य का मूल्यांकन किया। उदाहरणार्थ द्विवेदी जी ने सप्रमाण सिद्ध किया कि हिन्दी साहित्य में भक्ति का आन्दोलन न तो निराशाजन्य परिस्थितियों का परिणाम है और न ही यह इस्लाम धर्म की प्रतिक्रिया की उपज है बल्कि भारत के दर्शन, धर्म व साधना का अजस्र क्रियात्मक प्रस्फुटन है। इसी प्रकार उन्होंने यह प्रमाणित किया कि सन्तमत पर विदेशी प्रभाव की कोई छाया नहीं है। सन्त साहित्य का मूल नाथों और सिद्धों की वाणियों में निहित है। उन्होंने प्रेम काव्यों का स्रोत संस्कृत, प्राकृत और अपभ्रंश काव्यों की प्रेमात्मक काव्य रूढ़ियों और परम्पराओं में खोजा। हिन्दी साहित्य का आदिकाल द्वारा उन्होंने हिन्दी साहित्य के प्रारम्भिक काल को एक नयी दिशा प्रदान की और इसके साथ-साथ समूचे मध्यकालीन साहित्य को एक नवीन, व्यापक एवं उदार दृष्टिकोण से देखने की प्रेरणा दी। अतः हम कह सकते हैं कि आचार्य द्विवेदी ने मध्यकालीन साहित्य के स्रोतों और परम्पराओं का महत्त्वपूर्ण गवेषणात्मक अध्ययन कर उनका आत्मजीवी दृष्टिकोण से अतीव सहानुभूतिपूर्वक ज्ञान प्राप्त किया है। आचार्य शुक्ल ने युगीन प्रवृत्तियों का विश्लेषण केवल एकपक्षीय परिस्थितियों के आधार पर किया जबकि द्विवेदी जी ने उन्हें संस्कृति और शास्त्र की पूर्व परम्पराओं का

सुपुष्ट व सुसमृद्ध दृढ़ आकार प्रदान किया है। अतः द्विवेदी जी का इतिहास शुक्ल जी के इतिहास का पूरक है। आचार्य द्विवेदी अप्रतिम ऐतिहासिक चेतना तथा पूर्ण परम्पराओं के बोध की पारदर्शिनी दृष्टि से सम्पन्न एक सशक्त इतिहासकार हैं।

इस परम्परा में आचार्य द्विवेदी के इतिहास ग्रन्थों के प्रायः साथ-साथ डॉ. रामकुमार वर्मा के हिन्दी साहित्य का आलोचनात्मक इतिहास का प्रकाशन हुआ। इसके लेखक ने 693 ई. से 1963 ई. की कालावधि को लेकर भक्ति-भाव तक के इतिहास का आलोचनात्मक अध्ययन किया है। डॉ. वर्मा ने आचार्य शुक्ल की पद्धति का अनुसरण किया है। इन्होंने कालखण्डों और काव्यधाराओं के नामकरण में थोड़ा परिवर्तन कर दिया है। वीरगाथाकाल को चारणकाल कहा है और इससे पूर्व सन्धिकाल को जोड़ दिया है जिसमें अपभ्रंश भाषा के प्रायः सारे कवियों को समेट लिया है और अपभ्रंश के प्रथम कवि स्वयंभू को हिन्दी साहित्य का आदिकवि घोषित किया है जो कि ऐतिहासिक, साहित्यिक और भाषावैज्ञानिक दृष्टि से सर्वथा अवांछनीय है। काव्यधाराओं के नामकरण में लेखक ने सन्तकाव्य व प्रेमकाव्य आदि शीर्षकों का सार्थक प्रयोग किया है। साहित्यकारों के मूल्यांकन में लेखक ने कलात्मकता, सहृदयता एवं नैसर्गिक कवि हृदय का परिचय दिया है परिणामतः शैली प्रवाहपूर्ण, रोचक, सरस और हृदयग्राही है तथा यही इस ग्रन्थ की लोकप्रियता का मुख्य कारण है। विभिन्न विद्वानों के सहयोग से लिखित एवं डॉ. धीरेन्द्र वर्मा द्वारा सम्पादित हिन्दी साहित्य कई दृष्टियों से उल्लेखनीय है। इससे साहित्य के इतिहास को तीन काल शब्दों—आदिकाल, मध्यकाल तथा आधुनिक काल में विभक्त किया गया है। समस्त काल परम्पराओं का वर्णन स्वतन्त्र रूप से किया गया है। 'राघो काव्यपरम्परा' को नवीन रूप से जोड़ा गया है। काल-विभाजन, विषय निरूपण एवं शैली आदि की दृष्टि से उक्त ग्रन्थ आचार्य शुक्ल के इतिहास से काफी भिन्न है। विभिन्न लेखकों द्वारा रचित होने के कारण इसमें एकरूपता और अन्विति का अभाव है।

उधर नागरी प्रचारिणी सभा काशी ने हिन्दी साहित्य का वृहद् इतिहास प्रकाशित किया है। यह इतिहास कतिपय सिद्धान्तों और पद्धतियों के आधार पर लिखा गया है। इसमें अनेक विद्वानों ने सहयोग किया है। इस शृंखला में प्रकाशित खण्डों में डॉ. नगेन्द्र द्वारा सम्पादित षष्ठ भाग—रीतिकाल अत्यन्त महत्त्वपूर्ण बन पड़ा है।

हाल में डॉ. नगेन्द्र के अति कुशल सम्पादन में हिन्दी साहित्य का इतिहास तथा हिन्दी वाङ्मय बीसवीं शती इतिहास सम्बन्धी दो महत्त्वपूर्ण ग्रन्थ प्रकाशित हुए हैं। इनमें अनेक अधिकारी विद्वानों ने इतिहास के विभिन्न पक्षों पर व्यापक गहन दृष्टिकोण में लिखा है। इनमें इतिहास के कई अज्ञात पक्षों को प्रकाश में लाया गया है तथा ज्ञात पक्षों को वैज्ञानिक तथा विकासवादी नये आलोक में प्रस्तुत किया गया है। इस दिशा में कृती सम्पादक तथा लेखकवर्ग का प्रयास नितान्त स्तुत्य है।

उपर्युक्त इतिहास ग्रन्थों के अतिरिक्त हिन्दी साहित्य के विभिन्न कालखण्डों, काल रूपों और धाराओं पर अनेक शोध प्रबन्ध एवं समीक्षात्मक ग्रन्थ प्रकाश में आये हैं। इनमें साहित्य के अनेक अज्ञात तथ्यों और अनिर्णीत प्रश्नों को नवीन दृष्टिकोण से नवालोक

में प्रस्तुत किया गया है।"हिन्दी अनुसन्धान जगत् के इन नवीन निष्कर्षों और परिणामों का अतीव सतर्कतापूर्वक समन्वय एवं समाहितीकरण इतिहास-लेखन की दिशा में अभी शेष है। नवीन शोध परिणामों और विकसित साहित्य चेतना के आलोक में हिन्दी साहित्य के इतिहास का पुनर्गठन और लेखन आवश्यक है।

निस्सन्देह आज हिन्दी साहित्य के इतिहास में सम्बन्धित शताधिक पुस्तकें उपलब्ध हैं किन्तु अभी तक इस दिशा में उचित व सन्तोषजनक प्रगति नहीं हुई है। हमने इसे अभाव को दृष्टि में रखकर इस ग्रन्थ का प्रणयन किया है। हमें विश्वास है, यह पुस्तक छात्रों और सुधी पाठकों के लिए उपादेय होगी।

आदिकाल

(1) आदिकाल के नामकरण के विविध आधार और नामकरण

आदिकाल से सम्बन्धित जो अनेक विवादास्पद प्रश्न हैं, उनमें से प्रमुख हैं– आदिकाल के नामकरण के विविध आधार और नामकरण। हिन्दी साहित्य के इतिहास-लेखकों ने इस काल के लिए अलग-अलग नाम दिये हैं। कोई इसे प्रारम्भिक काल कहता है, तो कोई आदिकाल, कोई इसे वीरगाथाकाल कहना उपयुक्त मानता है तो कोई चारण काल। इस प्रश्न का समाधान करने से पूर्व हमें विभिन्न विद्वानों के मतों की समीक्षा कर लेनी चाहिए।

1. आचार्य रामचन्द्र शुक्ल का मत

आचार्य रामचन्द्र शुक्ल ने संवत् 1050 वि. से 1375 वि. तक के कालखण्ड को 'वीरगाथा काल' नाम दिया है, जिसे सामान्यतः हिन्दी साहित्य के इतिहासकारों ने 'आदिकाल' की संज्ञा प्रदान की है। आचार्य शुक्ल से पूर्व और सर जॉर्ज ग्रियर्सन ने इसे चारण काल और मिश्रबन्धुओं ने आरम्भिक काल की संज्ञा प्रदान की थी। शुक्ल जी ने उक्त नामों को स्वीकार नहीं किया तथा इस कालखण्ड की सामग्री को वीरगाथात्मक स्वीकारते हुए इसे 'वीरगाथाकाल' नाम दिया है।

शुक्ल जी की यह मान्यता रही है कि साहित्य का इतिहास जनता की चित्तवृत्ति का इतिहास होता है। जनता की चित्तवृत्ति में परिवर्तन होने से साहित्य का स्वरूप (प्रवृत्ति) भी परिवर्तित होता है। जनता की चित्तवृत्ति का बहुत-कुछ निर्माण तद्युगीन सामाजिक, राजनीतिक, धार्मिक परिस्थितियों के अनुरूप होता है। अतः इन परिस्थितियों के सापेक्ष ही किसी विशेष कालखण्ड में विशेष प्रकार की रचनाएँ उपलब्ध होती हैं। उन्होंने किसी कालखण्ड में पायी जानेवाली इस प्रधान-प्रवृत्ति को दृष्टिगत रखकर एवं इसी का आधार ग्रहण करते हुए उस काल का नामकरण किया है। उनकी यह मान्यता रही है कि संवत् 1050 से 1375 वि. तक के कालखण्ड में जो साहित्यिक सामग्री उपलब्ध हो रही है, उसमें वीरगाथा की प्रवृत्ति प्रधान है, अतः इस कालखण्ड का नाम वीरगाथाकाल रखा जाना चाहिए।

शुक्ल जी ने अपने हिन्दी साहित्य का इतिहास में इस काल की उपलब्ध साहित्यिक सामग्री का जो विवरण दिया है, उसे दो भागों में विभक्त किया गया है–

(क) अपभ्रंश काव्य

पुस्तक का नाम	रचयिता
1. विजयपाल रासो	नल्ल सिंह
2. हम्मीर रासो	शारंगधर
3. कीर्तिलता	विद्यापति
4. कीर्तिपताका	विद्यापति

(ख) देशभाषा काव्य	रचयिता
1. बीसलदेव रासो	नरपति नाल्ह
2. खुमान रासो	दलपति विजय
3. पृथ्वीराज रासो	चन्दबरदाई
4. परमाल रासो	जगनिक
5. जयमयंक जसचन्द्रिका	भट्ट केदार (मधुकर)
6. जयचन्द्र प्रकाश	भट्ट केदार (मधुकर)
7. खुसरो की पहेलियाँ	अमीर खुसरो
8. विद्यापति पदावली	विद्यापति

शुक्ल जी का मत है कि इन्हीं बारह पुस्तकों की दृष्टि से आदिकाल का लक्षण निरूपण और नामकरण हो सकता है। इनमें से दो तथा बीसलदेव रासो को छोड़कर शेष सब ग्रन्थ वीरगाथात्मक ही हैं। अतः आदिकाल का नाम 'वीरगाथाकाल' ही रखा जा सकता है।

इस कालखण्ड के अन्तर्गत उक्त पुस्तकों के अतिरिक्त अन्य पुस्तकें भी उपलब्ध हो रही हैं किन्तु शुक्ल जी के अनुसार उनमें से कई तो धर्म-तत्त्व-निरूपण सम्बन्धी हैं, अतः साहित्य की कोटि में नहीं आतीं और कुछ नोटिस मात्र हैं जिनमें विषयों को कोई विवरण नहीं है। शुक्ल जी ने इसी प्रसंग में मिश्रबन्धुओं द्वारा दी गयी दस अन्य पुस्तकों की सूची का भी उल्लेख किया है–

1. भगवद्गीता
2. वृद्ध न वकार
3. वर्तमाल
4. सम्मतसार
5. पत्तलि
6. अनन्य योग
7. जम्बू स्वामी रासा
8. रैवतगिरि रासा
9. नेमिनाथ चउपई
10. उवएस माला (उपदेशमाला)

उपर्युक्त पुस्तकों में से पहली तो बहुत पीछे की रचना है, अतः उसे वीरगाथाकाल में स्थान नहीं दिया जा सकता। दूसरी, सातवीं, नौवीं और दसवीं पुस्तक में जैन धर्म

का तत्त्व निरूपण किया गया है, अतः वे साहित्य कोटि में नहीं आतीं। छठवीं पुस्तक में योग का विवेचन है तथा तीसरी और चौथी नोटिस मात्र हैं जिनमें विषयों का कुछ भी विवरण नहीं है। शेष बची दो पुस्तकें ही साहित्यिक हैं जो वर्णनात्मक हैं। पत्तलि में नन्द के ज्योनार का वर्णन है तो रैवतगिरि रासा में गुजरात के रैवतक पर्वत का।

उक्त पुस्तकों के आधार पर आदिकाल की कोई विशेष प्रवृत्ति निर्धारित नहीं की जा सकती, अतः इन्हें इस कालखण्ड के नामकरण का आधार बनाना युक्तिसंगत नहीं है।

2. राहुल सांकृत्यायन का मत

महापण्डित राहुल सांकृत्यायन ने 8वीं शती से लेकर 13वीं शती तक के काव्य में दो प्रकार की प्रवृत्तियों की प्रमुखता देखकर इस काल को 'सिद्ध-सामन्त युग' कहा है। उनके अनुसार इस कालखण्ड में उपलब्ध साहित्य में दो भाव पाये जाते हैं–(1) सिद्धों की वाणी, तथा (11) सामन्तों की स्तुति।

सिद्धों की वाणी के अन्तर्गत बौद्ध तथा नाथ सिद्धों एवं जैन मुनियों की उपदेशमूलक, हठयोगपरक रचनाएँ हैं, जिनमें यद्यपि धर्म तत्त्व का निरूपण प्रमुखता से हुआ है किन्तु उनमें आध्यात्मिकता के साथ-साथ साहित्यिकता का समावेश भी है।

सामन्तों की स्तुति के अन्तर्गत सम्पूर्ण चारण साहित्य रखा जा सकता है। रासो ग्रन्थों के रचयिताओं ने अपने-अपने आश्रयदाता राजाओं एवं सामन्तों की प्रशंसा करते हुए उनकी वीरता, उदारता एवं नीतिकुशलता के जो अतिशयोक्तिपूर्ण वर्णन किये, वही इन ग्रन्थों का वर्ण्य-विषय हैं।

आचार्य हजारीप्रसाद दिवेदी ने इस नामकरण पर आपत्ति करते हुए कहा है कि इस नामकरण से उन अत्यन्त महत्त्वपूर्ण लौकिक प्रवृत्तियों का कुछ भी आभास नहीं मिलता, जो परवर्ती काल में भी बहुत व्यापक रूप में प्रकट हुई हैं। इसके अतिरिक्त इस नाम से आदिकाल की किसी साहित्यिक प्रवृत्ति का भी संकेत नहीं मिलता है। सिद्धयुग करने से धार्मिक प्रवृत्ति का और सामन्त युग कहने से राजनीतिक प्रवृत्ति का संकेत मिलता है।

3. आचार्य महावीरप्रसाद द्विवेदी का मत

आचार्य महावीरप्रसाद द्विवेदी ने इस काल को बीज-वपन काल कहा है। इस नाम से ऐसा आभास होता है कि हिन्दी साहित्य में उपलब्ध साहित्यिक प्रवृत्तियों का बीज इस काल में बोया गया था अर्थात् परवर्ती साहित्य में प्राप्त होनेवाली प्रवृत्तियाँ इस काल में प्रारम्भ हुई थीं, परन्तु यह एक भ्रान्तिपूर्ण धारणा है। वस्तुस्थिति यह है कि इस काल में उपलब्ध होनेवाली प्रवृत्तियाँ इससे पूर्ववर्ती प्राप्त होनेवाला अपभ्रंश, प्राकृत साहित्य की प्रवृत्तियों का ही विकसित रूप है। भाषा की दृष्टि से अवश्य यहाँ परिवर्तन हुआ, क्योंकि हिन्दी भाषा अपना रूप ग्रहण कर रही थी, किन्तु साहित्यिक प्रवृत्तियों की दृष्टि से यह पूर्ववर्ती परम्परा का ही विकास है। ऐसी स्थिति में 'बीज-वपन काल' नाम को स्वीकार नहीं किया जा सकता।

4. डॉ. रामकुमार वर्मा का मत

डॉ. रामकुमार वर्मा इस कालखण्ड के दो विभाग करते हैं–

(i) सन्धिकाल (संवत् 750 वि.-1000 वि.)

(ii) चारणकाल (संवत् 1000 वि. - 1375 वि.)

इस नामकरण में आदिकाल को पीछे की ओर ले जाने की प्रवृत्ति परिलक्षित हो रही है। हिन्दी साहित्य का प्रारम्भ 7वीं-8वीं शताब्दी से मानना वस्तुतः एक भ्रान्ति है, जिसके अनुसार हिन्दी को अपभ्रंश से अभिन्न मानकर अपभ्रंश की रचनाओ को हिन्दी में समेट लिया गया है। डॉ. वर्मा का यह सन्धिकाल भी इसी भ्रान्ति का परिणाम है, अतः इसे आचार्य शुक्ल के काल-विभाजन का परिष्कृत रूप नहीं कहा जा सकता। इस नाम में भी वही त्रुटि है, जो मिश्रबन्धुओं के आरम्भिक काल में है।

चारणकाल में और वीरगाथाकाल में कोई तात्त्विक अन्तर नहीं है, क्योंकि चारण वे कवि कहे जाते थे जिन्होंने वीरगाथाएँ लिखीं। शुक्ल जी ने रचनाओं को प्रधानता देते हुए इस काल को नाम वीरगाथाकाल रखा जबकि डॉ. वर्मा ने रचयिताओं को प्रमुखता प्रदान करते हुए इसे चारणकाल कहा। वस्तुस्थिति यह है कि इन दोनों ही नामों में कोई मूलभूत अन्तर नहीं है। वीरगाथाकाल के ग्रन्थों की प्रामाणिकता सन्दिग्ध होने के कारण दोनों ही नाम अनुचित हैं।

5. आचार्य हजारीप्रसाद द्विवेदी का मत

आचार्य हजारीप्रसाद द्विवेदी शुक्ल जी के वीरगाथाकाल नाम पर आपत्ति करते हुए लिखते हैं कि वीरगाथाकाल के अधिकांश ग्रन्थ उस काल की रचनाएँ नहीं हैं, उनकी प्रामाणिकता सन्दिग्ध है। उनमें से अधिकांश रासो काव्य सोलहवीं अथवा सत्रहवीं शताब्दी की रचनाएँ प्रतीत होती हैं। उहाहरण के लिए खुमान रासो के रचनाकाल के विषय में राजस्थानी साहित्य के विद्वान् मोतीलाल मेनारिया का यह मत उद्धृत किया जा सकता है–

"हिन्दी के विद्वानों ने उन्हें (खुमान रासो के रचयिता दलपति विजय को) मेवाड़ के राजा खुम्माण (संवत् 870 वि.) का समकालीन होना स्वीकार किया है, जो गलत है। वास्तव में उनका रचनाकाल संवत् 1730 और संवत् 1760 के मध्य में है।"

इसी प्रकार पृथ्वीराज रासो, जो वीरगाथाकाल का प्रमुख महाकाव्य है, परवर्ती काल की रचना है। यहीं नहीं इसकी प्रामाणिकता भी सन्दिग्ध है। द्विवेदी जी ने इसे अर्द्ध-प्रामाणिक रचना स्वीकार करते हुए इसके कुछ अंश को ही प्रामाणिक माना है।

आचार्य द्विवेदी ने ऐसे अनेक तर्कों के आधार पर यह निष्कर्ष दिया है कि जिन ग्रन्थों के आधार पर शुक्ल जी ने इस काल की मूल प्रवृत्ति का निर्धारण कर इसका नामकरण किया, उनकी प्रामाणिकता जब सन्दिग्ध हो उठे या वे परवर्ती काल की रचनाएँ सिद्ध हो गयी हों, तब वह नामकरण अनुपयुक्त और भ्रान्त ही कहलायेगा।

द्विवेदी जी ने अपने ग्रन्थ, 'हिन्दी साहित्य का आदिकाल' में इस कालखण्ड को 'आदिकाल' कहना ही उपयुक्त माना है किन्तु एक सावधानी के साथ। उनका मत है,

"वस्तुतः आदिकाल शब्द एक प्रकार की भ्रामक धारणा की सृष्टि करता है और श्रोता के चित्त में यह भाव पैदा करता है कि यह काल कोई आदिम मनोभावापन्न, परम्परा विनिर्मुक्त, काव्य-रूढ़ियों से अछूते साहित्य का काल है। यह ठीक नहीं है। यह काल बहुत अधिक परम्परा प्रेमी, रूढ़िग्रस्त और सजग एवं सचेत कवियों का काल है।"

आचार्य शुक्ल ने आदिकाल की साहित्यिक सामग्री पर विचार करते हुए जैनों, नाथों, सिद्धों की रचनाओं में धार्मिक भावना की प्रधानता देखकर उन्हें साहित्य-परिधि से बाहर कर दिया था और उस काल की प्रवृत्ति का निर्धारण करते समय इन रचनाओं पर विचार नहीं किया था। आचार्य हजारीप्रसाद द्विवेदी ने उनके इस मत की भी आलोचना की है। उनके अनुसार, "धार्मिक प्रेरणा या आध्यात्मिक उपदेश होना काव्य का बाधक नहीं समझा जाना चाहिए अन्यथा हमें संस्कृत की रामायण, महाभारत, भागवत एवं हिन्दी के रामचरितमानस, सूरसागर आदि साहित्यिक सौन्दर्य संवलित अनुपम ग्रन्थ-रत्नों को भी साहित्य की परिधि से बाहर रखना पड़ जायेगा।"

आचार्य द्विवेदी ने इन्हीं सब बातों को ध्यान में रखकर इस काल को आदिकाल कहा है। वास्तव में आदिकाल नाम को विद्वानों के एक बड़े वर्ग ने किसी-न-किसी रूप में अवश्य स्वीकार किया है। इस नाम से उस व्यापक पृष्ठभूमि का भी बोध होता है, जिस पर आगे के साहित्य का निर्माण हुआ। भाषा की दृष्टि से भी इस काल के साहित्य में हिन्दी के प्रारम्भिक रूप की जानकारी मिलती है और भाव की दृष्टि से इसमें परवर्ती हिन्दी साहित्य में प्रवर्तित होनेवाली प्रवृत्तियों का बीज मिलता है। शुक्ल जी के वीरगाथाकाल नाम से जहाँ केवल एक प्रवृत्ति की प्रमुखता व्यंजित होती है, वहाँ आदिकाल नाम से ऐसा कोई भ्रम नहीं होता, अतः इस दृष्टि से भी यह नामकरण अधिक व्यापक एवं उपयुक्त है।

6. डॉ. गणपतिचन्द्र गुप्त का मत

आचार्य गणपतिचन्द्र गुप्त ने अपने ग्रन्थ हिन्दी साहित्य का वैज्ञानिक इतिहास में आदिकाल के नामकरण की समस्या पर यथार्थ दृष्टिकोण से विचार किया है। वे शुक्ल जी के वीरगाथाकाल नाम को स्वीकार नहीं करते और इस सम्बन्ध में उन्हीं त्रुटियों का उल्लेख करते हैं, जो पीछे बतायी जा चुकी हैं। साथ ही वे आदिकाल नाम को भी स्वीकार करने के पक्ष में नहीं हैं। आचार्य द्विवेदी ने इसे आदिकाल की संज्ञा प्रदान करते हुए कहा था, "यदि पाठक इस धारणा से सावधान रहें तो यह नाम बुरा नहीं है।" डॉ. गुप्त का मत है कि यहाँ प्रयुक्त शब्द 'यह नाम बुरा नहीं है' से द्विवेदी जी की अर्द्धस्वीकृति ही ध्वनित होती है। आदिकाल नाम बुरा नहीं है, तो अच्छा भी नहीं, परन्तु जब तक कोई और उचित नाम न मिल जाये तब तक इसी से काम चलायें, यही मन्तव्य उक्त पंक्ति का प्रतीत होता है।

डॉ. गणपतिचन्द्र गुप्त ने इन दोनों ही नामों को अस्वीकार करते हुए लिखा है," रचनाओं की दृष्टि से आचार्य शुक्ल का वीरगाथाकाल बिल्कुल आधारशून्य सिद्ध होता है। कुछ विद्वानों ने इस स्थिति को सुधारने के लिए इस काल के नये नामकरण

'आदिकाल का सुझाव' दिया किन्तु हमारे विचार से केवल नाम बदल देने मात्र से इस असंगति का निराकरण नहीं हो सकेगा।" वे आगे व्यंग्य करते हुए कहते हैं–"यदि कोई नामकरण किया ही जाना है तो आदिकाल की अपेक्षा 'शून्यकाल' नाम कहीं अधिक अच्छा रहेगा क्योंकि इससे हमारे विद्यार्थियों और शोधकर्त्ताओं के सामने यह स्थिति तो स्पष्ट हो जायेगी कि रचनाओं की दृष्टि से यह शून्य है।"

आचार्य गणपतिचन्द्र गुप्त ने हिन्दी साहित्य का प्रारम्भ 12वीं शताब्दी के उत्तरार्द्ध में माना है। वे 1184 ई. से 1350 ई. तक के कालखण्ड को 'प्रारम्भिक काल' कहते हैं। उन्होंने 7वीं या 8वीं शती से प्राप्त होनेवाली सिद्धों, नाथों, जैनों की रचनाओं को अपभ्रंश की रचनाएँ मानकर हिन्दी से बहिष्कृत कर दिया है, परन्तु उनके इस मत को पूर्णरूपेण स्वीकार नहीं किया जा सकता। तत्कालीन भाषा में हिन्दी के तत्त्व किसी-न-किसी मात्रा में अवश्य विद्यमान थे, अतः उसकी पूर्ण उपेक्षा करना सम्भव नहीं है।

डॉ. गुप्त ने आदिकाल के नामकरण की समस्या को सुलझाने के सम्बन्ध में अपना निष्कर्ष देते हुए लिखा है–

"आदिकाल की समस्या को सुलझाने का एक ही मार्ग है। हम अपने वैयक्तिक पूर्वाग्रहों या दुराग्रहों को त्यागकर शुद्ध भाषावैज्ञानिक दृष्टिकोण से पहले इस बात का निर्णय करें कि हिन्दी साहित्य का उद्भव कब से होता है तथा वे कौन-कौन-सी प्रामाणिक रचनाएँ हैं, जो भाषा की दृष्टि से प्रारम्भिक हिन्दी के अन्तर्गत रखी जा सकती हैं। इन्हीं रचनाओं के रचनाकाल एवं उनकी प्रवृत्तियों के आधार पर इस काल की सीमा एवं नामकरण का निर्णय किया जा सकता है।"

निष्कर्ष

इस काल के लिए सर्वाधिक उपयुक्त नाम आदिकाल ही है क्योंकि एक ओर तो इस नाम में किसी एक प्रवृत्ति को प्रधानता देकर शेष को गौण मात्र मान लेने का दोष नहीं है दूसरे यह उन सभी प्रवृत्तियों का बोधक है जो परवर्ती हिन्दी साहित्य में प्रचुरता से विकसित हुई। अतः सभी दृष्टियों से 'आदिकाल' नाम ही उपयुक्त है।

आदिकाल की पृष्ठभूमि

1. राजनीतिक परिवेश

पृष्ठभूमि

साहित्य मानव-समाज के विविध भावों एवं नित नवीन रहनेवाली चेतना की अभिव्यक्ति है। किसी काल-विशेष के साहित्य की जानकारी से तद्युगीन मानव-समाज को समग्रतः जाना जा सकता है। दूसरे शब्दों में, किसी काल-विशेष के साहित्य में पायी जानेवाली प्रवृत्तियाँ तत्कालीन परिस्थितियों के सापेक्ष होती हैं। यह सिद्धान्त इस बात की आवश्यकता पर बल देता है कि साहित्य के प्रेरक तत्त्व के रूप में हम युगीन परिवेश को अवश्य जान लें। आदिकालीन साहित्य भी इसका अपवाद नहीं है। इस काल के साहित्य में जो प्रमुख विशेषताएँ उपलब्ध हो रही हैं, वे तद्युगीन परिस्थितियों से विकसित हुई हैं। अतः आदिकालीन साहित्य की प्रमुख प्रवृत्तियों में प्रचलित होने से पूर्व कारणस्वरूप तत्कालीन स्थिति का आकलन कर लेना चाहिए।

हिन्दी साहित्य का आदिकाल आचार्य शुक्ल के अनुसार, ''संवत् 1050 वि. से लेकर संवत् 1375 वि. तक अर्थात् महाराज भोज के समय से लेकर हम्मीरदेव के समय के कुछ पीछे तक माना जा सकता है।'' कुछ अन्य विद्वानों यथा– डॉ. रामकुमार वर्मा ने इसका समय 8वीं शती से 14वीं शती तक स्वीकार किया है।

राजनीतिक परिवेश

राजनीतिक दृष्टि से यह युद्ध और अशान्ति का काल था। सम्राट् हर्षवर्द्धन की मृत्यु (संवत् 704 वि.) के उपरान्त उत्तर भारत खण्ड-खण्ड राज्यों में विभक्त हो गया था। गहरवार, परमार, चौहान और चन्देल वंशों के राजपूत राजाओं ने अपने-अपने स्वतन्त्र राज्य सथापित कर लिये थे। राजपूत राजा निरन्तर युद्धों की आग में जलते-जलते अन्ततः शक्ति से क्षीण हो गये थे और विदेशी आक्रान्ताओं का डटकर मुकाबला करने की स्थिति में नहीं रह गये थे। राजपूत शासकों में परस्पर युद्ध किसी आवश्यकतावश नहीं होते थे, कभी-कभी तो शौर्य प्रदर्शन मात्र के लिए भी युद्ध किये जाते थे।

भारत की उत्तर-पश्चिमी सीमा पर विदेशी आक्रमणों का भय बना रहता था। 10वीं शताब्दी में महमूद गजनवी ने और 12वीं शती में मुहम्मद गौरी ने भारत को पदाक्रान्त किया। जनता विदेशी आक्रमणकारियों से तो त्रस्त थी ही, साथ ही युद्ध- कोमी देशी राजाओं के अत्याचारों को भी सहन करने को विवश थी। एक यवन शक्ति के आक्रमण

का प्रभाव मुख्यतः पश्चिम एवं मध्यदेश पर ही पड़ा। इन्हीं क्षेत्रों की जनता युद्धों एवं अत्याचारों से आक्रान्त हुई। धीरे-धीरे समस्त हिन्दी प्रदेश में स्थित राज्यों–दिल्ली, कन्नौज, अजमेर आदि पर मुसलमानों का अधिकार हो गया।

राजनीतिक परिस्थितियों के आधार पर यह कहा जा सकता है कि 8वीं शती से 14वीं शती तक का यह कालखण्ड युद्ध, संघर्ष एवं अशान्ति से ग्रस्त रहा। राजाओं में संकुचित राष्ट्रीयता थी। व्यापक रूप से समूचे भारत को एक राष्ट्र के रूप में नहीं देखा गया। अराजकता, गृहकलह, विद्रोह एवं युद्ध के इस वातावरण में कवियों ने एक ओर तो तलवार के गीत गाये तो दूसरी ओर आध्यात्मिकता की प्रवृत्ति के कारण हठयोग, उपदेशवृत्ति एवं आध्यात्मिकता की बात कही गयी।

2. दार्शनिक परिवेश

आदिकाल में उपलब्ध साहित्य को विषय-वस्तु की दृष्टि से तीन वर्गों में विभक्त किया जा सकता है–

1. वीरगाथात्मक (रासो) साहित्य,
2. धार्मिक साहित्य
3. श्रृंगारी एवं मनोरंजक साहित्य।

वीरगाथाओं के अन्तर्गत वे प्रसिद्ध रासो ग्रन्थ हैं, जिनका विवेचन रासो साहित्य के अन्तर्गत किया जायेगा। धार्मिक साहित्य के अन्तर्गत सिद्ध साहित्य, नाथ साहित्य एवं जैन साहित्य को लिया जा सकता है जबकि श्रृंगारी एवं मनोरंजक साहित्य के अन्तर्गत खुसरो की पहेलियाँ एवं विद्यापति पदावली की गणना की जाती है।

आचार्य रामचन्द्र शुक्ल ने आदिकाल के धार्मिक साहित्य में आध्यात्मिकता एवं धार्मिकता का पुट पाकर उसे साहित्य क्षेत्र से बहिष्कृत कर दिया था। उनके इस दृष्टिकोण का विरोध आचार्य हजारीप्रसाद द्विवेदी ने यह कहते हुए किया कि "धार्मिक प्रेरणा या आध्यात्मिक उपदेश होना काव्य का बाधक नहीं समझा जाना चाहिए।" वस्तुतः आदिकाल का वीरगाथात्मक साहित्य अनेक कारणों से अप्रामाणिक एवं सन्दिग्ध माना गया है, जबकि धार्मिक साहित्य की प्रामाणिकता पर कोई प्रश्नचिह्न नहीं है, अतः आदिकाल के इस धार्मिक साहित्य की उपेक्षा नहीं की जा सकती। यहाँ हम क्रमशः साहित्य का विवेचन करेंगे।

1. जैन दर्शन
2. नाथ दर्शन
3. बौद्ध दर्शन
4. चार्वाक दर्शन

1. जैन दर्शन :

जैन मत के अनुयायियों का प्रभाव क्षेत्र प्रमुख रूप से 8वीं शती से 13वीं शती तक गुजरात और काठियावाड़ रहा है। यहाँ के चालुक्य, सोलंकी और राष्ट्रकूट राजा जैन

मतावलम्बी रहे हैं। जैन साहित्य का महत्त्व केवल जैन धर्म के प्रतिपादन की दृष्टि से ही नहीं अपितु भाषाविज्ञान की दृष्टि से भी है। जैन धर्म में अहिंसा, त्याग, करुणा का महत्त्वपूर्ण स्थान रहा है। अतः इस दृष्टि से यह हिन्दू धर्म के अधिक समीप है। इन्होंने जीवन के प्रति आस्था जगायी और कर्मकाण्ड की जटिलता को हटाकर ब्राह्मण और शूद्र दोनों को मुक्ति का समान रूप से अधिकारी ठहराया। जैन कवियों ने जैन धर्म के सिद्धान्त निरूपण के लिए ही काव्य-रचना की है। जैन महापुरुषों के चरित-काव्यों के साथ-साथ हिन्दू धर्म के लोक- प्रचलित आख्यान जैन धर्म के रंग में प्रस्तुत किये गये। तीर्थङ्करों के जीवन-चरित्र के साथ-साथ इन कवियों ने राम-कृष्ण को भी अपनी कथाओं का आधार बनाया है। इस साहित्य में मानव हृदय की सहज स्वाभाविक कोमल अनुभूतियों का मार्मिक चित्रण हुआ है। कुछ जैन कवियों ने शृंगार, शौर्य, नीति, अन्योक्ति सम्बन्धी फुटकर ग्रन्थ भी लिखे हैं।

जैन साहित्य की भाषा आदिकालीन हिन्दी के रूप को हमारे सामने व्यक्त करती है, जिस पर अपभ्रंश का पर्याप्त प्रभाव परिलक्षित होता है। अलंकारों की ओर इन कवियों की विशेष रुचि दिखायी नहीं पड़ती। धार्मिक प्रवृत्ति होने के कारण शान्त रस का परिपाक इनकी कविताओं में हुआ है। इन्होंने दोहा, कवित्व, रास छन्द का अधिक प्रयोग किया है।

जैन कवियों में प्रमुख हैं—स्वयम्भू, पुष्यदन्त, हरिभद्र सूरि, विनयचन्द्र सूरि, धनपाल, जोइन्द, देवसेन, शालिभद्र सूरि आदि।

पुष्यदन्त (10वीं शती)

पुष्यदन्त ने महापुराण, नागकुमार चरित, जसहर चरिउ नामक ग्रन्थों की रचना की है। इन्हें अपभ्रंश भाषा का व्यास कहा जाता है, कयोंकि इन्होंने 63 महापुरुषों के जीवन की घटनाओं का वर्णन महापुराण के अन्तर्गत किया है। इन्होंने प्रकृति सौन्दर्य का निरूपण भी अपने ग्रन्थ में किया है।

स्वयम्भू (8वीं शती)

स्वयम्भू ने पउम चरिउ, अट्ठेनेमि चरिउ तथा स्वयम्भू छन्दस नामक प्रसिद्ध ग्रन्थों की रचना की है। पउम चरिउ इनके द्वारा रचित राम कथा है और इनकी कीर्ति का अक्षय स्तम्भ है। स्वयम्भू को इसी ग्रन्थ के आधार पर अपभ्रंश का वाल्मीकि कहा जाता है। अपभ्रंश भाषा पर इनका विलक्षण अधिकार था।

धनपाल (10वीं शती)

धनपाल की 'भविसयत्तकहा' एक अत्यन्त महत्त्वपूर्ण ग्रन्थ है। जिसमें एक वणिक की कथा की मार्मिक अभिव्यक्ति है। अन्य जैन कवियों में प्रमुख हैं—जोइन्द (योगसार), रामसिंह (पाहुड़ दोहा), धर्मसूरि (जम्बू स्वामी रासा), हेमचन्द्र (शब्दानुशासन) इनमें हेमचन्द्र का नाम उल्लेखनीय है। इन्होंने अपभ्रंश के व्याकरण की रचना करने के साथ-साथ अपने ग्रन्थ में उच्चकोटि के कवि होने का परिचय भी दिया है। इनकी कविता की कुल बानगी द्रष्टव्य है—

पिय संगमि कउ निद्दड़ी पियहो परक्खहो केंव
मइँ विन्निवि विन्नासिया निंद्दन एँव न तेंव।।

अर्थात् हे सखि! प्रिय के संयोग में नींद कहाँ और प्रिय के परोक्ष (वियोग) में भी क्योंकर आवे। (हे सखि) मैं तो दोनों प्रकार से विनष्ट हुई—न इस प्रकार नींद न उस प्रकार।

भल्ला हुआ जु मारिया बिहिणि महारा कंतु।
लज्जेजं तु वयंसिअहु जइ भग्गा घरु एंतु।।

अर्थात् हे सखि! अच्छा हुआ जो पति (रणक्षेत्र) में मारा गया। यदि वह भागकर घर आ जाता तो मैं सखियों में लज्जा को प्राप्त होती।

डॉ. गणपतिचन्द्र गुप्त ने जैन कवि मुनि शालिभद्र कृत भरतेश्वर बाहुबली रास (1184 ई.) को हिन्दी की सर्वप्रथम रचना माना है जिसमें वीर, शृंगार एवं शान्त रसों का परिपाक हुआ है। दोहा चौपाई शैली में इस ग्रन्थ की रचना हुई है।

देवसेन (17वीं शती)

देवसेन ने श्रावकाचार नामक ग्रन्थ की रचना की है जिसमें 250 दोहों में श्रावक धर्म का प्रतिपादन किया गया है। आसगु नामक कवि ने चन्दनबाला रास नामक 35 छन्दों का एक लघु खण्डकाव्य भी लिखा है जिसका काव्य सौष्ठव उच्चकोटि का है। इनके अतिरिक्त विजयसेन सूरि ने रेवन्तगिरि रास, सुमति गौण ने नेमिनाथ रास और जिनधर्म सूरि ने स्थूलिभद्र रास नामक ग्रन्थों की रचना जैन साहित्य के अन्तर्गत की है।

2. नाथ दर्शन :

नाथ सम्प्रदाय के प्रवर्तक गुरु गोरखनाथ माने जाते हैं। सिद्ध सम्प्रदाय में जिस भोग की प्रधानता आ गयी थी उसको स्वीकार करते हुए नाथपन्थियों ने संयम और त्याग की वृत्ति को अपनाया। बौद्ध धर्म की विकृति 'महायान' के रूप में हुई जो बाद में दो शाखाओं—'वज्रयान' और 'सहजयान' में परिणित हो गयी। वज्रयान से जिस प्रकार सिद्ध सम्प्रदाय का विकास हुआ, उसी प्रकार सहजयान से नाथसम्प्रदाय विकसित हुआ। विद्वानों का एक वर्ग यह मानता है कि सिद्ध युग और सन्त युग के बीच की कड़ी नाथ युग है।

नाथ पन्थ की दार्शनिकता सिद्धान्त रूप से शैवमत के अन्तर्गत है और व्यावहारिकता की दृष्टि से हठयोग से सम्बन्धित है। ये ईश्वर को 'शून्य' रूप में मानते हैं, जिसे उन्होंने अलख निरंजन भी कहा है। नाथपन्थियों ने निवृत्ति मार्ग पर विशेष बल दिया है और वैराग्य से ही मुक्ति को सम्भव माना है। इनका स्पष्ट मत है कि बिना गुरु कृपा के वैराग्य सम्भव ही नहीं है। अतः गुरु दीक्षा एवं गुरुमन्त्र का इस सम्प्रदाय में विशेष स्थान है। अपने शिष्यों की कठोर परीक्षा लेने का विधान नाथपन्थियों में रहा है, इसी कारण से यह धर्म अधिक व्यापक न बन सका। इन्होंने इन्द्रिय निग्रह पर विशेष बल दिया है और नारी से दूर रहने की शिक्षा दी है। सिद्ध सम्प्रदाय में नारी के प्रति जो दृष्टिकोण था, उसका तीव्र विरोध नाथपन्थ में दिखायी पड़ता है। इन्द्रिय निग्रह के साथ-साथ

मनःसाधना पर भी इन्होंने बल दिया है। मन की स्वाभाविक वृत्ति बाह्य जगत् की ओर है, जिसे पलटकर अन्तर्जगत् की ओर करना ही मन की साधना है। यह कार्य कुण्डलिनी योग द्वारा किया जा सकता है। नाथ-साहित्य में कुण्डलिनी साधना की विस्तृत चर्चा है। ब्रह्मरन्ध्र, षट्चक्र, अनहदनाद, इड़ा-पिंगला जैसे पारिभाषिक शब्दों का प्रयोग नाथ-साहित्य में प्रचुरता से हुआ है। पाखण्ड एवं बाह्याडम्बरों का इन्होंने खुलकर विरोध किया और नीति, सदाचार, संयम, योग आदि पर बल देते हुए इन्हें मुक्ति के लिए आवश्यक माना। आचार्य हजारीप्रसाद द्विवेदी ने नाथ सम्प्रदाय की इन विशेषताओं का उल्लेख करते हुए कहा है—"इस मार्ग में कठोर ब्रह्मचर्य, वाक् संयम, शारीरिक शौच, मानसिक शुद्धता, ज्ञान के प्रति निष्ठा, बाह्य आचरणों के प्रति अनादर, आन्तरिक शुद्धि और मद्य-मांस आदि के पूर्ण बहिष्कार पर जोर दिया दिया गया है।" नाथ सम्प्रदाय में विकृत करनेवाली रूढ़ियों पर भी आघात किया गया है। नाथपन्थियों ने अपने उपदेशों द्वारा समाज में व्याप्त धार्मिक व्यभिचार और धार्मिक विकृति का खण्डन किया और धर्म को भारतीय मनोवृत्ति के अनुकूल बनाया।

नाथों में नौ नाथ प्रसिद्ध हैं। इनके नाम आचार्य हजारीप्रसाद द्विवेदी ने निम्न प्रकार बताये हैं—मत्स्येन्द्रनाथ, गाहनिनाथ, ज्वालेन्द्रनाथ, करणिपानाथ, नागनाथ, चर्पटनाथ, रेवानाथ, भर्तृनाथ और गोपीचन्द्रनाथ। इस सूची में गोरखनाथ का नाम न आने का कारण यह बताया है कि गोरखपन्थियों के अनुसार गोरख ही भिन्न-भिन्न समय में अलग-अलग नामों से अवतरित हुए हैं। गोरखनाथ के महत्त्व को प्रतिपादित करते हुए द्विवेदी जी ने लिखा है—"गोरखनाथ अपने युग के सबसे महान् धर्म नेता थे। उनकी संगठन शक्ति अपूर्व थी। उनका व्यक्तित्व समर्थ धर्म गुरु का व्यक्तित्व था। उनका चरित्र स्फटिक के समान उज्ज्वल, बुद्धि भावावेश से एकदम अनाविल और कुशाग्र तीव्र थी।" वे एक ऐसे अक्खड़ नेता थे जिन्होंने किसी भी रूढ़ि पर चोट करते समय न तो रंचमात्र दुर्बलता दिखायी और न किसी से समझौता किया। वे ज्ञान के उपासक थे और लेशमात्र भावुकता भी सहन नहीं कर सकते थे। यही कारण है कि भक्ति और प्रेम से वे नितान्त अछूते रहे। गोरखनाथ के ग्रन्थों की संख्या 40 मानी जाती हैं किन्तु डॉ. पीताम्बरदत्त बड़थ्वाल ने केवल 14 रचनाएँ ही मानी हैं। उन्होंने 'गोरखबानी' नाम से उनकी रचनाओं का एक संकलन भी सम्पादित किया है। उनकी रचना का एक अदाहरण द्रष्टव्य है—

तूंबी मैं तिरलोक समाया त्रिवेणी रिब चंद्रा।
बूझो रे ब्रंभ गियानी अनहद नाद अभंगा।।

अर्थात् माया की तूम्बी में तीनों लोक, त्रिकुटी और सूर्य, चन्द्र समाये हुए हैं, इसलिए हे ब्रह्मज्ञानियों अखण्ड अनहदनाद को समझो।

गोरखनाथ की रचनाओं का आगे के सन्त-काव्य पर पर्याप्त प्रभाव परिलक्षित होता है। कबीर के काव्य में उपलब्ध गुरु की महत्ता, इन्द्रिय निग्रह, सत्याचरण, नारी-निन्दा और उलटवासियों के विचित्र रूपक, नाथ साहित्य के प्रभाव का बोध कराते हैं। यही नहीं अपितु कबीर ने हठयोग के जिन पारिभाषिक शब्दों का प्रयोग किया है, वे भी नाथपन्थियों से ग्रहण किय गये हैं। नाथपन्थी ईश्वर को शून्य मानते थे, उसी प्रकार कबीर ने ईश्वर

को सुन्न, सहज, सहस्रदल कमल आदि नामों से पुकारा। कबीर में जो नारी-विरोधी स्वर मिलता है, उसे भी नाथ सम्प्रदाय की देन माना जा सकता है। डॉ. रामकुमार वर्मा ने नाथ सम्प्रदाय के महत्त्व को प्रतिपादित करते हुए लिखा है—" गोरखनाथ ने नाथ सम्प्रदाय को जिस आन्दोलन का रूप दिया है वह भारतीय मनोवृत्ति के सर्वथा अनुकूल सिद्ध हुआ है। उसमें जहाँ एक ओर ईश्वरवाद की निश्चित धारणा उपस्थित की गयी है, वहॉ दूसरी ओर विकृत करनेवाली समस्त परम्परागत रूढ़ियों पर भी आघात किया।

गोरखनाथ के अतिरिक्त नाथ सम्प्रदाय के अन्य कवि हैं—चौरंगीनाथ, गोपीचन्द, भरथरी आदि। इन सबने प्रायः गोरखनाथ का ही अनुकरण किया है। आचार्य हजारीप्रसाद द्विवेदी के अनुसार, "इस मार्ग की सबसे बड़ी कमजोरी इनका रूखापन और गृहस्थ के प्रति अनादर भाव है।"

निष्कर्ष रूप में कहा जा सकता है कि नाथ साहित्य का महत्त्व हिन्दी साहित्य के लिए अक्षुण्ण है। परवर्ती हिन्दी साहित्य में चारित्रिक दृढ़ता, आचरण शुद्धि और मानसिक पवित्रता के जो स्वर सुनायी पड़ते हैं, उनका मूल उत्स नाथ साहित्य ही है। निर्विवाद रूप से यह माना जा सकता है कि इस धारा ने परवर्ती हिन्दी साहित्य को अनेक रूपों में प्रभावित किया है।

रासो काव्य–परम्परा

डॉ. गणपतिचन्द्र गुप्त ने हिन्दी रासो काव्य-परम्परा को दो वर्गों में विभक्त किया है–

(i) धार्मिक रास-काव्य-परम्परा
(ii) ऐतिहासिक रासो-काव्य-परम्परा।

धार्मिक रास काव्य-परम्परा के अन्तर्गत उन ग्रन्थों को लिया जा सकता है, जो जैन कवियों द्वारा लिखे गये हैं और जिनमें जैन धर्म से सम्बन्धित व्यक्तियों को चरित-नायक बनाया गया है। डॉ. गणपतिचन्द्र गुप्त ने मुनि शालिभद्र द्वारा रचित 'भरतेश्वर बाहुबली रास' को हिन्दी का प्रथम रास-काव्य निर्धारित किया है। इसी परम्परा के कुछ अन्य ग्रन्थ एवं उनके रचयिताओं का विवरण निम्नवत् है–

1. बुद्धि रास	मुनि शालिभद्र
2. चन्दनबाला रास	कवि आसगु
3. जीव दया रास	कवि आसगु
4. स्थूलिभद्र रास	जिनिधर्म सूरि
5. रेवन्त गिरि रास	विजयसेन सूरि
6. नेमिनाथ रास	सुमति गुणि
7. कच्छुली रास	प्रज्ञा तिलक
8. जिन पद्‌म सूरिरास	सारमूर्ति
9. पंच पाण्डव चरित रास	शालिभद्र सूरि
10. गोतम स्वामी रास	उद्यवन्त

इन सभी कृतियों में कृतिकारों का उद्‌देश्य धर्म-तत्त्व का निरूपण करना है। इनके कथानक का स्रोत जैन पुराण है तथा इनमें प्रबन्ध शैली का निर्वाह सफलतापूर्वक किया गया है। छन्दों की विविधता इन रास-काव्यों की प्रमुख विशेषता रही है।

ऐतिहासिक रासो-काव्य-परम्परा के अन्तर्गत वे ग्रन्थ हैं, जिन्हें वास्तविक रूप से आदिकालीन हिन्दी रासो-काव्य-परम्परा में स्थान दिया जा सकता है। चारण कवियों द्वारा रचित वीरगाथा काव्य इसी वर्ग के अन्तर्गत आते हैं। हिन्दी रासो-काव्य- परम्परा के अन्तर्गत आनेवाले ग्रन्थों की सूची इस प्रकार है–

1. बीसलदेव रासो	नरपति नाल्ह
2. पृथ्वीराज रासो	चन्दबरदाई

3. परमाल रासो	जगनिक
4. बुद्धि रासो	जल्हण
5. विजयपाल रासो	नल्लसिंह
6. हम्मीर रासो	शारंगधर
7. खुमान रासो	दलपति विजय

ऐतिहासिक रासो-काव्य-परम्परा के कवि प्रायः राज्याश्रित थे जिनका उद्देश्य अपने आश्रयदाता के शौर्य एवं ऐश्वर्य की अतिशयोक्तिपूर्ण प्रशंसा करना था। यद्यपि इन ग्रन्थों में ऐतिहासिक व्यक्तियों का उल्लेख है, परन्तु ऐतिहासिक तथ्यों का अभाव एवं कल्पना की प्रचुरता है। इन रचनाओं में पात्रों का जो चरित्रांकन किया गया है तथा उनके क्रियाकलापों का जो वर्णन किया गया है उससे हमें सामन्ती जीवन की पूरी झलक मिलती है। वीर एवं श्रृंगार रस की अभिव्यक्ति इन रासो-ग्रन्थों में प्रधान रूप से हुई है। कलापक्ष की दृष्टि से इस परम्परा के कवियों में अलंकार मोह एवं विविध छन्दों का प्रयोग करने की प्रवृत्ति परिलक्षित होती है। पुरानी राजस्थानी एवं अपभ्रंश मिश्रित डिंगल भाषा का प्रयोग करने के साथ-साथ अपभ्रंश मिश्रित ब्रजभाषा अर्थात् पिंगल का प्रयोग रासो-काव्य-ग्रन्थों में हुआ है। वीर रस की सहज अभिव्यक्ति एवं मध्यकालीन सामन्तवादी जीवन के यथार्थ चित्रण की दृष्टि से रासो-काव्य-परम्परा के ग्रन्थ महत्त्वपूर्ण कहे जा सकते हैं। यहाँ हम इस काव्य-परम्परा के प्रमुख ग्रन्थों का अध्ययन कर रहे हैं।

रासो शब्द के विभिन्न अर्थ

आदिकाल में रचित साहित्य में रासो-काव्य-ग्रन्थों का महत्त्वपूर्ण स्थान है। यहाँ यह उल्लेखनीय है कि आदिकाल में जैन कवियों ने जिस 'रास-काव्य' की रचना की है, वह वीर रस-प्रधान रासो-काव्य से भिन्न है, अतः हम यहाँ उन्हीं रासो-ग्रन्थों का उल्लेख करेंगे जो वीर रस-प्रधान हैं और जिनकी रचना चारण कवियों ने की है। रासो-ग्रन्थों का सामान्य परिचय जानने से पूर्व रासो शब्द की व्युत्पत्ति पर भी प्रकाश डालना आवश्यक है।

रासो शब्द की व्युत्पत्ति

रासो शब्द की व्युत्पत्ति के सम्बन्ध में विद्वानों में मतभेद है। सर्वप्रथम फ्रांसीसी विद्वान् 'गार्सां-द-तासी' ने रासो शब्द की व्युत्पत्ति के सम्बन्ध में विचार किया और इसे 'राजसूय' शब्द से व्युत्पन्न माना है, किन्तु उनका यह मत कि वीरगाथा काव्यों में राजसूय यज्ञों का उल्लेख है, अतः रासो शब्द 'राजसूय' से निःसृत हुआ है, अब तर्कसंगत नहीं माना जाता, क्योंकि सभी चारण काव्यों में राजसूय यज्ञों का उल्लेख नहीं मिलता, साथ ही ऐसी रचनाएँ भी मिलती हैं जो 'रासो' नाम से अभिहित तो की गयी हैं पर उनकी विषय-वस्तु वीरतापरक न होकर प्रेमपरक है। कुछ अन्य विद्वानों ने 'रासो' शब्द को राजस्थानी भाषा के 'रास' शब्द से जोड़ने का प्रयास किया है, जिसका अर्थ है लड़ाई-झगड़ा या युद्ध, परन्तु यह मत भी कल्पना पर आधृत है क्योंकि कई रासो-ग्रन्थों में युद्धों का नितान्त अभाव है।

डॉ. नरोत्तम स्वामी

डॉ. नरोत्तम स्वामी ने रासो शब्द व्युत्पत्ति राजस्थानी भाषा के 'रसिक' शब्द से मानी है, जिसका अर्थ है—कथाकाव्य। उनके अनुसार 'रसिक' से 'रासो' का विकास निम्न क्रम में हुआ—

रासिक > रासउ > रासो

यद्यपि चारण-काव्यों के सन्दर्भ में यह तर्क उचित जान पड़ता है किन्तु अपभ्रंश भाषा में ऐसे अनेक काव्य-ग्रन्थ पहले ही उपलब्ध हैं जिनका नाम रासक या रास ग्रन्थ है।

आचार्य रामचन्द्र शुक्ल

आचार्य रामचन्द्र शुक्ल ने रासो शब्द का सम्बन्ध 'रसायण' से जोड़ दिया है। उन्होंने बीसलदेव रासो की एक पंक्ति अपने मत के समर्थन में उद्धृत की हैं, जिसमें रसायण शब्द का उल्लेख हुआ है—

"बारह सौ बहोत्तरा मझारि। जेठबदी नवमी बुधवारि।
नाल्ह रसायण आरंभइ सारदा तूठी ब्रह्मकुमारि।।"

रासो शब्द की व्युत्पत्ति के सम्बन्ध में आचार्य हजारीप्रसाद द्विवेदी का मत सर्वाधिक समीचीन है, उन्होंने संस्कृत के 'रासक' शब्द से इसे व्युत्पन्न माना है। उनके अनुसार 'रासक' एक छन्द भी है और काव्य भेद भी। आदिकाल में रचित वीरगाथाओं में चारण कवियों ने 'रासक' शब्द का प्रयोग चरित-काव्यों के लिए किया है। साथ ही यह भी उल्लेखनीय है कि अपभ्रंश में 29 मात्राओं का एक छन्द प्रचलित रहा है, जिसे 'रास' या 'रासा' कहते थे। रास काव्य उन रचनाओं को कहा जाता था, जिनमें रासक छन्द की प्रधानता रहती थी। आगे चलकर रास काव्य ऐसी रचनाओं को कहने लगे जिनमें किसी भी गेय छन्द का प्रयोग किया गया हो। प्रारम्भ में 'रास' छन्द केवल प्रेमपरक रचनाओं में प्रयुक्त किये गये, परन्तु कालान्तर में वीर रसयुक्त रचनाएँ भी इसी छन्द में लिखी जाने लगीं। 'रासक' शब्द से रासो की व्युत्पत्ति निम्न क्रम में हुई—

रासक > रासअ > रासा > रासो

डॉ. माताप्रसाद गुप्त एवं डॉ. दशरथ शर्मा ने भी आचार्य द्विवेदी के मत का समर्थन किया है, अतः अब यही मत प्रायः मान्य है।

2. रासो काव्य की प्रवृत्तियाँ

आदिकालीन साहित्य में उपलब्ध होनेवाली प्रवृत्तियाँ तत्कालीन परिस्थितियों के सन्दर्भ में देखी जानी चाहिए। इस काल में प्रमुख रूप से रासो साहित्य की रचना हुई, अतः आदिकालीन साहित्य की प्रवृत्तियाँ रासो साहित्य की प्रवृत्तियाँ ही मानी जा सकती हैं। आदिकालीन जैन साहित्य वस्तुतः अपभ्रंश भाषा में लिखा गया है, अतः उसे आधारभूत सामग्री के रूप में हम ग्रहण नहीं कर सकते। रासो-ग्रन्थों में भी बहुत- सारे ग्रन्थों कालान्तर में परिवर्तित एवं परिवर्द्धित हुए तथापि उनका मूल रूप आदिकाल में ही रचा गया, यह प्रमाणित हो चुका है, अतः रासो साहित्य की प्रमुख प्रवृत्तियों को ही

आदिकाल की प्रमुख प्रवृत्तियाँ कहना समीचीन प्रतीत होता है। इन ग्रन्थों में पायी जानेवाली सामान्य प्रवृत्तियों का विवेचन निम्न शीर्षकों के अन्तर्गत किया जा सकता है–

1. ऐतिहासिकता का अभाव–रासो साहित्य के चरित-नायक ऐतिहासिक व्यक्ति हैं, किन्तु इन काव्य-गन्थों में ऐतिहासिकता की रक्षा नहीं की गयी। वस्तुतः इन ग्रन्थों में तथ्य कम हैं, कल्पना अधिक है, परिणामतः अनेक ऐतिहासिक भ्रान्तियाँ उत्पन्न होती हैं। इन ग्रन्थों के रचयिताओं ने जो वर्णन किये हैं, वे तत्कालीन इतिहास से मेल नहीं खाते। घटनाओं, नामावली, तिथियों का जो विवरण रासो काव्यों में उपलब्ध होता है, वह इतिहाससम्मत नहीं है। ऐतिहासिक चरित-नायकों को लेकर लिखे गये काव्य-ग्रन्थों में जिस सावधानी की अपेक्षा की जाती है, उससे ये नितान्त विमुख रहे हैं, परिणामतः इन ग्रन्थों से किसी ऐतिहासिक तथ्य एवं सत्य का उद्‌घाटन नहीं होता। इतिहास में अतिशयोक्ति से बचा जाता है। चारण कवियों ने अतिशयोक्ति को प्रमुखता देते हुए काल्पनिक वर्णन किये हैं वही कारण है कि इन ग्रन्थों में ऐतिहासिकता का अभाव है।

2. युद्ध वर्णन में सजीवता–रासो-ग्रन्थों में किये गये युद्ध-वर्णन सजीव प्रतीत होते हैं। इन काव्य-ग्रन्थों में जहाँ-जहाँ युद्ध-वर्णन के प्रसंग हैं, वहाँ-वहाँ ऐसा प्रतीत होता है, जैसे कवि युद्ध का आँखों देखा हाल सुना रहा है। चारण कवि कलम के ही नहीं तलवार के भी धनी थे, अतः अवसर पड़ने पर अपने-अपने आश्रयदाताओं के साथ रणक्षेत्र में जाकर तलवार के हाथ भी दिखाते थे। युद्ध के दृश्यों को उन्होंने अपनी आँखों से देखा था, अतः इन युद्ध-वर्णनों में जो कुछ भी कहा गया है, वह उनकी अपनी वास्तविक अनुभूति है। इन कवियों ने केवल सैन्य बल का ही नहीं अपितु योद्धाओं की उमंगों, मनोदशाओं एवं क्रियाकलापों का सुन्दर वर्णन किया है। इन युद्ध-प्रसंगों में कवि की कल्पना का चमत्कार न होकर वीर हृदय के उच्छ्‌वासों का स्पन्दन है। तत्कालीन परिस्थितियों के कारण युद्ध एक अनिवार्य आवश्यकता थी, अतः एक ऐसे वर्ग की अपेक्षा राजाओं को रहती थी जो वीरों को युद्ध के लिए प्रोत्साहित कर सके। चारण कवि इसी आवश्यकता की पूर्ति करते थे। इनके योगदान की चर्चा करते हुए आचार्य हजारीप्रसाद द्विवेदी ने लिखा है–"देश पर सब ओर से आक्रमण की सम्भावना थी। निरन्तर युद्ध के लिए प्रोत्साहित करने को भी एक वर्ग आवश्यक हो गया था। चारण इसी श्रेणी के लोग थे। उनका कार्य ही था हर प्रसंग में आश्रयदाता के युद्धोन्माद को उत्पन्न कर देनेवाली घटना-योजना का आविष्कार।" पृथ्वीराज रासो अपने युद्ध-वर्णनों के कारण भी एक सशक्त रचना मानी जाती है।

3. प्रामाणिकता में सन्देह–आदिकाल के अधिकांश रासो काव्यों की प्रामाणिकता सन्दिग्ध है। पृथ्वीराज रासो जो इस काल की प्रमुख रचना बतायी गयी है, भी अप्रामाणिक मानी गयी है। आचार्य रामचन्द्र शुक्ल के अनुसार–"इसके अतिरिक्त और कुछ कहने की जगह नहीं कि यह पूरा ग्रन्थ वास्तव में जाली है।" इसी प्रकार खुमान रासो और परमाल रासो की प्रामाणिकता में भी सन्देह है। मूल कवि की रचना में लोगों ने कब और

कितना अंश प्रक्षिप्त रूप में जोड़ दिया है इसका निर्णय कर पाना कठिन है। भाषा-शैली और विषय-सामग्री के आधार पर यह निष्कर्ष निकाला गया है कि ये रासो-काव्य समय-समय पर परिवर्तित एवं परिवर्द्धित होते रहे हैं।

4. वीर एवं श्रृंगार रस की प्रधानता—रासो-ग्रन्थों में यद्यपि सभी रसों का समावेश हुआ है, तथापि वीर एवं श्रृंगार रस की प्रधानता इनमें परिलक्षित होती है। युद्धों का वर्णन होने से वीर रस की योजना इनमें अनायास ही हो गयी है। वीरों के मनोभाव एवं अदम्य उत्साह का जैसा हृदयग्राही वर्णन रासो-काव्यों में किया गया है वैसा अन्यत्र दुर्लभ है। पृथ्वीराज रासो में ऐसे अनेक मर्मस्पर्शी स्थल हैं जहाँ वीर रस का पूर्ण परिचय हुआ है। युद्ध शौर्य-प्रदर्शन के लिए तथा सुन्दर राजकुमारियों से विवाह करने के निमित्त लड़े जाते थे, अतः श्रृंगार रस के भावपूर्ण वर्णनों का समावेश भी इन काव्य-ग्रन्थों में हो गया है। राजकुमारियों के स्वप्निल सौन्दर्य का अतिशयोक्तिपूर्ण वर्णन नख-शिख परिपाटी पर किया गया है। नायिका के रूप-सौन्दर्य के साथ-साथ वयःसन्धि और षट्ऋतु वर्णन का सम्यक् समावेश भी रासो-ग्रन्थों में किया गया है।

5. आश्रयदाताओं की प्रशंसा—रासो-ग्रन्थों के रचयिता चारण जाते थे और आश्रयदाता राजाओं की प्रशंसा में काव्य-रचना करना अपना परम कर्त्तव्य मानते थे। अपने चरित-नायक की श्रेष्ठता एवं प्रतिपक्षी राजा की हीनता का वर्णन अतिशयोक्ति में करना इन चारणों की प्रमुख विशेषता कही जा सकती है। दरबारी कवि होने के कारण इन कवियों ने आश्रयदाता के शौर्य, यश, वैभव का काल्पनिक एवं अतिशयोक्तिपूर्ण वर्णन किया है। पृथ्वीराज रासो एवं खुमान रासो इसी कोटि की प्रशंसापरक काव्य-रचनाएँ हैं, जिनमें कवि ने अपने चरित-नायक को राम-कृष्ण, युधिष्ठिर, अर्जुन और हरिश्चन्द्र से भी श्रेष्ठ बताते हुए प्रत्येक दृष्टि से उनकी महत्ता।

6. संकुचित राष्ट्रीयता—इस काल में वीरता का वर्णन तो बहुत हुआ, परन्तु स्वदेशाभिमान एवं राष्ट्रीयता की भावना का अभाव है। उस समय देश खण्ड-खण्ड राज्यों में विभक्त था और इन छोटे-छोटे राज्यों के शासक परस्पर कलह और संघर्ष में रत रहते थे। वे दस-बीस गाँवों के छोटे-से राज्य को ही राष्ट्र समझते थे, अतः उनमें सम्पूर्ण भारत को एक राष्ट्र के रूप में देखने की भावना का अभाव था। परिणामतः विदेशी आक्रान्ताओं के विरुद्ध संगठित होकर युद्ध करने में वे कभी सफल नहीं हुए। पड़ोसी राज्य पर विदेशी आक्रमण होने पर ये रंचमात्र भी विचलित नहीं होते थे। इसी संकुचित राष्ट्रीयता के कारण धीरे-धीरे सभी देशी साम्राज्य विदेशी आक्रान्ताओं द्वारा पददलित किये जाते रहे। यदि इन शासकों ने अपने क्षुद्र अहंभाव का परित्याग करके संगठित होकर विदेशियों का सामना किया होता तो देश को दीर्घ-अवधि तक विदेशी शासन झेलते हुए परतन्त्र न रहना पड़ता।

7. कल्पना की प्रचुरता—चारण कवियों की रचनाएँ तथ्यपरक न होकर कल्पना-प्रधान हैं। ऐतिहासिक पात्र तो इन रचनाओं में हैं, पर इतिहास नाममात्र को ही है। कवियों ने कल्पना का सहारा लेते हुए घटनाओं, नामावलियों एवं तिथियों तक की कल्पना कर ली है। वस्तुतः इन रासो काव्यों में सम्भावना और कल्पना पर अधिक बल

दिया गया है, तथ्यों पर कम। अपने आश्रयदाता की वीरता का काल्पनिक वर्णन करने में इन्होंने अतिशयोक्ति का सहारा लिया है और इसी क्रम में इतिहास-सत्य की अवहेलना भी कर दी है। इन वीरगाथाओं को इसी कारण से काल्पनिक कथायुक्त रचनाएँ कहना अधिक तर्कसंगत प्रतीत होता है।

8. विविध छन्दों का प्रयोग—रासो-ग्रन्थों में छन्दों की विविधता परिलक्षित होती है। छन्दों की यह विविधता हिन्दी के न तो परवर्ती साहित्य में मिलती है, न पूर्ववर्ती साहित्य में। पृथ्वीराज रासो में अनेक छन्दों का प्रयोग हुआ है, यथा—दोहा, गाथा, पद्धति, तोमर, तोटक, रोला, उल्लाला, साटक, कुण्डलिया आदि। यह छन्द परिवर्तन मात्र कलात्मक या चमत्कार प्रदर्शन के लिए न होकर भाव प्रकाशन के लिए किया गया है। छन्दों की विविधता के कारण ही चन्दबरदाई को छन्दों का सम्राट् और उनकी रचना पृथ्वीराज रासो को 'छन्दों का अजायबघर' कहा जाता है। आचार्य हजारीप्रसाद द्विवेदी ने रासो के छन्दों की विशेषता पर प्रकाश डालते हुए लिखा है—"रासो के छन्द जब बदलते हैं तो श्रोता के चित्त में प्रसंगानुकूल नवीन कम्पन उत्पन्न करते हैं।"

9. डिंगल-पिंगल भाषा का प्रयोग—आदिकालीन रासो साहित्य में जिस भाषा का प्रयोग किया गया है, वह आधुनिक हिन्दी से बहुत भिन्न है। अपभ्रंश और राजस्थानी भाषा के जिस मिले-जुले रूप का प्रयोग चारण कवियों ने रासो ग्रन्थों में किया है, उसे डिंगल नाम दिया गया है। इसी प्रकार तत्कालीन अपभ्रंश और ब्रजभाषा के मेल से बनी भाषा को पिंगल कहा जाता है, जिसका प्रयोग भी इन ग्रन्थों में किया गया है। वीर रस के भावों को व्यक्त करने की अद्‌भुत क्षमता डिंगल-पिंगल भाषा में विद्यमान है। अनुस्वारान्त प्रवृत्ति एवं द्वित्व वर्णों की प्रधानता भी रासो की भाषा में उपलब्ध होती है। संस्कृत की तत्सम शब्दावली के साथ-साथ तद्‌भव शब्दों का प्रयोग भी इन काव्य-ग्रन्थों में प्रचुरता से किया गया है।

10. अलंकारों का स्वाभाविक समावेश—रासो साहित्य में अलंकारों का स्वाभाविक समावेश हुआ है। चारण कवियों ने अपने मनोभावों को व्यक्त करने के लिए अलंकारों का सहारा लिया है, कहीं भी चमत्कार प्रदर्शन के लिए अलंकार योजना नहीं की गयी है। उपमा, रूपक और उत्प्रेक्षा का जैसा हृदयग्राही चित्रण इन काव्य-ग्रन्थों में मिलता है, वैसा अन्यत्र दुर्लभ है। सौन्दर्य चित्रण में उत्प्रेक्षाओं से काम लिया गया है। यद्यपि रासो के विशाल कलेवर में प्रायः सभी अलंकार खोजने से प्राप्त हो जाते हैं तथापि अनुप्रास, वक्रोक्ति, यमक, श्लेष, उपमा, रूपक, उत्प्रेक्षा और अतिशयोक्ति जैसे अलंकारों की प्रधानता रही है।

निष्कर्ष रूप में कहा जा सकता है कि आदिकालीन रासो साहित्य की प्रवृत्तियाँ तद्युगीन परिस्थितियों की देन हैं। जहाँ तक चारण कवियों की काव्य प्रतिभा का प्रश्न है, वह अपने में बेजोड़ है। कथा—प्रसंगों की योजना, वर्णनात्मकता, भाव-व्यंजना, रस-योजना आदि दृष्टियों से रासो साहित्य अनुपम कहा जा सकता है।

पृथ्वीराज रासो का सामान्य परिचय

हिन्दी साहित्य के अन्तर्गत रासो काव्य के रूप में 'पृथ्वीराज रासो' का नाम विशेष उल्लेखनीय है। पृथ्वीराज रासो में वीर और श्रृंगार रस का समन्वय देखा जा सकता है। पृथ्वीराज रासो के रचनाकार चन्दबरदाई को मान्य किया गया है। आचार्य रामचन्द्र शुक्ल ने पृथ्वीराज रासो को वीरगाथाकाल नाम के समर्थन में प्रकट किया है। रासो साहित्य वस्तुतः डिंगल भाषा का साहित्य है। इसका मुख्य विषय राजाओं का यशोगान, युद्धकौशल, धर्माभिमान और वैभव का चित्रण ही है। इस साहित्य में ऐतिहासिक तत्त्व भी हैं, पर वे कवि-कल्पना, वर्णन-विस्तार में दब गये हैं।

पृथ्वीराज रासो महाकाव्य की कथावस्तु

पृथ्वीराज रासो में चार क्षत्रिय कुलों की उत्पत्ति तथा चौहानों के अजमेर राजस्थान से लेकर पृथ्वीराज के पकड़े जाने तक का सविस्तार वर्णन है। इस ग्रन्थ के अनुसार पृथ्वीराज अजमेर के चौहान राजा सोमेश्वर के पुत्र थे। सोमेश्वर का विवाह दिल्ली के राजा अनन्तपाल की कन्या से हुआ। इनकी दो कन्याएँ थीं—सुन्दरी और कमला। सुन्दरी का विवाह कन्नौज के राजा विजयपाल के साथ हुआ और इसी संयोग से जयचन्द की निर्मिति हुई। कमला का विवाह अजमेर के चौहान सोमेश्वर के साथ हुआ, जिनके पुत्र पृथ्वीराज थे। अनन्तपाल ने अपना नाती पृथ्वीराज को गोद लिया जिससे अजमेर और दिल्ली का राजा पृथ्वीराज हुआ। जयचन्द यह बात अच्छी नहीं लगी। उसने एक दिन राजसूय यज्ञ करने सभी राजाओं को यज्ञ के लिए निमन्त्रित किया। इस यज्ञ के साथ अपनी कन्या संयोगिता का स्वयंवर रचाया। इस यज्ञ के लिए पृथ्वीराज को निमन्त्रित नहीं किया। जयचन्द ने पृथ्वीराज की स्वर्ण मूर्ति द्वारपाल के रूप में रखवा दी।

संयोगिता का अनुराग पहले से ही पृथ्वीराज पर था। उसने पृथ्वीराज के मुर्ति को माला पहना दी। जयचन्द ने उसे घर से निकालकर गंगा किनारे महल में भेज दिया। इधर पृथ्वीराज के सामन्तों ने आकर यज्ञ विध्वंस किया। पृथ्वीराज ने चुपचाप आकर संयोगिता से गन्धर्व विवाह किया। रास्ते में जयचन्द की सेना से युद्ध हुआ पर पृथ्वीराज संयोगिता के साथ कुशलतापूर्वक दिल्ली पहुँच गये। उनका जीवन भोग-विलास में बीतने लगा राज्य की रक्षा का ध्यान नहीं रहा।

जयचन्द तथा अन्य राजाओं के साथ लड़ते-लड़ते पृथ्वीराज के बल का ह्रास हो चुका था। बड़े-बड़े सामन्त मारे जा चुके थे। अवसर देखकर शहाबुद्दीन ने हमला किया, पर वह हार गया और पकड़ा गया। पृथ्वीराज ने उसे छोड़ दिया। वह बार-बार चढ़ाई करता रहा। अन्त में पृथ्वीराज को पकड़कर गजनी भेज दिया गया। कुछ समय के उपरान्त कवि चन्दबरदाई भी गजनी पहुँचे। एक दिन चन्द के इशारे पर पृथ्वीराज ने शब्दबेधी बाण द्वारा शहाबुद्दीन को मार डाला और एक-दूसरे को मारकर मर गये। यह पृथ्वीराज का मुख्य चरित्र हुआ। बहुत-से राजाओं के साथ युद्ध तथा राजकन्याओं के विवाह की कथाएँ रासो में भरी पड़ी हैं।

पृथ्वीराज रासो का काव्य-सौन्दर्य

पृथ्वीराज रासो काव्य की प्रामाणिकता के सम्बन्ध में विद्वानों में मतभेद है, किन्तु इसकी साहित्यिक गरिमा को सभी ने मुक्त कण्ठ से स्वीकार किया है। पृथ्वीराज रासो हिन्दी का प्रथम महाकाव्य है। यह ग्रन्थ 10 हजार पृष्ठों का बहुत बड़ा ग्रन्थ है, जिसमें 69 खण्ड हैं।

इसमें वीर और श्रृंगार रस की प्रधानता है। चन्दबरदाई ने शोभा एवं सौन्दर्य का चित्रण कल्पनाशक्ति से किया है।

डॉ. हजारीप्रसाद द्विवेदी इस सम्बन्ध में लिखते हैं—शोभा चाहे प्रकृति की हो या मनुष्य की हो परम्परा प्रचलित रूढ़ उपमानों के सहारे लिखी है। पृथ्वीराज और जयचन्द के विरोध का कारण संयोगिता अपहरण हो या नहीं किन्तु कवि ने रसराज अभिव्यक्ति के लिए सुन्दर प्रसंग ढूँढ़ निकाला है। युद्धों का मूल कारण किसी नारी को कल्पित करके जहाँ एक ओर प्रेम चित्रों के प्रसंगों को खड़ा किया है, वहाँ विशुद्ध अभिव्यक्ति को होने नहीं दिया। पृथ्वीराज का गोरी को बार-वार क्षमा कर देना भले इतिहाससम्मत न हो किन्तु इससे नायक के चरित्र-उदारता का प्रभाव पाठकों के हृदय पर अंकित होता है।

वर्णनात्मकता

वस्तुवर्णन में चन्दबरदाई ने सफल कवि हृदय का परिचय दिया है। नगर, उपवन, सरोवर, युद्ध आदि के वर्णन अनुपम बन पड़े हैं। रासो में वीर, श्रृंगार रस की अभिव्यक्ति अत्यन्त भव्य रूप से हुई है। इसके अतिरिक्त अन्य रसों की अभिव्यंजना रासो में प्रसंगानुसार हुई है। रौद्र और भयानक रसों का चित्रण स्थान-स्थान पर मिलता है। कहीं-कहीं पर हास्य रस के सुन्दर छींटे मिलते हैं। रासो में शान्त रस का अभाव है।

चन्दबरदाई ने भाव-सौन्दर्य में वृद्धि के लिए अनुप्रास, यमक, श्लेष, वक्रोक्ति, उपमा, रूपक, उत्प्रेक्षा आदि अलंकारों का सुन्दर प्रयोग किया है। रासो में सभी प्रकार के छन्द पाये जाते हैं। कभी-कभी छन्द परिवर्तन में अस्वाभाविकता भी आ गयी है। रासो में वर्णित प्रेमभाव और काव्य-सौन्दर्य में सहजता लाने के लिए चन्द को दोषी नहीं ठहराया जा सकता। क्योंकि वह युग संकुचित राष्ट्रीयता और सामन्ती विकास का था।

काव्य-सौन्दर्य की दृष्टि से पृथ्वीराज रासो आदिकाल का ही नहीं, सम्पूर्ण हिन्दी साहित्य का महत्त्वपूर्ण ग्रन्थ है। युद्धों के प्रसंग में भाषा डिंगल हो जाती है। शास्त्रों की झंकार अपने-आप सुनायी पड़ती है। पृथ्वीराज रासो में मात्रिक और वर्णिक दोनों छन्दों का प्रयोग देखने को मिलता है। कवि पृथ्वीराज की त्रुटियों को भी दिखाना चाहता है। संयोगिता के प्रेम में वह इतना फँसा कि राज-काज की बुद्धि ही खो गया। कवि का भाषा पर जबरदस्त अधिकार है। वास्तव में पृथ्वीराज रासो सभी दृष्टियों से महान् कवि की सफल रचना है।

पृथ्वीराज रासो की प्रामाणिकता

पृथ्वीराज रासो आदिकाल का प्रमुख महाकाव्य है, जिसकी रचना दिल्ली के चौहान राजा पृथ्वीराज के अभिन्न मित्र एवं दरबारी कवि चन्दबरदाई द्वारा की गयी है। यह

2500 पृष्ठों का एक विशालकाय ग्रन्थ है, जिसमें कुल 69 समय (सर्ग) हैं। रासो का चरितनायक हिन्दू सम्राट् पृथ्वीराज चौहान है, जिसके क्रिया-कलापों का विस्तृत वर्णन इस ग्रन्थ का प्रतिपाद्य है।

पृथ्वीराज रासो का चरितनायक पृथ्वीराज ऐतिहासिक व्यक्ति है, अतः उसके जीवन से सम्बन्धित वृत्तान्त इतिहास में भी उपलब्ध होता है। रासो में दिये गये विवरण इतिहास से मेल नहीं खाते। अतः इस ग्रन्थ की प्रामाणिकता में सन्देह उत्पन्न होता है। विद्वानों ने रासो की प्रामाणिकता अथवा अप्रामाणिकता के सम्बन्ध में अलग-अलग मत प्रस्तुत किये हैं। इसमें कोई सन्देह नहीं है कि साहित्य की दृष्टि से रासो एक अमूल्य निधि है, किन्तु आलोचकों का ध्यान इसमें वर्णित उन घटनाओं पर भी गया है, जो इतिहाससम्मत नहीं हैं। इस प्रकार रासो की प्रामाणिकता वस्तुतः एक विवादास्पद प्रश्न है। इस प्रश्न पर विचार करने से पूर्व हमें रासो के विभिन्न रूपान्तरों के विषय में भी जान लेना चाहिए। अब तक पृथ्वीराज रासो की जो विभिन्न प्राचीन प्रतियाँ प्राप्त हुई हैं, वे भी एक समान नहीं हैं। कोई प्रति तो अत्यन्त बृहदाकार है तो कोई अति संक्षिप्त। इन सभी प्रतियों को हम चार वर्गों में विभक्त कर सकते हैं–

(i) वृहद् रूपान्तर–इसका प्रकाशन नागरी प्रचारिणी सभा काशी से हुआ है तथा इसकी हस्तलिखित प्रति उदयपुर संग्रहालय में सुरक्षित है। इस रूपान्तर में 69 समय तथा 16306 छन्द हैं।

(ii) मध्यम रूपान्तर–इसका प्रकाशन नहीं हुआ है किन्तु इसकी प्रतियाँ अबोहर एवं बीकानेर के पुस्तकालयों में सुरक्षित हैं। इस रूपान्तर में समयों की संख्या 40 और 47 के बीच है तथा छन्द संख्या 7000 है।

(iii) लघु रूपान्तर–इस संस्करण की प्रतियाँ भी बीकानेर पुस्तकालय में उपलब्ध हैं। इसमें 19 समय हैं तथा छन्द संख्या 3500 है।

(iv) लघुतम रूपान्तर–इसका प्रकाशन 'राजस्थान भारती' नामक पत्रिका में हुआ है। इस रूपान्तर में समयों का विभाजन नहीं है तथा छन्द संख्या 1300 है। डॉ. दशरथ शर्मा इसी को मूल पृथ्वीराज रासो मानते हैं।

रासो को प्रामाणिक माननेवाले

इस वर्ग के विद्वानों के अनुसार पृथ्वीराज रासो एक प्रामाणिक रचना है। इस मत के समर्थक हैं बाबू श्यामसुन्दर दास, मथुराप्रसाद दीक्षित, मिश्रबन्धु, मोहनलाल विष्णुलाल पाण्ड्या, मोतीलाल मेनारिया और कर्नल टाड।

रासो को अप्रामाणिक माननेवाले

इस वर्ग के प्रमुख विद्वान् हैं डॉ. बूलर, कविराज श्यामलदास, मुन्शी देवीप्रसाद, आचार्य रामचन्द्र शुक्ल, गौरीशंकर हीराचन्द ओझा; डॉ. रामकुमार वर्मा।

निष्कर्ष

निस्सन्देह रासो की रचना चन्दबरदाई ने ही की थी। उसका लघुतम संस्करण रासो के निकट रहा होगा। अतः इसे एक अर्द्धप्रामाणिक रचना कहना अधिक उपयुक्त है।

बीसलदेव रास का सामान्य परिचय

बीसलदेव रास के रचयिता का नाम नरपति नाल्ह है। बीसलदेव रासो ने इस ग्रन्थ की रचना सं.1212 विक्रमी में की थी। इस ग्रन्थ के चरितनायक विग्रहराज चतुर्थ एक ऐतिहासिक व्यक्ति हैं; किन्तु अन्य रासो-काव्यों की भाँति इसमें भी अनेक ऐतिहासिक भ्रान्तियाँ हैं जो यह प्रमाणित करती हैं कि इस ग्रन्थ में तथ्य कम हैं और कल्पना अधिक है। बीसलदेव रासो की रचना यद्यपि आदिकाल में हुई है तथापि अन्य रासो काव्यों की भाँति यह वीरगाथात्मक कृति न होकर एक विरह काव्य है जिसका मूलरूप वस्तुतः गेय-काव्य का था। गेय-काव्य होने के कारण ही इसका स्वरूप परिवर्तित होता रहा।

कथावस्तु

बीसलदेव रास विरह काव्य है। वियोग शृंगार का इसमें अत्यधिक वर्णन है। राजमती के माध्यम से वियोग शृंगार का वर्णन किया गया है। वीर रस का किंचित् आभासमात्र है।

यह बीसलदेव रासो विग्रहराज चतुर्थ राजमती के विवाह उपरान्त प्रेम की कथा है। सम्पूर्ण काव्य चार खण्डों में विभाजित है। प्रथम खण्ड में अजमेर के राजा विग्रहराज चतुर्थ (बीसलदेव) का परमारवंशी राजा भोज की कन्या राजमती से विवाह दिखाया गया है। राजा अपनी पत्नी के सामने राज्य का गर्व प्रकट करता है। बीसलदेव राजमती से कहता है–"मेरे जैसा राजा पृथ्वी पर दूसरा नहीं है।" राजमती व्यंग्य से कहती है कि तुमसे कितने श्रेष्ठ राजा इस पृथ्वी पर हैं। तुम्हारे यहाँ खानों से नमक निकलता है, उड़ीसा नरेश के राज्यों में हीरे निकलते हैं। राजमती के व्यंग्य पर राजा रूठ जाता है और उड़ीसा नरेश के राज्य में चला जाता है। राजा के चले जाने के बाद राजमती विरह में जलती रहती है।

द्वितीय खण्ड में रानी के व्यंग्य से रुष्ट राजा के उड़ीसा चले जाने की कथा है।

तृतीय खण्ड में रानी का विरह-वृत्तान्त वर्णित है। चतुर्थ खण्ड में इन दोनों के पुनर्मिलन का वृत्तान्त है। प्रस्तुत ग्रन्थ में मानव-जीवन की विविध धारणाएँ, रीति-रिवाज, संस्कार, दैनिक व्यवहार आदि का समावेश किया गया है।

चरितनायक

बीसलदेव रासो का चरितनायक विग्रहराज चतुर्थ है। अजमेर और सांबर के चौहानों में विग्रहराज नाम के राजा मिलते हैं। कुछ विद्वान् आक्षेप लेते हैं कि बीसलदेव रासो में वर्णित ऐतिहासिक सत्य तत्कालीन इतिहास से मेल नहीं खाता। वास्तव में नरपति नाल्ह न इतिहासतज्ञ था, न कोई पराक्रमी। उसने सुने-सुनाये आख्यान पर लोगों को प्रसन्न करने के लिए काव्य का ढाँचा तैयार किया जिससे उसका असली रूप दब गया और उसमें ऐतिहासिक भ्रान्तियाँ आ गयीं।

काव्य-सौन्दर्य

बीसलदेव रासो एक विरह काव्य है। इसमें 4 खण्ड 125 छन्द हैं। सारी कथा ललित मुक्तकों में कही गयी है। यदि इस कहानी को हटा दिया जाय तो भी इस प्रेमकाव्य से

मुक्तकों की एकसूत्रता में कोई अन्तर नहीं आता। बीसलदेव रासो के आरम्भ में विवाह के गीत हैं, साथ ही बीसलदेव के परदेश जाने का वर्णन है। राजमती का चरित्र बड़ा ही सजीव तथा विलक्षण है।

भाषा

इस भाषा में एक ओर अपभ्रंशपन है तो दूसरी ओर हिन्दीपन। पश्चिमी राजस्थानी भाषा का रूप है। कहीं-कहीं ब्रजभाषा का रूप भी मिलता है। अरबी, फारसी के शब्द भी देखे जा सकते हैं। डॉ. रामकुमार वर्मा के अनुसार यह ग्रन्थ अपभ्रंश भाषा में है। आचार्य रामचन्द्र शुक्ल प्रस्तुत ग्रन्थ की भाषा साहित्यिक मानते हैं। यह रचना नृत्य गीत के रूप में, साधारण शैली में तथा संक्षिप्त है। यह ग्रन्थ अपनी गेयता के कारण लोगों को प्रभावित करता रहेगा।

चन्दबरदाई, अमीर खुसरो और विद्यापति आदि का साहित्यिक परिचय

1. चन्दबरदाई का साहित्यिक परिचय

चन्दबरदाई द्वारा रचित 'पृथ्वीराज रासो' हिन्दी का प्रथम महाकाव्य माना जाता है। वे दिल्ली नरेश पृथ्वीराज चौहान के सामन्त और राजकवि थे। महामहोपाध्याय पण्डित हरप्रसाद शास्त्री के अनुसार चन्दबरदाई का जन्म लाहौर में 1168 ई. में हुआ था। शुक्ल जी भी इसी मत के समर्थक हैं। शुक्ल जी को हरप्रसाद शास्त्री ने चन्द का एक वंशवृक्ष उपलब्ध कराया था जो उन्हें अपने को चन्द का वंशज बतानेवाले नाथूराम भाट से प्राप्त हुआ था। चन्द के चार पुत्र थे, जिनमें से चौथे पुत्र का नाम जल्ल (जल्लड़) था। जब मोहम्मद गौरी पृथ्वीराज को बन्दी बनाकर अपने साथ गजनी ले गया तब चन्द ने अपनी पुस्तक पृथ्वीराज रासो उसे सौंप दी थी। इस सम्बन्ध में यह उक्ति प्रसिद्ध है–

'पुस्तक जल्हन हत्थ दै चलि गज्जन नृप काज।'

कहा जाता है कि 'रासो' को जल्हड़ ने ही पूर्ण किया था। चन्दबरदाई पृथ्वीराज के सखा, सामन्त एवं राजकवि थे। उन्हें भाषा, व्याकरण, काव्य, साहित्य, छन्द, ज्योतिष में दक्षता प्राप्त थी तथा उन्हें जालन्धरी देवी की कृपा प्राप्त थी। ये सदैव पृथ्वीराज को साथ रहते थे। सुलतान गौरी के द्वारा जब पृथ्वीराज को बन्दी बनाकर गजनी ले जाया गया तो चन्दबरदाई भी उसके साथ थे। वहीं उन्होंने शब्दबेधी बाण पृथ्वीराज से चलवाकर तथा सुल्तान के बैठने का स्थान काव्य के माध्यम से सूचित कर मुहम्मद गौरी का काम तमाम करवा दिया। तत्पश्चात् पृथ्वीराज और चन्द ने कटार से आत्मघात कर लिया।

कुछ विद्वानों यथा–प्रो. बूलर ने चन्द के अस्तित्व को भी नकार दिया है और तर्क यह दिया है कि जयानक द्वारा रचित पृथ्वीराज विजय नामक संस्कृत काव्य में चन्द का उल्लेख तक नहीं मिलता, किन्तु यह कोई ठोस तर्क नहीं है। किसी कृति में किसी कवि का उल्लेख न होने मात्र से उसका अस्तित्व नहीं मिट जाता। हो सकता है कि कवि सुलभ ईर्ष्यावश ऐसा किया गया हो। आचार्य रामचन्द्र शुक्ल ने चन्द के अस्तित्व को तो स्वीकार किया है किन्तु वे भी यह मानते हैं कि, ''पृथ्वीराज रासो अपने वर्तमान रूप में चन्द द्वारा पूरा रचा हुआ प्रतीत नहीं होता।''

प्रबन्ध संग्रहों के सम्पादक मुनि जिनविजय के अनुसार—"चन्द कवि निश्चित रूप से एक ऐतिहासिक पुरुष था और वह दिल्लीश्वर हिन्दू सम्राट् पृथ्वीराज का समकालीन और उनका सम्मानित राजकवि था। उसी ने पृथ्वीराज के कीर्तिकलाप का वर्णन करने के लिए देशव्यापी प्राकृत भाषा में एक काव्य रचना की थी जो पृथ्वीराज रासो के नाम से प्रसिद्ध हुई।"

अलंकार, छन्द और भाषा

चन्दबरदाई ने अलंकारों का बड़ा सुन्दर प्रयोग किया है। अनुप्रास, उपमा, रूपक, उत्प्रेक्षा, प्रतीक, स्मरण आदि अलंकारों की छटा से सारा ग्रन्थ आलोकित हो रहा है।

छन्दों की दृष्टि से इसे छन्दों की प्रदर्शनी कहा जाता है। इसमें लगभग 72 प्रकार के छन्दों का प्रयोग हुआ है जिनमें छप्पय, गाहा, दूहा, अरिल्ल, त्रोटक, नाराच, विराज आदि प्रमुख हैं।

भाषा की दृष्टि से 'रासो' की भाषा को 'सन्ध्या' भाषा कहा जाता है। अर्थात् इसकी भाषा में उस काल में उत्तर काल में प्रचलित समस्त भाषाओं का मिश्रण मिलता है। इसमें देशी-विदेशी भाषाओं का प्रयोग देखने को मिलता है।

संक्षेप में, चन्दबरदाई अपने युग के महाकवि तथा 'पृथ्वीराज रासो' अपने युग की प्रतिनिधि रचना तथा हिन्दी का पहला महाकाव्य है।

2. अमीर खुसरो का साहित्यिक परिचय

अमीर खुसरो का वास्तविक नाम 'अब्दुल हसन' था। इनका जन्म उत्तर प्रदेश के एटा जिले के अन्तर्गत आनेवाले पटियाली कस्बे में 1255 ई. में हुआ था। डॉ. ईश्वरीप्रसाद के अनुसार,"अमीर खुसरो कवि, योद्धा और क्रियाशील मनुष्य थे।" इनके गुरु का नाम शेख निजामुद्दीन औलिया था। इन्होंने 1283 ई. के आस-पास अपनी रचनाएँ लिखनी प्रारम्भ कर दी थीं। ये बड़े विनोदी और सहृदय व्यक्ति थे। खुसरो का लिखा हुआ साहित्य प्रायः मनोरंजक है। उन्होंने जनता के मनोरंजन के लिए पहेलियाँ और मुकरियाँ लिखीं। खुसरो द्वारा रचित ग्रन्थों की संख्या के बारे में मतभेद है। कुछ विद्वान् जहाँ उनकी रचनाओं की संख्या 100 से ऊपर बताते हैं, वहीं कुछ उसे बीस-इक्कीस तक ही सीमित कर देते हैं। इनकी प्रसिद्ध रचनाएँ हैं—खालिकबरी, पहेलियाँ, मुकरियाँ, दो सुखने, गजल आदि।

उनकी रचनाओं के कुछ नमूने देखिये—

पहेली : *एक थाल मोती से भरा। सबके सिर पर औंधा धरा।*
चारों ओर वह थाली फिरे। मोती उससे एक न गिरे।

(उत्तर—आकाश)

दो सुखनेः *1. पथिक क्यों प्यासा? गधा क्यों उदासा?*
2. पान सड़ा क्यों ? घोड़ा अड़ा क्यों?

(उत्तर 1. लोटा न था 2. फेरा न था)

ढकोसला : *खीर पकाई जतन से चरखा दिया चला।*
आया कुत्ता खा गया अब बैठी ढोल बजा।।

अमीर खुसरो ने मिली-जुली भाषा में भी काव्य-रचना की है जिसमें एक पंक्ति हिन्दी की है तो दूसरी फारसी की है–

'जे हाल मिसकी मकुन तगाफुल दुराय नैना बनाय बतियाँ।
कि ताबें हिज्राँ न दारम ऐजाँ न लेहु काहें लगाय छतियाँ।।'

कहा जाता है कि अमीर खुसरो के गुरु शेख निजामुद्दीन औलिया की मृत्यु जब हुई, तब ये गयासुद्दीन तुगलक के साथ बंगाल में थे। उनकी मृत्यु का समाचार सुनकर ये दिल्ली पहुँचे और उनकी कब्र के निकट निम्न दोहा पढ़कर बेहोश हो गये–

'गोरी सोवै सेज पर मुख पर डारे केस।
चल खुसरो घर आपने रैन भई चहुँ देस।।'

कुछ ही दिनों बाद 1324 ई. में उनकी मृत्यु हो गयी। खुसरो अपने समय के प्रमुख संगीतज्ञ भी थे। ध्रुपद के स्थान पर कव्वाली बनाकर इन्होंने नये राग बनाये थे जो अब तक प्रसिद्ध हैं। सितार के आविष्कर्त्ता भी खुसरो ही माने जाते हैं। इनकी एक प्रसिद्ध पंक्ति इस प्रकार है–

"लाज-शरम सब छीनी ओ मोसे नैना मिलाय के।"

खुसरो का विशेष महत्त्व उनके द्वारा आदिकाल में प्रयुक्त काव्य की भाषा खड़ीबोली हिन्दी के कारण है। इनकी जैसी साफ-सुथरी भाषा लिख सकने में उस काल का कोई व्यक्ति सफल नहीं हुआ। आचार्य रामचन्द्र शुक्ल के अनुसार–"खुसरो के समय में बोलचाल की स्वाभाविक भाषा घिसकर बहुत-कुछ उसी रूप में आ गयी थी, जिस रूप में उनके काव्य में मिलती है। कबीर की अपेक्षा खुसरो का स्थान बोल-चाल की भाषा की ओर अधिक है।"

निश्चय ही खुसरो की विनोदी वृत्ति हिन्दी साहित्य के इतिहास का मनोरंजक साहित्य दे सकने में सफल रही है। उनका मौलिक काव्य जो खड़ीबोली में रचित है, हिन्दी की अमूल्य निधि है।

3. विद्यापति का साहित्यिक परिचय

मैथिलकोकिल विद्यापति का जन्म 1368 ई. में बिहार के दरभंगा जिले के विसपी ग्राम में हुआ था। उनके पिता गणपति ठाकुर ने अपनी प्रसिद्ध काव्य-रचना 'गंगा भक्ति तरंगिनी' मिथिलानरेश गणेश्वर की स्मृति में समर्पित की थी। विद्यापति मिथिला के राजा शिवसिंह के आश्रय में रहे थे।

विद्यापति की रचनाएँ संस्कृत, अवहट्ट और मैथिली में उपलब्ध होती हैं। कीर्तिलता एवं कीर्तिपताका उनके अपभ्रंश में लिखे काव्य-ग्रन्थ हैं जिनमें उन्होंने अपने आश्रयदाता महाराज शिवसिंह एवं कीर्तिसिंह की वीरता का यशोगान किया है। इस दृष्टि से वे वीरगाथाकाल (आदिकाल) के कवि माने जाते हैं। दूसरी ओर भक्ति एवं शृंगार रस से

परिपूर्ण 'पदावली' की रचना विद्यापति ने मैथिली भाषा में की है। 'शैव सर्वस्वसार' नामक संस्कृत ग्रन्थ में वे शिव के भक्त के रूप में सामने आये हैं।

विद्यापति की रचनाएँ

(क) संस्कृत ग्रन्थ

शैव सर्वस्व सार, भूपरिक्रमा, पुरुष परीक्षा, गंगावाक्यावली, वर्णकृत्य, दुर्गाभक्ति तरंगिणी आदि।

(ख) अवहट्ट ग्रन्थ

कीर्तिलता एवं कीर्तिपताका।

(ग) मैथिली

पदावली।

विद्यापति ने पदावली की रचना संस्कृत कवि जयदेव को आधार मानकर की है। इसीलिए उसमें राधाकृष्ण के श्रृंगार का निरूपण कोमलकान्त मधुर पदावली में तथा गेय छन्दों में किया गया है। भाव और शिल्प दोनों ही दृष्टियों से वे जयदेव के अनुयायी हैं। यद्यपि श्रृंगार के दोनों ही पक्षों संयोग और वियोग का चित्रण उन्होंने किया तथापि संयोग वर्णन में उन्हें विशेष सफलता प्राप्त हुई। वयःसन्धि, नखशिख वर्णन, सद्यःस्नाता एवं अभिसार का वर्णन उन्होंने अत्यन्त तन्मयता से किया है। अभी-अभी स्नान करके आयी युवती का चित्र द्रष्टव्य है–

"कामिनि करए सनाने। हेरतहिं हृदय हनए पंचबाने।
चिकुर गरए जलधारा। जनि मुख ससि डर रोअए अंधा।।"

नायिका के नख-शिख सौन्दर्य का वर्णन भी अत्यन्त मनोहर बन पड़ा है–

"चांद सार लए मुख घटना करु लोचन चकित चकोरे।
अमिय धोय आंचर धनि पोंसल दह दिसि भेल उज्येरे।।"

वस्तुतः विद्यापति का व्यक्तित्व बहुमुखी था। वे उच्चकोटि के पाण्डित्य से सम्पन्न थे साथ ही कलाप्रियता, रसिकता एवं भावुकता से भी समन्वित थे। राधा-कृष्ण को नायक-नायिका के रूप में चित्रित करते हुए उनके प्रेम-व्यापारों को उन्होंने विशुद्ध लौकिक स्तर पर निरूपित किया है। कहा जाता है कि चैतन्य महाप्रभु उनके पदों को इतने तन्मय होकर गाते थे कि गाते-गाते उनकी चेतना लुप्त हो जाती थी।

विद्यापति का काव्य काव्यत्व के सभी उपादानों से संयुक्त है। उसमें एक ओर तो अंलकारों की इन्द्रधनुषी छटा विद्यमान है, तो दूसरी ओर भाषा का माधुर्य अपने चरम शिखर पर है। सौन्दर्य चित्रण के लिए उन्होंने जो उपमान प्रस्तुत किये, आगे के कवियों ने उन्हें ही आधार बनाकर अलंकार योजना की। निश्चय ही विद्यापति के काव्य ने परवर्ती साहित्य को अनेक रूपों में प्रभावित किया, विशेषतः सूर आदि भक्त कवियों का श्रृंगार निरूपण एवं रीतिकालीन कवियों का श्रृंगार चित्रण विद्यापति से प्रभावित है। लोकप्रियता की कसौटी पर भी विद्यापति का काव्य खरा उतरता है।

(ख) पूर्व–मध्यकाल (भक्तिकाल)

1. निर्गुण भक्ति साहित्य और उसकी शाखाएँ

(अ) ज्ञानाश्रयी शाखा—ज्ञानाश्रयी शाखा की प्रमुख प्रवृत्तियाँ

प्रतिनिधि कवि—कबीरदास का व्यक्तित्व एवं कृतित्व

ज्ञानाश्रयी शाख—ज्ञानाश्रयी शाखा की प्रमुख प्रवृत्तियाँ—

सन्तकाव्य की प्रवृत्तियाँ—

सन्त काव्य ताजमहल की इमारत न होकर रम्य पर्वतश्रेणियों की भाँति सहज-सुन्दर है। उसमें कला की पच्चीकारी या शब्द सौन्दर्य पर रंचमात्र भी बल नहीं दिया गया है, केवल अनुभूति को जैसे-तैसे व्यक्त कर दिया गया है। कला का चमत्कार देखने और सराहनेवालों को वहाँ कुछ भी न मिलेगा; पर अनुभूति की सच्चाई और अभिव्यक्ति के खरेपन की दृष्टि से वह उत्कृष्ट कोटि का काव्य है। संक्षेप में सन्त काव्य की सामान्य वृत्तियों का निरूपण निम्न शीर्षकों के अन्तर्गत किया जा सकता है—

1. निर्गुणोपासना— सन्त कवि निर्गुणोपासक थे। वे ईश्वर को निर्गुण, निराकार, अजन्मा, अविनाशी तथा सर्वव्यापी मानते हैं। निर्गुणोपासना को स्वीकार करने से अवतारवाद, बहुदेववाद एवं मूर्तिपूजा का स्वतः विरोध हो जाता है, अतः निर्गुण उपासना का मार्ग हिन्दू-मुसलमान दोनों के लिए समान रूप से स्वीकार करने योग्य सिद्ध हुआ। सन्त कवियों ने जिसे राम, हरि, गोविन्द आदि नामों से पुकारा है, वह भी उनका निर्गुण ब्रह्म ही है। कबीर निर्गुण राम का जप करने के लिए कहते हैं—

'निर्गुण राम जपहु रे भाई, अविगत की गति लखी न जाई।

इन कवियों ने ईश्वर को घट-घट वासी मानकर उसे सर्वव्यापी बताया है। दादूदयाल का कथन है—

'दादू देखौं दयाल को बाहिर भीतर सोय।
सब दिसि देखौं पीव को दूसर और न कोय।'

कबीर का वह निर्गुण ब्रह्म अति सूक्ष्म है, निराकार और अरूप है—

'जाके मुँह माथा नहीं नाहीं रूप अरूप।
पुहुप वास तैं पातरा ऐसा तत्व अनूप।।'

निर्गुणोपासना सन्त काव्य का केन्द्र-बिन्दु है तथा उनकी धार्मिक एवं आध्यात्मिक चेतना की कुंजी है। इस निर्गुणोपासना के कारण उनकी वाणी हिन्दू-मुसलमान दोनों को

समान रूप से अच्छी लगी और इसी के बल पर वे धर्म का सम्प्रदाय निरपेक्ष एवं विशुद्ध मानवीय रूप प्रस्तुत कर सके।

2. ज्ञान की महत्ता–सन्त कवियों ने ज्ञान की महत्ता भी अपने काव्य में प्रतिपादित की है। यहाँ ज्ञान से उनका अभिप्राय शास्त्रज्ञान से न होकर आत्मज्ञान से है। इस ज्ञान को प्राप्त करने के लिए वेद, पुराण, उपनिषद् या कुरान की आवश्यकता नहीं अपितु यह तो चित्त की निर्मलता एवं हृदय की पावनता से ही अर्जित किया जाता है। इस ज्ञान दशा में मन में स्वतः ही करुणा, अहिंसा, प्रेम, उदात्त त्याग जैसी उदात्त वृत्तियों का उदय हो जाता है। इसी ज्ञान दशा में उस निर्गुण निराकार ब्रह्म का साक्षात्कार मानव को होता है। विवेकयुक्त ज्ञान दृष्टि ही व्यक्ति को अन्धविश्वास, पाखण्ड और जादू- टोने से दूर रखती है और उसे धर्म के वास्तविक रूप से अवगत कराती है। कबीर का मत है कि सत्य को सत्य कहना और असत्य को असत्य कहना ही ज्ञान दृष्टि है। इस ज्ञान को प्राप्त कर लेने पर मनुष्य निर्भय हो जाता है और जीवन निर्विकार बन जाता है। ज्ञान की अग्नि जब माया रूपी जल में लगती है तो विषय-वासना रूपी कीचड़ नष्ट हो जाता है–

'अगिनि जु लागी नीर में कंदू जलिया झारि।
उत्तर-दक्षिण के पण्डिता रहे विचारि-विचारि।।'

3. गुरु की महत्ता का प्रतिपादन–सन्त कवियों ने ज्ञान की प्राति के लिए सद्गुरु का होना आवश्यक माना है। बिना गुरु के ज्ञान नहीं हो सकता, इसी कारण उन्होंने गुरु की महिमा का प्रतिपादन करते हुए उसे ईश्वर से भी बड़ा दर्जा दिया है। कबीर ने गुरु की महत्ता निम्न शब्दों में व्यक्त की–

'सतगुरु की महिमा अनत अनत किया उपकार।
लोचन अनत उघाड़िया अनत दिखावनहार।।'

ब्रह्म का साक्षात्कार कराने की शक्ति भी गुरु में ही है, साथ ही वह ईश्वर की पहचान भी कराता है। अतः निश्चित रूप से गुरु, गोविन्द से भी बड़ा है। कबीर काव्य में 'गुरुदेव कौ अंग' शीर्षक से जो साखियाँ संकलित की गयी हैं, उनमें सतगुरु के महत्त्व का प्रतिपादन किया गया है। कबीर के अतिरिक्त नानक, रज्जब, दादूदयाल आदि सन्तों ने भी गुरु के महत्त्व को स्वीकार किया है। रज्जब के अनुसार– *''रज्जब राम दया करी दादू गुरु पाया।''*

4. अद्वैतवादी विचारधारा–सन्त काव्य की विचारधारा अद्वैत दर्शन से पर्याप्त साम्य रखती है। ब्रह्म, जीव, जगत् के सम्बन्ध में उन्होंने जो विचार व्यक्त किये हैं वे अद्वैत वेदान्तियों से ही लिये गये प्रतीत होते हैं। ईश्वर को निर्गुण और निराकार मानते हुए कबीर ने उसे सर्वव्यापी माना है तथा जीव को ईश्वर का ही प्रतिरूप बताते हुए कहा है–

''लाली मेरे लाल की जित देखौं तित लाल।
लाली देखन मैं गयी मैं भी हो गयी लाल।।''

सन्त कवि जीव और ब्रह्म की एकता को स्वीकार करते हुए अद्वैतवादियों की भाँति ही माया के अस्तित्व को भी मानते हैं, जो जीव और ब्रह्म को अलग कर देती है। कबीर ने प्रतीकों के माध्यम से इसकी बढ़ी सुन्दर अभिव्यक्ति की है—

"जल में कुंभ कुंभ में जल है बाहर भीतर पानी।
फूटा कुंभ जल जलहिं समाना यह तत कयेहु गियानी।।"

यहाँ बाहर का जल (जिसमें घड़ा तैर रहा है) ब्रह्म का प्रतीक है तथा घड़े के भीतर का जल (जो परिमाण में अल्प है) जीव का प्रतीक है। इन दोनों को अलग किये हुए है—घड़े की दीवार, जो माया का प्रतीक है। माया के लिए उन्होंने ठगिनी, सर्पिणी, डायन जैसे शब्दों का प्रयोग करते हुए जीव को इससे सावधान रहने का उपदेश दिया है—

"माया महा ठगिनि हम जानी।
तिरगुन फाँस लिए कर डोलै बौले मधुरी बानी।"

5. रहस्यानुभूति—सन्त काव्य की एक प्रमुख प्रवृत्ति है—रहस्यानुभूति। निर्गुण ब्रह्म के प्रति उनके काव्य में जो प्रेम भावना दिखायी पड़ती है, उसी के कारण उनकी कविता में रहस्यवाद का समावेश हो गया है। कबीर ने उस ब्रह्म के प्रति नाना प्रकार के सम्बन्ध स्थापित करते हुए अपनी प्रेम भावना का उल्लेख किया है। दाम्पत्य प्रेम के प्रतीकों से उन्होंने आत्मा और परमात्मा के मिलन के आनन्द का वर्णन भी किया है—

दुलहिनि गावहु मंगलाचार।
मोरे घर आये हो राजा राम भरतार।।

परमात्मा रूपी प्रियतम से जब तक जीवात्मा का मधुर मिलन नहीं होता, तब तक वह विरहदग्ध होती हुई अत्यन्त वेदना का अनुभव करती है। सन्त कवियों ने इस वेदनानुभूति का चित्रण भी अपनी रचनाओं में किया है। रज्जब के अनुसार—

खिन-खिन दुखिया दगधिये विरह विथा तन पीर।
घड़ी पलक में बिनखिये ज्यूं मछरी बिनु नीर।।

6. बाह्याडम्बरों का खण्डन—सन्त कवियों ने समाज में व्याप्त रूढ़ियों एवं बाह्याडम्बरों का डटकर विरोध किया। मूर्तिपूजा, तीर्थाटन, व्रत, रोजा, नमाज आदि धर्म के बाह्य साधन हैं। अतः इनमें सन्तों को कोई विश्वास नहीं है। वे परम्परागत रूढ़ि, मिथ्या प्रदर्शनों, अन्धविश्वासों एवं अनुपयोगी रीति-रिवाजों के कट्टर विरोधी थे, यही कारण है कि उन्होंने हिन्दू-मुसलमानों में व्याप्त सामाजिक एवं धार्मिक बुराइयों की कटु आलोचना की—

अरे इन दोउन राह न पाई।
हिंदुअन की हिंदुआई देखी तुरकन की तुरकाई।।

धर्म के सामान्य तत्त्वों-सत्य, अहिंसा, प्रेम, करुणा, संयम और सदाचार का उन्होंने पूरा समर्थन किया और इस प्रकार एक ऐसे व्यापक धर्म की प्रतिष्ठा की जिसे सभी अपना सकें। वे सच्चे अर्थों में एक समाज-सुधारक थे इसीलिए उन्होंने अपनी ओजस्वी वाणी से समाज की सड़ी-गली मान्यताओं को मिटाकर उसे दिशा-निर्देश देकर स्वच्छ बनाने का स्तुत्य प्रयास किया।

7. जाति-प्रथा का विरोध–कबीर एवं अन्य सन्त कवियों ने समाज में व्याप्त ऊँच-नीच की भावना का खुलकर विरोध किया। उच्च वर्ग इनके आक्रोश का लक्ष्य बना और विशेष रूप से ब्राह्मण वर्ग का उपहास इन्होंने स्थान-स्थान पर किया। वे स्पष्ट रूप से कहते हैं कि हमारी तुम्हारी रगों में बहनेवाला खून जब एक जैसा है तो फिर तुम उच्च कुल के और हम निम्न कुल के कैसे हैं–

हमारे कैसे लोहू, तम्हारे कैसे दूध।
तुम कैसे बाम्हान पांडे हम कैसे सूद।

ऊँचे कुल में जन्म लेने से ही कोई ऊँचा नहीं हो जाता, ऊँचा वह है जिसके कर्म ऊँचे हैं–

ऊँचे कुल का जनमिया करनी ऊँच न होय।
सुबरन कलश सुरा भरा साधू निन्दत सोय।।

8. स्वानुभूति पर बल–सन्त कवियों ने जो कुछ कहा है वह पुस्तकीय ज्ञान न होकर स्वानुभूत सत्य है। समाज में उन्होंने जो कुछ देखा, उसका वर्णन करने में किसी प्रकार का संकोच नहीं किया। वे शास्त्र की तुलना में अनुभूति को अधिक महत्त्व देते हैं। वेद और कुरान की अपेक्षा स्वानुभूत सत्य को अधिक प्रामाणिक मानते हैं और तथाकथित शास्त्रज्ञ विद्वानों को चुनौती देते हुए कहते हैं–

"तू कहता कागद की लेखी मैं कहता आँखिन की देखी।
मैं कहता सुरझावनहारी तू राखा उरझोय रे।।"

9. नारी-विषयक दृष्टिकोण–कबीर ने ही नहीं अपितु अधिकांश सन्त कवियों ने नारी के प्रति स्वस्थ दृष्टिकोण नहीं अपनाया। वे नारी को नरक का द्वार तथा माया का प्रतिरूप बताते हैं और उसे आत्मोन्नति में बाधक समझते हैं। नारी निन्दा करते हुए वे यहाँ तक कह देते हैं–

"नारी की झाईं परत अंधा होत भुजंग।
कबिरा तिनकी कौन गति नित नारी के संग।।"

नारी के प्रति सन्तों का यह दृष्टिकोण असन्तुलित और अतिवादी ही कहा जायेगा। कबीर ने एक ओर तो नारी-निन्दा करते हुए उसे विष की बेल तक कह दिया है तो दूसरी ओर 'पतिव्रता' की उन्होंने प्रशंसा भी की है–

"पतिव्रता मैली भली काली कुचित कुरूप।
पतिव्रता के रूप पर बारौं कोटि सरूप।।"

10. दार्शनिक मान्यताएँ–सन्त कवियों ने भले वेदशास्त्र न पढ़े हों, किन्तु निजी अनुभूतियों के बल पर उन्हें जो विश्वसनीय लगा उसी को अपना दर्शन बना लिया। ब्रह्म, जीव, जगत्, माया के सम्बन्ध में उनके सुस्पष्ट विचार उनकी दार्शनिक मान्यताओं को व्यक्त करते हैं।

सन्त कवियों का ब्रह्म निर्गुण, निराकार, सर्वव्यापी, शून्य और निरंजन है। वह वर्णनातीत, अगम्य एवं अकल्पनीय है। उसकी प्राप्ति सहज समाधि से सम्भव है। कबीर के अनुसार वह एक ऐसा अनूप तत्त्व है जो फूलों की सुगन्ध से भी पतला है–

'पदुप वास तें पातरा ऐसा तत्व अनूप।।'

'जीव' उस ब्रह्म का ही अंश है जो माया के कारण ब्रह्म से अलग रहता है। माया का आवरण हटते ही जीवात्मा को परमात्मा की प्राप्ति हो जाती है–

'घूँघट के पट खोल रे तोकूँ राम मिलेंगे।।'

कबीर ने अनेक प्रतीक माया के दिये हैं, यथा उक्त पंक्ति में 'घूँघट' माया का प्रतीक है।

जगत् की सभी आकर्षणमयी वस्तुएँ माया का रूप हैं। कंचन, कामिनी के रूप में वह सबको अपने जाल में फँसाती है। इसने सारे संसार को अपने मोहपाश में बाँध रखा है–

"माया महा ठगिनि हम जानी।
तिरगुन फाँस लिये कर डोलै बोलै मधुरी बानी।।"

माया के बन्धन से मुक्ति पाना बड़ा कठिन है। यह माया, सत्संग, भक्ति एवं परमात्मा के नाम-स्मरण से ही निवारित की जा सकती है।

11. सन्त काव्य की भाषा–सन्त काव्य की भाषा अपरिष्कृत है। कलात्मक रचनाएँ प्रस्तुत करना उनका उद्देश्य नहीं था, वे तो भाषा को भाव-सम्प्रेषण का माध्यम भर मानते थे, अतः अपनी अनुभूति को व्यक्त करने के लिए अनगढ़ भाषा का प्रयोग करने में किसी प्रकार का संकोच नहीं करते थे। सन्त कवियों ने अनुभूति की तल्खी और तीखेपन को व्यक्त करने में पूर्ण सफलता प्राप्त की है। उनकी अनुभूति ने स्वतः ही अनुकूल शब्दों का चयन कर लिया है। सन्त कवि प्रायः अशिक्षित थे, अतः उन्होंने साहित्यिक भाषा के स्थान पर बोलचाल की सामान्य भाषा का प्रयोग अपने काव्य में किया है। वे अपने मतों एवं सिद्धान्तों का प्रचार करने हेतु देशाटन किया करते थे। अतः उनकी भाषा में ब्रज, अवधी, खड़ीबोली, राजस्थानी, पँजाबी भाषाओं का मिश्रण मिलता है। आचार्य रामचन्द्र शुक्ल ने इसी अद्भुत मेल के कारण सन्त कवियों की भाषा को 'सधुक्कड़ी' भाषा कहा है। उनकी भाषा में पूर्वी हिन्दी, फारसी, अरबी शब्दों का प्रयोग हुआ है। आचार्य हजारीप्रसाद द्विवेदी ने कबीर को 'वाणी का डिक्टेटर' कहा है।

12. अलंकार-योजना–सन्त कवियों के काव्य में उपमा, रूपक, उत्प्रेक्षा इन अलंकारों का समावेश हुआ है। सांगरूपक की कितनी सुन्दर योजना निम्न दोहे में हो गयी है–'

'नैनन की करि कोठरी पुतली पलंग बिछायी।
पलकों की चिक डारि कैं पिय को लिया रिझाय।।"

गूढ़ आध्यात्मिक तत्त्वों के स्पष्टीकरण हेतु उन्होंने साम्यमूलक अलंकारों का प्रयोग किया है। सन्तों की अलटवासियों में विरोधमूलक अलंकारों का चमत्कार देखा जा सकता है–

"समुंदर लागी आग नदिया जरि कोयला भई।
देख कबीरा जाग मंछी रूखा चढ़ि गई।।"

13. रस-योजना—सन्त काव्य में प्रधान रूप से पूर्ण परिपाक हुआ है परन्तु गौण रूप से शृंगार रस के वियोग पक्ष की यथा अद्भुत रस की योजना भी हुई है। कबीर की निम्न साखी में विरह-दग्ध जीवात्मा की विकल दशा का निरूपण हुआ है—

"विरहिन ऊभी पंथ सिर पंथी पूछै धाइ।
एक सबद कहि पीव का कब रे मिलेंगे आइ।।"

काव्य-कला की दृष्टि से भले ही सन्त काव्य उच्चकोटि का न रहा हो, पर जनजीवन में व्याप्त बुराइयों को दूर कर उसे शुद्ध मानवता का पाठ पढ़ाने में उसकी प्रभावी भूमिका रही है।

प्रतिनिधि कवि : कबीरदास का व्यक्तित्व एवं कृतित्व

जन्म सन् 1368 : मृत्यु सन् 1448 ई.

महात्मा कबीरदास हिन्दी के भक्ति-काल की निर्गुणोपासक ज्ञानाश्रयी शाखा के सर्वश्रेष्ठ और प्रतिनिधि कवि माने जाते हैं। कबीर ने उच्चवर्गीय हिन्दू-मुसलमानों के धार्मिक एवं सामाजिक आडम्बरों का विरोध कर एक ऐसे लोक-धर्म की स्थापना करने का प्रयत्न किया था जिसे साधारण जनता अपनाकर सुखी जीवन व्यतीत कर सकती थी।

1. जीवन-परिचय—हिन्दी के अन्य प्राचीन कवियों के ही समान कबीर के जन्म और मृत्यु से सम्बन्धित तिथियों, जन्म-स्थान, जाति, परिवार आदि के कोई निश्चित ऐतिहासिक प्रमाण नहीं मिल सके हैं। विद्वानों ने समकालीन व्यक्तियों, घटनाओं, किंवदन्तियों आदि के आधार पर ही उनके जीवन की रूपरेखा निश्चित की है। उनके जन्म के सम्बन्ध में एक किंवदन्ती प्रचलित है कि एक बार स्वामी रामानन्द ने भूल से एक विधवा ब्राह्मणी को पुत्रवती होने का वरदान दे दिया था। फलस्वरूप उस ब्राह्मणी के एक पुत्र उत्पन्न हुआ। ब्राह्मणी ने बदनामी के भय से उस नवजात बालक को एक तालाब के किनारे डाल दिया। उधर से गुजरते हुए नीरू और नीमा नामक एक जुलाहा पति-पत्नी की जब उस बालक पर नजर पड़ी तो उन्होंने उसे उठा लिया और घर ले जाकर पालन-पोषण किया। भविष्य में यही बालक 'कबीर' के नाम से प्रसिद्ध हुआ। कबीर की जन्म तिथि के सम्बन्ध में एक दोहा प्रसिद्ध है—

"चौदह सौ पचपन साल गये, चंद्रबार एक ठाठ भये।
जेठ सुदी बरसाइत कौ, पूरनमासी प्रकट भये।।"

इसी प्रकार उनकी मृत्यु के सम्बन्ध में भी एक दोहा प्रचलित है—

"संवत् पन्द्रह सौ पचहत्तर, कियौ मगहर को गौन।
अगहन सुदी एकादसी, रल्यौ पौन में पौन।।"

परन्तु विद्वान् लोग उपर्युक्त दोहों को प्रामाणिक नहीं मानते। साधारणतः कबीर का जन्म सन् 1368 में तथा मृत्यु सन् 1448 में हुई मानी जाती है।

2. जन्म-स्थान, जाति, परिवार और जीवन—कबीर के जन्म-स्थान के विषय में विद्वानों में मतभेद है। कोई इनका जन्म काशी (वाराणसी) में हुआ मानते हैं और कोई मगहर नामक स्थान में इसी प्रकार इनकी जाति के विषय में भी मतभेद है। कोई इन्हें

हिन्दू मानते हैं तथा कोई मुसलमान। परन्तु इस सम्बन्ध में सभी एकमत हैं कि इनका जन्म जुलाहा-परिवार में हुआ था। जुलाहे हिन्दू और मुसलमान दोनों जातियों में होते हैं। कबीर के पदों से यह स्पष्ट हो जाता है कि उनका जन्म जुलाहा-परिवार में हुआ था, वे काशी में रहते थे और जुलाहा होने का उन्हें गर्व था। इस सम्बन्ध में उनकी दो पंक्तियाँ प्रसिद्ध हैं–

"काशी में हम प्रगट भए, रामानन्द चेताए।"

तथा

"तू बाम्हन, मैं कासी का जुलाहा, बूझौ मोर गियाना।"

कबीर की मृत्यु के सम्बन्ध में एक किंवदन्ती यह प्रचलित है कि कबीर अपनी मृत्यु को समीप आया जान काशी छोड़कर मगहर चले गये थे। उनका कहना था कि यदि केवल काशी में रहने से ही मोक्ष मिल सकता है तो राम की भक्ति करना बेकार है। इसीलिए कबीर ने कहा था–

"जो कासी तन तजै कबीर, तो रामहिं कहा निहोरा रे।"

कहा जाता है कि कबीर घर पर जुलाहे का काम–कपड़ा बुनना–किया करते और उसी की आमदनी से घर का काम चलाते थे। कबीर के परिवार के सम्बन्ध में अनेक जनश्रुतियाँ प्रचलित हैं। कहते हैं कि उनकी पत्नी का नाम 'लोई' था तथा उनके 'कमाल' नामक एक पुत्र और 'कमाली' नामक पुत्री थी। कबीर अपने पुत्र कमाल से नाराज रहते थे क्योंकि वह राम की भक्ति न कर हमेशा धन कमाने में ही लगा रहता था। यह भी कहा जाता है कि कबीर प्रसिद्ध वैष्णव आचार्य रामानन्द के शिष्य थे। कबीर के मृत्यु-स्थान के सम्बन्ध में भी लोगों में मतभेद है। भिन्न-भिन्न लोग जगन्नाथ पुरी, रतनपुर (अवध) और मगहर में उनकी मृत्यु हुई मानते हैं। परन्तु बहुमत मगहर को ही उनका मृत्यु-स्थान मानने के पक्ष में है।

कबीर की मृत्यु के सम्बन्ध में एक किंवदन्ती और प्रचलित है। कहा जाता है कि कबीर हिन्दुओं और मुसलमानों में समान रूप से इतने अधिक लोकप्रिय थे कि उनके मरने पर हिन्दू उनके शव को जलाना चाहते थे और मुसलमान कब्र में गाड़ना। इस झगड़े को सुलझाने के लिए जब कबीर के शव पर पड़ी चादर को उठाया गया तो वहाँ केवल थोड़े-से फूल पड़े दिखायी दिये। इन्हीं फूलों को हिन्दू और मुसलमानों ने आपस में बाँटकर अपने-अपने धर्मानुसार उनका अन्तिम संस्कार कर दिया।

3. कबीर की रचनाएँ–कबीर पढ़े-लिखे नहीं थे परन्तु उन्होंने दूर-दूर के प्रदेशों की यात्रा कर, साधु-सन्तों का सत्संग कर जीवन, समाज और धर्म के रूपों का गहरा और विस्तृत अध्ययन किया था। वह इस अध्ययन द्वारा प्राप्त ज्ञान और अनुभवों को कभी खण्डन-मण्डन के रूप में, कभी उपदेश के रूप में तथा कभी भक्ति में तन्मय हो आत्माभिव्यक्ति के रूप में गा-गाकर सुनाया करते थे। थोड़े ही समय में उनके अनेक शिष्य बन गये थे जो प्रायः उनके साथ ही रहा करते थे। सम्भव है जब कबीर मौखिक रूप से कविता करते हों तो ये शिष्यगण उन्हें तुरन्त लिखे लेते हों। यह भी सम्भव है

कि उनके शिष्यों ने बाद में उनके कहे भजनों, पदों, साखियों आदि का संग्रह कर लिया हो। कबीर ने अपने अनपढ़ होने का स्पष्ट उल्लेख किया है–

"मसि कागद छुओ नहीं, कलम गही नहिं हाथ।
चारों जुग का महातम, कबिरा मुखहिं जनाई बात।।"

कहा जाता है कि कबीर की मृत्यु के बाद उनके शिष्यों ने कबीर की रचनाओं का संग्रह किया था जो 'कबीर बीजक' नाम से प्रसिद्ध है। इस 'बीजक' के तीन भाग हैं–साखी, सबद, रमैनी। यह बीजक कबीरपन्थियों में धार्मिक ग्रन्थ के समान पूज्य माना जाता है। इसके अतिरिक्त, कबीर की रचनाओं का निम्नलिखित ग्रन्थों में भी संकलन किया गया मिलता है–विवेक सागर, विचारमाला, ज्ञान-सागर, ज्ञान-स्रोत, ज्ञान गुदरी, कबीर की बानी आदि। कुछ लोग कबीर के रचे ग्रन्थों की कुल संख्या 57 बताते हैं जिनमें लगभग 17 हजार पद संगृहीत हैं। परन्तु भाषा के विभिन्न रूपों को देख ऐसा लगता है कि कबीर द्वारा रचित माने जानेवाले इन ग्रन्थों में उनके शिष्यों द्वारा रचित अगणित पदों का संग्रह भी कबीर के ही नाम से कर दिया है। काशी नागरी प्रचारिणी सभा ने कबीर की सम्पूर्ण उपलब्ध रचनाओं का एक प्रामाणिक संग्रह 'कबीर ग्रन्थावली' के नाम से किया है।

4. रूढ़ियों का खण्डन–कबीर स्वच्छन्द विचारक थे। उन्होंने अपने नवीन मत के समर्थन में धार्मिक सिद्धान्तों के साथ-साथ सांसारिक जीवन में काम आनेवाले व्यावहारिक आचार-विचारों का भी आवश्यकतानुसार वर्णन किया है। इसके अतिरिक्त उन्होंने धार्मिक तथा सामाजिक क्षेत्र में जहाँ कहीं भी प्रगति को रोकनेवाली रूढ़ियों का पालन होते हुए देखा है वहीं उनका दृढ़ता के साथ खण्डन किया है। उन्होंने सभी धर्मों के ठेकेदार बनने का दम्भ करनेवाले पण्डित-पुजारियों, ढोंगी, साधु-फकीरों तथा मुल्लाओं को कसकर फटकारा है।

"जो तू बाभन बभनी जाया, आन बाट से क्यों नहिं आया।"

कबीर जीव हिंसा के कट्टर विरोधी थे। उन्होंने बेजुवान पशुओं का वध करनेवालों को चेतावनी देते हुए कहा था–

"बकरी पाती खात है, ताकी काढ़ी खाल।
जो नर बकरी खात हैं, तिनकी कौन हवाल।।"

5. हिन्दू-मुस्लिम एकता के समर्थक–कबीर आत्मा को परमात्मा का अंश मान सभी प्राणियों में परमात्मा का निवास मानते थे। इसलिए जब वह हिन्दू-मुसलमानों को आपस में एक-दूसरे का विरोध करते और लड़ते-झगड़ते देखते थे तो उन्हें बड़ा दुख होता था। इसलिए उन्होंने हिन्दू और मुसलमान दोनों को ही समझाया कि तुम्हारे राम और रहीम दोनों एक ही हैं, इसलिए तुम्हें आपस में मेल से रहना चाहिए। परन्तु साधारणजन इस रहस्य को नहीं जानते, इसीलिए आपस में लड़ मरते हैं–

"कह हिन्दू मोहिं राम पियारा, तुरक कहैं रहमाना।
आपस में दोउ लरि मूये, मरम न काहू जाना।।"

तथा

"हिन्दू तुरक की एक राह है, सतगुरु यहै बताई।
कहै कबीर सुनौ हो सन्तो, राम न कहेउ खुदाई।।"

6. कबीर की भक्ति का रूप—कबीर ब्रह्म के निराकार रूप की उपासना करते थे। अपने इस ब्रह्म को उन्होंने 'राम' कहा है। उनका राम शब्द निर्गुण, निराकार ब्रह्म का प्रतीक बन गया। उनका यह 'राम' राजा दशरथ के पुत्र से भिन्न था। कबीर ने कहा है—

"जाके दसरथ-सुत तिहु लोक बखाना,
राम नाम का मरम है आना।"

कबीर का यह 'राम' त्रिगुणातीत, द्वैताद्वैत, विलक्षण, अलख, अगोचर, प्रेम का सागर है। वह अत्यन्त सूक्ष्म और अनिर्वचनीय है। कबीर कहते हैं—

"जाके मुँह माथा नहीं, नाहीं रूप सरूप।
पुहुप वास ते पातरा, प्रेसा तत्व अनूप।।"

इस राम का आधार लेकर कबीर ऐसी भक्ति की स्थापना करना चाहते थे जिसे सभी लोग—हिन्दू, मुसलमान, ब्राह्मण और शूद्र समान रूप से अपना सकें, उसकी उपासना कर सकें। इसके लिए उन्होंने राम-रहीम की एकता स्थापित कर उन्हें धर्मों तथा सम्प्रदायों के धार्मिक बन्धनों से मुक्त कर दिया। उन्होंने हिन्दुओं के ब्रह्मवाद सर्ववाद तथा मुसलमानों के एकेश्वरवाद आदि की बारीकियों से मुक्त ऐसे ब्रह्म का निरूपण किया जिसे सब समान रूप से अपना सकते थे। उन्होंने इसी कारण अपने 'राम' के विषय में कहा है।

"कहै कबीर एक राम जपहु रे हिन्दू तुरक न कोई।"

राम की इस भक्ति में माया बाधक होती है। यह माया धन और सुन्दरी नारी का रूप धारणकर मनुष्य को संसार में आसक्त बनाये रखती है, इसलिए इनका त्याग कर देना चाहिए। माया का यह परदा ज्ञान द्वारा ही दूर किया जा सकता है। कबीर निराकार 'राम' के उपासक हैं, इसलिए ब्रह्म के अवतारों तथा मूर्तिपूजा के कट्टर विराधी हैं। उन्होंने कहा है—

"पाथर पूजै हरि मिलै, तो मैं पूजूँ पहार।
तातै यह चाकी भली, पीस खये संसार।।"

कबीर भक्ति में बाह्य प्रदर्शन के विरोधी हैं। वह व्यक्तिगत साधना का समर्थन करते हैं। ज्ञानमार्गी होने के कारण वह एकान्त में बैठकर अपने हृदय में स्थित ब्रह्म का दर्शन करने का उपदेश देते हैं। परन्तु ब्रह्म के दर्शन तभी हो सकते हैं जब भक्त अपनी सम्पूर्ण कामनाओं को त्याग दे।

भक्त केवल भगवान् के समीप रहना चाहता है, स्वर्ग या मोक्ष नहीं चाहता। भक्ति के आवेश में कबीर अपने राम के साथ माता-पिता, पति-पत्नी, प्रियतम-प्रियतमा आदि का नाता जोड़ते हैं। आध्यात्मिक ज्ञान की चरम सीमा पर पहुँचकर वह ज्ञान को भक्ति की अपेक्षा अधिक महत्त्व देने लगे हैं।

7. कबीर का रहस्यवाद—कबीर का रहस्यवाद हिन्दुओं के अद्वैतवाद और सूफियों के प्रेमवाद का मिला-जुला रूप है। यह रहस्यवाद आध्यात्मिकता को लेकर चलता है। इसके अनुसार कबीर सम्पूर्ण विश्व में अपने प्रियतम का ही प्रकाश देखते हैं—

"लाली मेरे लाल की, जित देखों तित लाल।
लाली देखन मैं चली, मैं भी हो गयी लाल।।"

अपनी इसी रहस्य-भावना के कारण कबीर ने अपने प्रियतम के मिलन और विरह के गीत गाये हैं। कबीर के इस रहस्यवाद में उनकी 'उलटवाँसियों' का महत्त्वपूर्ण स्थान माना जाता है

8. कबीर की काव्य-कला—कबीर बिना पढ़े-लिखे थे। उन्हें काव्यशास्त्र का ज्ञान नहीं था। वह न छन्द रचना जानते थे और न अलंकारों का सुन्दर प्रयोग करना ही। उन्हें न भाषा का ज्ञान था और न शब्द-शक्तियों के चमत्कारों का। इसी कारण अनेक विद्वान् उन्हें कवि ही नहीं मानते। उन्हें कबीर के काव्य में छन्द, अलंकार, भाषा, शब्द-शक्ति आदि के सुन्दर रूप नहीं मिलते। सच्ची बात में आकर्षण होता है। कबीर जो कुछ भी कहते थे, उसे सत्य समझ अपने हृदय की पूरी निश्चलता और शक्ति के साथ कहते थे।

कबीर की कविता के दो रूप हैं। जहाँ वह धर्मों के आडम्बरों की बुराई करते हैं, उनका खण्डन करते हैं, ढोंगियों को फटकारते हैं, वहाँ हम उनकी बात ध्यान से सुनते हैं। साहित्यिक दृष्टि से इस कविता का महत्त्व नहीं माना जा सकता। परन्तु जहाँ कबीर संसार की उपेक्षा कर केवल अपने 'राम' में ही डूब जाते हैं। राम के ही मिलन और विरह के गीत गाने लगते हैं, वहाँ उनकी कविता में एक अद्भुत सौन्दर्य, आकर्षण और तन्मय कर देने की शक्ति उत्पन्न हो जाती है।

9. भाषा और शैली—कबीर की भाषा को विद्वानों ने 'सधुक्कड़ी' भाषा कहा है। 'सधुक्कड़ी' भाषा साधुओं की भाषा को कहा जाता है। साधु देश-विदेशों में घूमते रहते हैं और तरह-तरह की भाषाओं के शब्दों को अपनाते रहते हैं। इसी कारण उनकी इस भाषा में अनेक भाषाओं के शब्दों का मिश्रण हो जाता है। कबीर भी यात्राएँ किया करते थे, इसलिए उनकी भाषा में भी अनेक भाषाओं के शब्दों का मिश्रण हो गया था। यद्यपि कबीर की मातृभाषा पूर्वी हिन्दी थी, फिर भी हमें उनकी भाषा में खड़ीबोली, ब्रजभाषा, पंजाबी, राजस्थानी, अरबी, फारसी आदि अनेक देशी-विदेशी भाषाओं के शब्दों का प्रयोग हुआ मिलता है। कबीर स्पष्ट भाषा और रुखे, कठोर, नीरस शब्दों द्वारा अपनी बात कह देते थे। इसके लिए उन्होंने प्रायः शब्दों को तोड़ा-मरोड़ा भी है कहीं-कहीं उन्होंने पंजाबी मुहावरों तथा बँगला की क्रियाओं का भी प्रयोग किया है। कहीं-कहीं अपभ्रंश के शब्द भी मिल जाते हैं। अरबी-फारसी के शब्द भी प्रयुक्त हुए हैं, जैसे—

"हम मसकीन खुदाई बन्धु, तुम्हारा जस मनि भावै।
अलह अवलि दीन का साहिब, जोर नहीं फुरमाया।।"

कबीर की भाषा के तीन रूप मिलते हैं। जहाँ वह खण्डन-मण्डन की शैली अपनाते हैं वहाँ उनकी भाषा कठोर, रूखी और नीरस हो उठती है। परन्तु जहाँ वह अपने 'राम'

के मिलन-विरह के गीत गाते हैं, वहाँ भाषा-शैली सरस, कोमल, मधुर और हृदय को स्पर्श करनेवाली बन जाती है।

संक्षेप में कबीर की भाषा सरल, सुबोध और जनसाधारण की समझ में आ जानेवाली होती है। उनकी शैली में ओज गुण की प्रधानता है। साथ ही प्रसाद और माधुर्य गुण भी सर्वत्र अपनी छटा दिखाते रहते हैं। कबीर स्वभाव से मस्तमौला, अक्खड़ और फक्कड़ थे। उनके व्यक्तित्व के ये सारे गुण उनकी भाषा-शैली में घुल- मिल गये हैं।

(आ) प्रेमाश्रयी शाखा—प्रेमाश्रयी शाखा की प्रमुख प्रवृत्तियाँ,

(2) प्रतिनिधि कवि : मलिक मुहम्मद जायसी का साहित्यिक परिचय

प्रेमाश्रयी शाखा—प्रेमाश्रयी शाखा की प्रमुख प्रवृत्तियाँ

सूफी काव्य की प्रवृत्तियाँ

सूफी प्रेमाख्यानकों की प्रमुख प्रवृत्तियों का विवेचन निम्न शीर्षकों के अन्तर्गत किया जा सकता है—

1. मुसलमान कवि एवं मसनवी शैली—सूफी काव्यधारा के अधिकांश कवि मुसलमान हैं परन्तु उनमें धार्मिक कट्टरता का अभाव है। इन सूफी कवियों ने सूफी मत का प्रचार-प्रसार करने के लिए हिन्दुओं के घरों में प्रचलित प्रेम-कहानियों को अपने काव्य का विषय बनाया। जायसी ने पद्मावत में जिस प्रेमकथा को लिया है वह राजा रत्नसेन और राजकुमारी पद्मावती की ऐतिहासिक प्रेमगाथा है। इन्होंने चरित-काव्यों को सूफियों की मसनवी शैली में प्रस्तुत किया। इस शैली के अन्तर्गत सर्वप्रथम ईश्वर वन्दना (हम्द) तत्पश्चात् हजरत मुहम्मद की स्तुति (नअत), तदुपरान्त मुहम्मद साहब के चार मित्रों की प्रशंसा (मंकबत) और फिर शाहे वक्त (तत्कालीन शासक) की प्रशंसा (मद्ह) की जाती है। इसके बाद गुरु-महिमा का निरूपण करने के साथ-साथ अपनी आस्थाओं एवं धार्मिक विश्वासों की विवेचना भी की जाती है। हिन्दू कवियों द्वारा भी कुछ प्रेमाख्यानक लिखे गये हैं परन्तु उनमें इस पद्धति का अनुसरण नहीं किया गया है।

2. प्रेमगाथाओं का नामकरण—सूफी कवियों ने प्रेमगाथाओं का नामकरण प्रायः नायिका के आधार पर किया है। उदाहरण के लिए जायसी कृत पद्मावत का नामकरण इसकी नायिका पद्मावती के नाम पर है तो मंझन कृत मधुमालती तथा कुतुबन कृत मृगावती नामक रचना का नामकरण भी नायिका के नाम को आधार बनाकर किया गया है। नायिका ग्रन्थ का केन्द्र-बिन्दु रही हैं, अतः यह नामकरण उपयुक्त माना जाता है।

3. अलौकिक प्रेम की व्यंजना—प्रेमगाथा काव्य-परम्परा के अधिकांश कवियों ने लौकिक प्रेमकथाओं के माध्यम से अलौकिक प्रेम की व्यंजना की है। राजा रत्नसेन एवं पद्मावती के जिस प्रेम का उल्लेख 'पद्मावत' में किया गया है। वह इसी प्रकार का है। यहाँ रत्नसेन आत्मा का प्रतीक है और पद्मावती परमात्मा का प्रतीक। अतः रत्नसेन के हृदय में जो उत्कट लालसा पद्मावती से मिलन के लिए है उसे आत्मा की परमात्मा के प्रति मिलन की अभिलाषा ही समझा जाना चाहिए। अलौकिक प्रेम की इस व्यंजना के कारण सूफी कवियों की रचनाओं में रहस्यवाद का समावेश हो गया है। पद्मावती में कथा के बीच-बीच में ऐसे अनेक संकेत दिये गये हैं जो पद्मावती को परमात्मा का प्रतीक

मानने के लिए बाध्य करते हैं। समासोक्ति और अन्योक्ति के कारण पद्मावती में दुहरे अर्थों की व्यंजना करनेवाले अनेक प्रसंग देखे जा सकते हैं। कवि में इन प्रसंगों की योजना अलौकिक प्रेम की व्यंजना करने के लिए ही की है। उदाहरण के लिए पद्मावती के नख-शिख चित्रण में उसकी दन्त पंक्ति की शोभा का वर्णन करते समय संसार के सभी पदार्थों में उस ज्योति को दिखा दिया गया है–

"रवि ससि नखत दिपहिं ओहि जोती।
रतन पदारथ मानिक मोती।।"

आचार्य रामचन्द्र शुक्ल ने सूफी कवियों के काव्य में पायी जानेवाली रहस्यवादी प्रवृत्ति पर टिप्पणी करते हुए इसे भावात्मक कोटि का रहस्यवाद स्वीकार किया है–" यदि कहीं सच्चे भावात्मक रहस्यवाद के दर्शन होते हैं, तो जायसी आदि सूफी कवियों में।"

4. कथा-संगठन एवं कथानक रूढ़ियों–सूफी कवियों के प्रेमाख्यानक प्रबन्ध-काव्य हैं जिनमें कथा तत्त्व का समावेश है। इन प्रबन्ध काव्यों के कथा-स्रोत भारतीय पुराण, इतिहास एवं अन्य लोक प्रचलित प्रेम कहानियाँ हैं। इन कवियों ने जिन प्रेमगाथाओं का चयन किया है, वे प्रायः एक ही साँचे में ढली हुई हैं। कथावस्तु में अपेक्षित गति न होकर शिथिलता है। वस्तु-वर्णन की प्रधानता होने के कारण कथा--प्रवाह में व्याघात पड़ा है। कथावस्तु में असाधारण एवं रोमांचक घटनाओं की अधिकता भी दिखायी पड़ती है।

इन कवियों ने अपनी रचनाओं में भारतीय एवं ईरानी काव्य रूढ़ियों का समावेश भी किया है। इन प्रेमगाथाओं में प्रायः वे सभी काव्य रूढ़ियाँ मिल जाती हैं जो परम्परा से भारतीय कथाओं में व्यवहृत होती रही हैं, तथा–चित्र दर्शन, स्वप्न दर्शन या शुक-सारिका द्वारा नायिका का रूप देख-सुनकर उस पर आसक्त हो जाना, पशु-पक्षियों की बातचीत से भावी घटना का संकेत प्राप्त करना तथा मन्दिर या उपवन में प्रेमी युगल का मिलन होना इत्यादि। इसी प्रकार कुछ कथानक रूढ़ियाँ ईरानी साहित्य से भी ली गयी हैं, यथा–प्रेम व्यापार में परियों एवं अलौकिक शक्तियों का सहयोग, उड़नेवाली राजकुमारियाँ, राजकुमारी द्वारा प्रेमी को गिरफ्तार करवा लेना है। जायसी ने पद्मावत में ऐसी अनेक कथानक रूढ़ियों की योजना की है। मानसरोवर में पद्मावती का सखियों के साथ स्नान करना, नायिका को विरह ताप चढ़ने पर वैद्य द्वारा नाड़ी परीक्षा करना, बारहमासे के द्वारा विरह निरूपण, समुद्री तूफान से नौका का टूट जाना तथा शंकर-पार्वती द्वारा सहायता करना इसी प्रकार की कथानक रूढ़ियाँ हैं।

5. चरित्र-चित्रण–सूफी प्रेमाख्यानकों में नायक-नायिकाओं के चरित्रांकन की एक जैसी पद्धति दिखायी पड़ती है। उनमें जीवन के विविध घात-प्रतिघातों का अभाव है। नायक को प्रायः राजकुमार दिखाते हुए उसे सहृदय, साहसी, प्रेमी एवं परदुःखकातर बताया गया है। नायिका को अनिन्द्य सुन्दरी, रूपगर्विता, बुद्धिमती राजकन्या के रूप में चित्रित किया है। प्रायः सभी कवियों ने भारतीय वातावरण एवं मर्यादाओं के अनुरूप नायक-नायिका का चरित्र-चित्रण किया है। प्रेम-पथ की कठिनाइयों का चित्रण करते हुए नायक के चरित्र को उभारने का प्रयास प्रायः सभी सूफी प्रेमकथाओं में किया गया

है। नायक को उसके रूप-सौन्दर्य के प्रति आकृष्ट होकर उसे प्राप्त करने के लिए अनेक संघर्षों से गुजरना पड़ता है। ये संघर्ष ईश्वर-प्राप्ति के मार्ग में आनेवाले संघर्षों के द्योतक हैं। सूफी प्रेमाख्यानकों में कुछ मानवेतर पात्र भी हैं– पद्मावत में हीरामन तोता जिसे एक विद्वान् के रूप में प्रस्तुत किया गया है। कथा का विकास करने में ऐसे पात्रों की महत्त्वपूर्ण भूमिका रही है।

6. लोकपक्ष एवं हिन्दू संस्कृति का चित्रण–प्रेमाख्यानक कवियों ने अपनी रचनाओं में लोक-जीवन का पर्याप्त चित्रण किया है। जनसामान्य में प्रचलित अन्धविश्वास, जादू-टोना, तन्त्र-मन्त्र, लोकव्यवहार का सुन्दर दिग्दर्शन इन काव्य-ग्रन्थों में कराया गया है। साधारण जनता के व्रत, उत्सव, तीर्थ, पर्व, लोकाचार और उनके सांस्कृतिक क्रिया-कलापों का विवरण भी इनमें उपलब्ध हो जाता हैं। सूफी कवियों ने हिन्दू घरों में प्रचलित लोकप्रिय प्रेमकथाओं को अपने काव्य का विषय बनाया था, अतः हिन्दू धर्म के स्थूल सिद्धान्तों, रहन-सहन और अचार-विचार का निरूपण भी इनमें यथावसर किया गया है। सूफी कवि हिन्दू धर्म एवं संस्कृति की सामान्य जानकारी रखते थे। अतः प्रसंगानुसार इन्होंने अपने पौराणिक ज्ञान, ज्योतिष, आयुर्वेद की यत्किंचित् जानकारी का उपयोग अपने काव्य-ग्रन्थों में किया है। भारतीय साहित्यिक परम्परा के अनुरूप ही इन कवियों ने अपनी रचनाओं में नख-शिख वर्णन एवं बारहमासे की योजना की है।

7. भाव एवं रस व्यंजना–सूफी कवियों का मूल प्रतिपाद्य है–प्रेम। अतः इनकी रचनाओं में श्रृंगार रस की प्रधानता रही है। श्रृंगार के दोनों ही पक्षों-संयोग एवं वियोग का प्रभावपूर्ण चित्रण इन प्रेमाख्यानकों में किया गया है। सौन्दर्य निरूपण के अन्तर्गत नायिका के नख-शिख, रूप-रंग, हाव-भाव का चित्रण करने के साथ-साथ उसकी विद्वत्ता, बुद्धिमत्ता एवं कला विशारदता का उल्लेख भी किया है। संयोग श्रृंगार के अन्तर्गत रूप-चित्रण की प्रधानता रही है। नायिका का अद्भुत सौन्दर्य वस्तुतः परमात्मा का ही नूर है। संयोग-श्रृंगार के अन्तर्गत नायक-नायिका के मिलन का चित्रण करते हुए काम-क्रीड़ा का वर्णन भी किया है। संयोग वर्णन के अन्तर्गत इन्होंने बारहमासे की योजना की है। पद्मावती में नागमती के विरह की सुन्दर अभिव्यक्ति बारहमासे के द्वारा जायसी ने की है।

8. वस्तु-वर्णन–प्रेमाख्यानक काव्य-ग्रन्थों में वस्तु-वर्णन की प्रधानता दिखायी देती है। ये कवि मूल कथा के साथ-साथ वस्तु, दृश्य एवं घटना का विवरण अतिशयोक्तिपूर्ण शैली में प्रस्तुत करने में सिद्धहस्त थे। जायसी के पद्मावत में वन, वाटिका, समुद्र, पर्वत, नगर, पर्व, उत्सव, भोज्य सामग्री एवं वस्त्राभूषणों का विविध प्रकार से वर्णन करते हुए वस्तु-वर्णन की ओर अपनी रुचि दिखायी है।

9. खण्डन-मण्डन का अभाव–सूफी कवियों ने किसी विशेष सम्प्रदाय का खण्डन-मण्डन नहीं किया। सन्त कवियों में जहाँ यह प्रवृत्ति उग्र थी, वहीं सूफियों में इसका अभाव था। आचार्य रामचन्द्र शुक्ल–"प्रेम-स्वरूप ईश्वर को सामने लाकर सूफी कवियों ने हिन्दू और मुसलमान दोनों को मनुष्य के सामान्य रूप में दिखाया और भेदभाव के दृश्यों को हटाकर पीछे कर दिया।"

10. काव्य-रूप—आचार्य रामचन्द्र शुक्ल ने सूफी प्रेमगाथाओं को फारसी की मसनवी शैली में रचित काव्य-ग्रन्थों के अन्तर्गत माना है। प्रबन्ध काव्यों में वर्णनात्मकता के लिए दोहा-चौपाई शैली सर्वथा उपयुक्त है। सूफी कवियों के इसी 'कड़वक' शैली को अपनी रचनाओं में प्रयुक्त किया है।

11. भाषा एवं अलंकार—सूफी कवियों ने अपनी रचनाओं में अवधी भाषा का प्रयोग किया है। जायसी की भाषा में अवधी के लोक-प्रचलित मुहावरों एवं लोकोक्तियों का समावेश हुआ है। संस्कृत के तत्सम, तद्भव शब्द, क्षेत्रीय बोली, भोजपुरी, ब्रजभाषा का प्रभाव दिखायी देता है।

उपमा, रूपक, उत्प्रेक्षा, अतिशयोक्ति, श्लेष, व्यतिरेक, विभावना, अनुप्रास, सन्देह जैसे अलंकारों का प्रयोग किया है।

संक्षेप में यह कहा जा सकता है कि मध्यकालीन हिन्दी साहित्य में सूफी कवियों के प्रेमाख्यानकों का महत्त्वपूर्ण स्थान है।

प्रतिनिधि कवि : मलिक मुहम्मद जायसी का साहित्यिक परिचय

जन्म सन् 1465 : मृत्यु सन् 1542 ई.

मलिक मुहम्मद जायसी हिन्दी की सूफी, काव्य-परम्परा के सर्वश्रेष्ठ कवि माने जाते हैं। विद्वान् इनके लिखे महाकाव्य 'पद्मावत' को हिन्दी की प्रेमाख्यान काव्य-परम्परा का सर्वश्रेष्ठ ग्रन्थ और 'पृथ्वीराज रासो' के बाद हिन्दी का दूसरा तथा अवधी भाषा का सबसे पहला महाकाव्य मानते हैं। जायसी हिन्दी साहित्य में अपने प्रेम-निरूपण, वियोग-वर्णन ऋतुवर्णन, सीधी-सादी-सरल ग्रामीण अवधी भाषा तथा प्रेम के मानसिक रूप को प्रधानता देने के लिए प्रसिद्ध हैं।

1. जीवन-परिचय–हिन्दी के अन्य प्राचीन कवियों के ही समान जायसी का जीवन-वृत्त भी प्रामाणिक रूप में नहीं मिलता। इनका जन्म उत्तर प्रदेश के रायबरेली जिले के 'जायस' नामक ग्राम में हुआ था, इसीलिए ये 'जायसी' कहलाये। जायसी ने अपने 'आखिरी कलाम' नामक ग्रन्थ में अपने जन्म और कविता प्रारम्भ करने के सम्बन्ध में केवल इतना लिखा है–

"भा अवतार मोर नौ सदी,
तीस बरस ऊपर कवि बदी।"

अर्थात् उनका जन्म हिजरी सन् की नवीं सदी में हुआ था और उन्होंने तीस वर्ष की अवस्था के बाद कविता लिखना प्रारम्भ किया था। अन्य साक्ष्यों के आधार पर जायसी का जन्म् सन् 1465 ई. में हुआ माना जाता है।

जायसी का बचपन का नाम 'शेख मुंसफी' था, परन्तु आगे चलकर वह मलिक मुहम्मद जायसी के नाम से प्रसिद्ध हुए। जायसी के माता-पिता तथा वंश के सम्बन्ध में भी विद्वान् परस्पर सहमत नहीं हैं। 'मलिक' प्राचीन काल में नवाबों की उपाधि थी। इसी के आधार पर कुछ लोग जायसी को किसी नवाबी खानदान का मानते हैं तथा कुछ लोग उन्हें एक साधारण किसान का पुत्र मानते हैं। जायसी के माता-पिता का जायसी के बचपन में ही देहान्त हो गया था। जब जायसी छह-सात वर्ष के थे तभी चेचक की बीमारी से उनकी बायीं आँख और बायाँ कान बेकार हो गया था। जायसी ने स्वयं लिखा है–

"मुहम्मद बाँई दिस तजा, इक सरवन इक आँख।"

चेचक ने उनके रूप को बिगाड़ दिया था परन्तु उन्हें अपनी कुरूपता का भी बड़ा गर्व था। उन्होंने अपनी तुलना शुक्राचार्य से की है। असुर-पुरोहित शुक्राचार्य काने थे। एक बार जायसी बादशाह शेरशाह के दरबार में गये थे तो शेरशाह उनके भद्दे रूप को देख हँसने लगा। इससे क्षुब्ध होकर जायसी ने उनसे कहा–

"मोहिका हँससि कि कोहरहि।"

अर्थात् मुझ पर हँस रहे हो या मुझे बनानेवाले उस कुम्हार (अल्लाह) पर हँस रहे हो।

2. परिवार और जायसी का विरक्त हो जाना–जायसी का बचपन बड़े कष्टों में बीता था। वह अनाथ हो जाने के कारण साधु-सन्तों की संगत में पड़ इधर-उधर घूमते रहे थे और उनकी बातें सुन-सुनकर अपना ज्ञान बढ़ाते रहे थे। आगे चलकर उन्होंने विवाह भी किया था जिससे एक पुत्र उत्पन्न हुआ था। परन्तु एक बार घर की दीवार गिर जाने से उसके नीचे दबकर उनका पूरा परिवार मारा गया। इस भयंकर-दुर्घटना से दुःखी हो जायसी ने घर-बार त्याग संन्यास धारण कर लिया। सूफी-सम्प्रदाय की ओर प्रारम्भ से ही उनका झुकाव था। इसलिए वह प्रसिद्ध सूफी शेख मुहीउद्दीन चिश्ती के शिष्य बन उनके सम्प्रदाय में शामिल हो गये और आजीवन साधना, काव्य-रचना में लगे रहे।

3. ज्ञान का अर्जन– जायसी बचपन से ही साधु-सन्तों का सत्संग कर भटकते रहे थे इसलिए उनकी पढ़ाई-लिखाई नहीं हो पायी। परन्तु उन्होंने सत्संग द्वारा हठयोग, वेदान्त, ज्योतिष, हिन्दू रीति-रिवाज, धार्मिक विश्वास, देवी-देवताओं का ज्ञान हासिल किया।

4. प्रसिद्धि और लोकप्रियता–जायसी अपने समय के प्रसिद्ध सूफी पीर थे। जनता उन्हें एक पहुँचा हुआ सिद्ध फकीर मानती थी। उनके बहुत-से शिष्य थे। एक बार उनका एक शिष्य उनका लिखा,'नागमती का बारहमासा' गाता हुआ घूम रहा था। अमेठी का राजा उसे सुनकर बहुत प्रसन्न हुआ और उसने उस शिष्य से उस 'बारहमासा' के कवि जायसी का परिचय प्राप्त कर उन्हें अपने यहाँ बुला लिया और जायसी अन्त समय तक अमेठी में ही रहे।

5. जायसी की मृत्यु–जायसी की मृत्यु से सम्बन्धित एक किंवदन्ती जनता में बहुत प्रचलित है। जायसी एक पहुँचे हुए सिद्ध तो थे ही। कहते हैं, वह कभी-कभी जंगली पशुओं का रूप धारण कर वन में घूमा करते थे। इसी करण अमेठी के राजा ने उस वन में शिकार खेलने पर प्रतिबन्ध लगा दिया था। एक दिन एक शिकारी वहाँ शिकार करता हुआ आ निकला और एक बाघ की गरज सुन उसे गोली मार दी। परन्तु जब पास जाकर देखा तो वहाँ बाघ के स्थान पर जायसी की लाश पड़ी मिली। अमेठी के राजा ने वहीं जायसी की समाधि बनवा दी जो आज तक वर्तमान है।

6. रचनाएँ–जायसी ने लगभग 21 ग्रन्थ लिखे, परन्तु अभी तक उनके लिखे केवल पाँच ग्रन्थ ही मिले हैं–1. पद्मावत 2. अखरावट 3. आखिरी कलाम 4. कहरनामा अथवा महरी बाईसी 5. चित्ररेखा।

'पद्मावत' महाकाव्य है। इसमें चित्तौड़ के राजा रत्नसेन और सिंहल द्वीप की राजकुमारी पद्मावती की प्रेम-कथा सूफी प्रेमाख्यानक काव्यों की शैली में बड़े मनोरंजक और मार्मिक ढंग से कही गयी है। प्रेम-गाथाओं में यह सर्वश्रेष्ठ प्रबन्ध-काव्य माना जाता है। 'अखरावट' में दो प्रकार के पद्य हैं—कुछ पद हिन्दी वर्णमाला के अक्षरों के क्रम के अनुसार लिखे गये हैं। 'आखिरी कलाम' में जायसी के जीवन-सम्बन्धी कुछ घटनाओं का वर्णन मिलता है। इसकी शैली प्रौढ़ है। इसमें सृष्टि के अन्त और मुहम्मद साहब के महत्त्व को अंकित किया गया है। 'चित्ररेखा' उपर्युक्त ग्रन्थों से भिन्न रचना है। यह एक प्रेम काव्य है जिसमें कहीं भी सूफी-भावना नहीं आ पायी है। यह मसनवी शैली में लिखी गयी शुद्ध साहित्यिक रचना है। परन्तु जायसी की प्रसिद्धि उनके रचे महाकाव्य 'पद्मावत' के ही कारण है। यह इतना लोकप्रिय महाकाव्य है कि बँगला, पश्तो, उर्दू, फारसी, फ्रांसीसी, अंग्रेजी आदि भाषाओ में इसके अनुवाद हो चुके हैं।

7. जायसी का पद्मावत—पद्मावत एक 'प्रेम-कथा' है। इसका पहला आधा भाग कल्पित है और शेष आधा भाग ऐतिहासिक घटनाओं पर आधारित है। चित्तौड़ का राजा रत्नसेन हीरामन तोता द्वारा सिंहल द्वीप की राजकुमारी पद्मावती के अद्भुत सुन्दर रूप वर्णन सुन उसे प्राप्त करने के लिए मार्ग में अनेक संकटों का सामना करता सिंहल द्वीप पहुँच जाता है और पद्मावती के साथ उसका विवाह हो जाता है। इधर रत्नसेन की पहली रानी नागमती पति के वियोग में विलाप करती रहती है। रत्नसेन जब पद्मावती को लेकर चित्तौड़ लौट आता है तो एक दिन उसके दरबार में रहनेवाला राघव चेतन नामक एक ब्राह्मण रत्नसेन से नाराज हो दिल्ली-नरेश अलाउद्दीन को पद्मावती को प्राप्त करने लिए चित्तौड़ पर चढ़ा लाता है अलाउद्दीन रत्नसेन को मित्रता का धोखा देकर उसे बन्दी बना दिल्ली ले जाता है पद्मावती उसे छुड़ा लाती है, अन्त में कुम्भल देश के राजा देवपाल के साथ युद्ध करता हुआ रत्नसेन मारा जाता है। नागमती, पद्मावती सती हो जाती हैं। अलाउद्दीन को चित्तौड़ में राख का ढेर ही नजर आता है।

8. काव्य-साधना—जायसी ने इस ग्रन्थ में सांसारिक प्रेम को ईश्वर के प्रति प्रेम के प्रतीक के रूप में चित्रित किया है। इसकी रचना-शैली मसनवी-पद्धति की है। इसलिए इसमें कथा का विभाजन सर्गों या काण्डों में न कर घटनाओं के शीर्षक दे दिये गये हैं। मसनवी शैली फारसी प्रेम-कथा—प्रधान काव्यों की शैली मानी जाती है।

कथा बड़े सुन्दर और मधुर गति से आगे बढ़ती है। मार्मिक स्थलों का प्रभावशाली वर्णन है। जायसी ने वीरता, उत्साह, क्रोध, ओज आदि कठोर भावों का चित्रण किया है।

9. वियोग-वर्णन और रहस्यवाद—हिन्दी साहित्य में जायसी अपने वियोग-वर्णन के लिए बहुत प्रसिद्ध हैं। उन्होंने शृंगार के दोनों पक्षों-संयोग, वियोग का वर्णन किया है। 'पद्मावत' में वेदान्त, हठयोग का वर्णन है। जायसी का रहस्यवाद भावात्मक रहस्यवाद माना जाता है क्योंकि इसमें प्रेम की प्रधानता है। जायसी के रहस्यवाद पर सूफी उपासना-पद्धति का गहरा प्रभाव है। सूफियों के अनुसार आत्मा प्रेम-साधना द्वारा परमात्मा को प्राप्त करती है।

10. भाषा और शैली—भाषा और शैली की दृष्टि से जायसी को श्रेष्ठ कवि माना जाता है। उनकी भाषा बोलचाल की सीधी-सादी और सरल अवधी भाषा है। उन्होंने पूर्वी अवधी के 'तू' या 'तैं' के स्थान पर 'तुई' का प्रयोग किया। प्राकृत भाषा; ब्रजभाषा, फारसी, अरबी के शब्द दिखायी देते हैं। भाषा सर्वत्र रस और भावों के अनुरूप कोमल, कठोर, शान्त रूप धारण करती चलती है। उनकी भाषा में माधुर्य, सौन्दर्य है। उनकी भाषा सरल, सुगम, सरस, मधुर है।

शैली की दृष्टि से उन्होंने मसनवी-पद्धति की प्रतीकात्मक शैली अपनायी है जो प्रतीकात्मक होते हुए भी स्पष्ट, सुबोध है। उनकी शैली अलंकृत है। उन्होंने यमक, श्लेष, रूपक, उपमा, उत्प्रेक्षा, समासोक्ति आदि अलंकारों का प्रयोग किया है। हेतूत्प्रेक्षा अलंकार और दोहा, चौपाई छन्द उन्हें पसन्द हैं।

संक्षेप में, उनकी शैली सरल, सुबोध और प्रभावशाली है।

सगुण भक्ति साहित्य और उसकी शाखाएँ

(i) रामभक्ति शाखा—रामभक्ति शाखा की प्रमुख प्रवृत्तियाँ प्रतिनिधि कवि : तुलसीदास का साहित्यिक परिचय

रामभक्ति शाखा की प्रमुख प्रवृत्तियाँ

रामकाव्य-परम्परा का यद्यपि लम्बा इतिहास है, तथापि इस परम्परा के केन्द्र-बिन्दु हैं, 'गोस्वामी तुलसीदास', जो हिन्दी काव्याकाश के जाज्वल्यमय नक्षत्र की भाँति सर्वत्र अपना प्रकाश पुंज विकीर्ण कर रहे हैं। राज काव्य-परम्परा में उनके ग्रन्थ मील का पत्थर सिद्ध हुए हैं। रामचरितमानस हिन्दू धर्म, संस्कृति, आचार-विचार का मापदण्ड बन गया है तथा यह ग्रन्थ जितना लोकप्रिय हुआ है, उसकी कोई समता नहीं है। उच्चकोटि के काव्यत्व से युक्त इस ग्रन्थ में मानव धर्म की अद्भुत व्याख्या की गयी है। रामकाव्य-परम्परा के प्रमुख कवि होने से तुलसी को ही केन्द्र मानकर रामकाव्य की प्रमुख प्रवृत्तियों का विश्लेषण करेंगे। इस काव्यधारा की विशेषताओं का विवेचन निम्नलिखित शीर्षकों में किया जा सकता है—

1. राम का स्वरूप—रामकाव्य-परम्परा के कवियों ने भगवान् विष्णु के अवतार 'राम' के जीवन-चरित्र को आधार बनाकर अपने काव्य-ग्रन्थों की रचना की। इन कवियों ने राम को परब्रह्म मानकर धर्म की स्थापना हेतु अयोध्यानरेश दशरथ के पुत्र के रूप में अवतार ग्रहण करके मानवीय लीलाएँ करते हुए दिखाया है। तुलसी ने राम के जिस स्वरूप की परिकल्पना रामचरितमानस में की है, वह शक्ति, शील एवं सौन्दर्य का भण्डार है। राम के रूप में उन्होंने एक ऐसे मानवीय चरित्र को प्रस्तुत किया है, जो सबके लिए अनुकरणीय है और एक आदर्श पात्र हैं। तुलसी के राम लोकरक्षक हैं तथा अधर्म के विनाशक एवं धर्म संस्थापक हैं। वे मर्यादा पुरुषोत्तम हैं और श्रेष्ठतम गुणों से विभूषित हैं। तुलसी के राम अपने अनन्त सौन्दर्य से जन-जन को मोहित करनेवाले हैं, साथ ही, अपूर्व शील से सबके हृदय को अपने वशीभूत कर लेते हैं। वे अद्वितीय वीर हैं तथा इस वीरता से अधर्म का विनाश करते हैं।

2. भक्ति का स्वरूप—रामभक्ति शाखा के कवियों ने राम के प्रति दास्य-भाव की भक्ति-भावना प्रदर्शित की है। वे स्वयं को सेवक तथा 'राम' को अपना आराध्य मानते हैं। तुलसी ने रामचरितमानस में दास्य-भाव की भक्ति को मुक्ति का साधन मानते हुए कहा है—

'सेवक-सेव्य भाव बिनु भव न तरिअ उरगारि।'

विनय पत्रिका में भी तुलसी की भक्ति का यही स्वरूप दिखायी पड़ता है। दास्य-भाव की भक्ति से भक्त अहंकारशून्य होकर उस परमात्मा के महत्त्व से परिचित होता चला जाता है—

"तू दयालु दीन हौं। तू दानि हौं भिखारी।
हौं अनाथ पातकी, तू पाप पुंज हारी।।"
"राम सौं बड़ो है कौन मो सो कौन छोटो।
राम सौं खरो है कौन मो सो कौन खोटो।।"

तुलसी की भक्ति-पद्धति बड़ी अनुपम है। उसमें आराध्य के प्रति श्रद्धा व प्रेम का समन्वय है तथा धर्म और ज्ञान का भी योग है। आचार्य रामचन्द्र शुक्ल ने उनकी भक्ति के स्वरूप को स्पष्ट करते हुए लिखा है—"गोस्वामी जी की भक्ति-पद्धति की सबसे बड़ी विशेषता है उसकी सर्वाङ्गपूर्णता। जीवन के किसी पक्ष को सर्वथा छोड़कर वह नहीं चलती। सब पक्षों के साथ उसका सामंजस्य है। न उसका कर्म या धर्म से विरोध है, न ज्ञान से। धर्म तो उसका नित्य लक्षण है। तुलसी की भक्ति को धर्म और ज्ञान दोनों की रसानुभूति कह सकते हैं।"

तुलसी की भक्ति नवधा भक्ति है, जिसका चरम उत्कर्ष विनय पत्रिका में देखा जा सकता है। भजन, कीर्त्तन, नामस्मरण, गुण कथन, दैन्य, समर्पण आदि सभी तत्त्व तुलसी की भक्ति-पद्धति में उपलब्ध हो जाते हैं। रामभक्त कवियों की दृष्टि उदार थी। राम के प्रति अनन्यता होते हुए भी उन्होंने किसी अन्य देवी-देवता के प्रति तिरस्कार नहीं दिखाया है। साथ ही भक्ति मार्ग की महत्ता बताते हुए भी ज्ञान और कर्म की महत्ता भी प्रतिपादित की है।

3. समन्वयवादी प्रवृत्ति—रामभक्त कवियों की एक उल्लेखनीय विशेषता है इनकी समन्वयवादी प्रवृत्ति। तुलसी के समय में समाज में अनेक प्रकार के विग्रह व्याप्त थे। धर्म, जाति, सम्प्रदाय, भाषा के नाम पर आये दिन संघर्ष होते रहते थे, अतः समन्वय तत्कालीन युग की आवश्यकता थी। तुलसी ने रामचरितमानस में हर दृष्टि से समन्वयवादी प्रवृत्ति को अपनाते हुए लोकनायक होने का परिचय दिया। सगुण भक्ति धारा के कवि होते हुए भी उन्होंने निर्गुण की उपेक्षा नहीं की, अपितु निर्गुण ब्रह्म को ही सगुण और साकार रूप में अवतार ग्रहण कर मानवीय लीलाएँ करते हुए दिखाकर दोनों का समन्वय किया। इसी प्रकार उन्होंने शैव और वैष्णव का समन्वय कर राम के द्वारा शिव की अर्चना करवायी है। उन्होंने ज्ञान और भक्ति का समन्वय किया, राजा और प्रजा का समन्वय किया तथा जनभाषा और संस्कृत का समन्वय किया। दर्शन के क्षेत्र में उन्होंने अद्वैतवाद, विशिष्टाद्वैतवाद, सांख्य और शुद्धाद्वैतवाद को समन्वित किया। उनका सम्पूर्ण त्याग समन्वय की विराट् चेष्टा है। इस समन्वयवादी प्रवृत्ति के कारण तुलसी के काव्य को इतनी लोकप्रियता प्राप्त हुई है।

4. मूल्यबोध एवं युगबोध—रामभक्त कवियों का उद्देश्य केवल काव्य-रचना करना ही नहीं था, वे जितने उच्चकोटि के कवि थे, उतने ही बड़े उपदेशक भी थे।

उनकी रचनाएँ केवल काव्यरसिकों के आस्वाद की विषय-वस्तु नहीं अपितु जनता के एक बहुत बड़े वर्ग को जीवन के नैतिक मूल्यों की शिक्षा भी देती हैं। रामचरितमानस में तुलसी केवल कवि के रूप में ही नहीं अपितु एक उपदेशक के रूप में भी सामने आते हैं। उन्होंने राम के चरित्र द्वारा आदर्श उपस्थित किया है– एक पुत्र का आदर्श, एक मित्र का आदर्श, राजा का आदर्श। एक पति का आदर्श। भरत भ्रातृ प्रेम का आदर्श है, तो सीता पत्नी का आदर्श है, हनुमान सेवक का आदर्श प्रस्तुत करते हैं तो लक्ष्मण छोटे भाई का आदर्श मर्यादा पुरुषोत्तम राम का जीवन नैतिकता की पराकाष्ठा है परन्तु वह कहीं भी अस्वाभाविक नहीं लगता। तुलसी ने रामचरितमानस के द्वारा लोक-कल्याण की कामना करते हुए जनता को नैतिकता एवं सदाचार का अविस्मरणीय पाठ पढ़ाया है।

5. नारी-विषयक दृष्टिकोण–रामकाव्य में स्थान-स्थान पर नारी के विषय में अपना दृष्टिकोण कवि ने प्रस्तुत किया है। प्रायः आलोचकों ने तुलसी के नारी-विषयक दृष्टिकोण के प्रति पूर्वाग्रह रखते हुए उन्हें नारी निन्दक के रूप में निरूपित किया है। उनके इस मत का आधार तुलसी द्वारा कही गयी निम्न उक्ति है–

"ढोल गँवार सूद्र पसु नारी। सकल ताड़ना के अधिकारी।"

परन्तु वे यह भूल जाते हैं कि तुलसी ने सीता, पार्वती, अनसूया-जैसी नारियों के उज्ज्वल चरित्र की परिकल्पना करते हुए नारी को सती, पतिव्रता एवं त्यागमयी रूप में प्रस्तुत कर उन्हें गरिमा एवं भव्यता प्रदान की है। उन्होंने नारी के कामिनी रूप की भर्त्सना की है, भामिनी रूप की नहीं। नारी के पतिव्रत धर्म की प्रशंसा करते हुए वे कहते हैं–"धन्य नारि पतिब्रत अनुसरी।" विलासिनी एवं कुलटा नारियों की निन्दा कबीर ने भी की है और तुलसी ने भी, परन्तु उसके आधार पर यह कहना कि ये कवि नारी निन्दक हैं, इनके प्रति अन्याय ही होगा।

6. प्रबन्ध रचना की प्रवृत्ति–भक्तिकाल के रामभक्त कवियों ने रामकथा को लेकर प्रायः प्रबन्ध-काव्यों की रचना की है। तुलसी का रामचरितमानस इस काव्य-परम्परा का अन्यतम महाकाव्य है। इसके अतिरिक्त प्राणचन्द चौहान ने रामायण महानाटक, लालचन्द ने अवध विलास और हृदयराम ने हनुमन्नाटक नामक प्रबन्ध-काव्य लिखे हैं। प्रबन्ध-काव्य के अनुकूल गाम्भीर्य और मर्यादा तो राम के चरित्र में है ही, साथ ही रामकथा में ऐसे अनेक मार्मिक प्रसंग उपलब्ध हैं, जिनका होना प्रबन्ध-काव्य के लिए अत्यावश्यक है। इन मार्मिक प्रसंगों की उद्भावना करने एवं उनका रसात्मक वर्णन करने में जिस कवि का मन जितना अधिक रमता है, वह उतना ही अच्छा प्रबन्धकार हो सकता है। इसे कसौटी मानकर आचार्य शुक्ल ने तुलसी को हिन्दी का सर्वश्रेष्ठ प्रबन्धकार माना है तथा यह स्वीकार किया है कि–"रचना-कौशल, प्रबन्ध-पटुता, सहृदयता इन सब गुणों का समाहार हमें रामचरितमानस में मिलता है।" तुलसी ने विनय पत्रिका, कवितावली, गीतावली आदि मुक्तक काव्यों की रचना की है।

7. विविध काव्य-शैलियाँ–तुलसी ने रामचरितमानस की रचना प्रबन्ध-काव्य के रूप में दोहा-चौपाई शैली में की जबकि कवितावली की रचना कवित्त-सवैया शैली में

मुक्तक काव्य के रूप में की। विनय पत्रिका में पद शैली को तथा बरवै रामायण में बरवै शैली को अपनाया गया है।

8. रामकाव्य में रस-योजना—रामकाव्य में नव-रसों का पूर्ण परिपाक उपलब्ध होता है। भक्ति-भावना की प्रधानता होने के कारण निर्वेदजन्य शान्त रस को ही हम रामकाव्य का प्रधान रस स्वीकार कर सकते हैं। रामचरितमानस के युद्ध-वर्णन में वीर एवं रौद्र रसों की सुन्दर योजना हुई तथा शृंगार का मर्यादित चित्र पुष्पवाटिका में राम-सीता के प्रथम दर्शन पर देखा जा सकता है।

9. अवधी भाषा का प्रयोग—रामकाव्य की रचना प्रमुख रूप से अवधी भाषा में हुई है। गोस्वामी जी का रामचरितमानस अवधी भाषा में ही लिखा है। लालदास कृत 'अवध विलास' तथा ईश्वरदास कृत 'भरत-मिलाप' अवधी भाषा में लिखी गयी रचनाएँ हैं।

10. छन्द एवं अलंकार-योजना—रामचरितमानस में दोहा, चौपाई, सोरठा, सवैया आदि छन्दों का सफल प्रयोग हुआ है। घनाक्षरी, कवित्त, तोमर, त्रिभंगी छन्दों का भी सुन्दर प्रयोग रामकाव्य में देखा जा सकता है।

उपमा, रूपक, उत्प्रेक्षा उनके प्रिय अलंकार हैं। इन कवियों की अलंकार-योजना स्वाभाविक एवं अर्थबोध में सहायक रही है। विभावना, प्रतीप, दृष्टान्त जैसे अलंकार भी तुलसी काव्य में मिल जाते हैं।

निष्कर्ष, रामकाव्य अपनी गरिमा एवं उदात्तता के कारण वह हिन्दी काव्य में सर्वश्रेष्ठ है। इन कवियों का प्रदेय हिन्दी साहित्य की अमूल्य निधि है। इसी कारण भक्तिकाल को हिन्दी साहित्य का स्वर्णयुग माना जाता है।

2. प्रतिनिधि कवि : तुलसीदास का साहित्यिक परिचय

जन्म सन् 1497 : मृत्यु सन् 1623 ई.

गोस्वामी तुलसीदास हिन्दी के सर्वश्रेष्ठ कवि माने जाते हैं। उनका 'रामचरितमानस' संसार के सर्वाधिक लोकप्रिय ग्रन्थों में अत्यन्त ऊँचे स्थान का अधिकारी है। यह ग्रन्थ प्रायः प्रत्येक हिन्दू के घर में सम्मान के साथ रखा और पढ़ा जाता है। हिन्दू धर्म को उसका वर्तमान रूप देने में इस ग्रन्थ का बहुत बड़ा भाग रहा है। 'रामचरितमानस' में वर्णित हिन्दू-धर्म ही आज हिन्दुओं का धर्म माना जाता है। यह ग्रन्थ इतना प्रसिद्ध है कि लगभग सभी भारतीय भाषाओं में तथा रूसी, अंग्रेजी आदि विदेशी भाषाओं में इसके अनुवाद हो चुके हैं। यह ग्रन्थ धार्मिक भावनावाले लोगों में जितना लोकप्रिय है उतना ही साहित्यिक लोगों में भी लोकप्रिय है। यदि हम संसार के अन्य साहित्यों की तुलना में तुलसी के ग्रन्थ को प्रस्तुत कर दें तो इसके द्वारा हिन्दी साहित्य का मस्तक ऊँचा होगा।

1. जीवन-परिचय—तुलसीदास के पूरे जीवन के सम्बन्ध में भी अभी तक पक्के ऐतिहासिक प्रमाण नहीं मिले हैं। उनकी जन्म-तिथि तथा जन्म-स्थान के सम्बन्ध में विद्वानों के भिन्न-भिन्न मत हैं। बाबा वेणीमाधव दास के रचे ग्रन्थ 'गुसाईं चरित' में

तुलसी का जन्म संवत् 1554 (सन् 1497) माना गया है। इसलिए हम उसे ही प्रामाणिक मानते हैं। उनके जन्म-स्थान को कुछ लोग सोरों मानते हैं तथा कुछ राजापुर। परन्तु अब राजापुर को ही उनका जन्म-स्थल स्वीकार कर वहीं तुलसी का स्मारक बनाया जा रहा है।

2. माता-पिता और बचपन—तुलसी का जन्म आत्माराम नामक एक सरयूपारीण ब्राह्मण के यहाँ हुआ था। इनकी माता का नाम हुलसी था। तुलसी का जन्म अशुभ मुहूर्त्त में हुआ था, जन्म के समय इनके मुँह में दाँत थे और इन्होंने पैदा होते ही 'राम-राम' का उच्चारण किया था। उनके माता-पिता ने इन्हें अपशकुनी बालक समझकर त्याग दिया था। तुलसी ने कई स्थान पर माता-पिता द्वारा अपने त्यागे जाने की बात स्वयं कही है, जैसे—

"जनक जननि तज्यो जनमि,
करम बिनु बिधि सिर ज्यौं अब डेरे।"

माता-पिता द्वारा त्याग दिये जाने पर मुनिया नामक दासी ने इनका पालन-पोषण किया परन्तु कुछ समय बाद मुनिया की मृत्यु हो जाने से ये पूरी तरह से अनाथ हो गये। बचपन में ही अनाथ हो जाने से इन्हें बड़े कष्ट झेलने पड़े, द्वार-द्वार पर भटकना पड़ा, भीख माँगकर पेट भरना पड़ा। उनकी निम्नलिखित पंक्तियाँ इन बातों को सिद्ध करती हैं—

"बारे ते ललात बिललात द्वार द्वार दीन।"
"जाति के, सुजाति के, कुजाति के पेटाग्नि बस,
खाए सबके, विदित बात दुनी सों।"

अन्त में एक दिन बाबा नरहरिदास ने बालक तुलसी की यह दीन दशा देख उन्हें अपने पास रख लिया, पढ़ाना-लिखाना आरम्भ किया।

3. अध्ययन और विवाह—तुलसी ने काशी में पन्द्रह वर्ष तक बाबा नरहरिदास के पास रहकर विद्याध्ययन किया। उन्होंने शेष सनातन नामक विद्वान् से वेद, स्मृति, पुराण आदि का विधिवत् अध्ययन किया और शिक्षा समाप्त होने पर अपने गाँव लौट आये। वहीं इनके रूप, व्यक्तित्व और विद्वत्ता से प्रभावित होकर दीनबन्धु पाठक ने अपनी पुत्री, रत्नावली के साथ इनका विवाह कर दिया। यह अपनी पत्नी से इतना अधिक प्रेम करते थे कि उसे कभी मायके तक नहीं जाने देते थे परन्तु एक दिन जब यह बाजार गये थे, रत्नावली इनकी अनुपस्थिति में अपने भाई के साथ मायके चली गयी। यह भी बाजार से लौट तुरन्त पत्नी के पीछे-पीछे उसके घर जा पहुँचे। पति की इस हरकत को देख रत्नावली बड़ी लज्जित और नाराज हो उठी और उसने इन्हें फटकारते हुए कहा—

"लाज न आवत आपको, दौरे आयहु साथ।
धिक-धिक ऐसे प्रेम को, कहा कहहुँ हैं नाथ।।
अस्थि चर्ममय देह मम, तामें ऐसी प्रीति।
होती जो श्रीराम महँ, होत न तौ भवभीति।।"

पत्नी द्वारा यह फटकार मिलने पर तुलसी बहुत लज्जित हुए और उनके हृदय में संसार के प्रति विरक्ति की भावना उत्पन्न हो गयी। इसके उपरान्त इन्होंने घर-बार त्यागकर वैराग्य धारण कर लिया और ग्यारह वर्ष तक चारों ओर यात्रा करते रहे। यात्रा में काशी, चित्रकूट और अयोध्या ने उन्हें बहुत आकर्षित किया। वह थोड़े-थोड़े समय तक इन तीनों ही स्थानों पर रहे परन्तु उनके जीवन का अधिकांश समय काशी में ही बीता। अयोध्या में रहकर उन्होंने 'रामचरितमानस' की रचना की तथा काशी में 'विनय पत्रिका' लिखी। हिन्दी के सुप्रसिद्ध उपन्यासकार अमृतलाल नागर ने तुलसी-सम्बन्धी गहन अध्ययन कर अपने प्रसिद्ध ऐतिहासिक उपन्यास 'मानस का हंस' में तुलसी की रोचक प्रामाणिक जीवन-कथा प्रस्तुत की है।

4. अन्तिम समय और मृत्यु—अपने जीवन के अन्तिम दिनों में तुलसी को बड़ा कष्ट भोगना पड़ा था। उन्हें उदर-शूल (पेट दर्द), बाहु शूल (बाँह में दर्द) तथा प्लेग जैसी भयंकर बीमारियाँ भोगनी पड़ी थीं। बाहु-शूल से मुक्ति पाने के लिए उन्होंने हनुमान जी की प्रार्थना करते हुए, 'हनुमान-बाहुक' की रचना की थी। निरन्तर की इन बीमारियों ने उनका शरीर तोड़ दिया और सन् 1623 में उनकी मृत्यु हो गयी। उनकी मृत्यु के सम्बन्ध में निम्नलिखित दोहा प्रसिद्ध है—

"संवत् सोलह सौ असी, असी गंग के तीर।
श्रावण शुक्ला सप्तमी, तुलसी तज्यौ शरीर।।"

अर्थात् संवत् 1680 को श्रावण शुक्ला सप्तमी को गंगा-तट पर असी नामक घाट पर तुलसी ने अपना शरीर छोड़ा था अर्थात् उनकी मृत्यु हुई थी।

5. रचनाएँ—नागरी प्रचारिणी सभा काशी (वाराणसी) ने तुलसी-साहित्य को 'तुलसी-ग्रन्थावली' के रूप में प्रकाशित किया है। इसके अनुसार तुलसी के नाम से लिखे ग्रन्थों की संख्या 37 बतायी जाती है। परन्तु भाषा, शैली, विचारधारा और विषय-वस्तु की परीक्षा कर विद्वानों ने केवल 12 ग्रन्थ ही ऐसे माने हैं जो तुलसी द्वारा लिखे गये थे। शेष अन्य ग्रन्थ अन्य कवियों ने लिखकर तुलसी के नाम से प्रचारित कर दिये होंगे। तुलसी द्वारा लिखे गये प्रामाणिक 12 ग्रन्थ निम्नलिखित हैं—

1. रामचरितमानस	2. वैराग्य सन्दीपनी	3. रामलला नहछू
4. बरवै रामायण	5. पार्वती मंगल	6. जानकी मंगल
7 रामाज्ञा प्रश्नावली	8. दोहावली	9. कवितावली
10. गीतावली	11. कृष्ण गीतावली	12. विनय पत्रिका।

तुलसी की प्रामाणिक रचनाओं में रामचरितमानस, विनय पत्रिका, कवितावली तथा गीतावली विशेष लोकप्रिय हैं। भक्तों, विद्वानों तथा साधारण जनता में रामचरितमानस सबसे अधिक लोकप्रिय है। प्रायः प्रत्येक हिन्दू के घर में 'मानस' की एक प्रति अवश्य रहती है। रामचरितमानस का सामूहिक रूप में अखण्ड पाठ का अयोजन होता रहता है जिसमें अनेक नर-नारी द्वारा एक साथ बैठकर रामायण का उच्च स्वर में पाठ किया जाता है।

'विनय पत्रिका' साधारण जनता में इतनी लोकप्रिय नहीं है जितना कि भक्तों तथा दार्शनिकों में। तुलसी का भक्त-रूप इसी में पूरी तरह उभरा है। 'कवितावली' और 'गीतावती' अपने मधुर, सरस गीतों के कारण जनता में काफी लोकप्रिय रही है। इन सारे ग्रन्थों में तुलसी ने राम के चरित्र का ही अंकन किया है। 'मानस' में राम की कथा योजनाबद्ध रूप से विस्तार के साथ कही गयी है। अन्य ग्रन्थों में वही कथा फुटकर गीतों के रूप में मिलती है। 'विनय पत्रिका' तुलसी की अन्तिम रचना मानी जाती हैं। इनमें तुलसी ने विभिन्न देवी-देवताओ सीता, लक्ष्मण, भरत, शत्रुघ्न, हनुमान आदि से यह प्रार्थना की है कि वे अनुकूल अवसर देखकर राम के सामने तुलसी की विनय पत्रिका (अर्जी) को प्रस्तुत कर दें। विनय पत्रिका काव्य-कला का प्रौढ़तम रूप है।

6. भक्ति-भावना तथा दार्शनिक सिद्धान्त—तुलसी ने किसी एक दार्शनिक सिद्धान्त को न अपनाकर विभिन्न दार्शनिक सिद्धान्तों की अच्छी बातों का संग्रह कर एक ऐसे भक्ति-मार्ग की स्थापना की थी जिसे सब लोग सहज और समान भाव से अपनाकर भगवान् की भक्ति करने में समर्थ हो सकते हैं।

"सेवक-सेव्य भाव बिनु, भव न तरिअ उरगारि।"

ईश्वर-प्राप्ति के मार्गों में उन्होंने ज्ञान और भक्ति में अभेद माना है—

"ज्ञानहिं भगतिहिं नहिं कछु भेदा, उभय हरहिं भव संभव खेदा।"

फिर भी उन्होंने भक्ति को सर्वश्रेष्ठ ठहराया है क्योंकि ज्ञानमार्ग की अपेक्षा भक्तिमार्ग अधिक सरल है। ज्ञान 'दीपक' है जो संसार-वायु से बुझ सकता है परन्तु भक्ति 'चिन्तामणि' है जिस पर संसार की हवा को कोई असर नहीं होता।

7. काव्य-साधना—तुलसी हिन्दी के सर्वश्रेष्ठ कवि माने जाते हैं। उनकी प्रतिभा, कल्पना, निरीक्षण-शक्ति तथा व्यावहारिक ज्ञान अत्यन्त उच्चकोटि का है। अपनी कविता द्वारा उनका उद्‍देश्य राम का गुण गान करता था। तुलसी ने अपने काव्य में जनता के हित को सर्वोपरि स्थान दिया है। जनता का मार्गदर्शन तुलसी की काव्य-रचना का महान् उदद्‍देश्य था।

8. शैली और छन्द—वीरगाथाकालीन छप्पय शैली का प्रयोग तुलसी के सभी ग्रन्थों में मिलता है। 'विनय पत्रिका' तथा 'गीतावली' में उन्होंने विद्यापति की गीत-शैली का प्रयोग किया है। 'रामचरितमानस' में प्रधान रूप से ईश्वरदास तथा जायसी की दोहा-चौपाई शैली को अपनाया है। भाटों की कवित्त शैली का प्रयोग 'कवितावली' में हुआ है। सन्तों की दोहा-शैली 'दोहावली' तथा 'मानस' में अपनायी गयी है। तुलसी की उपर्युक्त सभी शैलियाँ सरल, सरस और सुबोध रही हैं।

9. भाषा और शैली—तुलसी ने अपने इस उद्‍देश्य की सिद्धि अपनी प्रांजल, गठी हुई लोकप्रचलित सरल, सुबोध भाषा और शैली द्वारा प्राप्त की है। तुलसी संस्कृत के प्रकाण्ड विद्वान् थे। उन्होंने वेद, स्मृति, पुराण, काव्यशास्त्र आदि का गहरा अध्ययन किया था। तुलसी के युग में अवधी और ब्रजभाषा काव्य की तथा जनता की भाषाएँ थीं। इसलिए उन्होंने इन्हीं दोनों भाषाओं में अपने काव्य की रचना की। उन्होंने 'रामचरितमानस' की रचना अवधी भाषा में की तथा कवितावली, विनय पत्रिका आदि ब्रजभाषा में लिखीं।

उनकी भाषा सर्वत्र प्रसंग के अनुकूल अपना रूप बदलती चलती है। गम्भीर विषयों—जैसे भक्ति, ज्ञान आदि का विवेचन करते समय संस्कृतगर्भित हो उठती है और सरल विषयों पर सहज, सरल, जन-भाषा का रूप धारण कर लेती है। वीर रस का वर्णन करते समय उसमें अद्‌भुत ओज भर जाता है और शृंगार रस का चित्रण करते समय वह कोमल, मधुर और सरस बन जाती है। करुण आदि शान्त रसों के वर्णन में उसमें एक अद्‌भुत द्रवणशीलता और सौम्य कान्ति का समावेश हो जाता है।

10. तलसी लोकनायक थे—लोकनायक उसे कहते हैं जो बुराइयों का खण्डन तथा अच्छी बातों का समन्वय कर जनता का पथ-प्रदर्शन करता है। इस दृष्टि से तुलसी लोकनायक थे। उन्होंने भक्ति, ज्ञान और कर्म का समन्वय किया था। राम और शिव की एकता स्थापित की थी। भाषाओं और शैलियों को समान यप से अपनाकर काव्य के क्षेत्र में एक नवीन स्वरथ आदर्श की स्थापना की थी। इस प्रकार तुलसी ने लोक, समाज, धर्म, दर्शन और साहित्य के क्षेत्रों में अपने काव्य द्वारा एक ऐसा आदर्श स्थापित किया था जो पारस्परिक विरोधों और कटुता को दूर कर जन-मात्र का कल्याण करनेवाला था। इसी कारण आज सैकड़ो वर्ष बाद भी तुलसी जनता के सर्वाधिक लोकप्रिय कवि और पश-प्रदर्शक बने हुए हैं। सारा संसार उन्हें एक स्वर से महान् कवि और महान् लोकनायक स्वीकार कर रहा है। यही तुलसी की महानता है।

कृष्णभक्ति शाखा—कृष्णभक्ति शाखा की प्रमुख प्रवृत्तियाँ, प्रतिनिधि कवि : सूरदास का साहित्यिक परिचय

1. कृष्णभक्ति शाखा—कृष्णभक्ति शाखा की प्रमुख प्रवृत्तियाँ

कृष्णकाव्य की रचना प्रायः उन भक्त कवियों द्वारा की गयी है, जो किसी-न किसी सम्प्रदाय से जुड़े हुए थे, अतः कृष्णकाव्य में एकरूपता दिखायी नहीं पड़ती। कृष्णलीला का गान तो प्रायः इन सभी कवियों के द्वारा किया गया, परन्तु राधा-कृष्ण के विषय में उनकी अपनी धारणाएँ एवं मान्यताएँ रही हैं, जो उनके सम्प्रदाय-विशेष के अनुसार थीं।

1. कृष्णलीला का वर्णन—कृष्णभक्त कवियों ने राधा-कृष्ण की लीलाओं का वर्णन अपने काव्य में प्रमुखता से किया है। विभिन्न सम्प्रदायों में दीक्षित इन भक्त कवियों ने श्रीकृष्ण के मधुर रूप की झाँकी अंकित करते हुए उनकी बाल-लीला एवं प्रेम-लीला का चित्रण अपनी रचनाओं में किया है। मध्यकालीन कृष्णभक्त कवियों ने कृष्ण की लोकरंजनकारी लीलाओं को अपने काव्य का विषय बनाकर जनता को माधुर्य रस में आकण्ठ निमग्न कर दिया। इन्होंने कृष्ण के बाल जीवन एवं किशोर जीवन की लीलाओं का उन्मुक्त गान किया, यही कारण है कि समूचा भक्तिकालीन कृष्णकाव्य माधुर्य भाव से ओतप्रोत है। उस समय गोपालकृष्ण की प्रेमलीलाओं का श्रवण, चिन्तन एवं गायन कवि कर्म समझा जाने लगा था, इसीलिए भजन-कीर्त्तन करनेवाले पद रचना करते हुए अनायास कवि बन गये।

2. प्रेम-लक्षणा भक्ति—कृष्णभक्त कवियों की भक्ति प्रेम-लक्षणा भक्ति है। श्रीकृष्ण की प्रेममयी मधुर रस से ओत-प्रोत छवि को अपने काव्य का विषण बनाकर इन कवियों ने प्रेमतत्त्व का विशद निरूपण किया। सम्पूर्ण कृष्णकाव्य माधुर्य भाव से ओत-प्रोत है। निम्बार्क सम्प्रदाय में जहाँ स्वकीया भाव पर बल देते हुए राधा-कृष्ण के दाम्पत्य प्रेम का चित्रण किया गया है। कृष्ण प्रेम में मर्यादा का पालन न तो कृष्णभक्त कवियों को स्वीकार था और न ही उनकी गोपियों को। कवियों ने वात्सल्य, सख्य और माधुर्य के क्षेत्र में कृष्ण-लीलाओं का गान करते हुए अपनी भक्ति-भावना का परिचय दिया यद्यपि कुछ कृष्णभक्त कवियों ने विनय से युक्त दास्य-भाव के पद भी लिखे हैं, किन्तु परिमाण की दृष्टि से माधुर्य भाव के पद ही अधिक लिखे गये।

3. सौन्दर्य-चित्रण—सम्पूर्ण कृष्णकाव्य प्रेम, सौन्दर्य एवं श्रृंगार रस से ओत-प्रोत है। मानव सौन्दर्य प्रकृति सौन्दर्य एवं भाव सौन्दर्य से आप्लावित कृष्णकाव्य जन-मन

को अनुरंजित करने में पूर्ण समर्थ है। कवियों ने कृष्ण के बाल सौन्दर्य की झाँकी अंकित करने के साथ-साथ राधा-कृष्ण के किशोर सौन्दर्य का भी हृदयग्राही वर्णन किया है। उनकी प्रणय-क्रीड़ाएँ अपूर्व सौन्दर्य से समन्वित हैं। ब्रजभूमि की सुषमा का चित्रण भी कृष्णकाव्य में किया गया है। राधा-कृष्ण की विहार स्थली, पावन यमुना तट, वृन्दावन, मधुवन, कुंज और कछार कृष्णकाव्य में सर्वत्र व्याप्त है। राधा अपूर्व सुषमा से मण्डित है और उनकी अनिर्वचनीय शोभा मन को आह्लादित करने में समर्थ है। निम्न पंक्तियों में राधा के सौन्दर्य को देखा जा सकता है–

''काम कमान समान भौंह दोउ चंचल नैन सरोज।
अलि गंजन अंजन रेखा दै बरसत बान मनोज।।''

4. प्रकृति-चित्रण–कृष्णकाव्य का केन्द्र हैं–श्रीकृष्ण और उनकी लीलास्थली ब्रजभूमि, जो अपने अनन्त सौन्दर्य के लिए विख्यात रही है। यही कारण है कि कृष्णभक्त कवियों ने जहाँ राधा-कृष्ण के सौन्दर्य का चित्रण किया है। भाव-प्रधान होने से कृष्णकाव्य में प्रकृति-चित्रण उद्दीपन रूप में अधिक हुआ है, आलम्बन रूप में बहुत कम, परन्तु दृश्यमान् जगत् का कोई भी सौन्दर्य उनकी आँखों से छूटा नहीं है। वियोग व्यथित गोपियों को अब यमुना व्यर्थ में बहते हुए, भौंरे व्यर्थ में गुंजार करते हुए तथा कमल व्यर्थ में ही पुष्पित होते हुए जान पड़ते हैं।

''तब ये लता लगति अति शीतल,
अब भई विषम ज्वाल की पुंजै।''

5. रस-योजना–कृष्णकाव्य का मूल प्रतिपाद्य है–कृष्ण की बाललीला एवं प्रणय-क्रीड़ाओं का चित्रण, अतः विषय-वस्तु के अनुसार उसमें वात्सल्य एवं शृंगार रस की प्रधानता है। इन दोनों रसों का पूर्ण परिपाक कृष्णभक्ति साहित्य में हुआ है। सूरदास वात्सल्य के सम्राट् कहे जाते हैं क्योंकि उन्होंने बाल-मनोभावों का ऐसा हृदयग्राही वर्णन अपने पदों में किया है, जो अन्यत्र कहीं दिखायी नहीं पड़ता। आचार्य हजारीप्रसाद द्विवेदी ने सूरदास के वात्सल्य वर्णन पर टिप्पणी करते हुए लिखा है–''बालकृष्ण की चेष्टाओं के चित्रण में कवि कमाल की होशियारी और सूक्ष्म निरीक्षण का परिचय देता है। न उसे शब्दों की कमी होती है, न अलंकार की, व भावों की, न भाषा की। 'मैया मैं नहिं माखन खायो' तथा 'मैया कबहिं बढ़ैगी चोटी' जैसे पदों का माधुर्य सूर के वात्सल्य वर्णन की विशेषताओं को उजागर करने में पूर्ण समर्थ है।

6. रीति तत्त्व का समावेश–कृष्णकाव्य में शृंगार वर्णन के साथ-साथ रीति तत्त्व का समावेश भी हो चला था। कवियों ने नायिका भेद एवं अलंकार निरूपण करना प्रारम्भ कर दिया था। सूरदास एवं नन्ददास की कृतियों में रीति तत्त्व का समावेश प्रचुरता से है। सूरदास ने 'साहित्य-लहरी' में नायिका भेद् एवं अलंकार वर्णन किया है जबकि नन्ददास कृत 'रस मंजरी' में नायिक भेद, हाव, भाव, रति आदि का विशद निरूपण किया गया है। नन्ददास का एक अन्य रीतिपरक ग्रन्थ है–'विरह मंजरी' जिसमें विरह के काव्यशास्त्रीय भेद समझाये गये हैं।

7. काव्य रूप—कृष्णकाव्य जीवन के एक सीमित पक्ष को लेकर ही चला। अतः उसमें महाकाव्योचित उदात्तता एवं व्यापकता दिखायी नहीं पड़ती। कृष्ण के किशोर जीवन एवं बाल जीवन की लीलाओं का विशद चित्रण तो उसमें हुआ है। जीवन के प्रेमपक्ष को लेकर लिखे गये इस काव्य में मधुरता, सरसता, रागात्मकता तो है किन्तु उदात्तता, गरिमा एवं भव्यता के स्तर पर वह रामकाव्य से तुलना नहीं कर सकता।

8. भाषा-शैली—सम्पूर्ण कृष्णकाव्य ब्रजभाषा में लिखा गया है। भाषा की दृष्टि से कृष्णभक्त कवि अत्यन्त समर्थ एवं सशक्त माने जाते हैं। सूरदास की ब्रजभाषा परिनिष्ठित एवं साहित्यिक है तथा उसमें प्रत्येक मनोभाव को सफलतापूर्वक व्यक्त करने की क्षमता है। नन्ददास को भी ब्रजभाषा का अच्छा ज्ञान था। इसीलिए उनके सम्बन्ध में कहा जाता है—'नन्ददास जड़िया'। इन कवियों की भाषा की जड़ें लोकभाषा में निहित रही हैं। भाषा में लोक-प्रचलित मुहावरों एवं सूक्तियों का भी सुन्दर समावेश करते हुए इन्होंने अभिव्यक्ति को पूर्णता प्रदान की है।

9. अलंकार एवं छन्द—सूरदास, नन्ददास, रसखान एवं मीराँ कृष्णभक्त कवियों में अग्रगण्य हैं। इनके काव्यों में अलंकारों की मनोहरी सुषमा देखी जा सकती है। उपमा, रूपक, उत्प्रेक्षा, विभावना, असंगति, प्रतीप आदि अलंकारों का सौन्दर्य इनके काव्य में यत्र-तत्र देखा जा सकता है।

कृष्णभक्त कवियों ने प्रायः पद लिखे हैं। सूरसागर में पदों की प्रधानता है। नन्ददास ने रूपमंजरी तथा रासमंजरी में दोहा-चौपाई का प्रयोग किया है। रसखान ने कवित्त और सवैये लिखे हैं। कुण्डलिया, गीतिका, अरिल्ल-जैसे अन्य छन्दों का प्रयोग भी कृष्णकाव्य में हुआ है।

10. कृष्णकाव्य का महत्त्व—कृष्णभक्ति साहित्य आनन्द और उल्लास का साहित्य है। इस साहित्य ने जीवन में व्याप्त जड़ता को भंग कर उसे गतिशील बनाया और उद्देश्यहीनता को दूर कर उसे लक्ष्य की ओर अग्रसर किया। जीवन की नीरसता को समाप्त कर उसे सुषमा, सौन्दर्य की ओर अग्रसर करने में कृष्णकाव्य की महती भूमिका रही है।

ब्रजभाषा को व्यापक काव्यभाषा के रूप में प्रतिष्ठित करने का श्रेय भी इन्हीं कवियों को है। परवर्ती गीतिकाव्य को भी कृष्णकाव्य से प्रोत्साहन प्राप्त हुआ है। कृष्णभक्त कवियों ने लोकरंजनकारी कृष्ण की मधुर लीलाओं को निराशा से मुरझाये चेहरों पर प्रफुल्लता का संचार करने में सफलता प्राप्त की है, यही उनका सबसे बड़ा योगदान है।

2. प्रतिनिधि कवि : सूरदास का साहित्यिक परिचय

महाकवि सूरदास हिन्दी की कृष्णभक्ति शाखा के सबसे पहले और सर्वश्रेष्ठ कवि हैं। उन्हें सम्पूर्ण ब्रजभाषा-काव्य का भी सर्वश्रेष्ठ कवि माना जा सकता है। सूरदास पहले भक्त और बाद में कवि थे। उन्होंने अपने आराध्य देव भगवान् कृष्ण को भक्ति में तन्मय

हो जो बातें कही हैं वे ही अत्यन्त उच्चकोटि की कविता के रूप में प्रकट हुई हैं। भक्ति की ऐसी तन्मयता और विह्वलता सूर-काव्य में ही पायी जाती है।

1. जीवन-परिचय—सूरदास का भी पूरा और प्रामाणिक जीवन-चरित्र अभी तक नहीं ज्ञात हो सका है। तुलसी के ही समान उनकी जन्म-तिथि तथा जन्म-स्थान के सम्बन्ध में भी विभिन्न मत हैं। हमने उनकी जन्म-तिथि सन् 1478 ई. मानी है क्योंकि यही तिथि अब तक हुई खोजों में सबसे अधिक प्रामाणिक मानी जाती है। सूर का जन्म-स्थान कुछ लोग दिल्ली के निकट 'साही' नामक गाँव को तथा कुछ आगरा के पास 'रूनकुता' नामक गाँव को मानते हैं। उनकी जाति और वंश के सम्बन्ध में भी विभिन्न मत हैं। 'चौरासी वैष्णवन की वार्त्ता' नामक ग्रन्थ के आधार पर कुछ लोग उन्हें सारस्वत ब्राह्मण सिद्ध करते हैं। परन्तु सूर के ही एक ग्रन्थ 'साहित्य-लहरी' में सूर द्वारा दिये गये अपने वंश-परिचय के आधार पर कुछ लोग उन्हें प्रसिद्ध कवि चन्दबरदाई का वंशज मान ब्रह्मभट्ट जाति का मानते हैं।

2. परिवार, बचपन और यौवन—सूर के परिवार के सम्बन्ध में कोई विशेष विवरण नहीं मिलता। कहा जाता है, यह सात भाई थे। अन्य छह भाई मुसलमानों से युद्ध करते हुए मारे गये थे और सूर बच निकले थे। कुछ लोगों का कहना है कि सूरदास ने विवाह किया था और उनके एक पुत्र भी था परन्तु पत्नी और पुत्र की मृत्यु हो जाने के कारण यह विरक्त हो गये थे। विरक्त हो जाने के बाद यह अपने जन्म-स्थान रूनकुता के पास यमुना तट पर गऊघाट नामक स्थान पर रहने लगे थे।

एक बार कृष्णभक्ति शाखा के पुष्टिमार्ग के प्रवर्तक स्वामी वल्लभाचार्य गऊघाट पर होकर जा रहे थे कि सूर के मधुर स्वर को सुन ठिठक गये। उस समय सूर अन्धे थे। वल्लभाचार्य ने उनके विनय-भरे पदों को सुनकर उनसे कहा—"सूर ऐसो घिघियात काहे कों हो, कहा भगवत् लीला वर्णन कर।" यह कहकर आचार्य जी ने उन्हें अपने मत में दीक्षित कर लिया और अपने साथ ले जाकर श्रीनाथ जी के मन्दिर में कीर्त्तन-मण्डली का प्रधान गायक बना दिया। आचार्य वल्लभ ने उन्हें भागवत की पूरी कथा सुनायी। सूर भागवत की उसी कथा को ब्रजभाषा में पद बना-बनाकर गाते रहे और यही कथा आगे चलकर 'सूर-सागर' के नाम से प्रसिद्ध हुई।

अन्त में सन् 1583 में मथुरा के निकट पारसौली नामक ग्राम में उनकी मृत्यु हो गयी। मृत्यु के समय वल्लभाचार्य के पुत्र गोस्वामी विट्ठलनाथ उनके पास उपस्थित थे।

3. सूर जन्म के अन्धे थे या नहीं यह तो निश्चित है कि सूर अन्धे थे, परन्तु इस सम्बन्ध में विभिन्न मत हैं कि वह जन्म से ही अन्धे थे अथवा बाद में अन्धे हुए थे। कुछ लोगों का कहना है कि वह जन्म से ही अन्धे थे। इसके विपरीत एक मत यह है कि वह बाद में अन्धे हुए थे। सूर ने बालक कृष्ण की विविध बाल-क्रीड़ाओं, प्रकृति तथा विभिन्न प्रकार के रंगों का जैसा सूक्ष्म, यथार्थ और मार्मिक वर्णन किया है, उसे देखकर यह विश्वास नहीं होता कि कोई जन्म से अन्धा व्यक्ति ऐसा वर्णन करने में समर्थ हो सकता है। अतः सूर जन्म से अन्धे नहीं थे, बाद में किसी बीमारी अथवा दुर्घटना वश अन्धे हो गये होंगे।

इनके अन्धे होने के सम्बन्ध में कई किंवदन्तियाँ प्रचलित हैं। यह किसी सुन्दरी पर आसक्त थे और उसी से उन्होंने अपनी दोनों आँखें फुड़वा ली थीं। परन्तु यह कथा कपोल-कल्पित और अविश्वसनीय प्रतीत होती है क्योंकि सूर ने भगवान् को अपने अन्धे होने का उलाहना देते हुए कहा है—

"मित्र सुदामा कीन अयाचक, प्रीति पुरानी जानि।
सूरदास सौं कहा निठुरई, नैनन हू की हानि।"

दूसरी किंवदन्ती यह है कि एक बार सूर एक कुएँ में गिर पड़े थे और कृष्ण भगवान् ने स्वयं उन्हें कुएँ में से बाँह पकड़ बाहर निकाला था और अपने दर्शन दिये थे। उस समय सूर अन्धे थे परन्तु भगवान् की कृपा से उन्हें पुनः दृष्टि मिल गयी थी। भगवान् के दर्शन करने के उपरान्त उन्होंने भगवान् से पुनः अन्धे होने का वरदान माँग लिया था क्योंकि वह नहीं चाहते थे जिन आँखों से भगवान् के दर्शन किये हैं, उन्हीं आँखों से फिर किसी और को देखें।

4. सूर की रचनाएँ—काशी नागरी प्रचारिणी सभा की खोज रिपोर्ट के आधार पर सूर द्वारा लिखे गये ग्रन्थों की संख्या 16 ठहरती है। कुछ लोग इनके द्वारा लिखे 19 ग्रन्थ बताते हैं। परन्तु साधारणतः सूर के लिखे केवल पाँच ग्रन्थों का ही उल्लेख किया जाता रहा है।

1. सूर-सागर 2. सूर-सारावली 3. साहित्य-लहरी 4. नल-दमयन्ती 5. व्याहलो

इनमें से 'नल-दमयन्ती तथा 'व्याहलो' की कोई भी प्राचीन प्रति नहीं मिली है। कुछ विद्वान् केवल 'सूर-सागर' को ही सूर की प्रामाणिक रचना मानते हैं। परन्तु अन्य विद्वान् 'साहित्य-लहरी' तथा 'सूर-सारावली' को उनकी प्रामाणिक रचना मानने के पक्ष में हैं 'सूर-सारावली' एक स्वतन्त्र रचना है। इसमें 'सूर-सागर' में वर्णित कृष्णलीलाओं को सिद्धान्त रूप से पृथक् शैली में लिखा गया है।

'साहित्य-लहरी' को कुछ लोग एक स्वतन्त्र ग्रन्थ न मान 'सूर-सारावली' की अनुक्रमणिका मानते हैं।

5. सूर-सागर—'सूर-सागर' सूर का सबसे अधिक लम्बा-चौड़ा ग्रन्थ है। सूर ने इसमें सवा लाख पद लिखे थे। परन्तु अभी तक इनमें से केवल सात-आठ हजार पद ही मिल सके हैं। इन्हीं पदों का संग्रह कर 'सूर-सागर' का सम्पादन किया गया है। सूर अन्धे थे, इसीलिए बना-बनाकर पद गाते रहते थे और उनके शिष्य या साथी उन पदों को लिख लेते थे। वल्लभाचार्य सूर को 'पुष्टिमार्ग का जहाज' और 'भक्ति का सागर' कहा करते थे। इसमें भागवत में वर्णित कथाओं को सरल, मधुर ब्रजभाषा में सुन्दर पदों द्वारा कहा गया है। कृष्णलीलाओं का सुमधुर विस्तृत वर्णन किया गया है। यह ब्रजभाषा काव्य का सर्वप्रथम साहित्यिक ग्रन्थ माना जाता है।

6. काव्य-सौन्दर्य—सूरदास हिन्दी की कृष्णभक्ति शाखा के सर्वश्रेष्ठ कवि हैं जिस प्रकार राम-भक्त कवियों में गोस्वामी तुलसीदास सर्वश्रेष्ठ माने जाते हैं, उसी प्रकार कृष्ण-भक्त कवियों में सूरदास सर्वश्रेष्ठ माने जाते हैं। वास्तव में यह दोनों कवि हिन्दीकाव्य-गगन के सूर्य और चन्द्रमा हैं।

सूरदास ने अपने सरस, मधुर गीतों द्वारा विद्यापति की गीत परम्परा को आगे बढ़ाया था। उन्होंने अपने इन गाये जानेवाले पदों में कृष्णभक्ति में पूर्ण रूप से तन्मय हो कृष्ण के बाल और किशोर रूप में की गयी लीलाओं को बड़े मधुर ढंग से गाया था और उनके इस काव्य का अन्य कवियों पर इतना अधिक प्रभाव पड़ा था और उन्हें इतनी अधिक प्रसिद्धि और प्रशंसा मिली थी कि लोग इन्हें कृष्ण-सखा मानने लगे थे।

7. बाल-वर्णन—सूर ने कृष्ण के बालरूप का इतना मोहक, यथार्थ और विस्तृत वर्णन किया है कि उन्हें वात्सल्य रस का संसार का सर्वश्रेष्ठ कवि माना जाता है। यह वात्सल्य-वर्णन अत्यन्त मनोरम, मनोवैज्ञानिक और मार्मिक है। इसमें उन्होंने कृष्ण जन्म से लेकर उनके किशोर होने तक की विभिन्न अवस्थाओं के वर्णन किये हैं। उन्होंने बालक कृष्ण की एक-एक अबोध, स्वाभाविक और चंचल बाल-क्रीड़ा का बार-बार अनेक प्रकार से वर्णन किया है। सूर बाल-मनोविज्ञान के पूर्ण पण्डित थे। इनके द्वारा किया गया यह बाल-वर्णन इतना अधिक प्रसिद्ध हुआ कि विद्वानों ने 'वात्सल्य' को एक स्वतन्त्र रस मान लिया। कृष्ण के रूप में आज भी असंख्य शिशुओं को कृष्ण की-सी बाल-क्रीड़ाएँ करते देख तुरन्त सूर द्वारा किये गये बाल-वर्णन का ध्यान आ जाता है। सूर के बालकृष्ण कुछ बड़े होने पर सबके लाड़ले बन जाते हैं।

8. शृंगार रस—सूर अपने शृंगार रस के वर्णन के लिए भी बहुत प्रसिद्ध हैं। कृष्ण जब बड़े होते हैं तो गोपियाँ और राधा उनसे प्रेम करने लगती हैं। कुछ समय तक कृष्ण इनके साथ रासलीला करते हैं, हँसते खेलते हैं और प्रेम की तरह-तरह की क्रीड़ाएँ करते हैं। इन सब का सूर ने बहुत ही सुन्दर वर्णन किया है। ऐसे वर्णन को संयोग शृंगार का वर्णन कहते हैं। कुछ समय बाद कृष्ण मथुरा चले जाते हैं और वहाँ कंस आदि दुष्टों का वध कर वहीं रह राज-काज में फँस जाते हैं और अपने गाँव गोकुल लौट- कर नहीं आते। इधर उनके चले जाने पर गोपियाँ, राधा, माता, बाबा नन्द, गोपी तथा गायें उनके वियोग में व्याकुल रहते हैं। अन्त में कृष्ण अपने सखा उद्धव को इन लोगों को समझाने के लिए गोकुल भेजते हैं। वहाँ उद्धव और गोपियों में लम्बा संवाद चलता है। यह संवाद 'भ्रमर गीत' के नाम से प्रसिद्ध है।

इस 'भ्रमर गीत' में सूर ने गोपियों आदि के विरह-व्यथा का वर्णन किया है। इस विरह वर्णन में कवि की सम्पूर्ण प्रतिभा अपने चरम रूप में मुखरित होती दिखायी देती है। 'भ्रमर गीत' में विरह की सम्पूर्ण दशाओं का मार्मिक वर्णन किया गया है जिसे पढ़कर कठोर-से-कठोर हृदय भी द्रवित हो उठता है। 'भ्रमर गीत' को वियोग-शृंगार की उत्कृष्ट रचना माना जाता है। सूर के बाद अन्य अनेक कवियों ने 'भ्रमर गीत प्रसंग' को लेकर अत्यन्त उच्चकोटि की रचनाएँ की हैं। सूर के 'भ्रमर गीत' में गोपियाँ भ्रमर के माध्यम से उद्धव और कृष्ण पर जो व्यंग्य बाण चलाती हैं और उन्हें उलाहना देती हैं, वह अनुपम है।

9. सूर की भक्ति-पद्धति—सूर पुष्टि-मार्ग के भक्त थे। पुष्टि-मार्ग में भगवान् कृष्ण के बाल और किशोर रूप की ही उपासना का विधान है। इसके अनुसार भक्त

अपने आराध्य कृष्ण की दैनन्दिनी लीलाओं का वर्णन करता हुआ उनकी उपासना करता है। इसी कारण सूर ने भगवान् कृष्ण द्वारा किये गये विभिन्न कार्यों का विस्तार के साथ वर्णन किया है। पुष्टि-मार्ग के अनुसार भक्त केवल भगवान् का अनुग्रह (कृपा) प्राप्त करने का प्रयत्न करता है और इसके लिए वह भगवान् के साथ स्वयं को पूरी तरह से घुला-मिला देता है। सूर की भक्ति तुलसी के समान दास्य-भाव की न होकर सख्य-भाव की है। इसमें भक्त भगवान् के सम्मुख दास के समान प्रार्थना न कर सखा के समान उन्हें अपना उद्धार करने की चुनौती-सी देता है।

10. ज्ञान और भक्ति—सूर ने 'भ्रमर गीत' में भक्ति को ज्ञान से श्रेष्ठ सिद्ध किया है। साधारण भक्त ज्ञान-मार्ग को नहीं अपना सकते; क्योंकि ज्ञान-मार्ग को समझने और उस पर चलने की उनमें शक्ति नहीं होती, इसलिए उनके लिए भक्ति-मार्ग ही सरल है। गोपियाँ इसी तर्क द्वारा उद्धव के ज्ञान-मार्ग का विरोध करती हैं और भक्ति-मार्ग को ज्ञान-मार्ग की अपेक्षा अधिक सरल, सहज और श्रेष्ठ सिद्ध कर देती हैं। अन्त में उद्धव भी भगवान् कृष्ण के प्रति गोपियों की अगाध, अटूट भक्ति से प्रभावित हो अपने ज्ञान-मार्ग को भूल जाते हैं और भक्ति को अपना लेते हैं। उनका प्रधान तर्क यह है कि ज्ञान-मार्ग में भगवान् के निराकार रूप की उपासना की जाती है; जिसका कोई आकार ही नहीं, रूप ही नहीं, उससे प्रेम नहीं किया जा सकता। और गोपियाँ कृष्ण के साकार रूप से प्रेम करती हैं, इसलिए निराकार ब्रह्म को नहीं अपना सकतीं।

11. सूर का गीत काव्य—हिन्दी साहित्य में सूर को गीत काव्य का अमर गायक माना जाता है। विद्वानों का मत है कि सच्चे अर्थों में सूर ने ही हिन्दी में गीतों की परम्परा डाली है। उनके गीतों में संगीत का प्राधान्य रहा है। उनके सम्पूर्ण पद आसानी के साथ गाये जा सकते हैं। उनका प्रत्येक पद किसी-न-किसी राग या रागिनी के अनुसार रचा गया है। उनके पदों की शैली सजीव, स्वाभाविक होने के कारण आँखों के सामने चित्र-सा उपस्थित कर देती है। तीखे और सुन्दर व्यंग्यों तथा भावों की गम्भीरता में वह जयदेव और विद्यापति से भी आगे बढ़ गये हैं। उनके गीतों में हृदय की कोमल भावनाओं का अंकन मिलता है। इन गीतों के प्रधान विषय वात्सल्य, शृंगार और भक्ति रहे हैं।

12. भाषा और शैली—सूर का ब्रजभाषा का प्रथम कवि और निर्माता माना जा सकता है। उनसे पहले ब्रजभाषा में कविता होती तो थी, परन्तु उसका अधिक साहित्यिक मूल्य नहीं था। सूर ने ही सबसे पहले जनसाधारण की बोलचाल की ब्रजभाषा को अपनी प्रतिभा द्वारा निखारकर उसे साहित्यिक पद और गौरव प्रदान किया था और ब्रजभाषा उस युग की प्रधान काव्यभाषा बन गयी थी। सूर की भाषा चलती हुई सरल, सरस, मधुर और प्रभावित करनेवाली है। उन्होंने संस्कृत के क्लिष्ट और दुरूह शब्दों द्वारा कहीं भी अपनी भाषा को बोझिल और दुरूह नहीं बनने दिया है। कहीं-कहीं अरबी-फारसी, गुजराती, राजस्थानी, अवधी, खड़ीबोली आदि भाषाओं के शब्द भी मिल जाते हैं।

वात्सल्य, शृंगार और भक्ति का वर्णन करने के कारण सूर की भाषा में प्रसाद और माधुर्य गुणों का ही प्राधान्य रहा है, ओज का नहीं। लोकोक्तियों और मुहावरों के प्रयोग ने उनकी भाषा की सुन्दरता में चार चाँद लगा दिये हैं।

शैली की दृष्टि से सूर ने गीतों की पद-शैली को अपनाया है। उन्होंने अपने इन गीतों में हृदय के एक-एक भाव को पूर्ण अनुभूति के साथ उतारा है। इसीलिए इनके गीतों में तीव्रता, तन्मयता और मार्मिकता आ गयी है।

अलंकारों के अचित, कलापूर्ण और मधुर प्रयोग ने सूर की भाषा-शैली को अत्यन्त प्रभावशाली और मार्मिक बना दिया है। उन्होंने यमक, श्लेष, अनुप्रास, रूपक, रूपकातिशयोक्ति, उत्प्रेक्षा, व्यतिरेक, प्रतीप आदि अलंकारों का खूब प्रयोग किया है।

संक्षेप में, सूर की भाषा-शैली सरल, मधुर, प्रवाहमयी और सजीव है। विशुद्ध काव्य की दृष्टि से उन्हें हिन्दी का सर्व श्रेष्ठ कवि माना जा सकता है।

निर्गुण भक्ति साहित्य और सगुण भक्ति साहित्य की प्रमुख प्रवृत्तियाँ

भक्तिकाल को सामान्यतः दो धाराओं में विभक्त किया जाता है—निर्गुण काव्यधारा और सगुण काव्यधारा। वे कवि जो ईश्वर को निर्गुण, निराकार, अजन्मा मानकर चले, प्रथम वर्ग के कवि हैं तथा वे कवि जो अवतारवाद में विश्वास करते हुए ईश्वर के सगुण-साकार रूप के क्रिया-कलापों के चितेरे रहे, द्वितीय वर्ग के कवि हैं। पुनः निर्गुण और सगुण दोनों धाराओं को दो-दो वर्गों में विभक्त किया गया है। निर्गुण धारा के अन्तर्गत सन्त काव्य एवं सूफी काव्य हैं तथा सगुण धारा के अन्तर्गत रामकाव्य एवं कृष्णकाव्य हैं।

सन्त काव्य को ज्ञानाश्रयी शाखा या ज्ञानमार्गी शाखा भी कहते हैं क्योंकि ईश्वर की प्राप्ति में ये 'ज्ञान' को अधिक महत्त्व देते हुए सूफी काव्य के लिए प्रेमाश्रयी शाखा, प्रेममार्गी शाखा नाम भी प्रचलित हैं। ईश्वर प्राप्ति के लिए ये प्रेमतत्त्व को अनिवार्य मानते हैं। इन चारों काव्यधाराओं का प्रतिनिधित्व करनेवाले कवियों में क्रमशः कबीर, जायसी, सूर और तुलसी के नाम लिये जा सकते हैं।

1. भक्ति-भावना की प्रधानता—भक्तिकाल में भक्ति तत्त्व की प्रधानता है। इसे आधार बनाकर ही आचार्य शुक्ल ने इस कालखण्ड का नामकरण भक्तिकाल रखा है। कबीर ने भक्ति की महत्ता को स्वीकार करते हुए लिखा है—"हरि भक्ति जाने बिना बूड़ि मुआ संसार।" जायसी ने जिस प्रेम-मार्ग को ईश्वर-प्राप्ति के लिए आवश्यक माना है। सूर की गोपियाँ तो भक्ति एवं प्रेम की प्रतिमूर्ति हैं ही तथा भक्त कवि तुलसीदास का तो सारा काव्य ही भक्ति रस से ओत-प्रोत है। उन्होंने भक्ति को ऐसी चिन्तामणि कहा है जो सभी कष्टों को दूर करनेवाली तथा जिसके नहीं निर्धूम प्रकाश को विषय-वासना की तेज चलनेवाली आँधी भी बुझा नही पाती। भक्तों ने भी ज्ञान का विरोध नहीं किया, केवल भक्ति विरोधी ज्ञान का खण्डन किया है। सूरदास भी गोपियों द्वारा उद्धव को बतलाते हैं—

बार बार यह वचन निवारौ।
भक्ति विरोधी ज्ञान तिहारौ।।"

2. नाम जप की महत्ता—भक्तिकाल के सभी कवियों ने ईश्वर के नाम जप का महत्त्व प्रतिपादित किया है। कबीर ने तो स्पष्ट घोषणा की है कि 'नाम' सभी रसायनों में उत्तम है—

'सभी रसायन हम करी नहीं नाम सम कोय।'

सूरदास ने 'भरोसो नाम को भारी' कहकर ईश्वर के नाम जप की ओर इंगित किया है। तुलसी के विषय में तो कहना ही क्या, क्योंकि वे तो नाम के प्रभाव का वर्णन करते हुए एवं उसकी महत्ता प्रतिपादित करते हुए यहाँ तक कह देते हैं– *'राम ते अधिक राम कर नामा।'* वस्तुतः नामा सगुण और निर्गुण दोनों से जुड़ा हुआ है।

3. गुरु की महत्ता–भक्तिकालीन कवियों ने गुरु के महत्त्व का प्रतिपादन अपने काव्य में किया है। कबीर ने 'गुरु' को गोविन्द से भी ऊँचा स्थान दिया है क्योंकि ईश्वर तक ले जानेवाला तो गुरु ही है–'गुरु हैं' बड़े गुविन्द तें मन में देख विचार।' जायसी ने पद्मावत में स्पष्ट लिखा है कि 'बिनु गुरु जगत को निर्गुन पावा।' तुलसी ने भी अपने रामचरितमानस के प्रारम्भ में गुरु वन्दना करते हुए गुरु के महत्त्व को प्रतिपादित किया है।

4. नारी निन्दा के स्वर–मध्यकाल में नारी के प्रति स्वस्थ दृष्टिकोण नहीं था। उसे भोग्या माना जाता था। और वह पुरुष की सम्पत्ति के रूप में देखी जाती थी। उसका न तो कोई स्वतन्त्र व्यक्तित्व था और न अस्तित्व। सम्भवतः इन्हीं कारणों से कबीर आदि सन्त कवियों में नारी-विरोधी स्वर सुनायी पड़ते हैं। कबीर ने नारी को माया का रूप बताकर उससे दूर रहने का उपदेश दिया है–

"नारी की झांई परत अन्धा होत भुजंग।
कबिरा तिनकी कौन गति नित नारी के संग।।"

तुलसीदास ने रामचरितमानस में स्थान-स्थान पर नारी-निन्दा करते हुए उसे अवगुणों की खान और नरक का द्वार तक कह दिया है। रामचरितमानस में नारी के सम्बन्ध में आयी हुई यह पंक्ति तुलसी को नारी-निन्दक के रूप में प्रतिष्ठित करती रही है–

"ढोल गँवार सूद्र पसु नारी।
सकल ताड़न के अधिकारी।।"

5. सत्संग की महिमा–भक्तिकाल के सभी कवियों ने एक स्वर से सत्संग की महिमा का वखान किया है। तुलसी ने स्पष्ट घोषणा की है कि बिना सत्संग के विवेक नहीं होता और यह राम कृपा से ही सुलभ होता है–

'बिनु सत्संग विवेक न होई।
राम कृपा बिनु सुलभ न सोई।।'

कबीर की मान्यता है कि साधु-संगति सदैव दूसरों के कष्ट का निवारण करती है। सत्संग से गंधी के साथ के समान बिना कुछ खर्च किये भी सुवास प्राप्त होती रहती है। दुष्टों की संगति से बचने के लिए वे कहते हैं–

"कबिरा संगति साधु की हरै और की व्याधि।
संगति बुरी असाधु की आठौं पहर उपाधि।।"

6. सदाचरण पर बल–भक्तिकाल के कवियों ने जीवन में नैतिक मूल्यों पर बल देते हुए सदाचरण की स्थापना करने का प्रयास किया। वे सत्य, अहिंसा, परोपकार,

निरभिमानता, सहजता को जीवन में समाविष्ट करने पर जोर देते हैं। भक्त वही हो सकता है जो अहंकार से रहित हो और एक-एक करके अपने दुर्गुणों को छोड़ता जाये। कबीर ने जहाँ समाज में नैतिक मूल्यों का समावेश करने हेतु हिन्दू-मुसलमानों को उपदेश दिये और उनकी बुराइयों की ओर इंगित किया, वहीं तुलसी में राम के रूप में एक आदर्श उपस्थित कर लोगों के समक्ष अनुकरणीय उदाहरण प्रस्तुत किया। भक्तिकाल का सम्पूर्ण काव्य भारतीय सभ्यता और संस्कृति का आख्यान है।

7. स्वानुभूति पर बल—भक्त कवि शास्त्र ज्ञान पर नहीं स्वानुभूति पर बल देते हैं। कोरा शास्त्र ज्ञान किसी का कल्याण नहीं कर सकता, क्योंकि तुलसी की मान्यता है—

"वाक्य ज्ञान अत्यन्त निपुन भवपार न पावे कोई।"

कबीर ने भी यह घोषणा की कि पोथी पढ़ने से कुछ भी उपलब्ध नहीं होता-

'पोथी पढ़ि-पढ़ि जग मुआ पंडित भया न कोय।"

वे कागज की लिखी हुई बात की तुलना में आँखों देखी बात पर अधिक विश्वास करते हैं—

'तू कहता कागद की लेखी मैं कहता आँखिन की देखी।'

8. लोकमंगल की भावना—भक्तिकालीन कवियों ने अपने साहित्य की रचना लोकहित को ध्यान में रखकर की। वे जनसाधारण को उसके कर्त्तव्य का पाठ पढ़ाते हैं, साथ ही उसे एक आदर्श मानव बनने की प्रेरणा देते दिखायी पड़ते हैं। कबीर ने बाह्याडम्बरों का खण्डन करके सदाचरण पर बल दिया, हिन्दू-मुसलमानों में धार्मिक एकता की बात कही, तो जायसी ने सांस्कृतिक एकता का सन्देश दिया। तुलसी ने मर्यादा पुरुषोत्तम राम के आदर्श चरित्र की परिकल्पना करते हुए जन-रक्षक एवं धर्म-रक्षक के रूप में एक ऐसा चरित्र दिया जिसने भारतीय जनमानस को आशा का नया सन्देश प्रदान किया। सूरदास ने कृष्ण के लोकरंजक स्वरूप के आकर्षक चित्र अपने काव्य में अंकित किया। इस प्रकार यह कहा जा सकता है कि भक्तिकाल के साहित्य में लोकमंगल की भावना निहित है।

निष्कर्ष रूप में यह कहा जा सकता है कि भक्तिकाल के कवियों ने अपने साहित्य के द्वारा समाज को नैतिकता एवं भाईचारे का उपदेश दिया। भक्तिपरक रचनाओं के द्वारा उन्होंने जनता को ईश्वर के जिस स्वरूप का परिचय दिया, उसने निराश हृदयों में पुनः आशा और स्फूर्ति का संचार करने में महत्त्वपूर्ण योगदान किया।

भक्तिकाल—नामकरण एवं वर्गीकरण

हिन्दी साहित्य के इतिहास का द्वितीय चरण भक्तिकाल के नाम से जाना जाता है। आचार्य रामचन्द्र शुक्ल ने संवत् 1375 वि. से संवत् 1700 वि. तक के कालखण्ड को भक्तिकाल की संज्ञा प्रदान की है। शुक्ल जी ने यह नामकरण उस युग की प्रवृत्ति की प्रधानता को देखकर किया था। उनके अनुसार इस कालखण्ड में उपलब्ध रचनाओं में भक्ति-भाव की प्रधानता है, अतः इसे भक्तिकाल कहना उचित है। भक्तिभाव की

प्रधानता के सम्बन्ध में उनका निम्न कथन उल्लेखनीय है—"कालदर्शी भक्त कवि जनता के हृदय को सँभालने और लीन रखने के लिए दबी हुई भक्ति को जगाने लगे। क्रमशः भक्ति का प्रवाह ऐसा विस्तृत और प्रबल होता गया कि उसकी लपेट में केवल हिन्दू जनता ही नहीं, देश में बसनेवाले सहृदय मुसलमानों में से भी न जाने कितने आ गये।

हिन्दी साहित्येतिहास के विकासात्मक वर्गीकरण में द्वितीय चरण को 'मध्यकाल' की संज्ञा दी गयी है तथा इसे पुनः दो भागों में विभाजित कर पूर्व-मध्यकाल एवं उत्तर-मध्यकाल नाम दिये गये हैं। पूर्व-मध्यकाल को ही 'भक्तिकाल' कहा जाता है। सर जॉर्ज ग्रियर्सन ने भक्ति आन्दोलन को 'पन्द्रहवीं' शती का धार्मिक पुनर्जागरण कहा है।

उनके अनुसार—" इस युग में धर्म ज्ञान का नहीं, बल्कि भावावेश का विषय हो गया था।" इस प्रकार इस काल के लिए जो नाम दिये गये हैं उनमें 'भक्तिकाल' ही सर्वाधिक सहज, सरल एवं प्रवृत्तिमूलक होने से स्वीकार किया गया है।

आचार्य शुक्ल ने धर्म की रसात्मक अनुभूति को भक्ति कहा है। भक्ति सारे जनसमुदाय की सम्पत्ति है जिसका सूत्रपात महाभारत-काल में और विस्तृत प्रवर्तन पुराण-काल में हुआ। शुक्ल जी भक्तिभाव का मूल स्रोत दक्षिण भारत को मानते हैं। उनके अनुसार—

"भक्ति के आन्दोलन की जो लहर दक्षिण से आयी, उसी ने उत्तर भारत की परिस्थिति के अनुरूप हिन्दू-मुसलमान दोनों के लिए एक सामान्य भक्ति मार्ग की भावना कुछ लोगों में जगायी।"

भक्तिकाल का वर्गीकरण

भक्तिकाल को सामान्यतः दो भागों में विभक्त किया गया है—निर्गुण धारा एवं सगुण धारा। पुनः इन दोनों धाराओं की दो-दो शाखाएँ हैं। निर्गुण धारा के अन्तर्गत ज्ञानाश्रयी शाखा एवं प्रेमाश्रयी शाखा हैं तथा सगुण धारा के अन्तर्गत रामकाव्य एवं कृष्णकाव्य हैं। इस प्रकार भक्तिकाल का वर्गीकरण निम्न प्रकार से किया जा सकता है—

भक्तिकाल

- निर्गुण धारा
  - ज्ञानाश्रयी शाखा (सन्तकाव्य)
  - प्रेमाश्रयी शाखा (सूफी काव्य)
- सगुण धारा
  - रामकाव्य
  - कृष्णकाव्य

ज्ञानाश्रयी शाखा के कवियों को सन्त कवि कहा जाता है तथा इस शाखा के प्रतिनिधि कवि हैं—'कबीर'। प्रेमाश्रयी शाखा को प्रेमाख्यानक काव्य-परम्परा तथा

प्रेममार्गी शाखा के नाम से भी जाना जाता है। इस काव्यधारा के प्रतिनिधि कवि हैं—'जायसी'। इसी प्रकार रामकाव्य-परम्परा के प्रतिनिधि कवि हैं—तुलसी और कृष्णकाव्य-परम्परा के प्रतिनिधि कवि हैं—'सूरदास'।

डॉ. गणपतिचन्द्र गुप्त ने आचार्य शुक्ल द्वारा किये गये इस वर्गीकरण को अनुपयुक्त मानते हुए कहा है कि शुक्ल जी के इस वर्गीकरण में केवल एक प्रवृत्ति को प्रधानता देकर शेष को उपेक्षित कर दिया गया है जबकि इस काल में भक्ति की धारा के साथ-साथ अन्य काव्यधाराएँ भी सक्रिय रही हैं।

निष्कर्ष रूप में कहा जा सकता है कि भक्तिकाल हिन्दी साहित्य का स्वर्णिम काल है। कला, संस्कृति, दर्शन, काव्य सभी दृष्टियों से यह उत्कृष्ट है। भक्तिकाल के प्रादुर्भाव ने हिन्दी काव्य को नयी चेतना एवं नये रास्ते प्रदान किये हैं, इसमें दो मत नहीं है।

भक्तिकालीन कवियों का सामान्य परिचय

1. मीराँबाई 2. नन्ददास 3. रसखान 4. रहीम 5. रैदास

(1) मीराँबाई

1. कवि परिचय—सगुणोपासक कृष्णभक्ति शाखा के कवियों में मीराँबाई का बहुत ऊँचा स्थान है। मीराँबाई का जन्म राजस्थान में जोधपुर राज्य के कुकड़ी नामक ग्राम में विक्रम संवत् 1560 में हुआ। मीराँ जोधपुर के संस्थापक राठौर राव जोधाजी के पुत्र राव दूदाजी की पौत्री तथा राव रत्नसिंह की इकलौती पुत्री थीं। इनके माता-पिता का इनके बचपन में ही निधन हो गया था। इनका पालन-पोषण दूदाजी ने किया।

मीराँबाई का विवाह वि. स. 1573 में मेवाड़ के प्रसिद्ध महाराणा सांगा के ज्येष्ठ पुत्र भोजराज के साथ हुआ था। विवाह के 4-5 वर्ष पश्चात् मीराँ विधवा हो गयीं। उसके बाद मीराँबाई कृष्णभक्ति में लीन रहने लगीं।

मीराँबाई पर उसके देवर राणा ने कई अत्याचार किये। मीराँबाई के भजन-भक्ति में बाधा पड़ने लगी तो वह मेड़ता और बाद में तीर्थाटन को निकल पड़ीं। मीराँ वृन्दावन गयीं और फिर द्वारिका पहुँचीं जहाँ रणछोड़ जी की पूजा-अर्चना में समय बिताने लगीं। वहीं पर कृष्ण गान करते-करते वि. सं. 1630 (1563 ई. स.) में उनकी मृत्यु हो गयी।

2. रचनाएँ—मीराँ की निम्नलिखित रचनाएँ हैं—1. नरसी जी रो माहरे 2. गीत गोविन्द की टीका 3. राग गोविन्द 4. मीराँबाई का मलार 5. सोरठा के पद 6. मीराँ की गरबी 7. मीराँ की पदावली 8. फुटकर पद। इनमें मीराँ की पदावली विशेष लोकप्रिय तथा प्राप्य ग्रन्थ है। अपने आराध्य देव की मोहिनी मूर्ति पर मीराँ मुग्ध हो जाती हैं। कुछ पद विनय और उपदेश के भी हैं, कुछ में रहस्यात्मकता का भी मधुर दर्शन होता है तथा कुछ कृष्णलीलाएँ भी वर्णित हैं।

3. काव्यसाधना—मीराँ भक्त थीं। मीराँ ने केवल गेय पदों की रचना की है। मीराँ के पदों में राजस्थानी, ब्रज, गुजराती, अवधी, पंजाबी भाषा के पद मिलते हैं। मीराँ का पदावली में 10 छन्द पाये जाते हैं। मीराँ के पदों में रूपक, उपमा, उत्प्रेक्षा, अर्थान्तरन्यास अलंकार मिलते हैं उनका प्रेम सांसारिक भाव से उठकर रहस्यात्मक प्रेम की कोटि तक पहुँचा ।

इस प्रकार 'गिरिधर गोपाल' में अनन्य श्रद्धा रचनेवाली मीराँ हिन्दी काव्य में एक उच्च स्थान की अधिकारिणी हैं।

(2) नन्ददास

'अष्टछाप' के आठ कवियों में नन्ददास की गणना होती है। उन्हें बल्लभाचार्य के पुत्र गोस्वामी विट्ठलनाथ ने इन्हें अपना शिष्य बनाकर अष्टछाप में सम्मिलित किया था। डॉ. नगेन्द्र के अनुसार नन्ददास का जन्म 1533 में शूकर क्षेत्र के रामपुर गाँव में हुआ था और इनकी मृत्यु 1583 ई. में मानसी गंगा के तट पर हुई। पुष्टिमार्ग में दीक्षित होने तथा भक्त प्रवर सूरदास के सम्पर्क में आकर अनका शास्त्र मोह भंग हुआ तथा जीवन बदल गया। ब्रजभाषा काव्य में सूरदास के उपरान्त नन्ददास सर्वाधिक प्रतिभा-सम्पन्न कवि के रूप में जाने जाते हैं। वे बहुमुखी प्रतिभा-सम्पन्न कवि थे, जिन्होंने विविध शस्त्रों का अध्यायन किया था। उनके लिखे ग्रन्थों का विवरण निम्न प्रकार है–

1. अनेकार्थ मंजरी 2. रूप मंजरी 3. रस मंजरी 4. विरह मंजरी 5. मान मंजरी 6. श्याम सगाई 7. भँवर गीत 8. प्रेम बारह खड़ी 9. सिद्धान्त पंचाध्यायी 10. रास पंचाध्यायी 11. दशमस्कन्ध भाषा आदि।

'अनेकार्थ मंजरी' और 'मान मंजरी' शब्दों के पर्यायको हैं। 'मानमंजरी' चमत्कार-प्रधान कृति है। 'विरह-मंजरी' में एक ब्रजवासी की विरहदशा का मार्मिक वर्णन है। जबकि 'रस मंजरी' प्रेमाख्यान काव्य-परम्परा का ग्रन्थ है। 'रास पंचाध्यायी' रोला छन्द में रचित नन्ददास की सर्वश्रेष्ठ रचना है। वियुक्त आत्मा (गोपी) रासलीला के माध्यम से रसरूप परमात्मा (श्रीकृष्ण) से मिलन हेतु व्याकुल दिखायी गयी है। नन्ददास की उत्कृष्ट प्रतिभा को देखकर कहा गया है–

"और कवि गढ़िया, नन्ददास जड़िया।"

नन्ददास द्वारा रचित 'भँवर गीत' हिन्दी की भ्रमरगीत परम्परा का उत्कृष्ट काव्य-ग्रन्थ है। इस ग्रन्थ में उन्होंने उद्धव-गोपी संवाद के माध्यम से अपने दार्शनिक विचारों एवं परिपक्व ज्ञान के साथ-साथ विवेक बुद्धि एवं भक्ति-भावना का परिचय दिया है। नन्ददास को ब्रजभाषा पर अचूक अधिकार प्राप्त था। साथ ही वे उच्चकोटि की कवित्व शक्ति से भी युक्त थे। उनकी अलंकार-योजना शब्द-चयन की शक्ति एवं कलात्मकता दर्शनीय है।

इन्हीं कारणों से वे ब्रजभाषा के एक प्रतिभाशाली कवि माने जाते हैं।

(3) रसखान

'रसखान' का उल्लेख 'दो सौ बावन वैष्णवन की वार्त्ता' में प्रसिद्ध कृष्णभक्त कवि के रूप में किया गया है। मुसलमान होते हुए भी इन्होंने कृष्ण को अपना आराध्य मानते हुए गोसाईं विट्ठलनाथ से बल्लभ सम्प्रदाय की दीक्षा ली थी। डॉ. नगेन्द्र ने रसखान का जन्म 1533 ई. में और मृत्यु 1618 ई. में मानी है। मूल गोसाईं चरित यह उल्लेख है कि गोस्वामी तुलसीदास ने अपना 'रामचरितमानस' सर्वप्रथम रसखान को ही सुनाया था।

रसखान की दो कृतियाँ उपलब्ध होती हैं– प्रेमवाटिका, दानलीला। इनके काव्य का एक संकलन 'सुजान रसखान' नाम से प्रचलित है जिसमें 181 सवैये, 17 कवित्त, 12 दोहे और 4 सोरठे संकलित हैं। 'अष्टयाम' नाम से उनकी एक कृति और भी उपलब्ध हुई है जिसमें श्रीकृष्ण के प्रातः जागरण से लेकर रात्रिशयन का वृत्तान्त एवं दिनचर्या वर्णित की गयी है।

'प्रेमवाटिका' एक ऐसा प्रेमोद्यान है जिसके माली-मालिन श्रीकृष्ण एवं राधा हैं। प्रेम तत्त्व का गूढ़ निरूपण इस काव्य-ग्रन्थ में रसखान ने किया है। दानलीला मात्र 11 दोहों की छोटी-सी रचना है जिसमें राधा-कृष्ण के संवाद हैं।

रसखान कृष्ण के मोहक रूप पर मुग्ध है। कृष्ण की लकुटिया और कामरिया उन्हें इतनी भा गयी थी कि वे उस पर तीनों लोकों का राज्य तक न्योछावर कर सकते थे–

या लकुटी अरु कामरिया पर
राज तिहूँ पुर को तजि डारौं।

उनके काव्य में कृष्ण के बाल-रूप की भी झाँकी है। शृंगार और वात्सल्य उनके काव्य के प्रमुख रस हैं तथा कवित्त, सवैया और दोहा उनके प्रिय छन्द हैं। ब्रजभूमि की महिमा उनके काव्य में इस सीमा तक है कि वे अगला जन्म चाहे वह जिस योनि में मिले ब्रजभूमि में ही लेना चाहते हैं।

रसखान की भाषा शुद्ध साहित्यिक ब्रजभाषा है जिसमें माधुर्य और प्रसाद गुणों के कारण सरसता एवं सजीवता आ गयी है। भारतेन्दु बाबू हरिश्चन्द्र ने एक टिपण्णी की है–

"इन मुसलमान हरिजनन पर कोटिन हिन्दू वारिए।"

(4) रहीम

कवि-परिचय–मुगल सम्राट् अकबर के नवरत्नों में से एक रत्न रूप में रहीम विशेष प्रसिद्धि प्राप्त करने में समर्थ हुए। मुगल सम्राट् और सामन्तों के बीच यदि वे अपने शासकीय प्रतिभा और शौर्यपूर्ण कार्यकलापों से प्रिय हुए तो जनसाधारण में स्वरचित नीतिपूर्ण दोहों और चुटीले बरवै के कारण लोकप्रिय हुए।

रहीम का जन्म 17 दिसम्बर, 1556 ई. को हुआ। रहीम का पूरा नाम अब्दुल रहीम खानखाना था। ये तुर्कमान जाति के थे। रहीम के पिता सफल राजनीतिज्ञ और पटु सेनानायक तो थे ही, साथ ही कलाकार और कवि भी थे। रहीम ने अरबी, फारसी, तुर्की और संस्कृत भाषा-साहित्य का गम्भीर अध्ययन किया था। रहीम ने हिन्दुओं के धर्मग्रन्थों का पारायण भी भली-भाँति किया था। वे बहुमुखी प्रतिभा के जीव थे साथ ही वे भावुक कवि, गम्भीर शास्त्रज्ञ, कुशल अनुवादक, साहित्य मर्मज्ञ हैं।

रचनाएँ–1. दोहावली अथवा सतसई 2. नगर शोभा 3. बरवै नायिका भेद 4. मदनाष्टक 5. रहीम काव्य 6. फुटकर छन्द 7. शृंगार सोरठा आदि। रहीम ने विपुल परिमाण में महत्त्वपूर्ण ग्रन्थों की रचना की है।

रहीम का नीतिकाव्य—रहीम ने प्रेम, सौन्दर्य, नायिका भेद आदि पर शृंगारिक कविताओं की रचना की है। उनकी लोकप्रियता का कारण है उनके नीतिकाव्य का सरल, सरस और प्रभावोत्पादक होना। नीतिकाव्य के सभी प्रमुख गुणों का समावेश अत्यन्त सार्थक और सुन्दर रूप में हुआ है।

रहीम की सतसई—हिन्दी की सतसई परम्परा में सबसे अधिक लोकप्रिय और श्रेष्ठ रचना 'बिहारी सतसई' है। उसके बाद 'रहीम सतसई' है रहीम एक ऐसे कवि हैं जिन्होंने जीवन के विविध अनुभवों और उपदेशों को इतने सुन्दर, सरल और मार्मिक ढंग से दोहों में रखा कि, साधारण-से-साधारण व्यक्ति उससे प्रभावित हुआ, इसीलिए तो 'रहीम सतसई' सामान्य जनता में सर्वाधिक लोकप्रिय है।

रहीम के दोहे—रहीम हमें अच्छी जिन्दगी जीने की बड़ी-से-बड़ी सीख दोहों के माध्यम से बड़ी कुशलता से देते हैं। रहीम के दोहे हमें पशु समान जीवन से उच्च उठाने की प्रेरणा देते हैं। इसी कारण उनकी कविता लोकप्रिय और अमर है। ऐसे सफल नीतिकार-सतसईकार का देहावसान दिल्ली में सन् 1627 में 72 वर्ष की उम्र में हो गया।

हिन्दी साहित्य-जगत् में रहीम की कीर्ति अक्षय है।

(5) रैदास

सन्त कवि रैदास का जन्म संवत् 1443 की माघ मास की पूर्णिमा को काशी नगरी के निकट माण्डूर नामक स्थान में हुआ। 14वीं सदी के उन सन्त कवियों में गुरु रैदास को एक अग्रगण्य स्थान प्राप्त है जिन्होंने सहज और सरल भाषा में अपनी वाणी द्वारा भक्ति रस की पावन गंगा बहायी। मानव-मात्र के लिए समता का सन्देश।

मध्यकालीन भारत में इस्लाम धर्म का तो अत्यधिक प्रभाव है किन्तु इसके साथ-ही-साथ भारतीय हिन्दू समाज का अत्याचार दलितों के प्रति अधिक बढ़ चुका था। सवर्ण कहे जानेवाले हिन्दू शूद्रों की परछाईं से भी डरते थे। रैदास यह सब-कुछ झेलते हुए अपने मार्ग पर चलते रहे। मुगल बादशाहों ने प्रलोभन दिये जो कि जीवन के उपरान्त भी धर्म परिवर्तन न करते हुए सन्त रैदास ने सवर्णो की कूटनीतिक चाल का डटकर सामना किया।

यह एक ऐसा समय था जब दलित जातियों के लिए समाज में धन, सम्मान और समानता प्राप्त करने की मनाही थी। ईश्वर भक्ति और मन्दिर सवर्ण जातियों की प्रतिष्ठा के हिस्से थे। शूद्र जातियों के सन्तों, महात्माओं ने तथा सूफी-सन्तों ने भी आध्यात्मिकता के खिलाफ संघर्ष छेड़ा।

भारतीय इतिहास में जो समाज युगों से दबा-कुचला रहा उसे सम्मान दिलाने का रास्ता सन्त रैदास ने ही दिखाया। समाज में फैली वर्णव्यवस्था के खिलाफ सन्त कवि रैदास का काव्य आन्दोलनकारी था जिसने मानव के हृदय पर अमिट छाप छोड़ी जिसे वर्तमान में स्वीकार किया जा रहा है। पूजा-पाठ, ढोंग, प्रपंच, छल-कपट आदि से बचने का उपाय सन्त कवि ने बड़े ही सहज और सरल भाव से अभिव्यक्त किया। उन्होंने

समस्त मानव को भटकने से रोका और मार्ग प्रशस्त कर सामाजिकता की भावना से लोगों को प्रेरित किया

ये जाति के चमार थे और काशी के निवासी थे। इनके जन्मकाल के सम्बन्ध में निश्चयपूर्वक कहना सम्भव नहीं है। कुछ विद्वानों ने इन्हें प्रसिद्ध भक्त कवयित्री मीराँ का गुरु भी माना है। रैदास का एक अन्य नाम 'रविदास' भी था। सन्तबानी सीरीज के अन्तर्गत इनकी रचनाओं का संकलन 'रविदास की बानी' शीर्षक से हुआ। इनके लिखे हुए 40 पद 'गुरु ग्रन्थ साहब' में भी संकलित हैं।

खण्ड-2

उत्तर-मध्यकाल (रीतिकाल)

रीतिकाल–नामकरण और उसके विभिन्न आधार

मध्यकालीन हिन्दी काव्य को सामान्यतः दो वर्गों में विभक्त किया गया है– पूर्व-मध्यकाल और उत्तर-मध्यकाल। इनमें से पूर्व-मध्यकाल को भक्तिकाल की संज्ञा दी गयी है और उत्तर-मध्यकाल को रीतिकाल कहा गया है। आचार्य रामचन्द्र शुक्ल ने हिन्दी साहित्य के इतिहास में इस काल की ***समय-सीमा संवत् 1700 वि. से 1900 वि.*** तक स्वीकार की है और इस काल की रचनाओं में रीति तत्त्व की प्रधानता को लक्षित कर इसका नाम 'रीतिकाल' रखा है। इस काल में अधिकांश कवियों ने लक्षण ग्रन्थों की परिपाटी पर रीति ग्रन्थ लिखे, जिनमें अलंकार, नायिका भेद, रस आदि काव्यांगों का विस्तृत विवेचन किय गया है। इस युग के कवि काव्यांग-चर्चा में गौरव का अनुभव करते थे और लक्षण-ग्रन्थ लिखे बिना कवि के पाण्डित्य को स्वीकार नहीं किया जाता था। इस सम्बन्ध में टिप्पणी करते हुए डॉ. भगीरथ मिश्र ने लिखा है– "रीतिकालीन कवि को रस, अलंकार, नायिका भेद, ध्वनि आदि के नाम के सहारे ही अपनी कवित्व प्रतिभा दिखाना आवश्यक था। इस युग में उदाहरणों पर विवाद होते थे। इस बात पर भी कि उसके भीतर कौन-सा अलंकार है, कौन-सी शब्द-शक्ति है अथवा कौन-सा रस या भाव है?"

रीतिकाल में रीति निरूपण की जो प्रवृत्ति पायी जाती है, उसका प्रारम्भ भक्तिकाल में ही हो गया था। नन्ददास द्वारा रचित 'रस मंजरी' और सूरदास कृत 'साहित्य लहरी' में यह प्रवृत्ति परिलक्षित होती है। कतिपय अन्य भक्तिकालीन कवियों रहीम, सुन्दरदास, कृष्णदास के काव्य में भी रीति-तत्त्व का समावेश हो चला था। अतः मतिराम, चिन्तामणि, कुलपति मिश्र, भूषण, देव, भिखारीदास, गुमान मिश्र, प्रताप साहि, ग्वाल आदि कवियों ने रीति-ग्रन्थ लिखकर युगीन प्रवृत्ति का ही परिचय दिया। शुक्ल जी ने इन्हीं कवियों द्वारा रचित ग्रन्थों को लक्षित कर इस काल की प्रधान प्रवृत्ति 'रीति' को आधार बनाकर इसका नामकरण रीतिकाल किया।

आचार्य शुक्ल के रीतिकाल नाम को यद्यपि अधिकांश विद्वानों ने स्वीकार किया है, तथापि उस पर कुछ आक्षेप भी किये गये हैं। कुछ विद्वानों का तर्क है कि 'रीतिकाल' संज्ञा व्यापक नहीं है। क्योंकि इसके अन्तर्गत घनानन्द, बोधा, आलम, ठाकुर, बिहारी जैसे

वे प्रतिनिधि कवि नहीं आ पाते, जिन्होंने काव्यांग विवेचन करनेवाला कोई लक्षण-ग्रन्थ नहीं लिखा। रीतिकाल के अतिरिक्त अन्य नाम जो इस काल के लिए दिये गये हैं, वे हैं–अलंकृतकाल, शृंगारकाल, कलाकाल आदि। मिश्रबन्धुओं ने इस काल में अलंकरण की प्रवृत्ति को परिलक्षित कर इसे अलंकृत काल कहा है। रीतिकाल के कवियों ने निश्चित रूप से कविता सुन्दरी का अलंकरण किया है। तथा काव्य में अलंकारों का सायास प्रयोग भी किया है, अतः मिश्रबन्धुओं ने इसे अलंकृतकाल कहना अधिक उपयुक्त माना है। किन्तु यहाँ यह विचारणीय है कि अलंकार तो सभी कालों की कविता में मिल जायेंगे। साथ ही अलंकारों के अतिरिक्त अन्य काव्यांगों का निरूपण भी रीतिकालीन काव्य में हुआ है, अतः अलकृत काल कहने से उन सबकी उपेक्षा हो जायेगी। यह भी उल्लेखनीय है कि मिश्रबन्धु इस काल को अलंकृतकाल कहते हुए भी इस काल में रीति-ग्रथों की प्रचुरता को स्वीकार करते हैं–" इस प्रणाली के साथ रीति ग्रन्थों का भी प्रचार बढ़ा और आचार्यत्व की वृद्धि हुई। आचार्य लोग तो स्वयं कविता करने की रीति सिखलाते थे।"

कुछ अन्य विद्वान् रीतिकालीन काव्य में कलापक्ष की प्रमुखता को लक्षित कर इसे कलाकाल कहने के पक्ष में हैं, किन्तु यह मत भी स्वीकारने योग्य नहीं है। साहित्य में कलापक्ष एवं भावपक्ष परस्पर सम्पृक्त होते हैं तथा उनमें विभाजक रेखा खींच पाना कठिन है। कलाकाल कहने से ऐसी ध्वनि निकलती है जैसे रीतिकाल में भावपक्ष की नितान्त उपेक्षा हुई है जबकि वस्तुतः ऐसा नहीं है। रीतिकालीन काव्य में हृदय का भी सुन्दर उद्‌घाटन हुआ है।

आचार्य विश्वनाथ प्रसाद मिश्र ने इस काल को 'शृंगार काल' की संज्ञा प्रदान की है। रीतिकाल में शृंगार रस की प्रचुरता है– काव्यांग निरूपण में भी अन्य रचनाओं में भी, अतः इस आधार पर इसे शृंगार काल कहना अनुपयुक्त नहीं है। आचार्य रामचन्द्र शुक्ल ने इस सम्भावना की ओर पहले ही अपने हिन्दी साहित्य के इतिहास में संकेत कर दिया हैं–"वास्तव में शृंगार और वीर इन्हीं दो रसों की कविता इस काल में हुई। प्रधानता शृंगार की ही रही। इससे इस काल को रस के विचार से कोई शृंगार काल कहे तो कह सकता है।" स्पष्ट है कि शुक्लजी स्वयं इस नाम को स्वीकार नहीं करते, वे तो इसे रीतिकाल ही कहा जाना उचित मानते हैं। शृंगारकाल की तुलना में रीतिकाल नाम इसलिए भी उचित है क्योंकि शृंगारकाल कहने से इस काल में रचित अन्य विषयों–वीर, भक्ति, नीतिकाव्य की उपेक्षा हो जाती है। वे रीतिकालीन कवियों की तीन श्रेणियाँ बनाते हैं–रीतिबद्ध, रीतिसिद्ध और रीतिमुक्त कवि।

रीति शब्द की व्याख्या–संस्कृत काव्यशास्त्र में 'रीति' शब्द का प्रयोग वामन ने काव्यात्मा के लिए करते हुए 'रीति सम्प्रदाय' नाम से एक अलग सम्प्रदाय का प्रवर्तन किया। वे 'विशिष्ट पद रचना रीतिः' कहकर इसे विशेष प्रकार की पद रचना मानते हैं। सामान्य रूप से 'रीति' को काव्य रचना-पद्धति के अर्थ में ही ग्रहण किया गया है किन्तु हिन्दी में 'रीति' शब्द का प्रयोग इस अर्थ में नहीं हुआ। रीतिकाल तक आते-आते रीति शब्द काव्यांग निरूपण के लिए प्रयुक्त होने लगा और रीतिग्रन्थ उन ग्रन्थों को कहा जाने

लगा जिनमें विभिन्न काव्यांगों-रस, अलंकार, शब्दशक्ति, छन्द, नायिका भेद आदि के लक्षण और उदारण दिये गये हों। इन रीति ग्रन्थों के लिए एक अन्य नाम लक्षण ग्रन्थ चल पड़ा।

आचार्य रामचन्द्र शुक्ल ने रीति शब्द के स्वरूप एवं अर्थ को निश्चित करते हुए यह भी निर्धारित कर दिया कि रीति-ग्रन्थ या लक्षण-ग्रन्थ लिखनेवाले ही रीति कवि नहीं हैं, अपितु ऐसे कवि जिनका काव्य के प्रति दृष्टिकोण भी रीतिपरक हो, इसी वर्ग के अन्तर्गत आयेंगे। बिहारी ने यद्यपि कोई लक्षण-ग्रन्थ नहीं लिखा तथापि उनके काव्य में रीतिपरकता का तत्त्व विद्यमान है और इसीलिए वे रीतिकाल के प्रतिनिधि कवि हैं। रीतिकाल के लक्षण ग्रन्थकारों ने अपने रीति-ग्रन्थों की रचना प्रायः काव्य-शिक्षा देने के उद्देश्य से की है। वे रस, रीति, अलंकार, छन्द आदि की विवेचना करने का प्रयास कर रहे थे।

रीतिकालीन काव्य का वर्गीकरण—सामान्यतः रीतिकालीन काव्य का वर्गीकरण 'रीति' को केन्द्र बनाकर तीन वर्गों में किया गया है—

(अ) रीतिबद्ध कवि

(ब) रीतिसिद्ध कवि

(स) रीतिमुक्त कवि

वे कवि जिन्होंने लक्षण-ग्रन्थों की रचना की और संस्कृत काव्यशास्त्र के आधार पर काव्यांग निरूपण किया, प्रथम वर्ग में आनेवाले रीतिबद्ध कवि हैं। ये 'रीति' में बँधे होने के कारण रीतिबद्ध कहे गये। देव, मतिराम, चिन्तामणि आदि इसी प्रकार के रीतिबद्ध कवि हैं।

द्वितीय वर्ग में वे कवि हैं, जिन्होंने लक्षण-ग्रन्थ तो नहीं लिखे, किन्तु 'रीति' की जानकारी का पूरा-पूरा उपयोग करते हुए काव्य-रचना की। इन कवियों की रचनाओं का अनुशीलन करने के लिऐ पाठक को रीति की जानकारी होनी अपेक्षित है। 'रीति' की पर्याप्त पृष्ठभूमि जाने बिना न तो ऐसे ग्रन्थों की रचना की जा सकती थी और न ही इन्हें समझा जा सकता है। दूसरे शब्दों में कहें तो कह सकते हैं कि इस वर्ग के कवि रीतिशास्त्र में पारंगत थे, उन्हें रीति पूर्णतः सिद्ध थी, अतः इन कवियों को रीतिसिद्ध कवि कहा गया। इस वर्ग के प्रतिनिधि कवि हैं—बिहारी। इनके द्वारा रचित 'बिहारी सतसई' यद्यपि लक्षण-ग्रन्थ नहीं है, तथापि उसकी पृष्ठभूमि में 'रीति' सर्वत्र व्याप्त है। नायिक भेद का अनुशीलन किये बिना, अलंकारों की सूक्ष्म जानकारी किये बिना तथा हाव-भाव, रस, हेला आदि की पर्याप्त जानकारी किये बिना इस ग्रन्थ को समझ लेना असम्भव ही है।

तीसरे वर्ग में आनेवाले कवियों ने न तो लक्षण ग्रन्थ लिखे और न रीति की जानकारी का उपयोग करते हुए काव्य-रचना की। इस प्रकार उन्होंने रीति के बन्धन को पूर्णतः अस्वीकार करते हुए हृदय की स्वतन्त्र वृत्तियों को काव्य का विषय बनाकर काव्य-रचना की। ये पूर्णतः रीति के बन्धन से मुक्त रहे, अतः इन्हें रीति मुक्त कवि कहा गया।

नामकरण के आधार—कोई भी साहित्यिक प्रवृति अचानक जन्म लेकर पुष्ट नहीं हो जाती। इसके लिए अनुकूल परिस्थितियों और पुष्ट परम्परा का होना अनिवार्य है। रीतिकाल में रतिकाव्य के लिए अनुकूल परिस्थितियाँ तो थीं ही, इसके लिए अपेक्षित आधाररूप परम्पराओं को भी संस्कृत के काव्यशास्त्र और साहित्य की दीर्घ सरणि में देखा जा सकता है।

काव्यशास्त्र का आरम्भ कब हुआ, यह बता सकना तो कठिन है, पर इतना निश्चय के साथ कहा जा सकता है कि वैदिक काल से ही इसके विभिन्न अंगों का विकास आरम्भ हो गया था और भरत के समय तक इनका इतना विकास हो चुका था कि सबको एकत्र कर वे 'नाट्यशास्त्र जैसे प्रामाणिक ग्रन्थ की रचना कर सके। इनके पश्चात् भामह तक मेधावी आदि आचार्यों ने इस दिशा में और योगदान किया। बाद में स्थिति यहाँ तक पहुँची की काव्य के भीतर विशिष्ट काव्यांगों के महत्त्व को लेकर सम्प्रदाय स्थापित होते गये और प्रत्येक का विकास साम्प्रदायिक दृष्टि से हुआ। संस्कृत में काव्यशास्त्र के पाँच सम्प्रदाय प्रसिद्ध हैं—रस सम्प्रदाय, अलंकार सम्प्रदाय, रीति सम्प्रदाय, ध्वनि सम्प्रदाय और वंक्रोक्ति सम्प्रदाय। इनमें से रस सम्प्रदाय सबसे प्राचीन माना जाता है। इसके उन्नायक आचार्यो भरत और उनके सिद्धान्त के व्याख्याकार लोल्लट, शंकुक, भट्ट नायक और अभिनवगुप्त तथा भोज, मम्मट, विश्वनाथ आदि परवर्ती आचार्यों का नाम लिया जाता है। इन्होंने रस के स्वरूप, सामग्री तथा भेदादि की व्याख्या और विवेचन के साथ काव्य में उसके महत्त्व प्रतिपादन द्वारा रस-सिद्धान्त की स्थापना की। इनके बाद ऐसे आचार्य भी हुए, जिन्होंने इस सिद्धान्त की सूक्ष्मताओं को दृष्टि में रखते हुए काव्यांग के रूप में रस के स्वरूप, सामग्री तथा भेदोपभेदों का व्यवस्थित विवेचन कर सामान्य पाठक के लिए सहज ग्राह्य बना दिया। ऐसे आचार्यों में भानुदत्त मिश्र का नाम विशेष रूप से उल्लेखनीय है। इन्होंने अपने 'रसतरंगिणी' और 'रसमंजरी' नामक ग्रन्थों में क्रमशः रस के स्वरूप और उसके भेदोपभेदों तथा शृंगार रस, विशेषतः इसके आलम्बन नायक-नायिकाभेद को जिस व्यवस्थित एवं सुबोध रूप में प्रस्तुत किया, वह पूर्ववर्ती ग्रन्थों में दुर्लभ है। कदाचित् इसीलिए ये दोनों ग्रन्थ मध्यकाल में एक प्रकार से पाठ्यग्रन्थ बन गये।

इस सम्प्रदाय के बाद अलंकार सम्प्रदाय आता है। यह रस सम्प्रदाय का सबसे बड़ा प्रतिद्वन्द्वी रहा। इस सम्प्रदाय के सूत्र यद्यपि भरत द्वारा निरूपित उपमा, रूपक, दीपक और यमक नामक चार अलंकारों के कारण 'नाट्यशास्त्र' के रचनाकाल से ही मिल जाते हैं, तथापि यह सिद्धान्त-रूप में एक प्रकार से भामह के समय से ही प्रतिष्ठित हुआ। भामह के बाद दण्डी, उद्भट, रुद्रट, जयदेव आदि ने रसवादी अलंकारों की उद्भावना कर काव्य की आत्मा के रूप में रस का तिरस्कार ही नहीं किया, अपितु अलंकार और अलंकार्य का अभेद मानते हुए इसे काव्य का आधारभूत तत्त्व भी कहा। इसके साथ ही इन लोगों ने अलंकारों के अनेक भेदोपभेदों की परिकल्पना करते हुए उनका वर्गीकरण करने तथा मूलाधार बताने का प्रयत्न भी किया। बाद में सम्मट, विश्वनाथ आदि रसवादी आचार्यों ने यद्यपि इनका अस्तित्व शरीर को सुशोभित करनेवाले कटक, कुण्डलादि

आभूषणों के समान ठहराकर इनकी अनिवार्यता का विरोध किया, तथापि इनके व्याख्यान-विवेचन का लोभ-संवरण वे भी नहीं कर सके। इन्होंने पूर्ववर्तियों द्वारा प्रकल्पित अलंकारों की व्याख्या अत्यन्त व्यवस्थित ढंग से की।

अलंकार सम्प्रदाय के बाद तीसरा सम्प्रदाय रीति सम्प्रदाय है। इसके प्रवर्तक यद्यपि आचार्य वामन हैं, तथापि इनसे पूर्व ही काव्यांग के रूप में 'रीति' तथा इसके प्राण रूप 'गुणों' की चर्चा होती थी। यह भामह द्वारा वैदर्भ और गौड़ नामक मार्गों के अन्तर के निषेध तथा दण्डी द्वारा इन दोनों के निर्देश से स्पष्ट है। गुणों का विवेचन भरत के 'नाटयूशास्त्र' में मिलता है। दण्डी और वामन का गुण-विवेचन किसी सीमा तक इनसे प्रभावित कहा जा सकता है। भामह ने भी तीन गुणों का विवेचन किया है। किन्तु एक बात निश्चित है कि वामन ने शब्द और अर्थ के आधार पर गुणों का विवेचन कर उनके आधार पर वैदर्भी, गौड़ी और पांचाली नामक तीन रीतियों की स्थापना तथा इससे पूर्व रीति के स्वरूप आदि की व्याख्या द्वारा अपने सिद्धान्त को जिस प्रकार से प्रतिष्ठित किया, उस प्रकार से किसी पूर्ववर्ती अथवा परवर्ती आचार्य ने इस दिशा में प्रयत्न नहीं किया। रुद्रट ने समास के आधार पर रीति की व्याख्या कर यदि 'लाटी' नामक चौथी रीति की परिकल्पना की, तो राजशेखर और श्रीपाद ने मैथिली तथा मागधी तथा भोज ने अवन्ती नामक दो रीतियाँ जोड़कर इनकी संख्या छह तक पहुँचा दी।

रीति सम्प्रदाय के पश्चात् ध्वनि सम्प्रदाय आता है। इसके प्रवर्तक यद्यपि आनन्दवर्द्धन हैं, तथापि इनसे पूर्व भी यह सिद्धान्त प्रचलित था। यह स्वयं उन्हीं के कथन से स्पष्ट हैः 'काव्यस्यात्मा ध्वनिरिति बुधैर्थः समाम्नात पूर्वः।' आनन्दवर्द्धन ने एक ओर जहाँ अपने सिद्धान्त का निर्भ्रान्त विवेचन और उसकी स्थापना की, वहीं दूसरी ओर पूर्ववर्ती रस, अलंकार, और रीति सिद्धान्तों की सम्यक् परीक्षा कर ध्वनि में रस, अलंकार, गुण, रीति और दोष का स्थान निर्धारित किया। इस सिद्धान्त का विरोध यद्यपि कुन्तक और महिम भट्ट ने प्रबल शब्दों में किया, किन्तु अभिनवगुप्त ने ध्वनिविषयक भ्रान्तियों का निराकरण करते हुए इसमें रस के महत्त्व को स्थापित कर एक प्रकार से इस सिद्धान्त की व्यापकता को सिद्ध कर दिया।

ध्वनि सिद्धान्त के उपरान्त वक्रोक्ति सिद्धान्त का आविर्भाव हुआ। यह सिद्धान्त अलंकार और रीति सिद्धान्तों के समान देहवादी था, रस और ध्वनि सिद्धान्तों के समान आत्मवादी नहीं या। इसके प्रवर्तक आचार्य कुन्तक हैं। इन्होंने काव्य को जीवित 'वक्रोक्ति' को मानते हुए प्रतिभा पर आश्रित कविवैदग्ध्यभंगीभणिति (वैचित्र्य) के रूप में इसकी परिभाषा की।

औचित्य सिद्धान्त के प्रवर्तक आचार्य क्षेमेन्द्र हैं। इस सिद्धान्त के अन्तर्गत औचित्य को काव्य का आधारभूत तत्त्व मानते हुए पूर्वोक्त सिद्धान्तों में प्रतिपादित रस, अलंकार, गुण, रीति आदि के उचित प्रयोग की बात कहकर प्रकारान्तर से इन सबके समन्वय का प्रयत्न किया गया।

काव्यशास्त्र के उक्त सिद्धान्तों के साथ ही संस्कृत में छन्दोविवेचन की धारा भी स्वतः रूप से चल रही थी। इसका सीधा सम्बन्ध यद्यपि काव्य के साथ ही था, तथापि

उक्त आचार्यों में से किसी ने भी काव्यांग के रूप में इसका विवेचन करना इसलिए आवश्यक नहीं समझा, क्योंकि सामान्य रूप से सभी गद्य और पद्य-दोनों को काव्य मानते थे। यह धारा भी वैदिक काल से चली आ रही थी। इसका आरम्भिक रूप वैदिक छन्दों में सहज ही देखा जा सकता है। इन्हीं छन्दों में आगे चलकर लौकिक संस्कृत के छन्दों का विकास हुआ। इधर वार्षिक छन्दों के साथ लोगों ने मात्रिक छन्दों का भी आविष्कार आरम्भ कर दिया। इस प्रकार पिंगल के समय तक वैदिक छन्दों के अतिरिक्त वर्णिक और मात्रिक दो प्रकार के लौकिक छन्द अस्तित्व में आ गये। कालिदास का 'श्रुतबोध', क्षेमेन्द्र का 'सुवृत्ततिलक', जयकीर्ति और हेमचन्द्र के 'छन्दोनुशासन' नामक ग्रन्थ, भट्ट केदार का 'वृत्तरत्नाकर', गंगादास की 'छन्दोमंजरी' आदि इसी प्रकार के ग्रन्थ कहे जा सकते हैं।

काव्यांगों तथा छन्दों के विवेचन की उक्त दोनों धाराएँ संस्कृत में ही नहीं रहीं, बल्कि हिन्दी में भी इस प्रकार के ग्रन्थ रीतिकाल से पूर्व लिखे गये। कृपाराम की 'हिततरंगिनी', सूरदास की 'साहित्य-लहरी', नन्ददास की 'रसमंजरी', केशव की 'रसिकप्रिया', 'कविप्रिया', 'छन्दमाला' और 'रामचन्द्रिका' रहीम के 'बरवै नायिका-भेद' और 'नगरशोभा', सेनापति के 'काव्यकल्पद्रुम', सुन्दरदास के 'सुन्दर-श्रृंगार' आदि को हिन्दी की रीतिग्रन्थों की परम्परा की पहली कड़ी कहा जा सकता है। इन ग्रन्थों का उद्‌देश्य किसी सिद्धान्त का प्रतिपादन न होकर काव्यशास्त्र के जिज्ञासुओं के लिए हिन्दी में सरस और सुबोध रूप में विशिष्ट काव्यांगों का विवेचन प्रस्तुत करना मात्र था।

श्रृंगार रस और नायक-नायिकाभेद के लिए भानुदत्त की 'रसमंजरी' तथा 'रस-सामग्री' और 'रस' के भेदोपभेदों के लिए उन्हीं की 'रसतरंगिणी' एवं अलंकारों के लिए जयदेव का 'चन्द्रालोक' अथवा अप्पय दीक्षित का 'कुवलयानन्द' इस युग के कवियों के बीच सर्वाधिक ग्राह्य रहे। जिन लोगों ने विशिष्ट अंगों के स्थान पर काव्य के सभी अंगों का एक साथ विवेचन करना चाहा; उन्होंने इन ग्रन्थों के स्थान पर मम्मट के 'काव्यप्रकाश' अथवा विश्वनाथ के 'साहित्यदर्पण' का आश्रय लिया।

हिन्दी में ये धाराएँ आरम्भ से प्रचलित रहीं। इनमें 'पृथ्वीराजरासो' के श्रृंगार वर्णन, कृपाराम की 'हिततरंगिनी', सूर की 'साहित्य लहरी' तथा 'सूरसागर' के वे श्रृंगारिक प्रसंग, जिनमें नायिकाभेद और संयोग-वियोग श्रृंगार की सामग्री पर शास्त्रीयता की छाप स्पष्ट है, तुलसी की 'बरवै रामायण', केशव की 'रसिकप्रिया' रहीम के 'बरवै नायिकाभेद' और 'नगरशोभा' आदि को अलंकरण के कारण प्रथम धारा की परम्परा में सहज ही रखा जा सकेगा, जबकि विद्यापति, सूर, नन्ददास आदि कृष्णभक्त कवियों द्वारा राधा-कृष्ण की लीलाओं के व्याज से श्रृंगार-वर्णन दूसरी धारा का सीधा अनुकरण कहे जा सकेंगे।

श्रृंगार और राजप्रशस्तिपरक वीरकाव्य से इतर विषयों में भक्ति और नीतिपरक मुक्तकों की परम्परा इन दोनों विषयों के समानान्तर चलती रही। इनमें भक्तिपरक मुक्तक संस्कृत में अनेक स्तोत्र-संग्रहों के रूप में लिखे गये। बाण का 'चण्डीशतक' ऐसे मुक्तक-संग्रहों में सबसे प्राचीन कहा जा सकता है। इसके बाद सत्रहवीं शताब्दी पर्यन्त विभिन्न देवी-देवताओं की स्तुति में अनेक स्तोत्र-ग्रन्थ लिखे गये।

नीतिपरक मुक्तकों का क्षेत्र भक्तिपरक मुक्तकों की तुलना में आरम्भ से ही अधिक विशद रहा। शृंगारिक मुक्तकों के समान इनकी भी तीन धाराएँ पृथक् रूप से चलीं, किन्तु इनका परिवेश जीवन के प्रति विशिष्ट दृष्टिकोण ने होकर संस्कृति ही है। कदाचित् इसीलिए हिन्दी के जन्म से पूर्व रचे गये नीतिकाव्य पर ब्राह्मण, बौद्ध और जैन सांस्कृतिक सिद्धान्तों का प्रभाव रहा। ब्राह्मण-संस्कृति के परिवेश में लिखे गये नीतिकाव्य ग्रन्थों में चाणक्य के 'चाणक्यशतक', शंकर वर्मा के 'वल्लालशतक' भतृहरि के 'नीतिशतक', क्षेमेन्द्र के 'चारुचर्चा', 'सेव्यसेवकोपदेश' 'दर्प दलन' आदि', जल्हण के मुग्धोपदेश, कुसुमदेव के 'दृष्टान्तशतक'।

रीतिकवियों ने इस विषय की जो रचनाएँ कीं उन पर निजी अनुभवों की छाप ही अधिक रही। यदि किसी रचना में पूर्ववर्ती नीतिकाव्यधाराओं का प्रभाव आया भी तो वह समाज में प्रचलित नैतिक मूल्यों की वैयक्तिक अनुभवों के साथ संगति बैठ जाने के कारण ही आया, क्योंकि पूर्ववर्ती नीतिग्रन्थों को पढ़ने का इस युग में न तो किसी को अवकाश था और न इच्छा ही।

रीतिकाल साहित्य–रीतिबद्ध रीतिसिद्ध तथा रीतिमुक्त की विषय–वस्तु और शैलीगत प्रवृत्तियाँ

(अ) रीतिमुक्त की विषय-वस्तु और शैलीगत प्रवृत्तियाँ

रीतिकाल के वे कवि जिन्होंने रीति के बन्धन को स्वीकार नहीं किया और हृदय की स्वतन्त्र वृत्तियों को काव्य-निबद्ध किया, रीतिमुक्त कवि कहलाये। इस वर्ग के कवियों ने न तो रीतिबद्ध कवियों की भाँति लक्षण ग्रन्थों की रचना की और न ही रीतिसिद्ध कवियों की भाँति रीति की जानकारी का प्रदर्शन करते हुए काव्य लिखा। इन्होंने तो हृदय की सच्ची अनुभूति को ही अभिव्यक्त करने में रुचि प्रदर्शित की। इस वर्ग के कवियों में प्रमुख हैं—घनानन्द, बोधा, आलम, ठाकुर आदि।

रीतिमुक्त कवियों को विषय के आधार पर अनेक वर्गों में बाँटा जा सकता है। प्रथम वर्ग में वे कवि हैं, जिन्होंने स्वच्छन्द प्रेम को अपनी काव्यवस्तु बनाया और शृंगारी काव्य की रचना की। इन्हें रीतिमुक्त शृंगारी कवि कहा जाता है। घनानन्द, बोधा, आलम और ठाकुर इस वर्ग के कवि हैं। द्वितीय वर्ग में वे कवि हैं जिन्होंने प्रबन्ध-काव्य लिखे। लाल कवि ने छत्रप्रकाश, सूदन ने सुजान चरित्र और सबलसिंह चौहान ने महाभारत नामक प्रबन्ध-काव्यों की रचना की है। इन्हें रीतिमुक्त प्रबन्धकार कहा जा सकता है। तीसरे वर्ग में नीति-सम्बन्धी सूक्तियों की रचना करनेवाले वृन्द, गिरधरदास, घाघ, बैताल जैसे कवि हैं, जिन्हें रीतिमुक्त सूक्तिकार कहा जा सकता है। चौथे वर्ग में ब्रह्मज्ञान और वैराग्य पर उपदेशात्मक पद्य लिखनेवाले कवि हैं, जिन्हें आचार्य रामचन्द्र शुक्ल जी ने पद्यकार कहना उपयुक्त माना है। पाँचवें वर्ग में वीर रस की फुटकल कविता करनेवाले कवि हैं।

रीतिमुक्त शृंगारी कवियों में सर्वप्रमुख हैं— घनानन्द, जिनके कुछ अन्य नाम आनन्दघन एवं घन आनन्द भी हैं। इनके लिखे कई ग्रन्थों का उल्लेख शुक्ल जी ने अपने हिन्दी साहित्य का इतिहास में किया है, यथा—सुजान सागर, विरह लीला, लोकसार, रसकेलिवल्ली और कृपाकाह। साथ ही कुछ कवित्त और सवैयों के फुटकल संग्रह भी मिलते हैं।

कृष्णभक्ति-सम्बन्धी इनका एक बहुत बड़ा ग्रन्थ धारपुर राज्य के राज पुस्तकालय में है। विरहलीला नामक एक अन्य ग्रन्थ इन्होंने ब्रजभाषा में लिखा है जिसमें फारसी

छन्द का प्रयोग किया गया है। कुल मिलाकर अब तक घनानन्द जी के 752 कवित्त सवैये, 1057 पद और 2354 दोहे-चौपाइयाँ उपलब्ध हुई हैं।

'आलम' रीतिमुक्तधारा के दूसरे प्रमुख कवि हैं। शुक्ल जी ने आलम नाम के दो कवियों का उल्लेख हिन्दी साहित्य का इतिहास में किया है। इनमें से एक तो मुगल सम्राट् अकबर के समकालीन थे और दूसरे औरंगजेब के पुत्र मुअज्जम के आश्रित कवि थे। इनमें से दूसरे आलम ही वस्तुतः रीतिमुक्त शृंगारी कवियों की श्रेणी में आते हैं। इन्होंने मुक्तक शैली में 'आलम केलि' नामक ग्रन्थ की रचना की। लौकिक प्रेम की अनुभूतिपरक, भावपूर्ण एवं मार्मिक अभिव्यक्ति इस ग्रन्थ में अत्यन्त रमणीय ढंग से की गयी है।

बोधा ने 'विरहवारीश' और 'इश्कनामा' नामक दो रचनाएँ लिखी हैं, जिनमें पहली तो 'माधवानलकामकन्दला' की प्रसिद्ध प्रेम-कथा पर आधृत प्रबन्ध रचना है और दूसरी प्रेम पर लिखे गये मुक्तक छन्दों का संग्रह।

'ठाकुर' नाम के तीन कवियों का उल्लेख शुक्ल जी ने रीतिकाल के अन्तर्गत किया है। इनमें से दो असनी के ब्रह्मभट्ट थे और तीसरे बुन्देलखण्डी कायस्थ। रीतिमुक्त शृंगारी कवियों में जिन ठाकुर को स्थान दिया जाता है, वे बुन्देलखण्डी ठाकुर हैं। इनके दो ग्रन्थ उपलब्ध होते हैं– ठाकुर ठसक और ठाकुर शतक। ठाकुर के काव्य में बुन्देली कहावतों एवं मुहावरों का बड़ा सुन्दर प्रयोग हुआ है।

रीतिमुक्त काव्य की विशेषताएँ

रीतिमुक्त शृंगारी कवियों के काव्य में पायी जानेवाली सामान्य विशेषताओं का उद्घाटन निम्न शीर्षकों के अन्तर्गत किया जा सकता है–

1. स्वच्छन्द एवं अकृत्रिम प्रेम का चित्रण–रीतिमुक्त काव्य में प्रेम का अत्यन्त उदात्त एवं वासनारहित स्वरूप अंकित किया गया है। रीतिबद्ध कवियों का प्रेम रसिकता और कामुकता की कोटि से ऊपर नहीं उठ सका, किन्तु रीतिमुक्त कवियों के प्रेम में सर्वत्र स्वच्छन्दता, उदात्तता एवं अकृत्रिमता के दर्शन होते हैं। वे रीति की बँधी-बँधायी परिपाटी के अनुरूप प्रेम-निरूपण में विश्वास न करते थे, अपितु हृदय की अनुभूति को स्वच्छन्द रीति से अभिव्यक्त करने में आनन्द का अनुभव करते थे।

2. विरह की प्रधानता–रीतिमुक्त कवियों के प्रेम-चित्रण में विरह की प्रधानता दिखायी पड़ती है। उन्होंने संयोग का बहुत कम चित्रण किया है, क्योंकि उनकी वृत्ति वियोग वर्णन में अधिक रमी है यहाँ तक कि संयोग में भी वियोग उनका पीछा नहीं छोड़ता–

यह कैसो संयोग न जानि परै, जु वियोग न क्यों हू विछोहत है।

वियोग में कवि की दृष्टि अन्तर्मुखी हो जाती है और वह प्रेम की पावनता एवं दिव्यता की अनुभूति करने लगता है। संयोग में प्रेमी वासना का शिकार बना रहता है, जबकि वियोग में वह इस वासना से परे होकर प्रेम की तीव्रता, पावनता एवं गुरुता का

अनुभव करता है। इसी कारण से रीतिमुक्त कवियों का विरह निरूपण अत्यन्त हृदयद्रावक, चित्ताकर्षक एवं मार्मिक बन पड़ा है।

3. स्वानुभूति का चित्रण—रीतिमुक्त कवियों ने अपनी वैयक्तिक प्रेमानुभूति को ही काव्य का विषय बनाया है, अतः उसमें जो कुछ है वह हृदय की सच्चाई और जीवन की वास्तविक अनुभूति है। इन कवियों ने आत्माभिव्यक्ति को प्रमुखता देते हुए व्यक्तिगत जीवन के सत्य को ही काव्य-निबद्ध किया है। अधिकतर रीतिमुक्त कवि अपने व्यक्तिगत जीवन में किसी-न-किसी से प्रेमाहत हुए थे, उसी प्रेम वेदना का चित्र इनके काव्य में उपलब्ध होता है। घनानन्द सुजान नामक वेश्या पर आसक्त थे, जिसका उल्लेख उनके कवित्तों एवं सवैयों में प्रायः हुआ है। आलम शेख नामक एक रँगरेजिन पर बुरी तरह आसक्त हो गये थे, उन्होंने हिन्दू धर्म को त्यागकर मुस्लिम धर्म को स्वीकार कर लिया था। बोधा भी बड़े रसिक जीव थे जो पन्ना राजदरबार की सुमान नामक वेश्या से प्रेम करते थे। प्रेम के पीर की स्वानुभूत व्यंजना करने में ये बड़े कुशल थे।

अति खीन मृनाल के तारहु तें नहि ऊपर पाँव दै आवनो है।
सुई बेह कै द्वार सकै न तहाँ परतीति को टाँड़ो लदावनो है।

घनानन्द का तो सम्पूर्ण काव्य ही स्वानुभूत वेदना का कथन है।

4. सौन्दर्य चित्रण—रीतिकाल के सभी कवि प्रेम और सौन्दर्य के कवि हैं। रीतिमुक्त कवियों ने भी युगीन प्रवृत्ति के अनुकूल अपने काव्य में सौन्दर्य की मनोरम चित्रावलियाँ अंकित की हैं। रीतिमुक्त कवियों के सौन्दर्य वर्णनों में स्थूलता एवं मांसलता का अभाव दिखायी पड़ता है। परम्परागत रूढ़िबद्ध नख-शिख चित्रण के स्थान पर रीतिमुक्त काव्य में सौन्दर्य एवं उसके प्रभाव की सूक्ष्म व्यंजना की गयी है।

प्रिया ने गौरवर्ण शरीर पर जो काली साड़ी पहनी हुई है वह कैसी लग रही है, इसका अत्यन्त मनोरम वर्णन इस छन्द में किया गया है। प्रेयसी सौन्दर्य से उनके नेत्र कभी तृप्त नहीं होते, उन्हें उसमें सदैव नवीनता दिखायी पड़ती रहती है—

रावरे रूप की रीति अनूप नयो-नयो लागत ज्यों-ज्यों निहारिये।
त्यों इन आँखिन बानि अनोखी अघानि कहूँ नहिं आन तिहारिये।।

5. शास्त्रीय परम्परा का परित्याग—रीतिमुक्त कवियों ने रीति के बन्धन को सर्वथा त्यागकर हृदय की स्वच्छन्द वृत्तियों को काव्य का विषय बनाया। रीतिकाल के दूसरे कवियों ने जहाँ शास्त्रीय पद्धति पर रीति निरूपण करते हुए लक्षण ग्रन्थों की रचना की, वहीं रीतिमुक्त कवियों ने इस प्रवृत्ति का सर्वांशतः परित्याग किया। रीतिकाल के अन्य कवि जहाँ कलात्मकता का समावेश करने के लिए प्रयत्नशील दिखायी पड़ते हैं, वहाँ रीतिमुक्त कवि सहज काव्य की रचना में प्रवृत्त हैं। उनका काव्य न तो चमत्कार प्रदर्शन के लिए लिखा गया और न पाण्डित्य प्रदर्शन के लिए। यही कारण है कि उसमें जीवन की सहज स्वाभाविक दशाओं, हृदय की स्वच्छन्द एवं मार्मिक अनुभूतियों का वर्णन किया गया है।

6. प्रकृति-चित्रण—रीतिमुक्त काव्य में उपलब्ध प्रकृति-चित्रण प्रायः उद्दीपन रूप में है। मेघाच्छन्न आकाश को देखकर कभी कवि अपनी प्रेयसी को बादलों के द्वारा सन्देश

प्रेषित कराना चाहता है तो कभी पवन से यह प्रार्थना करता है कि प्रियतम की चरण रज ला दे, क्योंकि यह विरह-व्यथा को दूर करनेवाली संजीवनी बूटी के समान है।

कोयल की कूक विरहिणी को दुःखी कर देती है, चातक की पुकार उसके हृदय को छलनी कर रही है तथा मेघों की गर्जना उसे व्याकुल कर रही है।

रीतिमुक्त कवियों की मूल प्रवृत्ति तो प्रकृति का उद्दीपन रूप में अंकन करने की रही है, परन्तु कहीं-कहीं आलम्बन रूप में भी प्रकृति-चित्रण किया गया है।

वन वसन्त वरनत मन फूल्यौ। लता लता झूलति संग झूल्यौ।
मलय पवन आगम सुख सार। रोचक महा सुदेस सुढार।।

7. भक्ति का स्वरूप—यद्यपि रीतिमुक्त कवियों ने राधा-कृष्ण की लीलाओं का उन्मुक्त गान किया है, किन्तु इतने भर से हम इन्हें कृष्णभक्त कवियों की कोटि में नहीं रख सकते। भक्ति के क्षेत्र में ये भी अन्य रीतिकालीन कवियों की भाँति इसी मान्यता के पक्षधर थे। राधा-कृष्ण के प्रति किसी प्रकार का श्रद्धाभाव इन कवियों के हृदय में न था, जोकि भक्ति के लिए आवश्यक तत्त्व है। अन्य रीतिकालीन कवियों की भाँति इनके राधा-कृष्ण सामान्य नायक-नायिका के रूप में चित्रित किये गये हैं।

8. लाक्षणिक भाषा का प्रयोग—रीतिमुक्त काव्यधारा की एक महत्त्वपूर्ण विशेषता है—लाक्षणिक भाषा का प्रयोग। लक्षण का सहारा लेकर घनानन्द ने एक ओर तो अनुभूतियों को सफलतापूर्वक अभिव्यक्ति प्रदान की और दूसरी ओर ब्रजभाषा की सामर्थ्य का परिचय भी दिया। लोकोक्तियों एवं मुहावरों के प्रयोग द्वारा भी इन्होंने भाषा को शक्ति प्रदान की है।

9. मुक्तक काव्य-रचना—रीतिमुक्त कवियों की प्रवृत्ति मुक्तक काव्य-रचना की अधिक रही है। यद्यपि कुछ प्रबन्धकाव्य भी इन कवियों ने लिखे, तथापि प्रधानता मुक्तक काव्य की ही रही है। रीतिमुक्त कवियों ने कवित्त-सवैया शैली में मुक्तक काव्य की रचना करते हुए अपनी प्रेमानुभूतियों को अभिव्यक्ति प्रदान की।

10. फारसी प्रभाव—रीतिकाल तक आते-आते फारसी केवल मुसलमानों की ही भाषा नहीं रही, अपितु हिन्दुओं में भी फारसी के विद्वान्, कवि होने लगे।

(ब) रीतिबद्ध काव्य की विषय-वस्तु और शैलीगत प्रवृत्तियाँ

रीतिकाल में रीति-तत्त्व की प्रधानता रही और कवियों ने काव्यांग निरूपण की ओर अधिक ध्यान दिया। लक्षण-ग्रन्थों की रचना करनेवाले कवियों को रीतिबद्ध कवि कहा जाता है क्योंकि ये रीति-तत्त्व का निरूपण करने में ही अपने कविकर्म की सफलता मानते थे। आचार्य शुक्ल ने इस काल में रीति-तत्त्व के निरूपण को ही प्रधान प्रवृत्ति मानकर इसका नामकरण 'रीतिकाल' किया। राज्याश्रय में रहनेवाले अधिकांश कवियों ने अपनी काव्य प्रतिभा का प्रदर्शन रीति ग्रन्थ की रचना करके किया। आचार्य बनने की प्रतिस्पर्द्धा में इन्होंने अपने अधकचरे ज्ञान एवं अधूरे विवेचन के द्वारा ऐसे सैकड़ों लक्षण-ग्रन्थ लिखे जिन्होंने रीति-साहित्य में पर्याप्त वृद्धि की, किन्तु लक्षण-ग्रन्थों की रचना करनेवाले हिन्दी के ये सैकड़ों कवि आचार्य कोटि में कहीं नहीं आते। वे कवि ही

कहलाने के अधिकारी हैं। हिन्दी में रीतिग्रन्थों की रचना यद्यपि प्रमुख रूप से रीतिकाल में हुई, तथापि यह प्रवृत्ति भक्तिकाल में प्रारम्भ हो गयी थी। नन्ददास की रसमंजरी, रहीम की बरवै नायिका भेद और सूरदास की साहित्य लहरी में क्रमशः रस, नायिका भेद एवं अलंकारों का विवेचन किया गया है। आचार्य शुक्ल ने रीतिकालीन लक्षण-ग्रन्थकारों को आचार्य न मानकर कवि ही माना है।

रीतिबद्ध काव्य की प्रवृत्तियाँ

1. रीति निरूपण—रीतिबद्ध कवियों ने रीति निरूपण को प्रमुखता दी। प्रायः सभी कवियों ने काव्यांगों का निरूपण करते हुए लक्षण ग्रन्थों की रचना की। इन लक्षण ग्रन्थों में काव्यांगों के लक्षण एवं उदाहरण दिये गये हैं। रीतिबद्ध कवियों का प्रमुख उददे्श्य अपनी काव्य का प्रतिभा का परिचय देना था। अतः वे लक्षणों पर उतना ध्यान नहीं देते जितना उदाहरणों पर। यही कारण है कि रीतिबद्ध कवियों के द्वारा दिये गये काव्यांगों के लक्षण अपर्याप्त एवं असंगत दिखायी पड़ते हैं। रीति निरूपण प्रायः तीन दिशाओं में हुआ—अलंकार निरूपण; नायिका भेद निरूपण एवं छन्द निरूपण। रीतिकाल के कुछ प्रमुख रीतिबद्ध कवि और उनके ग्रन्थों के नाम हैं—चिन्तामणि (काव्यविवेक, कविकुलकल्पतरु, श्रृंगारमंजरी), मतिराम (अलंकार पंचाशिका, वृत्तकौमुदी) भूषण (अलंकार प्रकाश), कुलपति मिश्र (रस रहस्य), देव (भावविलास, काव्यरसायन), भिखारीदास (काव्यनिर्णय, रससारांश, छन्दप्रकाश), कृष्णकवि (अलंकार रत्नाकर)।

2. आचार्यत्व का अभाव—रीतिबद्ध कवियों के द्वारा किया गया रीति निरूपण एकांगी, अधकचरा एवं अपरिपक्व है। आचार्य शुक्ल ने इसी कारण रीतिकालीन कवियों के आचार्यत्व पर टिप्पणी करते हुए लिखा है—"हिन्दी में लक्षण-ग्रन्थों की परिपाटी पर रचना करनेवाले जो सैकड़ों कवि हुए, वे आचार्य कोटि में नहीं आ सकते। वे वास्तव में कवि ही थे।" आचार्यत्व के लिए जिस सूक्ष्म विवेचन और पर्यालोचन शक्ति की अपेक्षा होती है, उसका अभाव इन रीतिग्रन्थकारों में था।

3. मौलिकता का अभाव—रीतिबद्ध कवियों के द्वारा किये गये काव्यांग निरूपण में मौलिकता का अभाव है। इन कवियों ने सैकड़ों रीतिग्रन्थ लिखे, तथापि किसी मौलिक सिद्धान्त का प्रतिपादन रीति-ग्रन्थकार नहीं कर सके। वास्तव में इन्होंने संस्कृत काव्यशास्त्र के ग्रन्थों का ब्रजभाषा में अनुवाद-मात्र करने का कार्य किया, इसलिए उसमें मौलिकता का तो प्रश्न ही नहीं है। रीतिकाल के लक्षण ग्रन्थकार कोई ऐसी नवीन एवं मौलिक उद्‌भावना नहीं कर सके जो काव्यशास्त्र को नयी दिशा देती।

4. श्रृंगारिकता—रीतिकाल में श्रृंगार की प्रधानता रही है। रीतिबद्ध, रीतिमुक्त एवं रीतिसिद्ध तीनों वर्गों के कवियों ने श्रृंगार निरूपण पर विशेष ध्यान दिया है। राजदरबार में रहनेवाले ये कवि राजा-नवाबों की विलासवृत्ति को उत्तेजित करने के लिए श्रृंगारी रचनाएँ करने में गौरव का अनुभव करते थे। रीतिबद्ध कवियों ने नायिका भेद के अन्तर्गत श्रृंगारी रचनाएँ प्रस्तुत कीं। इसके अतिरिक्त नायिकाओं के हाव-भाव के विभिन्न भेदोपभेदों के लक्षण और उदाहरण प्रस्तुत करते समय श्रृंगारी रचनाओं को

प्रमुखता मिली। रस विवेचन में इन्होंने रसराज शृंगार के विविध पक्षों का उद्घाटन सूक्ष्मता से किया। रीतिकाल में शृंगार की प्रमुखता तत्कालीन युग की देन है। शृंगार रस निरूपक रीतिबद्ध कवियों में मतिराम सबसे अधिक महत्त्वपूर्ण हैं। इन्होंने अपने ग्रन्थ 'रसराज' में शृंगार रस और उसके आलम्बन नायक-नायिका का विस्तृत विवेचना किया। शृंगार रस के विभिन्न अंगोपांगों का लक्षण देने के उपरान्त सरस कवित्तों, सवैयों एवं दोहों में उदाहरण प्रस्तुत किये।

5. अलंकार विवेचन की प्रमुखता—रीतिबद्ध कवियों ने जितने अलंकार ग्रन्थ लिखे, उतने सम्भवतः संस्कृत काव्यशास्त्र में भी नहीं लिखे गये। अपनी काव्य-प्रतिभा का परिचय देने के लिए अधिकांश रीतिग्रन्थकारों ने अलंकार ग्रन्थों का प्रणधन किया। रीतिकाल के अलंकारवादी आचार्यों ने अलंकारों के लक्षण, उदाहरण प्रस्तुत करते हुए शब्दालंकारों, अर्थालंकारों का पर्याप्त विवेचन किया है। कुछ कवियों के द्वारा दिये गये लक्षण एवं उदाहरण अत्यन्त सरल एवं सरस बन पड़े हैं जबकि कुछ अन्य कवियों के लक्षण भी भ्रामक जान पड़ते हैं। अलंकारों की संख्या भी प्रायः सभी आचार्यों ने अलग-अलग मानकर तदनुसार विवेचन किया है।

6. छन्द विवेचन—पाठकों के कविता में प्रयुक्त होनेवाले छन्दों की जानकारी कराने के उद्देश्य से रीतिबद्ध कवियों ने छन्द विवेचन करने हेतु रीतिग्रन्थों की रचना की। परम्परा से चले आते हुए छन्दों का विवेचन करने के साथ-साथ कुछ नये छन्दों का विवेचन भी इन कवियों ने किया है। छन्द विवेचन के लिए इन्होंने प्रायः 'प्राकृत पैगलम्' और 'वृत्तरत्नाकर' नामक ग्रथों का आधार लिया है। दोहों में छन्द का लक्षण देकर उसके उदाहरण स्वरचित राजप्रशस्ति करते हुए दिये गये हैं। इस प्रकार की गयी रचनाओं में 'छन्द-निर्वाह' पर विशेष ध्यान दिया गया है।

संक्षेप में कहा जा सकता है कि हिन्दी के रीतिबद्ध कवियों ने हिन्दी में काव्यशास्त्र का द्वार खोलने का महत्त्वपूर्ण कार्य किया है।

रीतिकाल का श्रृंगारेतर साहित्य–भक्ति साहित्य, नीति साहित्य और वीर साहित्य

(अ) भक्ति साहित्य

रामानन्द की शिष्य-परम्परा में दो भिन्न भक्ति-भावनाओं के भक्त हुए। हिन्दीभाषी प्रदेशों में चौदहवीं शती तक जिस साहित्य की सर्जना होती रही, उसमें प्रमुखरूपेण दो प्रकार का साहित्य मिलता है–एक तो पूर्वी प्रदेशों की सहजयानी तथा नाथपन्थी रचनाएँ और दूसरे, पश्चिमी प्रदेशों की नीतिपरक, श्रृंगारपरक तथा आख्यानयुक्त रचनाएँ। भक्तिकाल के अनन्तर रीतिकाल में भी सन्तकाव्य, सूफीकाव्य, रामकाव्य और कृष्णकाव्य की रचना होती रही।

सन्तकाव्य

रामानन्द की शिष्य-परम्परा में दो भक्ति-भावनाओं के भक्त हुए। निर्गुणमार्गी भक्तों में कबीर, दादू, रैदास आदि प्रसिद्ध सन्तकवि हुए और सगुणमार्गी भक्तों में तुलसीदास जैसे विख्यात महाकवि। निर्गुणभाव के सन्तकवियों में नामदेव का नाम सर्वप्रथम लिया जाता है। ईसा की तेरहवीं शती में उन्होंने जिस निर्गुणभाव की काव्यधारा प्रवाहित की, वह शनैः-शनैः अग्रसर होती रही और ईसा की सत्रहवीं शती से आगे बढ़कर उन्नीसवीं शती तक भी अपनी ज्ञान-योग-भावना की शान्तिमयी शीतलता प्रदान करती रही।

1. यारी साहब–ईसा की सत्रहवीं शताब्दी के अन्त में यारी साहब नाम के एक मुस्लिम सन्त हुए, जिन्होंने योग, अध्यात्म, ज्ञान आदि से सम्बद्ध बातों का उपदेश अपनी रचनाओं के माध्यम से दिया। इनका पूरा नाम यारमुहम्मद था। इनका रचनाकाल 1700 ई. के लगभग ठहरता है। इन्होंने सूफियों की संगति भी की थी। वैसे ये प्रमुख रूप से बावरी सम्प्रदाय के प्रसिद्ध सन्त थे। इनके शिष्यों में हिन्दू और मुसलमान दोनों ही पाये जाते हैं। जीवात्मा को स्त्री रूप में और परमात्मा को प्रियतम रूप में सम्बोधित करते हुए इन्होंने शान्त रस के बड़े-अच्छे पद लिखे हैं।

बिरहिनी मन्दिर दियना बार।
बिन बाती बिन तेल जुगुति सों, बिन दीपक उजियार।।

2. दरिया साहब–बिहारवाले दरिया साहब प्रसिद्ध सन्त हुए हैं। ये जाति के मुसलमान थे। इनका जन्म 1664 ई. में और स्वर्गवास 1780 ई. में बताया जाता है।

इस तरह इनकी आयु 116 वर्ष की बैठती है। इतनी आयु एक सन्त के लिए सम्भव भी है। इनका विवाह तो नौ वर्ष की अवस्था में ही हो गया था, किन्तु पन्द्रह वर्ष की अवस्था से ही वैराग्य लेकर इन्होंने देशभ्रमण प्रारम्भ कर दिया था। इनके ग्रन्थों की संख्या बीस बतायी जाती है। इनकी रचनाओं में आत्मशुद्धि पर बल दिया गया है। इनकी एक प्रसिद्ध कृति 'ज्ञानदीपक' है। इनकी रचनाओं का एक संग्रह 'दरियासागर' के नाम से प्रकाशित हो चुका है।

3. जगजीवनदास–जगजीवनदास अपने शिष्यों में जगजीवन साहब नाम से भी विख्यात थे। ये सन्त दादूदयाल की शिष्य-परम्परा में आते हैं, लेकिन इन्होंने अपना एक भिन्न सम्प्रदाय चलाया था, जिसे 'सत्यनामी' सम्प्रदाय कहते हैं। जगजीवनदास का जन्म 1670 ई. में बाराबंकी जिले के सरदहा ग्राम में हुआ था। यह गाँव सरयू नदी के किनारे कोटवा से चार मील दूर है। इनका स्वर्गवास 173 ई. में कोटवा में हुआ। इनकी कृतियों में 'प्रथम ग्रन्थ', 'ज्ञानप्रकाश', शब्दसागर', 'आगमपद्धति', 'महाप्रलय', 'प्रेमपन्थ' और 'अघविनाश' उल्लेखनीय हैं।

4. पलटू साहब–पलटू साहब जाति के वैश्य थे। इनका जन्म फैजाबाद जिले के नगपुर जलालपुर गाँव में हुआ था। ये आरम्भ में गृहस्थ थे, किन्तु बाद में विरक्त हो गये। इनका जन्म कब हुआ, यह निश्चित रूप से नहीं बताया जा सकता। फिर भी इतना कहा जा सकता है कि ये जगजीवनदास के परवर्ती सन्त हैं। चमत्कारपूर्ण भाषा के लिए इनकी वाणी प्रसिद्धि पा चुकी थी।

5. चरनदास–सन्त चरनदास (1703-1782) अलवर के पास मेवात क्षेत्र के निवास थे। इनका जन्म अलवर के पास डेहरा गाँव में मुरलीधर नाम के दूसरे वैश्य के यहाँ हुआ था। इनके प्रमुख ग्रन्थ हैं– ब्रह्मज्ञानसागर शब्द, भक्तिसागर, भक्तिपदार्थ, मनविकृतकरण गुटकासागर, युगसन्देहसागर। जीवात्मा को पत्नी और परमात्मा को पति मानकर इन्होंने शान्त रस की सुन्दर कविताएँ लिखी हैं।

सूफी-काव्य अथवा प्रेमाख्यान-काव्य

हिन्दी में प्रेमाख्यानों की सूफी-काव्यधारा का पूर्ण उत्कर्ष भक्तिकाल में लक्षित होता है, किन्तु वस्तुतः यह काव्यधारा उन्नीसवीं शती के अन्त तक प्रवाहित होती रही। रीतिकाल में प्रायः दो प्रकार के प्रेमाख्यान-काव्य लिखे गये।

1. कासिमशाह–इनका जन्म बाराबंकी जिले के दरियाबाद नगर में श्री इमानुल्लाह के यहाँ हुआ था। ये दिल्ली के बादशाह मुहम्मदशाह के समकालीन थे। जिस प्रकार मलिक मुहम्मद जायसी के प्रेमकाव्य 'पद्मावत' में रत्नसेन और पद्मावती की प्रेमकथा है, उसी प्रकार कासिमशाह के 'हंस-जवाहर' (1736) काव्य में शहजादा हंस और शहजादी जवाहर की प्रेमकहानी है।

2. नूर मुहम्मद–नूर मुहम्मद के जन्म और देहावसान-काल के सम्बन्ध में निश्चयपूर्वक तो नहीं कहा जा सकता, किन्तु अन्तः साक्ष्य के आधार पर इतना अवश्य कह सकते हैं कि दिल्ली के बादशाह मुहम्मदशाह के समय में नूर मुहम्मद विद्यमान थे।

इनका रचनाकाल 1744 से 1784 ई. तक माना जाता है। इनका जन्म जौनपुर जिले के सबरहद नामक स्थान में हुआ था। इन्होंने (1744) 'इन्द्रावती' नामक प्रेमाख्यान काव्य में कालिंजर के राजकुमार राजकुंवर और आगमपुर की राजकुमारी इन्द्रावती की प्रेमकहानी लिखी है। 'इन्द्रावती' के पश्चात् नूर मुहम्मद ने 'अनुराग बाँसुरी' (1764) की रचना की।

3. शेख निसार—शेख निसार का वास्तविक नाम गुलाम अशरफ था। इनके पिता शेख गुलाम मुहम्मद फैजाबाद के पास के शेखपुर गाँव के रहनेवाले थे। ईसा की अठारहवीं शताब्दी के अन्तिम चरण में नवाब शेख निसार ने 'यूसुफ जुलेखा' (1790) की रचना की थी।

4. सूरदास—हिन्दी-काव्य-क्षेत्र में सूरदास नाम के कई कवि हो गये हैं। पहले तो अष्टछापी भक्त कवि सूरदास हैं, दूसरे सूरदास सन्त थे, जो बनारस में रहते थे। तीसरे सूरदास सूफी थे। इनके पिता का नाम गोवर्धनदास था। वे जिला गुरदासपुर के कलानौर स्थान के निवासी थे, किन्तु वहाँ से लखनऊ आकर बस गये थे। यहीं सूरदास का जन्म हुआ था। सूरदास ने अपनी कृति 'नलदमन' (1657) में शाहेवक्त शाहजहाँ की प्रशंसा लिखी है।

5. दुखहरनदास—दुखहरनदास का मूल नाम मनमहोर था। ये जाति के कायस्थ थे और गाजीपुर के रहनेवाले थे। मलूकदास के शिष्यत्व में इन्होंने, आध्यात्मिक ज्ञान की शिक्षा पायी थी। जायसी के 'पद्मावत' के आधार पर इन्होंने 'पुहुपावती' (1669) की रचना की। काव्य के आरम्भ में निर्गुण राम की वन्दना के उपरान्त शाहेवक्त औरंगजेब का गुणगान किया गया है।

राम-काव्य

रामानन्द की शिष्य-परम्परा में सगुण धारा के भक्त कवियों ने भक्ति भावना में राम को ब्रह्म माना और उनके प्रति अपनी भावनाओं की पुष्पांजलि श्रद्धा और प्रेम के साथ समर्पित की। तुलसीदास की परम्परा में आगे और भी कवि हुए।

1. गुरु गोविन्दसिंह—गुरु गोविन्द सिंह, (1669-1708) वीर योद्धा और कुशल संगठनकर्त्ता थे। ये सिक्खों के दसवें गुरु के रूप में अधिक प्रसिद्ध और समादृत हैं। इन्होंने अपनी कृतियों से यह सिद्ध किया है कि ये कुशल कवि और काव्यमर्मज्ञ थे। इनकी काव्य-कृति 'गोविंदरामायण' में राम की कथा का बड़ा सुन्दर और तेजस्वी वर्णन विस्तार से मिलता है। काव्य की ब्रजभाषा कवित्वपूर्ण और सरस है।

2. जानकीरसिकशरण—जानकीरसिकशरण प्रमोदवन अयोध्या के निवासी थे और 1700 ई. के आस-पास विद्यमान थे। राम के जीवन से सम्बद्ध 'अवधसागर' नामक काव्य इनकी प्रसिद्ध रचना है। इन्होंने राम का जीवनवृत्त कुछ-कुछ कृष्णभक्त कवियों की शैली पर लिखा है, इसीलिए इनके 'अष्टयाम-प्रसंग' में रास, नृत्य, भोजन, शयन आदि का वर्णन मिलता है। कवि की वस्तुवर्णनशैली सुन्दर तो है, किन्तु उनमें शृंगारिकता की झलक स्पष्टतः दृष्टिगोचर होती है। इनके काव्य में ब्रजभाषा का सुन्दर और सहज रूप पाया जाता है।

3. भगवन्तराय खीची—भगवन्तराय खीची असोथर (जिला फतेहपुर) के राजा थे। ये स्वयं अच्छे कवि थे और कवियों का बड़ा आदर-सत्कार करते थे। 'शिवसिंह-सरोज' के अनुसार यह कहा जा सकता है कि इन्होंने सात काण्डो में कवित्त छन्द में 'रामायण' की रचना की थी। यह ग्रन्थ तो मिलता नहीं, किन्तु इनकी एक रचना 'हनुमत्पच्चीसी' (1760) मिलती है, जिसमें हनुमान जी के सम्बन्ध में पच्चीस कवित्त लिखे गये हैं। 'भगवन्त' उपनाम से लिखी इनकी कविता निस्सन्देह ओजस्विनी और उत्साहपूर्ण है।

4. जनकराज किशोरीशरण—ये अयोध्या के महन्त थे और श्री राघवदास के शिष्य थे। इन्होंने रामचरित से सम्बद्ध अनेक काव्यग्रन्थों की रचना की, जिनकी भाषा प्रांजल ब्रजभाषा सिद्ध होती है। इनका रचनाकाल 1800 ई. के आस-पास माना जाता है। इनकी कृतियों की सख्या लगभग बीस है, जिनमें 'सीतारामसिद्धान्त भुक्तावली', सीतारामसतरंगिणी, जानकीकरुणाभरण, 'रघुवरकरुणाभरण' आदि स्पष्टतया रामभक्ति काव्य के अन्तर्गत गिनायी जा सकती हैं।

5. नवलसिंह—ये जाति के कायस्थ थे। इनका जीवन समरथ नरेश हिन्दूपति की सेवा में व्यतीत हुआ था। कवि होने के साथ-साथ ये एक अच्छे चित्रकार भी थे। इन्होंने ब्रजभाषा में कई रामकाव्यों की सृष्टि की थी, जिनमें 'रामचन्द्रविलास', 'आल्हा रामायण', 'अध्यात्म रामायण', 'रूपक रामायण', 'सीता स्वयंवर', 'रामविवाहखण्ड', 'रामनारायण,' 'रामायणसुमिरनी' आदि उल्लेखनीय हैं।

6. विश्वनाथ सिंह—रीवा के विद्याप्रेमी एवं रामभक्त नरेश महाराज विश्वनाथ सिंह का जन्म 1789 ई. में हुआ। ये सन् 1854 ई. तक रीवा में राज्य करते रहे। इन्होंने निर्गुण सन्तमत की विचारधारा में भी अपनी रचनाओं द्वारा योगदान किया है। रामायण गीता, रघुनन्दन प्रामाणिक, रामचन्द्र की सवारी, आनन्दरघुनन्दन नाटक, आनन्दरामायण, संगीत रघुनन्दन इनकी रचनाएँ हैं।

कृष्णकाव्य

चाहे रामकाव्य का अवलोकन किया जाये और चाहे कृष्णकाव्य का, रीतिकाल में दोनों प्रकार के काव्यग्रन्थों में माधुर्य भाव का ही प्राधान्य पाया जाता है।

1. प्रबन्धात्मक कृष्णकाव्य

1. गुमान मिश्र—गुमान मिश्र महोबा के निवासी थे। कृष्ण की भक्ति में इन्होंने 'कृष्णचन्द्रिका' (1781) नामक प्रबन्धकाव्य की रचना की थी। इनकी कविता सीधे और सरल भावों की वाहिका है और भाषागठन की दृष्टि से मनोहारिणी है। बल्लभ-सम्प्रदाय के अनुयायी तथा वृन्दावन-निवासी ब्रजवासीदास ने 'सूरसागर' के कथाक्रम के आधार पर दोहों, सोरठों, चौपाइयों में रचना की।

2. ब्रजवासीदास—ब्रजवासीदास ने 'सूरसागर' के कथाक्रम के आधार पर दोहों, सोरठों और चौपाइयों में ब्रजभाषा-प्रबन्धकाय 'ब्रजविलास' (1770) की रचना की थी । इसमें सीधी-सादी ब्रजभाषा-शब्दावली के माध्यम से कृष्ण के क्रीड़ामय जीवन का चित्रण

किया गया है। 'ब्रजविलास' में श्रीकृष्णलीला से सम्बन्धित कथाओं का विवरण ही विशेष रूप से दिया गया है।

3. मंचित—इस युग के तीसरे प्रबन्ध-काव्यकार मंचित जाति के ब्राह्मण थे और मऊ (बुन्देलखण्ड) के निवासी थे। ये 1779 ई. के लगभग वर्तमान थे। इन्होंने दो प्रबन्धकाव्यों की सृष्टि की थी—'सुरभी-दानलीला' और 'कृष्णायन'। 'सुरभी-दानलीला' में श्रीकृष्ण की बाललीला, यमलार्जुनमुक्ति और दानलीला का वर्णन सुन्दर ब्रजभाषा में सार छन्द के माध्यम से किया गया है। 'कृष्णायन' प्रबन्धकाव्य की रचना चौपाइयों तथा दोहों में की गयी है। भाषा संस्कृतनिष्ठ ब्रजभाषा है। सरसता की दृष्टि में 'सुरभी-दानलीला' अधिक प्रभावित करती है। मंचित कवि ने 'कृष्णायन' की रचना 'रामचरितमानस' की शैली में दोहों और चौपाइयों में की है। स्वाभाविक सरस पदावली में मनोहारिणी ब्रजभाषा के लिए मंचित कवि सदा स्मरण किये जाते रहेंगे।

2 मुक्तक शैली में रंचित कृष्णकाव्य

1. रूपरसिकदेव—ये भक्तिकाल के प्रसिद्ध निम्बार्क सम्प्रदायी भक्तकवि श्री हरिव्यासदेव के शिष्य थे। इनका रचनाकाल अठारहवीं शती का पूर्वार्द्ध है। इनकी चार कृतियाँ उपलब्ध हुई हैं—'लीला विंशति'. (1730), हरिव्यास यशामृत, नित्यविहार पदावली, वृहदोत्सव मणिलाल।

2. नागरीदास—'नागरी' शब्द राधा के लिए प्रयुक्त किया गया है। राधारानी के भक्त अर्थात् 'नागरीदास' नाम के कई भक्तकवि ब्रज में हो गये हैं, लेकिन उन सब में कृष्णगढ़ के राजा श्री सावन्तसिंह ही 'नागरीदास' के नाम से अधिक प्रसिद्ध हैं। इनका जन्म सन् 1699 में हुआ था। गृहकलह के कारण ये घरबार छोड़कर नागरी राधा के भक्त बन गये और वृन्दावन में रहने लगे। भक्तप्रवर नागरीदास जी का कविकाल 1723 से 1782 ई. तक माना जा सकता है। जुगलरसमाधुरी, फागविलास, रासरसलता, इश्कचमन, कृष्णजन्मोत्वस कवित्त, प्रियाजन्मोत्सव कवित्त, भक्तिवाद, रसिकरत्नावली, गोवर्द्धन धारण आदि इनकी श्रेष्ठ काव्यकृतियाँ हैं।

3. अलबेली अलि—विष्णुस्वामी-सम्प्रदाय के महात्मा श्री वंशी अलि के प्रसिद्ध शिष्य श्री अलबेली अलि राधा के उपासक थे। संस्कृत और ब्रजभाषा के पण्डित होने के कारण इनकी कविता परिष्कृत और प्रांजल है।

4. चाचा हितवृन्दावनदास—ये जाति के गौड़ ब्राह्मण थे और 1708 ई. में उत्पन्न हुए थे। इनकी रचनाओं में 'लाड़सागर' 'ब्रजप्रेमानन्द-सागर' 'कृपाअभिलाष' बेली', 'भ्रमरगीत' आदि प्रसिद्ध हैं।

5. भगवतरसिक—इनका रचनाकाल 1773 से 1793 ई. तक माना गया है। इनकी रचनाएँ 'भगवतरसिक की वाणी' में संकलित है।

(ब) नीति साहित्य

हिन्दी साहित्य के रीतिकाल में नीतिकाव्य भी एक प्रमुख प्रवृत्ति है। इस काल की नीति-विषयक रचनाएँ तारे की भाँति अचानक टूटकर नहीं आयीं, संस्कृत-काव्यों से

इनकी एक परम्परा प्रवाहित हो रही है। रीतिकाल में नीति-विषयक काव्यों के रचयिताओं में वृन्द, गिरिधर कविराय, बैताल, सम्मन, रामसहायदास, दीनदयाल गिरि आदि के नाम विशेषतया उल्लेखनीय हैं। ये नीति-काव्यकार ईसा की अठारहवीं शती से उन्नीसवीं शती तक अपनी रचनाओं की सृष्टि करते रहे।

1. वृन्द—अठारहवीं शती के प्रथम चरण में सन् 1704 ई. के आस-पास मेड़ता (जोधपुर, निवासी वृन्द ने अपनी 'सतसई' की रचना की थी। 'वृन्द-सतसई' में सात सौ दोहे हैं। भाषा सरल, सहज और कलापूर्ण है।

2. गिरिधर कविराय—व्यवहार और नीति से सम्बद्ध कुण्डलिया लिखकर गिरिधर कविराय ने जितनी अधिक प्रसिद्धि प्राप्त की है, उतनी प्रसिद्धि रीतिकाल का कोई अन्य नीतिकाव्यकार नहीं पा सका। इनका कविताकाल 1743 ई. के बाद का माना जा सकता है। गिरिधर की कुछ कुण्डलियों में 'गिरिधर कविराय नाम के साथ 'साँईं' शब्द भी आता है।

3. बैताल—नीति काव्यकार बैताल का समय 1782 ई. के बाद और 1829 ई. से पहले माना जा सकता है। ये जाति के बन्दीजन थे और कहा जाता है कि चरखीवाले विक्रमसाह की सभा में रहा करते थे। बैताल ने अपनी कुण्डलिया 'विक्रम' को सम्बोधित करते हुए लिखी हैं। इनकी भाषा सरल है।

4. सम्मन—सम्मन जाति से ब्राह्मण थे। इनका जन्म 1777 ई. में हुआ था और इनका निवासस्थान मल्लावां (जिला हरदोई) था। इनके नीति सम्बन्धी दोहे ग्रामीण जनता में बहुप्रचलित हैं। भाषा सरल और सीधी होते हुए भी मर्म को स्पर्श करती है। मनुष्य का जीवन दिनों के फेरे से अच्छा-बुरा बनता रहता है। इस भाव के दोहे बड़ें मर्मस्पर्शी हैं और स्त्रियों की जिह्वा पर आज भी निवास करती हैं।

5. रामसहायदास—रामसहायदास जाति के कायस्थ थे और चौबेपुर (जिला बनारस) के रहनेवाले थे। कविता में इनका उपनाम 'राम' था। बिहारी की 'सतसई' की भाँति इनकी 'राम-सतसई' भी शब्दों की कारीगरी और वाक्चातुर्य की दृष्टि से प्रसिद्ध है। इनका कविताकाल 1703 से 1823 ई. तक माना जा सकता है। जायसी के 'अखरावट' के ढंग पर इन्होंने 'ककहरा' की रचना की थी, जिसमें नीतिविषयक उपदेश हैं।

6. दीनदयाल गिरि—रीतिकालीन नीतिकारों में दीनदयाल गिरि सर्वप्रसिद्ध हैं। ये मथुरा जिले के बरसावा गाँव के महात्मा थे। बाबा दीनदयाल गिरि जाति के गोसाईं थे। आचार्य शुक्ल के मतानुसार इनका जन्म 1802 ई. में काशी के गायघाट नामक मुहल्ले में हुआ था। इनके ग्रन्थ 'अन्योक्तिकल्पद्रुम' की भाषा बहुत स्वच्छ, सुव्यवस्थित और परिष्कृत है।

जहाँ भक्तिकाल में तुलसी और रहीम के दोहों में भक्ति और नीति दोनों को स्थान प्राप्त हुआ, वहीं रीतिकालीन नीतिकाव्य शुद्ध नीति की व्याख्या के लिए ही लिखा गया। समाज के कल्याण तथा सांसारिक व्यावहारिकता की ज्ञानप्राप्ति के दृष्टिकोण से नीतिविषयक काव्य परमोत्तम सिद्ध हुआ है।

(क) वीर-साहित्य

रीतिकालीन वीर साहित्य स्वयं स्वतन्त्र रूप में आगे आया है। राजाओं की कीर्त्ति-गाथाओं का अतिरंजित वर्णन होते हुए भी उसमें देशभक्ति की चिनगारियाँ अपनी अद्भुत चमक दिखा रही हैं। रीतिकाल के कवियों ने वीर भावों की अभिव्यकित दो प्रकार से की है—1. प्रबन्धकाव्यों द्वारा 2. मुक्तक काव्यों द्वारा।

1. प्रबन्धात्मक वीरकाव्यों के कवि

1. लाल कवि—गोरेलाल पुरोहित 'लालकवि' का समय ईसा की सोलहवीं शती के अन्तिम चरण के आस-पास माना जाता है। ये मऊ (बुन्देलखण्ड) के निवासी थे। इन्होंने 'छत्रप्रकाश' शीर्षक से महाराज छत्रसाल का जीवनचरित्र दोहों-चौपाइयों में विस्तार से लिखा है। इस प्रबन्धात्मक वीरकाव्य में बुन्देलवंश की उत्पत्ति, चम्पतराय के पराक्रम तथा छत्रसाल की युद्ध-वीरता का वर्णन विस्तार से किया गया है।

2. पद्माकर भट्ट—रीतिकाल के कवियों में भाव और भाषा की दृष्टि से पद्माकर बिहारी की भाँति ही पण्डितप्रिय तथा जनप्रिय रहेंगे। ये तैलंग ब्राह्मण थे और इनका जन्म 1753 ई. में बाँदा में हुआ था। जयपुरनरेश महाराज प्रतापसिंह से इन्हें अच्छी जागीर मिली थी और 'कविराज शिरोमणि' की पदवी भी प्राप्त हुई थी। 1792 ई. में पद्माकर भट्ट गोसाईं अनूपगिरि उपनाम 'हिम्मतबहादुर' के यहाँ चले गये थे। वहीं पर इन्होंने 'हिम्मतबहादुर विरुदावली' नामक वीरकाव्य लिखा था।

3. सूदन—मथुरा के माथुर चौबे सूदन जी भरतपुर के राजा सुजानसिंह उपनाम 'सूरजमल' के यहाँ रहा करते थे। उनकी वीरता का विशद वर्णन कवि ने 'सुजानचरित नामक प्रबन्धात्मक वीरकाव्य में किया है।

4. खुमान—खुमान ने 'मान' उपनाम से काव्य-रचना की थी। ये जाति के बन्दीजन थे। चरखारी (बुन्देलखण्ड) के राजा विक्रमसाह के यहाँ रहा करते थे। इनका कविताकाल 1773 से 1823 ई. तक माना जाता है। 1812 ई. में इन्होंने 'नृसिंहचरित्र' की रचना की थी।

2. मुक्तक वीरकाव्यों के कवि

1. भूषण—'शिवराजभूषण' नामक अलंकारग्रन्थ की रचना कर महाकवि भूषण ने रीतिग्रन्थकारों में तो स्थान बनाया ही है, 'शिवाबावनी' और 'छत्रसालदशक' के रचयिता के रूप में उन्होंने मुक्तक वीरकाव्यकारों में भी प्रसिद्धि प्राप्त की है। इन दोनों कृतियों में रीतिरहित वीररसात्मक काव्य का सच्चा उत्कर्ष मिलता है। निस्सन्देह 'शिवाबावनी' राष्ट्रीय भावोद्भाविनी राजस्तुति के गौरव से मण्डित है।

भूषण राष्ट्रीय भावों के गायक हैं। उन्होंने राष्ट्रीयता की परिभाषा सांस्कृतिक दृष्टिकोण से की है। उनकी वाणी प्रपीड़ित राजा के प्रति एक अपूर्व आश्वासन है। वीर रसानुकूल ब्रजभाषा लिखने में भूषण सिद्धहस्त हैं।

2. बाँकीदास—कविराज बाँकीदास का जन्म मारवाड़ राज्य के भांडियावांस गाँव में 1771 ई. में आसिया चारण वंश में हुआ था। जोधपुर के राजा मानसिंह बाँकीदास की

काव्य-प्रतिभा से बड़े प्रभावित थे और इन्हें अपना गुरु मानते थे। इनक सत्ताईस ग्रन्थों में 'सूरछत्तीसी' और 'वीरविनोद' नामक वीरकाव्य बहुत प्रसिद्ध हैं। बाँकीदास की भाषा प्रौढ़, परिमार्जित और विषयानुकूल है।

आदिकाल के वीरगाथाकाव्य प्रायः आश्रयदाता राजाओं की चाटुकारी को प्रकट करते हैं। वे आश्रयदाताओं के बखान मात्र हैं। उन राजाओं की वीरता का वर्णन बहुत-कुछ वैयक्तिक ही है। निस्सन्देह रीतिकालीन वीरकाव्यों में और उनके स्रष्टा कवियों क अन्तस् में सच्ची वीरता और देशभक्ति के स्पष्ट दर्शन किये जा सकते हैं।

रीतिकालीन प्रमुख कवियों का परिचय

1. आचार्य केशवदास 2. बिहारीलाल 3. महाकवि देव 4. भूषण 5. महाकवि घनानन्द 6. आचार्य चिन्तामणि 7. सेनापति 8. मतिराम

1. आचार्य केशवदास

(जन्म सन् 1555 ई. : मृत्यु सन् 1617 ई.)

सामान्य परिचय—आचार्य केशवदास हिन्दी-साहित्य के एक ऐसे श्रेष्ठ परन्तु विवादास्पद कवि माने जाते हैं जिनका जन्म तो भक्तिकाल में हुआ था परन्तु रचनाओं के कारण जिनकी गणना रीतिकाल के कवियों के साथ की जाती है। एक प्रकार से केशव को ही हिन्दी रीतिकाव्य का प्रथम कवि और आचार्य मानना चाहिए। उन्होंने हिन्दी-काव्य में अलंकार-सिद्धान्त की स्थापना करने का प्रयत्न किया था। इसी कारण उन्हें अलंकारवादी कवि माना जाता है।

जीवन-परिचय—केशवदास का जन्म ओरछा नगर के सनाढ्य ब्राह्मण परिवार में सन् 1555 में हुआ था। इनके पिता का नाम पं. काशीनाथ था। इनका वंश पण्डितों का वंश था और उसका ओरछा-राजदरबार में विशेष मान इनके पितामह कृष्णदत्त मिश्र को राजा रुद्रप्रताप से पुराण की वृत्ति मिली थी। केशव बड़े दृढ़ चरित्र, स्वाभिमानी, गम्भीर, विचारक तथा विद्वान् ब्राह्मण थे। उनकी मृत्यु सन् 1617 ई. के लगभग हुई।

रचनाएँ—केशव ने कई ग्रन्थों की रचना की है परन्तु उनमें से अब तक केवल नौ ग्रन्थों का पता चल सका है—1. रामचन्द्रिका 2. रसिकप्रिया 3. कविप्रिया 4. विज्ञान गीता 5. रतन बावनी 6. वीरसिंह देव चरित 7. जहाँगीर-जस-चन्द्रिका 8. नख-शिख वर्णन 9 राम अलंकृत मंजरी।

इनकी सबसे प्रमुख पुस्तक रामचन्द्रिका है। इसमें रामकथा का विस्तार में वर्णन हुआ है। इसमें राम ईश्वर न होकर साधारण मनुष्य के रूप में सामने आये हैं। केशव की रचनाएँ अनेक विषयों को लेकर लिखी गयी हैं।

काव्य-विषय—केशव ने अपने काव्य का मुख्य विषय राम-सीता एवं राधा-कृष्ण के चरित्रों को ही बनाया है। इन्हीं को आधार मानते हुए उन्होंने अपने ग्रन्थों की रचना की है। परन्तु ये राम और कृष्ण भक्तिकाल के अवतारी राम-कृष्ण न होकर साधारण मनुष्य हैं। केशव ने विभिन्न विषयों पर अपनी रचनाएँ लिखी हैं। युग की माँग के अनुसार उन्होंने संस्कृत भाषा की उपेक्षा कर हिन्दी भाषा को अपनाया था। अब तक हिन्दी में

लक्षण-ग्रन्थों का अभाव रहा था। उन्होंने 'रसिकप्रिया' लिखकर रसों की विवेचना की, 'कविप्रिया' लिखकर कवि-कर्म को समझाया और 'रामचन्द्रिका' लिखकर अनेक प्रकार के छन्दों में रस और अलंकारों के सुन्दर प्रयोग का चमत्कार दिखलाया।

केशव की काव्य-साधना एवं काव्यगत विशेषताएँ—केशव आचार्य पहले हैं, कवि बाद में। कवि भी वे चमत्कारवादी हैं। उनके काव्य में भावपक्ष गौण तथा कलापक्ष प्रधान है। अपनी कला में वे कुशल हैं। उनकी कविता मस्तिष्क को प्रभावित करती है, हृदय को नहीं। केशव वर्णन प्रधान कवि हैं। उनकी रचनाओं में संसार के बाह्य रूप का चित्रण अच्छा हुआ है। परन्तु उनकी दृष्टि दरबारी कवि होने के कारण सम्पूर्ण जीवन से हटकर केवल राजसी शृंगार, नगर की सजावट, उत्सवों की रमणीयता आदि पर ही जमी रही है। केशव के काव्य की सबसे बड़ी विशेषता है—उनके संवाद वर्णन की। इसमें उन्हें विशेष सफलता प्राप्त हुई है। संवादों के कारण रामचन्द्रिका में नाटक का-सा आनन्द आने लगता है।

भाषा और शैली—केशव के काव्य की भाषा ब्रजभाषा है। इस पर संस्कृत तथा बुन्देलखण्डी भाषा का भी प्रभाव है। भाषा पर केशव का पूर्ण अधिकार है। लोकोक्तियों तथा मुहावरों का भी उन्होंने सफल प्रयोग किया है। भाषा के समान ही शैली पर भी उनके व्यक्तित्व की छाप है। अपनी शैली के केशव स्वयं निर्माता हैं। वस्तुवर्णन में उन्होंने वर्णनात्मक शैली का प्रयोग किया है और संवादों में व्यंग्यात्मक और नाटकीय शैली का। केशव की काव्य-शैली के मुक्तक और प्रबन्ध दो रूप हैं। वे अलंकारों के प्रयोग द्वारा चमत्कार उत्पन्न करना ही मुख्य कवि-कर्म मानते थे। परन्तु इतना सब-कुछ होते हुए भी भाषा-शैली की दृष्टि से उनका अपना अलग महत्त्व है।

2. बिहारीलाल

(जन्म सन् 1595 ई. : मृत्यु सन् 1664 ई.)

सामान्य परिचय—बिहारी हिन्दी सहित्य के रीतिकाल के सबसे अधिक लोकप्रिय कवि और उत्कृष्ट काव्य-कला शिल्पी माने जाते हैं। आचार्य रामचन्द्र शुक्ल ने उन्हें हिन्दी के सर्वश्रेष्ठ कवियों में स्थान दिया है। बिहारी की केवल एक ही रचना मिलती है—'बिहारी-सतसई'। इस ग्रन्थ के भारत की विभिन्न भाषाओं में जितने अधिक अनुवाद हुए हैं, उतने तुलसी के 'रामचरितमानस' को छोड़ अन्य किसी भी ग्रन्थ के नहीं हुए हैं। 'बिहारी सतसई' शिक्षित समाज में सबसे अधिक आदर प्राप्त करने में समर्थ हो सकी है। बीसवीं सदी के आरम्भ तक ब्रजभाषा के नये कविगण इस ग्रन्थ को अपना आदर्श और पथ-प्रदर्शक मानते रहे थे। बिहारी का दूसरा महत्त्व यह है कि उन्होंने साहित्यिक ब्रजभाषा को सँवारकर उसे अत्यन्त सुन्दर और कलात्मक रूप प्रदान किया था। बीसवीं सदी के बिहारी अपने अद्भुत भाषा-शिल्प के कारण बिहारी हिन्दी साहित्य में सदैव अमर रहेंगे।

जीवन-परिचय—बिहारी का जन्म ग्वालियर के निकट बसुआ गोविन्दपुर नामक गाँव में सन् 1595 ई. में हुआ था। इनके पिता केशवराय जाति के माथुर चतुर्वेदी ब्राह्मण

थे। जब बिहारी सात-आठ वर्ष के थे, तब इनके पिता इन्हें अपने साथ लेकर ओरछा चले गये। वहीं हिन्दी के प्रसिद्ध कवि आचार्य केशवदास रहते थे। बिहारी ने केशवदास के पास रहकर ही साहित्य का अध्ययन किया और कुशाग्र बुद्धि होने के कारण शीघ्र ही अपनी काव्य-शिक्षा पूरी कर ली।

कहा जाता है कि एक बार यह अपनी वृत्ति लेने जयपुर-दरबार में गये। उस समय जयपुर-नरेश महाराज जयसिंह अपनी बहुत कम अवस्थावाली नयी रानी के मोह में डूब, सारा राज-काज त्याग, महलों में ही पड़े रहते थे। राजा की यह दशा देख बिहारी ने यह दोहा लिखकर किसी तरह उनके पास पहुँचा दिया।

"नहिं पराग नहिं मधुर मधु, नहिं विकास इहिं काल।
अली कली ही तें बिन्ध्यो, आगे कौन हवाल।।"

इस दोहे के भीतर छिपे अर्थ के संकेत और मार्मिकता ने राजा जयसिंह को उनकी मोहनिद्रा से जगा दिया और राजा ने बिहारी को अपने ही राज-दरबार में रख अपना ध्यान राज-काज में लगाया। सन् 1664 ई. में उनका स्वर्गवास हो गया।

रचनाएँ—बिहारी का केवल एक ही ग्रन्थ मिलता है—'बिहारी सतसई'। इसमें 726 दोहे हैं। 'बिहारी सतसई' मुख्य रूप से श्रृंगार-प्रधान रचना है। इसमें नख-शिख वर्णन, ऋतु वर्णन, नायक-नायिका भेद, श्रृंगार के दोनों पक्षों—संयोग और वियोग आदि श्रृंगार रस से सम्बन्धित विषयों पर सैकड़ो दोहे लिखे गये हैं। इसके अतिरिक्त कुछ दोहे, नीति, वैराग्य, भक्ति तथा अन्य सामान्य विषयों से भी सम्बन्धित हैं। बिहारी सतसई का संस्कृत, उर्दू, फारसी तथा खड़ीबोली में इसके अनुवाद किये गये हैं। यह इस ग्रन्थ की लोकप्रियता का उदाहरण है।

'बिहारी-सतसई' का विवेचन—इस ग्रन्थ में विभिन्न विषयों से सम्बन्धित बिहारी के फुटकर दोहों का संग्रह किया गया है। इसी कारण इसे मुक्तक-रचना मानते हैं। उनकी 'सतसई' में यद्यपि रीतिकालीन कविता के सम्पूर्ण लक्षण और गुण मिल जाते हैं परन्तु उन्होंने काव्य के विभिन्न अंगों—रस, छन्द, अलंकार, शब्द-शक्ति, दोष, गुण आदि के लक्षण या परिभाषा न देकर केवल उदाहरण ही दिये हैं। इसी करण 'बिहारी-सतसई' को लक्षण-रहित रीति-ग्रन्थ माना जाता है।

काव्य-साधना—बिहारी अत्यन्त उच्चकोटि के प्रतिभाशाली कवि थे। उन्होंने दोहे जैसे दो पंक्तियों के छोटे-से छन्द में अत्यन्त संक्षिप्त शैली में एक साथ ही बहुत-सी बातें कह देने में सफलता पायी है। जिन भावों या बातों को कहने के लिए अन्य कवियों ने बड़े-बड़े छन्दों का उपयोग किया है, उन्हें बिहारी ने छोटे-से दोहा छन्द में अद्भुत काव्य-कौशल के साथ कह दिया है। बिहारी की इसी कला पर मुग्ध होकर किसी कवि ने 'सतसई' के दोहों की प्रशंसा करते हुए कहा है—

"सतसैया के दोहरे, ज्यों नाविक के तीर।
देखन में छोटे लगै, घाव करत गम्भीर।।"

बिहारी ने अपने इन दोहों में 'गागर में सागर' के समान अलंकार, रस, रीति, वक्रोक्ति, ध्वनि आदि के गुणों को भर दिया है।

शृंगार की प्रधानता—बिहारी प्रधान रूप से शृंगारी कवि हैं। उन्होंने शृंगार के दोनों पक्षों—संयोग और वियोग का चित्रण किया है। परन्तु संयोग-शृंगार से सम्बन्धित दोहों की संख्या अधिक रही है।

बिहारी ने शृंगार-रस के सम्पूर्ण भाव, विभाव, अनुभाव, संचारी भाव, मुद्राओं और चेष्टाओं का बड़ा सूक्ष्म और हृदयग्राही वर्णन किया है। उन्होंने नायक-नायिका के अभिलाषा, हर्ष, खीझ, मुस्कान, लज्जा आदि अनेक भावों को एक साथ एक ही दोहे में कलात्मक ढंग से साकार-सा कर दिया है—

"कहत, नटत, रीझत, खिजत, मिलत, खिलत, लजियात।
भरे भौन में करत हैं, नैनन ही सौं बात।।"

अन्य विषय—बिहारी ने शृंगार के अतिरिक्त ज्योतिष, गणित, वैद्यक, दर्शन वेदान्त आदि विभिन्न विषयों सम्बन्धी अपने ज्ञान का भी अनेक दोहों में प्रदर्शन किया है। परन्तु उनमें चमत्कार ही अधिक मिलता है, भाव की गम्भीरता और काव्य-सौन्दर्य कम है।

अलंकार—बिहारी यद्यपि अलंकारों को 'दर्पण का-सा मोर्चा' मानते हैं, परन्तु उन्होंने अपने काव्य में अलंकारों का प्रचुरता के साथ अत्यन्त सुन्दर प्रयोग किया है। उनके एक-एक दोहे में एक-साथ ही कई-कई अलंकारों की छटा मिल जाती है। इस दोहे में एक साथ ही अनुप्रास, यमक, वीप्सा आदि शब्दालंकार गुँथे हुए हैं। बिहारी की दृष्टि में अलंकारों का महत्त्व केवल काव्य के सौन्दर्य में वृद्धि करना ही रहा है।

भाषा और शैली—बिहारी की भाषा कोमल, सरस, रसीली और शृंगार से शोभित नायिका के समान मन को मुग्ध और चमत्कृत कर देने की शक्ति रखती है। उनकी भाषा मूल रूप से ब्रजभाषा है, परन्तु उन्होंने अरबी, फारसी तथा बुन्देलखण्डी के लोक-प्रचलित शब्दों का भी प्रयोग किया है। इनकी भाषा इतनी प्रांजल, शक्तिवान् और प्रवाहमयी है कि दोहे के भाव स्वतः हीं स्पष्ट हो जाते हैं।

बिहारी की शैली समास-पद्धति की है जिससे भाषा में चुस्ती और शक्ति आ गयी है। प्रेम के क्षेत्र में असंगति का उदाहरण देते हुए उन्होंने अपनी समास-पद्धति की विलक्षण शक्ति और प्रभाव का प्रदर्शन किया है।

समस्त रीतिकाल में घनानन्द को छोड़कर दूसरा कोई भी कवि ऐसा नहीं मिलता जिसका भाषा पर अबाध अधिकार रहा हो। अतः हम बिहारी को हिन्दी का एक अत्यन्त उच्चकोटि का महाकवि मान सकते हैं।

3. महाकवि देव

(जन्म सन् 1673 ई. : मृत्यु सन् 1767 ई.)

सामान्य परिचय—रीतिकाल में लक्षण-ग्रन्थ लिखनेवाले कवियों में महाकवि देव का स्थान अत्यन्त महत्त्वपूर्ण माना जाता है। इनके काव्य में तीन प्रधान विशेषताएँ मिलती हैं—विचारों की स्पष्टता, वर्गीकरण की मौलिकता और उदाहरणों की रमणीयता। वे शब्द-शक्ति के मर्मज्ञ विद्वान् हैं। शब्द और वर्णों का सन्तुलन कर उनकी भाषानुकूल गति की व्यवस्था करना देव की विशेषता है। उनकी एक विशेषता यह मानी जा सकती है

कि उन्होंने केवल धनी-वर्ग में ही सौन्दर्य के दर्शन न कर निर्धन लोगों में भी सौन्दर्य देखा है।

जीवन-परिचय—महाकवि देव का पूरा नाम देवदत्त था, देव इनका उपनाम था। सन् 1673 ई. में इटावा नगर में देव का जन्म हुआ था। वह कान्यकुब्ज ब्राह्मण थे। उनके पिता का नाम पं. बिहारीलाल था। 16 वर्ष की अल्प-आयु में ही उन्होंने 'भाव-विलास' जैसे लक्षण-ग्रन्थ की रचना कर डाली थी। देव बड़े स्वाभिमानी प्रकृति के कवि थे। इसी कारण किसी एक ही राजा के आश्रम में रहकर अपना जीवन निर्वाह नहीं कर सके। देव की मृत्यु सन् 1767 ई. के लगभग हुई। प्रतिभाशाली कवि होने के साथ-साथ उनका अध्ययन और अनुभव भी बड़ा व्यापक था। साहित्य और काव्यशास्त्र का उनको अच्छा ज्ञान था, संस्कृत भाषा के कुशल ज्ञाता थे। वेदान्त, ज्योतिष और आर्युर्वेद से भी भली-भाँति परिचित थे। उनके ज्ञान का क्षेत्र बड़ा ही व्यापक था।

रचनाएँ—रीतिकालीन कवियों में सबसे अधिक ग्रन्थों की रचना देव ने की है। उनके उपलब्ध ग्रन्थों की संख्या 25 मानी गयी है—1. भावविलास 2. अष्टयाम 3. भवानी विलास 4. कुशल विलास 5. प्रेमचन्द्रिका 6. जाति-विलास 7. रस-विलास 8. शब्द-रसायन 9. सुखसागर 10. तरंग 11. नीति-शतक 12. सुजान विनोद 13. राग-रत्नाकर 14. देवचरित 15. सुन्दर-सिन्दूर 16. शिवाष्टक 17. प्रेम-तरंग 18. देव माया प्रपंच 19. देव-शतक 20. वृक्ष-विलास 21. पावन-विलास 22. राधिका-विलास 23. सुकाल-विनोद 24. रामानन्द लहरी 25. प्रेम दीपिका 26. नख-शिख प्रेम दर्शन।

काव्य विषय—देव रीतिकालीन कवि है। शृंगारिकता तथा आचार्यत्व रीति युग की मुख्य प्रवृत्तियाँ थीं। देव ने रीतिकाल के अधिकांश कवियों के वर्ण्य-विषयों पर अपनी कलम चलायी है। शृंगार के संयोग तथा वियोग दोनों पक्षों का सुन्दर चित्रण किया है। उनके काव्य के नायक-नायिका तो राधा-कृष्ण ही हैं परन्तु अन्य रीतिकालीन कवियों के समान ही देव के राधा-कृष्ण भी साधारण नायक-नायिका बनकर ही रह गये।

काव्य-साधना तथा काव्यगत—ब्रजभाषा काव्य के शृंगारी कवियों की रचनाओं में देव की रचनाओं का ऊँचा स्थान माना जाता है। उनकी रचनाओं का सन्देश प्रेम का सन्देश है। उन्होंने विशुद्ध प्रेम को ही अधिक महत्त्व दिया है—

"सुख-दुख में है, एक सम तन-मन बननिन प्रीति।
सहज बड़े हित चित नयो, जहाँ सुप्रेम प्रतीति।।"

देव पवित्र दाम्पत्य-प्रेम के समर्थक हैं। उनका यह प्रेम-वर्णन स्वाभाविक, संयत, सीमित और मर्यादापूर्ण है। देव ने प्रेम के सहायक मन और नेत्रों का भी सुन्दर वर्णन किया है। प्रकृति का वर्णन भी देव की रचनाओं में हुआ है। संसार की क्षणभंगुरता, सांसारिक माया-जाल तथा भगवत्-प्रेम का भी उन्होंने अपनी रचनाओं में सुन्दर चित्रण किया है।

भाषा-शैली—उनकी भाषा विशुद्ध ब्रजभाषा है। भाषा पर उनका पूर्ण अधिकार है। सरलता उनकी भाषा का प्रधान गुण है। संस्कृत की तत्सम पदावली का प्रयोग भी उनकी

रचनाओं में मिलता है। देव की नायिकाओं की भाँति उनकी भाषा भी अलंकारों से सजी हुई है। उनकी कविता में पदमैत्री, यमक, अनुप्रास का सुन्दर चमत्कार देखने को मिलता है। उनकी भाषा प्रसाद तथा माधुर्य गुण के लिए भी प्रसिद्ध है। मुहावरों एवं कहावतों का भी सुन्दर प्रयोग हुआ है।

देव की शैली रीतिकालीन शैली है। उन्होंने दोहा, कवित्त तथा सवैया छन्दों में अपने भावों को व्यक्त किया है। देव ने अपनी कविता में शब्दालंकारो की अपेक्षा अर्थालंकारों की अधिक महत्त्व और स्थान दिया है। अर्थालंकारो में भी उपमा और स्वभावोक्ति अलंकारों की प्रमुखता ही रही है। उपमा, रूपक, उत्प्रेक्षा तथा अन्य अलंकारों का सफल प्रयोग हुआ मिलता है।

संक्षेप में, यह कहा जा सकता है कि भाषा और शैली की दृष्टि से महाकवि देव एक श्रेष्ठ कवि हैं।

4. भूषण

(जन्म सन् 1613 ई. : मृत्यु सन् 1715 ई.)

सामान्य परिचय—सम्पूर्ण रीतिकाल में लाल और सूदन के अतिरिक्त भूषण ही ऐसे कवि थे जिन्होंने अपने देश, धर्म तथा समाज की करुण पुकार को सुना था और उसे अपनी कविता द्वारा वाणी प्रदान की थी। भूषण ने अपनी वीर रस की कविता द्वारा जनता तथा हिन्दू राजाओं में अद्भुत शक्ति, साहस और वीरता की भावना भर देने का सफल प्रयास किया था। इसी कारण भूषण को मध्यकालीन हिन्दी काव्य का वीर रस का सर्वश्रेष्ठ कवि कहलाने का गौरव प्राप्त हुआ है। तत्कालीन राजनीति के क्षेत्र में जो महत्त्व शिवाजी और छत्रसाल का माना जाता है वहीं तत्कालीन काव्य के क्षेत्र में भूषण का माना जाता है। उन्होंने मुसलमान शसकों द्वारा हिन्दू जनता पर किये जानेवाले राजनीतिक तथा धार्मिक अत्याचारों का अपनी कविता द्वारा खुलकर विरोध किया है। उन्होंने अत्याचारी औरंगजेब की निन्दा तथा शिवाजी और छत्रसाल जैसे देशभक्त हिन्दू वीरों की प्रशंसा करना ही अपने काव्य का चरम लक्ष्य बनाया था। इस प्रकार उस युग में हम भूषण को हिन्दू-संस्कृति और सभ्यता, हिन्दू धर्म और हिन्दू जाति का संरक्षक मान सकते हैं।

आज के धर्म-निरपेक्ष युग में भूषण द्वारा मुस्लिम शासकों का विरोध तथा हिन्दू-वीरों का समर्थन किया जाना अनुचित-सा प्रतीत होता है। परन्तु भूषण के युग की परिस्थितियाँ आज से भिन्न थीं। उस समय हिन्दू भारत को अपना राष्ट्र और मुसलमानों को विदेशी आक्रमणकारी मानते थे। भूषण अपने युग के हिन्दी के राष्ट्रीय कवि थे।

जीवन-परिचय—भूषण के जन्म-स्थान, जन्म तथा मृत्यु-तिथि, असली नाम आदि के सम्बन्ध में अभी निश्चित रूप से कुछ भी नहीं कहा जा सकता। भूषण के एक ग्रन्थ 'शिवराज-भूषण' के एक छन्द के आधार पर इनका जन्म-स्थान तिविक्रमपुर, पिता का नाम रत्नाकर, जाति कश्यप गोत्रीय कान्यकुब्ज ब्राह्मण तथा चित्रकूट के राजा रुद्रराज द्वारा इन्हें 'भूषण' की उपाधि देना सिद्ध होता है। इनका जन्म 1613 तथा मृत्यु सन् 1715 ई. मानी है। इसके आधार पर भूषण छत्रपति शिवाजी के समकालीन सिद्ध होते

हैं। भूषण हिन्दू-संस्कृति, धर्म और राष्ट्र के प्रबल समर्थक थे। उन्होंने हिन्दू राजाओं का संगठन करने के लिए हिमालय से लेकर दक्षिण तथा राजस्थान की राजपूती रियासतों में भ्रमण किया था।

भूषण की रचनाएँ—अभी तक भूषण रचित केवल तीन पुस्तकें प्रसिद्ध है—'शिवराज भूषण', 'शिवा वावनी' तथा 'छत्रसाल दशक'। इनके अतिरिक्त उनके लिखे तीन ग्रन्थ और बताये जाते हैं—'भूषण उल्लास', 'दूषण उल्लास' तथा 'भूषण-हजारा'। परन्तु ये ग्रन्थ अभी तक उपलब्ध नहीं हो सके हैं।

उपर्युक्त उपलब्ध तीन ग्रन्थों में से शिवराज भूषण अलंकार ग्रन्थ है। इसमें दोहों में रस, अलंकार, छन्द आदि के लक्षण देकर कवित्त और सवैया में उनके उदाहरण दिये गये हैं। 'शिवा बावनी' में उनका झुकाव अलंकारों का विवेचन करने की ओर अधिक रहा है। काव्यांगों में से उन्होंने केवल अलंकारों को ही लिया है। रस, शब्द-शक्ति, नायिका-भेद आदि की अपेक्षा की है।

भूषण की राष्ट्रीय भावना—भूषण को हिन्दी साहित्य में वीर रस की कविता करनेवाले कवियों में अत्यन्त उच्चकोटि का स्थान प्राप्त है। उन्होंने पहले शृंगारी तथा रीति-परम्परा की कविता की थी। परन्तु आगे चलकर हिन्दुओं की दीन-दयनीय दशा को देख उनके हृदय में हिन्दुओं का संगठन कर मुसलमानों की गुलामी से मुक्त होने की आग भड़क उठी थी। उस युग में भूषण ने मुसलमान जनता की बुराई और विरोध न कर केवल औरंगजेब जैसे अत्याचारी, धर्मान्ध मुस्लिम शसकों का ही विरोध किया।

भूषण की काव्य-साधना—भूषण का सम्पूर्ण काव्य ओज, साहस और वीरता के भावों से ओत-प्रोत हैं। भूषण ने हिन्दू वीरों की वीरता, युद्ध, उत्साह, सेना आदि का वर्णन किया है। वीर रस भरी उनकी कविता का एक ही उदाहरण उनके काव्य के महत्त्व को प्रकट करने के लिए पर्याप्त होगा।

भाषा और शैली—भूषण की भाषा ब्रजभाषा है। साथ ही अरबी, फारसी, बुन्देलखण्डी, खड़ीबोली का प्रयोग किया है। उन्होंने कठोर, कर्कश और ओजभरी शब्दावली का प्रयोग किया है। शैली में उन्होंने कवित्त, सवैया, दोहा छन्दों को अपनाया है। अनुप्रास, श्लेष अलंकारों का प्रयोग किया है। भूषण अपनी कविता द्वारा जो प्रभाव उत्पन्न करना चाहते थे, उसमें उन्हें पूरी सफलता मिली है।

अतः हमारी दृष्टि में भूषण अपने युग के हिन्दी के राष्ट्रीय कवि थे।

5. महाकवि घनानन्द

(जन्म सन् 1689 ई. : मृत्यु सन् 1756 ई.)

सामान्य परिचय

महाकवि घनानन्द ब्रजभाषा के सर्वश्रेष्ठ कवियों में अपना महत्त्वपूर्ण स्थान रखते हैं। इन्होंने स्वच्छन्द भाव से शृंगार रस की कविता की रचना की थी। इसी कारण उन्हें उस युग का 'स्वच्छन्द' अथवा 'रीति-मुक्त' कवि कहा जाता है। घनानन्द शृंगारी कवि हैं।

उन्होंने प्रेम की विभिन्न भावनाओं और स्थितियों का बड़ा मार्मिक और हृदयग्राही वर्णन किया है। घनानन्द का तीसरा महत्त्व उनकी भाषा के कारण माना जाता है। उस युग में उनकी-सी विशुद्ध और सरस ब्रजभाषा लिखनेवाला अन्य कोई भी दूसरा कवि नहीं मिलता।

जीवन-परिचय—हिन्दी के अन्य प्राचीन कवियों के ही समान घनानन्द के जीवन के सम्बन्ध में भी अधिक प्रामाणिक सामग्री नहीं मिलती। यह जाति के भटनागर कायस्थ तथा दिल्ली के बादशाह मुहम्मदशाह 'रँगीले' के मीर-मुन्शी थे। इन्हें बचपन से ही रासलीला देखने और करवाने का शौक था। रासलीला के इसी शौक ने इनमें कृष्णभक्ति की भावना पैदा कर दी थी और अन्त में कृष्णभक्ति की यह भावना इतनी अधिक बढ़ी कि यह नौकरी, घर-बार त्यागकर वृन्दावन में जा बसे और जीवन के अन्त तक वहीं रहते हुए कृष्णभक्ति में डूबे कविताएँ लिखते रहे।

सुजान बहुत अच्छे गवैये थे तथा सुजान नामक एक वेश्या से बहुत अधिक प्रेम करते थे। साथ ही यह बादशाह मुहम्मद शाह रँगीले के भी विशेष कृपापात्र थे। एक बार इनके कुछ विरोधी दरबारियों ने बादशाह से इनके गाने की बहुत तारीफ की। उसे सुनकर बादशाह ने इन्हें दरबार में गाने की आज्ञा दी। इन्होंने इस शर्त पर गाना स्वीकार किया कि इनके गाते समय दरबार में सुजान भी मौजूद रहे। जब सुजान आ गयी तो यह दरबार में सुजान की तरफ मुँह तथा बादशाह तरफ पीठ कर बैठ गये और गाने लगे। घनानन्द की इस बेअदबी पर नाराज हो बादशाह ने इन्हें देश-निकाले की सजा दी। दिल्ली छोड़ते समय इन्होंने सुजान से भी अपने साथ चलने के लिए कहा मगर उसने इन्कार कर दिया। इससे दुःखी होकर यह वृन्दावन चले आये और वहीं रहने लगे। सन् 1756 में अहमदशाह अब्दाली के आक्रमण के समय उसके सैनिकों द्वारा मार डाले गये थे। सुजान के प्रति घनानन्द का प्रगाढ़ प्रेम ही आगे चलकर कृष्ण के प्रति प्रेम के रूप में बदल गया।

रचनाएँ—इनके ग्रन्थों की संख्या 40 बतायी जाती है। इनमें से सुजान-सागर पदावली, विरह-लीला, कौक-सार, रसकेलिवल्ली, कृपाकाण्ड, घनानन्द कवित्त, प्रेम-सरोवर, नाम-माधुरी, कृपाकन्द, सुजान रागमाला, प्रीति पावस, वियोग-वेली, रसनायश, गोकुल-विनोद, कृष्ण-कौमुदी, मुरलिका-मोद, छन्दाष्टक आदि इनकी प्रसिद्ध और सुन्दर रचनाएँ मानी जाती हैं। इनमें से सुजान-सागर और पदावली काफी बड़े ग्रन्थ हैं। इन सभी ग्रन्थों का विषय श्रृंगार ही रहा है।

काव्य-साधना—घनानन्द श्रृंगारी कवि थे। उन्होंने श्रृंगार के वियोग-पक्ष का ही प्रधान रूप से चित्रण किया है। उन्होंने प्रेम की पीर का स्वयं अनुभव किया था और सारी जिन्दगी वह सुजान के वियोग में तड़पते रहे थे। इसी कारण हमें उनके विरह वर्णन में एक प्रेमी हृदय की सच्ची तड़पन, कसक और पीड़ा मिलती है। प्रारम्भ में उनका यह प्रेम अपनी प्रेमिका सुजान के प्रति रहा है परन्तु सुजान द्वारा उपेक्षा किये जाने पर उनकी यह प्रेम-भावना कृष्णभक्ति का रूप धारणकर उसी तीव्रता और मार्मिकता के साथ प्रकट होती रही है।

भाषा और शैली—घनानन्द ने अपनी कविता के सम्बन्ध में लिखा है—

"लोग है लागि कवित्त बनावत, मोहि तौ मेरे कवित्त बनावत।"

अर्थात् घनानन्द की कविता स्वयं उनके हृदय की आकुलता का ही दूसरा रूप थी। इसी कारण उसमें इतनी स्वाभाविकता, सहजता और मार्मिकता है। घनानन्द ने अपने हृदय की इस आकुलता को बड़ी ही सुन्दर, शिष्ट, प्रांजल, सरस और विशुद्ध ब्रजभाषा में प्रकट किया है। घनानन्द की भाषा शुद्ध साहित्यिक ब्रजभाषा है। उन्होंने अरबी, फारसी, संस्कृत के तद्भव रूप का प्रयोग किया है। उनकी भाषा में एक अद्भुत मन्द-मन्थर प्रवाह है। यह भाषा सर्वत्र भावों के अनुरूप कोमल रही है।

शैली की दृष्टि से घनानन्द के काव्य में हमें गेय शैली का अधिक प्रयोग मिलता है। उन्होंने बात को सीधे ढंग से न कहकर लक्षण-शैली द्वारा कहा है। शैली में उन्होंने अलंकारों का उचित मात्रा में सुन्दर प्रयोग किया है। उपमा, रूपक, उत्प्रेक्षा, अनुप्रास, प्रतीप, विभावना आदि अलंकारों का कवित्त, सवैया छन्दों का प्रयोग किया है।

घनानन्द को रीतिकालीन कवियों में प्रेम का सबसे अधिक प्रभावशाली, यथार्थ और श्रेष्ठ चितेरा कवि माना जाता है।

6. आचार्य कवि चिन्तामणि

रीतिकालीन कवियों में आचार्य चिन्तामणि अग्रज थे। इनके द्वारा रचित पाँच ग्रन्थों का उल्लेख मिलता है—काव्य विवेक, कविकुलकल्पतरु, काव्यप्रकाश, रसमंजरी, पिंगल और रामायण किन्तु इनमें से केवल दो ग्रन्थ ही उपलब्ध हैं—कविकुलकल्पतरु और पिंगल। कविकुलकल्पतरु में सभी काव्यांगों का निरूपण किया गया है तथा इसका मूल आधार मम्मट का 'काव्यप्रकाश', धनंजय का 'दशरूपक' और भानुदत्त की 'रसमंजरी' को बनाया गया है। लक्षण प्रायः दोहों और सोरठों में दिये गये हैं और उदाहरण कवित्त सवैयों में हैं। 'छन्द विचार पिंगल' की रचना का मूल आधार 'प्राकृत पिंगल' नामक ग्रन्थ है जिसमें विविध छन्दों के लक्षण और उदाहरण प्रस्तुत किये गये हैं।

चिन्तामणि के रीति निरूपण की यह विशेषता रही है कि उन्होंने संस्कृत परम्परा के लक्षण-ग्रन्थों में दिये गये जिस लक्षण को उपयुक्त माना उसे पूरी तरह जाँचने-परखने के बाद ही स्वीकार किया और उसी को अपने ग्रन्थ में स्थान दिया। लक्षणों के स्पष्टीकरण में इन्होंने कहीं-कहीं गद्य का भी सहारा लिया है।

7. सेनापति

सेनापति द्वारा रचित केवल एक ग्रन्थ 'कवित्त रत्नाकर' प्राप्त हुआ है जिसमें कुल 394 छन्द हैं। इस ग्रन्थ में कवि ने एक ओर तो रीति-ग्रन्थों की प्रणाली पर श्लेष वर्णन, शृंगार रस निरूपण एवं षड्ऋतु वर्णन किया है तो दूसरी ओर रामभक्ति का परिचय भी दिया है। कवित्त रत्नाकर में कुल पाँच तरंगें हैं जिनमें से प्रथम तरंग के अन्तर्गत श्लेषपरक छन्द हैं। श्लेष की योजना करने में केशव के समान ही पटु थे। द्वितीय तरंग के अन्तर्गत शृंगार वर्णन, वयःसन्धि, नख-शिख वर्णन है। तृतीय तरंग में ऋतु वर्णन है,

जिसमें प्रकृति निरीक्षण के प्रति इनका अनुराग व्यंजित हुआ है। आचार्य शुक्ल के अनुसार, ''ऋतु वर्णन तो इनके ऐसा और किसी श्रृंगारी कवि ने नहीं किया है।'' ऋतुओं का सहज एवं यथार्थ अंकन और इन ऋतुओं में लोकमानस में उठनेवाले सहज भावों की कुशल अभिव्यक्ति सेनापति के कवित्त में हुई है।

सेनापति की कविता अत्यन्त मर्मस्पर्शिनी, प्रौढ़ एवं प्रांजल है। भाषा पर इन्हें पूरा अधिकार था। अनुप्रास, श्लेष एवं यमक की प्रचुरता होने पर भी उसमें केशव जैसी क्लिष्टता नहीं आने पायी है। उनके लयबद्ध छन्दों में नर्तकी के नूपुरों का माधुर्य, शब्दों में मनोहरता और काव्य में सरसता विद्यमान है, जिसके कारण वे प्रतिभासम्पन्न कवि माने जाते हैं।

8. मतिराम

मतिराम रस एवं अलंकार निरूपक रीति आचार्यों में अग्रगण्य हैं। इनके द्वारा रचित आठ ग्रन्थों के नाम हैं– रसराज, ललितललाम, छन्दसार पिंगल, मतिराम सतसई, फूलमंजरी, लक्षण, श्रृंगार अलंकार पंचाशिका और साहित्यसार। रीतिग्रन्थों की दृष्टि से रसराज और ललितललाम इनकी अक्षय कीर्त्ति के मूल कारण हैं। आचार्य रामचन्द्र शुक्ल के अनुसार, ''रस और अलंकार की शिक्षा में इनका उपयोग बराबर चलता आया है।''

'रसराज' में श्रृंगार रस एवं नायिका भेद का विवेचन भानुदत्त की रसमंजरी और रहीम के बरवै नायिका भेद के आधार पर किया गया है। दोहों में लक्षण हैं तथा कवित्त और सवैयों में सरस उदाहरण देते हुए विषय को स्पष्ट करने का प्रयास किया गया है। एक उदाहरण द्रष्टव्य है–

''कुन्दन को रंग फीको लगै झलकै अति अंगनि चारु गोराई।
आँखिन में अलसानि चितौनि में मंजु विलासन की सरसाई।।

मतिरामकृत ललितललाम एक अलंकार ग्रन्थ हैं। अलंकार पंचाशिका में भी अलंकार निरूपण किया गया है किन्तु ललितललाम ही महत्त्वपूर्ण ग्रन्थ है, जिसमें 100 अलंकारों के लक्षण और उदाहरण कुवलयानन्द के आधार पर दिये गये हैं। कहीं-कहीं काव्यप्रकाश एवं साहित्य दर्पण की सहायता भी ली गयी है। यद्यपि इनका अलंकार विवेचन मौलिक नहीं है तथापि उसे चिन्तनपूर्ण एवं तर्कसंगत कहा जा सकता है। लक्षणों के अनुरूप ही सरस उदाहरण देने से वह सरल बन गया।

कवित्व की दृष्टि से भी मतिराम रीतिकाल के उल्लेखनीय कवियों में हैं। भाव-व्यंजना सरस एवं स्वाभाविक भाषा में हुई है तथा उसमें कहीं भी कृत्रिमता नहीं है। आचार्य शुक्ल के अनुसार, ''इनका सच्चा कवि हृदय था। ये यदि समय की प्रथा के अनुसार रीति की बँधी लीकों पर चलने के लिए विवश न होते, अपनी स्वाभाविक प्रेरणा के अनुसार चल पाते तो और भी सच्ची भाव-विभूति दिखाते।''

(ग) आधुनिक काल

1. पृष्ठभूमि–(अ) स्वाधीनता आन्दोलन : 1. सामाजिक पुनर्जागरण 2. राजनीतिक पुनर्जागरण।

(ब) गाँधीवाद, मार्क्सवाद, फ्रायड और मनोविश्लेषणवाद।

1. पृष्ठभूमि–आधुनिक काल का प्रारम्भ कब से माना जाय? यह एक जटिल प्रश्न है क्योंकि दो कालों के बीच में कोई एक ऐसी निश्चित सीमा-रेखा नहीं खींची जा सकती जिसके एक ओर एक कालखण्ड और दूसरी ओर दूसरा कालखण्ड हो। यही कारण है कि आधुनिक काल का सीमांकन करने में विद्वानों में मतभेद रहा है। मिश्रबन्धुओं ने जहाँ इसका प्रारम्भ 1926 विक्रमी से माना है, वहीं आचार्य रामचन्द्र शुक्ल ने 1900 वि. से माना है। डॉ. गणपतिचन्द्र गुप्त इस काल का आरम्भ सन् 1857 ई. (1914 वि.) से मानना उपयुक्त समझते हैं। उनका मत है कि 1857 ई. में राजनीतिक दृष्टि से जहाँ भारत का प्रथम स्वतन्त्रता-संग्राम प्रारम्भ हुआ, वहीं साहित्यिक दृष्टि से भी परिवर्तन शुरू हो गया था और रीतिकालीन प्रवृत्तियाँ ह्रासोन्मुख हो गयी थीं। भारतेन्दु बाबू हरिश्चन्द्र का जन्म 1850 ई. में हुआ तथा उन्होंने अपनी रचनाएँ सात वर्ष की अवस्था से ही लिखनी शुरू कर दी थीं, अतः आधुनिक काल के जनक भारतेन्दु जी के रचनाकाल को दृष्टिगत रखकर भी 1857 ई. से ही आधुनिक काल का प्रारम्भ मानना समीचीन प्रतीत होता है। दूसरी ओर आचार्य शुक्ल ने 1900 वि. की जो सीमा दी है, वह इतिहास के अध्येताओं के लिए सुविधाजनक भी है।

आधुनिक काल के नामकरण के सम्बन्ध में कोई विशेष विवाद नहीं है। यद्यपि इस काल के लिए कुछ और नाम भी दिये गये हैं, यथा–वर्तमान काल (मिश्रबन्धु) गद्यकाल (आचार्य शुक्ल), तथापि आधुनिक काल नाम ही अब स्वीकृत हो गया है। डॉ. रामकुमार वर्मा एवं डॉ. गणपतिचन्द्र गुप्त भी इसे आधुनिक काल कहना ही अधिक समीचीन मानते हैं। आचार्य शुक्ल ने इस कालखण्ड में 'गद्य' की प्रवृत्ति को प्रमुख मानकर इसका नामकरण 'गद्यकाल' किया, किन्तु गद्यकाल कहने से ऐसा लगता है, मानो इस काल में पद्य या काव्य रंचमात्र भी नहीं है। ऐसी स्थिति में गद्यकाल की अपेक्षा आधुनिक काल नाम अधिक तर्कसंगत है। सम्भवतः इसी कारण शुक्ल जी ने स्वयं इसका विवेचन आधुनिक काल के रूप में किया है। आधुनिक काल का साहित्य रीतिकालीन दरबारी

साहित्य की बेड़ियों से निकलकर जनसामान्य का साहित्य बना, क्योंकि उसमें जन-आकांक्षाओं की अभिव्यक्ति है।

आधुनिक काल के साहित्य का वर्गीकरण विभिन्न प्रकार से किया गया है। सुविधा की दृष्टि से हम इस कालखण्ड के दो विभाग कर सकते हैं—पद्य खण्ड, गद्य खण्ड।

पद्य खण्ड के प्रकार निम्नलिखित हैं—

1. भारतेन्दु युग (सन् 1857 ई. से 1900 ई. तक)
2. द्विवेदी युग (सन् 1900 ई. से 1920 ई. तक)
3. छायावादी युग (सन् 1920 ई. से 1936 ई. तक)
4. प्रगतिवादी युग (सन् 1936 ई. से 1943 ई. तक)
5. प्रयोगवादी युग (सन् 1943 ई. से 1953 ई तक)
6. नयी कविता (सन् 1953 ई.)

आधुनिक काल का उपविभाजन निम्न प्रकार से भी किया गया है—

1. पुनर्जागरण काल अथवा भारतेन्दु युग (1857 ई.- 1900 ई.)
2. जागरण सुधार काल अथवा द्विवेदी युग (1900 ई. -1920 ई.)
3. छायावाद (1920 ई.-1936 ई.)
4. छायावादोत्तर काल

(अ) प्रगतिवाद (1936 ई. - 1943 ई.)
(ब) प्रयोगवाद (1943 ई. -1953 ई.)
(स) नयी कविता(1953 ई. के उपरान्त)
(द) नवगीत
(य) समकालीन कविता

गद्य खण्ड के अन्तर्गत उनके गद्य-विधाएँ हैं, वे निम्नलिखित हैं—

1. हिन्दी गद्य का विकास
2. हिन्दी निबन्ध का विकास
3. हिन्दी उपन्यास का विकास
4. हिन्दी कहानी का विकास
5. हिन्दी नाटक का विकास
6. हिन्दी एकांकी का विकास
7. हिन्दी आलोचना का विकास
8. हिन्दी संस्मरण साहित्य
9. हिन्दी रेखाचित्र साहित्य
10. हिन्दी आत्मकथा एवं जीवनी साहित्य
11. हिन्दी इण्टरव्यू साहित्य
12. हिन्दी पत्रलेखन, डायरीलेखन आदि।

(अ) स्वाधीनता आन्दोलन—आधुनिक काल के साहित्य में जिन नवीन प्रवृत्तियों का सूत्रपात हुआ, उसका सम्बन्ध तत्कालीन परिस्थितियों से जोड़ा जा सकता है। भारत

में प्रथम स्वतन्त्रता- संग्राम ने देश में एक नयी चेतना को जन्म दिया, भले ही इस संग्राम को 'विद्रोह' का नाम देकर अंग्रेजों ने कुचल दिया। अंग्रेज सरकार के दमनकारी रवैये ने जहाँ देश के बुद्धिजीवियों को झकझोर दिया, वहीं कवियों को भी यह जरूरत महसूस हुई कि वे जनता को इस राज्य की अच्छाई-बुराई के विषय में बतावें। भारतेन्दु बाबू हरिश्चन्द्र ने अंग्रेजी राज्य के सम्बन्ध में टिप्पणी करते हुए लिखा–

अंग्रेज राज सुख साज सजे सब भारी।
पै धन विदेश चलि जात यहै अति ख्वारी।।

कांग्रेस पार्टी की स्थापना, गाँधी जी का भारतीय राजनीति में पदार्पण एवं स्वतन्त्रता-प्राप्ति के लिए भारतीय जनता द्वारा किये गये संघर्षों के परिप्रेक्ष्य में ही आधुनिक काल के साहित्य का देखा-परखा जाना चाहिए।

इस काल में सामाजिक दृष्टि से भी अनेक आन्दोलनों का सूत्रपात हुआ। ब्रह्म-समाज, आर्यसमाज, थियोसोफिकल सोसाइटी ने जहाँ परम्परागत भारतीय समाज में नयी सामाजिक चेतना का विकास किया, वहीं रामकृष्ण परमहंस, विवेकानन्द, महर्षि अरविन्द के आध्यात्मिक एवं दार्शनिक विचारों ने भी जनता को बहुत अधिक प्रभावित किया। गाँधी जी ने अपने सत्य, अहिंसा, प्रेम एवं नैतिकता के सिद्धान्तों से जनता को एक नया जीवन-दर्शन प्रदान किया। आधुनिक काल के साहित्य पर इन सबके प्रभाव को स्पष्ट रूप से देखा जा सकता है। विधवा विवाह, अछूतोद्धार जाति-प्रथा पर रोक, बाल विवाह पर रोक जैसे सामाजिक सुधारों ने भी भारतीय समाज को कई रूपों में प्रभावित किया।

अंग्रेजी ढंग के स्कूल-कॉलेजों की स्थापना ने भारतीय साहित्य को प्रभावित करने में महत्त्वपूर्ण भूमिका का निर्वाह किया। रीतिकालीन मांसलता एवं अलंकरण के अतिरिक्त भी काव्य में कुछ और होता है, इस ओर उनका ध्यान अंग्रेजी कविताओं को पढ़ने पर गया और उसी प्रकार की रचना हिन्दी में भी होने लगी। रोमाण्टिसिज्म, कम्यूनिज्म जैसे आन्दोलनों से भारतीय साहित्य प्रभावित हुआ।

आधुनिक काल में गद्य के द्वारा अभिव्यक्ति की जाने लगी जिसे इस काल की सबसे महत्त्वपूर्ण घटना माना जा सकता है। काव्यभाषा के पद पर लम्बे समय से प्रतिष्ठित चली आ रही ब्रजभाषा के स्थान पर 'खड़ीबोली' को काव्यभाषा के रूप में प्रयुक्त किया जाने लगा। अनेक प्रकार के साहित्यिक, सामाजिक, आन्दोलनों से आधुनिककालीन साहित्य प्रभावित हुआ है।

सामाजिक पुनर्जागरण–अंग्रेज सरकार द्वारा किये गये सामाजिक सुधार के कानून, यातायात व्यवस्था, अंग्रेजी शिक्षा का प्रबन्ध आदि का तत्कालीन समाज पर दो रूपों में प्रभाव दिखायी देता है। एक वर्ग इसे अपने धर्म और संस्कृति का आघात समझकर भारतीयता से चिपका रहा, तो दूसरा वर्ग अंग्रेजी संस्कृति में रँगकर भारतीय संस्कृति से विरत होने लगा। द्वितीय वर्ग में शिक्षित सुविधाभोगी वर्ग था, जो अंग्रेजों की 'हाँ-में-हाँ' मिलाकर चन्द टुकड़ों के लिए अंग्रेजों के हाथों बिक गया था। प्रथम वर्ग में जो अशिक्षित जनता थी, उसके मन में अंग्रेजों के प्रति असन्तोष और रोष था। इसी वर्ग में कुछ ऐसे शिक्षित लोग भी थे, जो यह समझते थे कि इस सांस्कृतिक संकट के समय में अपनी

संस्कृति की रक्षा करनी हो, तो उसे आधुनिक वैज्ञानिक भाषा और अर्थ प्रदान करना अनिवार्य है। इसी उद्देश्य को लेकर इस कालखण्ड में विभिन्न धार्मिक-सांस्कृतिक आन्दोलन हुए, जो स्वाधीनता आन्दोलन में भी सहायक हुए। इन आन्दोलनों में प्रमुख है– ब्रह्मसमाज, आर्यसमाज, प्रार्थना समाज, थियोसोफिकल सोसाइटी, सनातन आदि। स्वामी रामकृष्ण परमहंस, विवेकानन्द और श्री अरविन्द के वेदान्त दर्शन तथा गाँधी जी के मानवतावादी विचारों का इस कालखण्ड के सांस्कृतिक पुनरुत्थान में महत्त्वपूर्ण योगदान रहा है।

इस क्षेत्र में सर्वप्रथम प्रयास राजा राममोहन राय ने किया था। ब्रह्मसमाज के रूप में आधुनिक भारत की नींव का पहला पत्थर उन्होंने ही रखा था। राजा राममोहन राय ने सन् 1828 में ब्रह्मसमाज की स्थापना की । उपनिषदों को प्रमाण मानकर उन्होंने हिन्दू धर्म की वैज्ञानिकता भी प्रतपादित की। हिन्दू समाज में फैले कर्मकाण्डों, अन्धविश्वासों और बाह्य आडम्बरों की निस्सारता और अधार्मिकता को 'उपनिषदों' के माध्यम से स्पष्ट किया। मूर्ति-पूजा, जाति-प्रथा, सती-प्रथा आदि कुरीतियों का उन्होंने खुला और सप्रमाण विरोध किया। विधवा- विवाह और स्त्री-पुरुष के समान अधिकार का उन्होंने समर्थन किया। राजा राममोहन राय के बाद महर्षि देवेन्द्रनाथ ठाकुर और केशवचन्द्र सेन ने भी इसी दिशा में कार्य किया। सन् 1875 ई. में स्वामी दयानन्द सरस्वती ने आर्यसमाज की स्थापना की। स्वामी जी ने वेदों को प्रमाण मानकर भारतीय संस्कृति की नयी व्याख्या की। मूर्ति-पूजा, जातिवाद, बाल-विवाह और बहुदेववाद का विरोध करके आर्यसमाज ने हरिजनोद्धार, विधवा-विवाह आदि कार्यों को प्राथमिकता दी। हिन्दू-धर्म को अन्धविश्वासों से मुक्त कराने के लिए शिक्षा की अनिवार्यता को स्वामी जी ने पूरी तरह समझ लिया था, इसलिए उन्होंने गुरुकुलों की स्थापना की। उच्च शिक्षा के लिए ऐंग्लो वर्नाक्यूलर स्कूल तथा कॉलेज खोले। ब्रह्मसमाज' से प्रभावित होकर महाराष्ट्र में डॉ. आत्माराम पाण्डुरंग ने सन् 1867 में 'प्रार्थना समाज' की स्थापना की।

रामकृष्ण परमहंस के शिष्य स्वामी विवेकानन्द ने सन् 1898 में 'रामकृष्ण मिशन' की स्थापना की। स्वामी विवेकानन्द ने जाति-पाँति का विरोध किया और विधवा-विवाह तथा हरिजनों को समाज में समान अधिकार देने का समर्थन किया। स्वामी जी ने अमेरिका में सर्वधर्म-सम्मेलन में भाषण देकर हिन्दू धर्म की पाश्चात्य देशों में बड़ी प्रतिष्ठा बढ़ायी। उनके प्रभावशाली भाषणों से आकर्षित होकर अनेक विदेशी उनके भक्त बन गये, जिनमें सिस्टर निवेदिता का नाम सर्वाधिक प्रसिद्ध है। रामकृष्ण मिशन के सदस्यों ने एक ओर धर्म के सच्चे स्वरूप को व्यावहारिक रूप दिया, तो दूसरी ओर राष्ट्रीयता का प्रचार भी किया। एक रूसी महिला मादाम ब्लावोत्स्की और कर्नल आलकोट द्वारा अमेरिका में स्थापित 'थियोसोफिकल सोसाइटी' का भारत में प्रचार सन् 1895 में आयरिश महिला एनीबेसेण्ट ने किया। श्रीमती एनीबेसेण्ट के प्रभावशाली वक्तव्य का भारतीय संस्कृति एवं सभ्यता की वैज्ञानिक व्याख्या का प्रभाव तत्कालीन शिक्षित समाज पर पर्याप्त मात्रा में दिखायी देता है।

हिन्दुओं की भाँति मुस्लिम समाज में भी सुधार-आन्दोलन प्रारम्भ हुए, जिनका प्रमुख उददेश्य इस्लाम धर्म तथा समाज में प्रचलित आडम्बरों, अन्धविश्वासों और बुराइयों को दूर करना था। इसमें बहावी आन्दोलन और अलीगढ़ आन्दोलन महत्त्वपूर्ण थे। बहावी आन्दोलन का आरम्भ सैय्यद अहंमद बरेलवी ने किया। उन्होंने पाश्चात्य सभ्यता के विरोध में कट्टर इस्लाम के सिद्धान्तों का समर्थन किया। यह आन्दोलन रूढ़िवादी था। मुसलमानों की अंग्रेजी शिक्षा और आधुनिकीकरण की ओर ले जाने का श्रेय सर सैय्यद खाँ तथा अनके अलीगढ़ आन्दोलन को दिया जाता है।

इन धार्मिक आन्दोलनों के साथ ही समाज-सुधारवादी चेतना का प्रस्फुटन हुआ। राजनैतिक और सांस्कृतिक आन्दोलन स्वाधीनता आन्दोलन के दो भिन्न अंग रहे हैं। माहत्मा गाँधी के आन्दोलनों में इन दो अंगों का प्रभावी संगम था। अंग्रेजी शिक्षा के कारण पाश्चात्य संस्कृति और साहित्य की अनेक विचारधाराएँ भी भारतीय साहित्य को प्रभावित करती रही हैं। उनमें प्रमुख मार्क्सवाद, व्यक्तिवाद, स्वच्छन्दतावाद, अस्तित्ववाद आदि रही हैं।

स्वाधीनता के पूर्व हमारी जो सामाजिक समस्याएँ थीं, उनमें से कुछ अवश्य हल हुई हैं, किन्तु अधिकांश समस्याएँ आज भी हमारे सामने और भी भयावह रूप में प्रस्तुत हैं। वैधानिक रूप से जाति-प्रथा का उन्मूलन हुआ है, किन्तु जन-जीवन में वह अभी भी व्याप्त है। जमींदारी प्रथा का भी यह हाल है। आज अर्थ-प्राप्ति का माध्यम कृषि नहीं, उद्योग है और देश के उद्योग तथा व्यवसाय पर पूँजीपतियों का अधिकार है। जो सहकारी उद्योग हैं, उनमें जन-प्रतिनिधि स्वामी बन बैठे हैं।

राजनीतिक पुनर्जागरण—आधुनिक काल के राजनीतिक परिवेश को दो भागों में विभाजित करके विश्लेषित किया जाना चाहिए—1. पराधीन भारत का राजनीतिक परिवेश, और 2. स्वाधीन भारत का प्रजातन्त्रीय राजनीतिक परिवेश।

1. पराधीन भारत का राजनीतिक परिवेश—मध्यकाल में तुर्कों तथा मुगलों के शासनकाल में भारत पराधीन ही था, लेकिन अंग्रेजों के शासनकाल और मुगलों के शासनकाल की पराधीनता में पर्याप्त अन्तर है। मुगल शासक कुछ सीमा तक भारतीय बनकर राज किया करते थे, किन्तु अंग्रेज अन्त तक अपने-आपको अंग्रेज ही बनाये रखने के लिए प्रयासरत रहे। वे एक साथ भारत के 'शासक और व्यापारी' बने रहे। इनमें यशलिप्सा, धनलिप्सा और अहं या श्रेष्ठता की लिप्सा सदा बनी रही, जिसके परिणामस्वरूप देशवासियों के जीवन का हर क्षेत्र इनके शोषण का शिकार रहा। सन् 1757 ई. में अंग्रेजों ने बंगाल जीत लिया था, तदुपरान्त वे धीरे-धीरे देश के अन्य क्षेत्रों पर अपना अधिकार करते चले गये। वारेन हेस्टिंग्स और वैलेजली ने अंग्रजी सत्ता का विस्तार किया। उन्नीसवीं शती के पूर्वार्द्ध में हिन्दुस्तान के अधिकांश भाग पर अंग्रेजी सत्ता का निरंकुश शासन स्थापित हुआ। इसके साथ ही अंग्रेजी शासकों ने सुधार के नाम पर एक ओर भारतीय सम्पदा की मानमानी लूट और संस्कृति का विध्वंस करना आरम्भ किया, तो दूसरी ओर छोटे-छोटे देशी राजाओं को किसी-न-किसी बहाने से

अधिकृत उनके राज्यों को हड़पकर अपने साम्राज्य का विस्तार किया। विजित प्रदेशों पर अपने ढंग की शासनव्यवस्था तथा अर्थव्यवस्था लागू की जाने लगी।

वारेन हेस्टिंग्स के द्वारा किये गये सुधारों का व्यापक प्रभाव यहाँ के निवासियों पर धार्मिक-सांस्कृतिक आघात के रूप में हुआ। लॉर्ड डलहौजी की नीति के कारण सातारा, झाँसी, नागपुर, जयपुर आदि देशी रियासतों को बेदखल किया गया। अंग्रेजी शासकों की भारतवासियों के प्रति भेद-भाव की यह नीति निरन्तर बढ़ती गयी, जिसके फलस्वरूप राजाओं, नवाबों तथा साधारण आदमी के मन में भी अंग्रेजों के प्रति असन्तोष का भाव उठने लगा। सन् 1857 ई. में यही असन्तोष पहली बार स्वतन्त्रता-संघर्ष के रूप में फूट पड़ा। यह केवल सिपाहियों का विद्रोह नहीं था और न कुछ अपदस्थ देशी राजाओं-नवाबों का सिंहासन-प्राप्ति का प्रयास था, अपितु स्वाधीनता की चेतना की वह चिनगारी थी, जो हिन्दुस्तानी लोगों के मन में जाग्रत हो उठी थी। देशी राजाओं की अवसरवादिता और अंग्रेजों की निरंकुश सत्ता के समन्वित प्रयास से यद्यपि यह चिनगारी दब गयी, किन्तु बुझी नहीं। सन् 1857 ई. से लेकर 1947 ई. तक का इतिहास इसी चिनगारी से भड़कने का इतिहास है। सन् 1857 ई. के स्वतन्त्रता-संग्राम के बाद भारत में इंग्लैण्ड की महारानी विक्टोरिया का शासनकाल आया। इसमें अनेक प्रकार की सान्त्वनामयी घोषणाएँ की गयीं। जैसे धर्म के क्षेत्र में हस्तक्षेप न करने की नीति, देशी रियासतों एवं राज्यों को अपदस्थ न करने की नीति और भारत में शान्ति-समृद्धि की अनेक चिकनी-चुपड़ी बातें, इसमें सम्मिलित थीं। भारतेन्दुयुगीन साहित्यकार कुछ समय तक इसी सम्मोहन से प्रभावित रहा, किन्तु धीरे-धीरे विक्टोरिया शासनकाल की वास्तविकता सामने आने लगी।

सन् 1885 में स्थापित कांग्रेस के मनीषियों ने पहले तो शासन-व्यवस्था में सुधार की विनम्रता से माँग की, लेकिन बाल गंगाधर तिलक के प्रवेश के साथ कांग्रेस स्वाधीन संस्था के रूप में परिवर्तित हो गयी। सन् 1875 में अंग्रेजों ने बंग-भंग (बंगाल का विभाजन) कानून पास किया, जिससे स्वाधीनता की भावना और भी तीव्र हो गयी और भीतर-ही-भीतर अंग्रेजों का तख्ता पलट देने के लिए क्रान्तिकारी संस्थाओं का निर्माण और विकास होने लगा। स्वतन्त्रता-आन्दोलन के प्रत्येक प्रयास को कुचलने का कुचक्र अंग्रेजों ने आरम्भ किया। सन् 1914 में प्रथम विश्व-युद्ध छिड़ गया। भारतीय नेताओं को सब्ज-बाग दिखाकर अंग्रेजों ने इस युद्ध में भारतीयों का सक्रिय सहयोग प्राप्त किया और युद्ध-समाप्ति के बाद उपहार के रूप में 1919 ई. का रौलेट ऐक्ट पास किया। इस ऐक्ट के अनुसार पुलिस और कार्यकारिणी को अपरिमित अधिकार दे दिये गये और और नागरिक स्वतन्त्रता को निरर्थक बना दिया गया। परिणामस्वरूप रौलेट ऐक्ट का विरोध करने के लिए देशों के अनेक स्थानों पर आन्दोलन उग्र-से-उग्रतर स्वरूप धारण करने लगे, साथ ही अंग्रेजों की निर्मम गोलियों की बौछार भी उग्र होने लगी। इसी समय महात्मा गाँधी ने अंग्रेजी शासन के विरुद्ध हड़ताल घोषित की। इसी ऐक्ट का विरोध करने के लिए अमृतसर के जलियाँवाला बाग में चल रही सभा पर जनरल डायर ने निर्ममता के साथ गोलियों की बौछार करायी। वहाँ 20,000 लोग थे, उनमें से अधिकांश लोग गोलियों के शिकार हुए और कुछ भगदड़ में दबकर तथा कुछ कुएँ में गिरकर जान गँवा बैठे।

अंग्रेजों ने हिन्दू-मुस्लिमों में साम्प्रदायिकता के बीज बाये, जिसके फलस्वरूप मुस्लिम लीग की स्थापना हुई, जिसने अनेक साम्प्रदायिक दंगे कराये। गाँधी जी का कुशल नेतृत्व, भारतवासियों की सजग सक्रिय देशभक्ति और ज्ञात-अज्ञात शहीदों की शहादत के कारण 15 अगस्त, सन् 1947 को हिन्दुस्तान स्वतन्त्र हुआ, अपितु आम आदमी के हृदयों का भी बँटवारा हुआ। विभाजन के समय हुए साम्प्रदायिक दंगों ने हिन्दू-मुस्लिम दोनों को एक-दूसरे का ऐसा शत्रु बना दिया कि सत्तारूढ़ कांग्रेस द्वारा धर्मनिरपेक्षता अपनाने पर भी आज दोनों के दृष्टिकोण में अन्तर नहीं है।

(ब) 1. गाँधीवाद, 2. मार्क्सवाद, 3. फ्रायड और मनोविश्लेषणवाद

गाँधीवाद–गाँधीवाद 'महात्मा मोहनदास करमचन्द गाँधी' (सन् 1869-1948 ई.) की विचारपद्धति का नाम है। मानवमात्र के लिए एक शाश्वत प्रकाश-स्तम्भ गाँधी जी ने भारत में पुनर्बोधकाल उपस्थित किया और सामाजिक, राजनीतिक, धार्मिक, आध्यात्मिक एवं सांस्कृतिक दृष्टि से गहरी निद्रा में सोते हुए भारत को जगाया। गाँधी क्रान्तिदूत थे परन्तु उनकी क्रान्ति एकांगी न होकर सर्वांगी थी। भारत में नीति, धर्म, संस्कृति, अध्यात्म, सामाजिकता, राजनीति आदि सभी क्षेत्रों में एक प्रकार की सड़ायँध थी। गाँधी जी ने समस्त भारतीय संस्कृति का परिष्कार करते हुए उसे सच्ची आध्यात्मिकता पर टिकाया और एक बार पुनः भारत की छवि को मानवतावादी रूप में प्रस्तुत किया। वैचारिक क्रान्ति के रूप में उन्होंने नीति, धर्म और अध्यात्म को पाखण्ड और मताग्रह से विमुक्त किया और व्यावहारिक रूप में जीवन-संग्राम में जुझने के लिए सत्य और अहिंसा के दो अस्त्र न केवल समस्त मानवता को छोड़ गये वरन् उन्होंने इन दोनों का सफल प्रयोग करके दिखाया। यही कारण है कि गाँधीवाद एक जीवन-दर्शन के रूप में स्थापित हो गया।

गाँधीवाद का अर्थ है–गाँधी जी की विचारसरणि सर्वोदय, प्रजातन्त्र, हरिजन उद्धार, नारी उत्थान, ट्रस्टीशिप, मानवतावाद, सर्वधर्म का समन्वय, सत्याग्रह, स्वदेशी, उत्तम साधनों पर आधृत समाजवाद, अस्पृश्यता निवारण, लघु उद्योग धन्धे, यन्त्रवाद का विरोध आदि गाँधीवादी विचारधारा के अन्तर्गत आते हैं।

गाँधी के लिए सत्य, 'ईश्वर' का पर्यायवाची था। सत्य का साक्षात्कार 'ईश्वर का' साक्षात्कार है। समस्त सृष्टि 'ईश्वर' या सत्य की अभिव्यक्ति है, अस्तु जीवन के सत्य उसी परम सत्य के अंश हैं। सत्य समस्त सत्य के अंश हैं। सत्य समस्त जीवन और सत्ता में व्याप्त है; अस्तु, इसकी खोज का आशय मनुष्य को पूर्ण बनाना है। उन्होंने व्यावहारिक जीवन में भी सत्य को मन, वचन और कर्म में उतारने को कहा। उनके आश्रम में, उनके कमरे में रखी तीन बन्दरों की मूर्तियाँ क्रमशः आँख, कान और मुँह बन्द किये रखी रहती थीं। प्रतीक रूप में उनका अर्थ था–बुरा मत देख, बुरा मत सुन, बुरा मत बोल। गाँधी जी पूर्णरूप से सत्य के उपासक थे और इसका प्रमाण उनकी आत्मकथा से मिलता है, जिसे उन्होंने 'सत्य के प्रति मेरे प्रयोग' कहकर पुकारा। गाँधी जी ने आत्मकथा लिखते समय अपने जीवन में प्रत्येक भली या बुरी घटना का उल्लेख किया चाहे उसका सम्बन्ध उनके चारित्रिक दोष से ही क्यों न रहा हो। उन्होंने कभी भी सत्य को नहीं छिपाया।

इस प्रकार गाँधी जी का सत्य जो ईश्वर है, नास्तिकों और आस्तिकों दोनों के लिए स्थान रखता है। गाँधी जी यह भी मानते थे कि सत्य के उपासक की चेतना में पाँच व्रत निश्चय ही प्रकट हो जाते हैं, ये हैं– सत्य, अहिंसा, पवित्रता, निर्धनता और असंग्रह। इस प्रकार गाँधी का जीवन निश्चय ही सत्य के प्रयोगों की खुली पुस्तक है।

सत्याग्रह का अर्थ है– सत्य का आग्रह करना या सत्य पर टिके रहना। गाँधी जी सत्याग्रह का सिद्धान्त अहिंसा के बिना एक कुण्ठित तलवार के समान है सत्याग्रह, सत्यशक्ति या आत्मशक्ति है। यह आत्मशक्ति ईश्वरीय है। सत्याग्रह की मूल भावना अशुभ को शुभ से या घृणा को प्रेम से जीतना है। स्वेच्छा से कष्ट सहते हुए सत्याग्रही विरोधी को अपना हृदय परिवर्तन के लिए बाध्य करता है। सच्चा सत्याग्रही प्रत्येक कष्ट को ईश्वरेच्छा मानकर सहेगा। वह व्यक्ति सत्याग्रही नहीं हो सकता है जो कानून अपने हाथ में ले लेता है।

गाँधी जी के अनुसार अहिंसा का अर्थ किसी को शारीरिक हिंसा न करना मात्र नहीं था वरन् वाणी और मन द्वारा भी किसी को दुख न देना था। अहिंसक मन भी किसी का अहित न सोचेगा। गाँधी जी की अहिंसा यथास्थितिवादियों के लिए नहीं है। वरन् कार्य करने और सामाजिक परिवर्तन के लिए एक गत्यात्मक विधि है। यह अहिंसात्मक विरोध है। गाँधी जी के अनुसार सत्य की रक्षा के लिए अहिंसा आत्मवीरों का अस्त्र है। कायर इसे नहीं अपना सकते हैं। गाँधी जी असहाय रहकर आत्मसमर्पण करना अहिंसा नहीं मानते थे। उनका कहना था कि, '' मेरी अहिंसा में हिंसा के विभिन्न आक्रमण और रक्षात्मक रूप मान्य है, एक अहिंसक व्यक्ति अवसर आने पर न्याय के पक्ष को चुनने के लिए बाध्य है। गाँधी जी की अहिंसा का अर्थ गहन है और शायद एक महान् ईश्वर भक्त होना या समग्र वसुधा को एक जीवन मानना इसकी पहली शर्त है। यों तो मनुष्य जरूरत से ज्यादा जो कुछ रखता है वह रखना भी हिंसा है। अहिंसा साधन है और सत्य लक्ष्य था साध्य है। गाँधी जी की अहिंसा जीवनव्यापी सिद्धान्त है और सत्य या ईश्वर को प्राप्त करने के लिए एकमात्र जीवन-शैली है। गाँधी जी ने राजनीति का धर्माधारित किया। धर्म का अर्थ मानवीय या नैतिक कर्म करना है और राजनीति जीवन से कटकर कोई पृथक् था गोपनीय प्रक्रिया नहीं है। उनका मानना था कि धर्म विहीन राजनीति निरपेक्ष गन्दगी है। आप सामाजिक, आर्थिक; राजनीतिक और विशुद्ध रूप से धार्मिक कार्यों के अलग विभागों में नहीं बाँट सकते हैं। इस प्रकार गाँधी जी न केवल राजनीति वरन् जीवन की प्रत्येक क्रिया को धर्म पर आधारित करने के प्रबल समर्थक रहे। गाँधी जी समाजवाद के प्रबल समर्थक थे। वह अपने समाजवाद को आध्यात्मिक समानता की भित्ति पर रखकर कानून की सहायता से आर्थिक विषमता, सामाजिक अन्याय शोषण और उत्पीड़न को समाप्त करने के पक्ष में थे। इसीलिए उनके समाजवाद में धनी, गरीब, मालिक-नौकर, किसान-मजदूर आदि वर्गों के अस्तित्व की सम्भावना से इनकार न था और प्रेम तथा कानून के माध्यम से इन भेदों को न्यूनतम करते रहने का आग्रह था।

भारतीय समाज में वर्णाश्रम के विकृत स्वरूप के कारण छूआछूत ने मानव-मानव के बीच भेद उत्पन्न कर दिया और अवर्णों के प्रति अत्याचार होने लगे। गाँधी जी ने

इसे एक कलंक के रूप में स्वीकार किया। उन्होंने अछूत कहे जानेवाले भारतीयों को हरिजन नाम दिया और अस्पृश्यता निवारण हेतु आन्दोलन किया। गाँधी जी वर्ण-भेद को स्वीकार करते थे परन्तु जाति-भेद को नहीं स्वीकारते थे। उन्होंने इन विचारों को अपने रचनात्मक कार्यक्रम का अंग बनाया और स्वयं अवर्णों, भंगियों और इतर जातियों के बीच रहते थे तथा अवर्णों और सवर्णों के बीच खान-पान, विवाह आदि में आशीर्वाद देते थे।

गाँधी जी ने नारी-उद्धार के लिए देशव्यापी आन्दोलन छेड़ा और शताब्दियों से दलित नारी की गरिमा को पुनः स्थापित किया। गाँधी जी ने नारी को अहिंसा और कष्ट सहिष्णुता की प्रतिमूर्ति माना। गाँधी जी के अथक प्रयास के कारण नारी को शिक्षा के अवसर मिले और जीवन के प्रत्येक क्षेत्र में प्रवेश करने का अधिकार मिला। गाँधी जी नारी को शारीरिक सौन्दर्य की अपेक्षा आत्मिक सौन्दर्य की दृष्टि से सुन्दर और महान् मानते थे।

गाँधी जी आर्थिक विषमता को समाप्त करने के लिए जहाँ एक ओर राज्य से आशा करते थे कि वह कानून से जमींदारों, राजाओं, पूँजीपतियों को समाप्त करें, वहीं दूसरी ओर इन वर्गों से आग्रह करते थे कि वे अपने को सम्पत्ति के स्वामी न मानकर मात्र ट्रस्टी मानें अर्थात् अपने को सम्पत्ति का संरक्षक भर समझें तथा शोषित और निर्धनों के लिए उसे खर्च करें। ट्रस्टीशिप का सिद्धान्त अहिंसा पर आधारित था और गाँधी जी मनुष्यों के हृदयपक्ष को स्पर्श करना चाहते थे। वह जीवन की आवश्यकताओं की समानता में विश्वास करते थे। इसके लिए उन्होंने ट्रस्टीशिप के सिद्धान्त को अपनाया।

गाँधी जी ने जीवनपर्यन्त हिन्दू-मुस्लिम एकता, हरिजन उद्धार, नारी विकास और आर्थिक समानता के सम्बन्ध में अथक परिश्रम किया। उन्होंने सर्वधर्म समभाव के विचार को प्रोत्साहन दिया। अपने सात्त्विक व कल्याणकारी विचारों को कार्यरूप देने के लिए उन्होंने सत्याग्रह अनशन एव वार्त्ता तीनों ही साधनों का उपयोग किया। उन्होंने भारतीय जीवन के समस्त स्तरों को उत्थित करते हुए उसे स्वतन्त्रता के योग्य बनाया और भारतीयों को निर्भयता का अस्त्र दिया।

2. मार्क्सवाद—मार्क्सवादी सिद्धान्त की उत्पत्ति मार्क्सवादी समाजशस्त्र से हुई है। सृष्टि और समाज का समन्वित दर्शन है—'मार्क्सवाद'। उसका अपना एक दार्शनिक दृष्टिकोण भी है। इसी दृष्टिकोण की पृष्ठभूमि में समूचा मार्क्सवाद समझा जा सकता है। मार्क्सवाद के दार्शनिक दृष्टिकोण को द्वन्द्वात्मक भौतिकवाद कहते हैं। इस विषय में मार्क्सवाद हीगेल तथा फायरबाख का अत्यन्त ऋणी है। कार्ल मार्क्स ने हीगेल के सिद्धान्त को पूर्ण रूप से अपनाया और इन्हें नया रूप दिया है। हीगेल का एक प्रयोग था द्वन्द्ववाद। उसके इस प्रयोग को मार्क्स ने समाज तथा इतिहास की व्याख्या में बड़ी कुशलता से अपनाया। हींगेल प्रत्ययवादी विचारक थे। उनका द्वन्द्व सिद्धान्त मनुष्य के बाह्य इतिहास पर तथा प्रकृति पर लागू न होकर उनके सापेक्ष प्रत्ययों पर लागू होता है। सर्वप्रथम मनुष्य के मस्तिष्क में विरोधी प्रत्ययों में संघर्ष होता है और बाहरी इतिहास केवल उन संघर्षों की छाया है। लेकिन मार्क्स के अनुसार प्रत्यय गौण है तथा पदार्थ प्रधान इसीलिए संघर्ष का इतिहास पदार्थ में ना की प्रत्यय में। इसी कारण मार्क्स ने कहा कि,

"हीगेल का द्वन्द्वात्मक सिद्धान्त सिर के बल पर चलता है। मार्क्स ने 'भौतिकवाद' शब्द फायरबाख से लिया है। वास्तव में फायरबाख अपने को न तो 'भौतिकवादी' मानते थे और न आदर्शवादी। लेकिन उनके दर्शन में कुछ अंश भौतिकवादी हैं। इससे कार्ल मार्क्स प्रभावित हुए। इस तरह हीगेल से द्वन्द्व सिद्धान्त तथा फायरबाख से 'भौतिकवाद' लेकर ही मार्क्स ने अपने 'द्वन्द्वात्मक' भौतिकवाद की बुनियाद डाल दी। द्वन्द्वात्मक भौतिकवाद की चार मान्यताएँ हैं, वे इस प्रकार हैं—

1. प्रत्येक वस्तु के विरोध पक्ष-तत्त्व उसी वस्तु में 'सीमित' रहते हैं। लेकिन कुछ काल तक वे दबे रहते हैं। इस परिस्थिति को वाद कहते हैं।

2. कुछ काल में वाद परिस्थिति का विरोध वे ही तत्त्व करने लगते हैं, इस परिस्थिति को प्रतिवाद कहते हैं। लेकिन द्वन्द्व सिद्धान्त के अनुसार किसी भी नयी परिस्थिति का जन्म दो विरोधी परिस्थितियों के संघर्ष से होता है।

3. इस प्रकार जब वाद और प्रतिवाद का संघर्ष होता है तो एक तीसरी परिस्थिति की सर्जना होती है, जो उन दोनों परिस्थितियों से भिन्न होती है, तथा जिसमें दोनों परिस्थितियों के कुछ अच्छे अंश उपस्थित रहते हैं। इस तीसरी परिस्थिति को संवाद अथवा प्रतिवाद का प्रतिवाद कहते हैं।

4. वाद से संवाद तक का विकास भावात्मक से गुणात्मक परिवर्तन की ओर होता है।

वास्तव में व्यावहारिक दृष्टि से द्वन्द्वात्मक, भौतिकवाद वह दार्शनिक दृष्टिकोण है, जिसके अनुसार सृष्टि का तत्त्व 'पदार्थ' है जिसका निरन्तर रूप परिस्थिति में रहता है। यह परिवर्तन प्रणाली द्वन्द्वात्मक होती है। इसके अनुसार प्रत्येक परिस्थिति के मूल में संघर्ष रहता है। यह संघर्ष इसलिए है कि उस परिस्थिति-विशेष में ही उसके नाश के कारण रहते हैं। परिस्थिति-विशेष के इन्हीं कारणों में संघर्ष होता है, जो कालान्तर में नयी व्याख्या का सर्जन करता है। मानव-समाज के इतिहास का अध्ययन जब 'द्वन्द्वात्मक भौतिकवाद' के प्रकाश में किया जाता है, तब मनुष्य के भूतकाल को एक सुव्यवस्थित अर्थ सूत्र प्राप्त होता है। निश्चित ऐतिहासिक नियमों में बँधकर इतिहास में बिखरी हुई घटनाओं का संकलन होता है। उन्हीं निश्चित ऐतिहासिक नियमों के समन्वित रूप को ही उन्होंने ऐतिहासिक भौतिकवाद कहा है। ऐतिहासिक भौतिकवाद के अनुसार मनुष्य के सारे कर्त्तव्यों की प्रेरणा उत्पादन ही है। इसी लक्ष्य से वे सामाजिक सम्बन्धों की स्थापना करते हैं। इसी कारण मनुष्य के सामाजिक सम्बन्ध भी परिवर्तित हो जाते हैं। इसी के आधार पर रहते हैं। उत्पादन सम्बन्धों में जब परिवर्तन होते हैं तब सामाजिक सम्बन्ध भी परिवर्तित हो जाते हैं। पहला ढाँचा है—आधारभूत ढाँचा जो उत्पादन सम्बन्धों पर आधारित होता है। दूसरा ढाँचा वह है जो आधारभूत ढाँचे पर आधारित रहता है। इसी दूसरे ढाँचे के अन्तर्गत समाज, साहित्य, दर्शन, कला तथा संस्कृति आदि के बारे में तत्त्व आते हैं। इस दृष्टि से कवि के संस्कृति आदि के बारे में तत्त्व आते हैं। इस दृष्टि से कवि के सारे कर्म आर्थिक व्यवस्था द्वारा अनुशासित रहते हैं।

साहित्य दर्शन की दृष्टि से मार्क्सीय इतिहास दर्शन के तीन महत्त्वपूर्ण सिद्धान्त दिखायी देते हैं। वे इस प्रकार हैं—

1. सभ्यता एक समष्टि—सभ्यता एक समष्टि है, जिसकी अंशभूत आर्थिक, राजनीतिक, शैक्षणिक, साहित्यिक, नैतिक, धार्मिक आदि प्रवृत्तियों की भेद दृष्टि समझाना असम्भव है। वे सभी प्रवृत्तियाँ एक सूत्र में बँधी हैं। इसे सभ्यता का सर्वात्मक अथवा समष्टिमूलक दृष्टिकोण कहते हैं। इसके अनुसार साहित्य और साहित्यकार को 'समाज की अर्थव्यवस्था' अलग करके नहीं समझा जा सकता। साहित्य के बारे में यह समाजमूलक दृष्टिकोण मार्क्सवादियों में प्रसिद्ध है। एम-टेन ने History of English Literature में लिखा है— मनुष्य को उच्च जाति का पशु समझना चाहिए जो कविता की रचना बहुत प्रकार से करता है, जिस प्रकार रेशम के कीड़े रेशम के कोवे का और मधुमक्खियाँ अपने छत्ते का निर्माण करती हैं।

स्टीफेन, कोर्ट होप तथा केर आदि के महत्त्वपूर्ण ग्रन्थ भी साहित्य को समाज की अभिव्यक्ति मानते हैं।

2. अर्थव्यवस्था—सभ्यता की समष्टि का आधार है—अर्थव्यवस्था। नीति, राजनीति, प्रकृति, कला, साहित्य आदि ऊपरी ढाँचा मात्र है। अर्थव्यवस्था परिवर्तन हो जाने पर इन सभी में परिवर्तन हो जाता है। मार्क्सवाद साहित्य को अर्थव्यवस्था तज्जनित सामाजिक सम्बन्धों की अभिव्यक्ति मानता है। मार्क्स के अनुसार ज्ञान निष्क्रिय नहीं बल्कि एक सक्रिय व्यापार है और ज्ञान ज्ञेय को बदल डालता है। साहित्य समाज का नहीं तो उसे बदलने का एक साधन भी है।

3. वर्गवाद—इतिहास का अर्थ है—एक अविच्छिन्न सामाजिक प्रवाह जिसमें प्रायः ही वर्ग- विशेष का प्रभुत्व होता है। समाज में आर्थिक तथा राजशक्ति कभी इस वर्ग के हाथ में तो कभी उस वर्ग के हाथ में रहती है। इन शासित तथा शासक वर्गों में हमेशा प्रत्यक्ष तथा अप्रत्यक्ष चलता है। साहित्य वर्ग के हाथ में हथियार बन जाता है। इसका शोषक वर्ग हमेशा प्रतिक्रिया और शोषण के हित में रहता है, तथा शोषित वर्ग या प्रगति के हित में रहता है।

मार्क्सवादी समाजशास्त्र ने कला तथा साहित्य के क्षेत्र में व्यक्तिवादी दृष्टिकोण के स्थान पर समाजवादी यथार्थता की प्रवृत्ति का प्रतिपादन किया है। मार्क्सवादी समाजशास्त्र का आग्रह है कि सृजनात्मक कलाकार को सामाजिक व्यवस्था के उद्देश्य की पूर्ति में सहयोग दे।

पिछले कई सालों तक कला की व्याख्या, कलाकार के कारण और कर्त्तव्य आदि विषयों पर काफी वाद-विवाद चला। सन् 1935 में मास्को सम्मेलन के बारे में कट्टरवादियों का जोर चरम सीमा पर पहुँचा। मार्क्सवाद के भीतर यह धारणा बहुत पक्की बन गयी है कि कलाकार अपनी विशेष कुशलता और प्रतिभा के विकास की प्रक्रिया में सामाजिक परिस्थितियों से कभी पृथक् नहीं रह सकता।

3. फ्रायड और मनोविश्लेषणवाद—'सिंगमण्ड फ्रायड' (1856-1936) के मनोविश्लेषणवादी सिद्धान्त ने आधुनिक युग में जितनी क्रान्ति विचारों के क्षेत्र में उत्पन्न की है, उतनी किसी अन्य विचारधारा में नहीं। फ्रायड ने यह स्वीकार किया कि कवियों के अवचेतन मन में साधारण व्यक्तियों की भाँति कुण्ठाएँ एवं वर्जनाएँ होती हैं, जिनका

वह शमन करने का प्रयास करता है, परन्तु कर नहीं पाता। वह सामान्य से अधिक बौद्धिक होता है। इसलिए वह उसकी अभिव्यक्ति काल्पनिक जगत् में काव्य के माध्यम से कर अवचेतन में सन्तोष प्रदान करना है। इस प्रकार काव्य का एकमात्र उद्देश्य कवि द्वारा अपनी आत्मा को सन्तोष प्रदान करना है। फ्रायड ने काव्य की परख वैयक्तिक-मनोविज्ञान के माध्यम से करने का प्रयत्न किया। काव्य में कवि व्यक्तित्व का एकांगीभाव ही प्रकाशित होता है जो अबचेतन मन की कुण्ठाओं से सम्बन्धित होता है। अस्तु कल्पनात्मक काव्यजगत् की अवास्तविकता का साहित्यिक-प्रविधि पर अत्यन्त महत्त्वपूर्ण प्रभाव पड़ता है।

जिस आनन्द का उपयोग अपने जीवन में मानव एक बार कर लेता है, फिर उसका त्याग न चाहते हुए भी सरलता से नहीं कर सकता और मान लिया कि हम किसी वस्तु का त्याग करते भी हैं तो वह एक प्रकार का विनिमय ही होता है। फ्रायड के अनुसार अधिकांश मनुष्य जीवन-भर काल्पनिक चित्रों का निर्माण करते रहते हैं। आदमी जीवन में सुखी है, वह काल्पनिक चित्रों का निर्माण नहीं करता। काल्पनिक चित्रों का निर्माण जीवन में असन्तुष्ट व्यक्ति ही करते हैं। अतृप्त इच्छाएँ एवं भावनाएँ ही इन काल्पनिक चित्रों को प्रेरणा प्रदान करती हैं। ये अतृप्त इच्छाएँ या भावनाएँ दो प्रकार की होती हैं—यो तो महत्त्वाकांक्षाएँ होती हैं या फिर काममूलक होती हैं।

फ्रायड ने कवियों का सम्बन्ध इन प्रवृत्तियों एवं दिवास्वप्नों से जोड़ते हुए बताया कि साहित्यकार अपने दिवास्वप्नों के अहंपूर्ण स्वरूप का रूपान्तरों एवं परिवर्तनों द्वारा परिहार कर सकता है और अपने दिवास्वप्नों की अभिव्यक्ति के द्वारा वह हमें शुद्धरूपात्मक अर्थात् सौन्दर्यबोध-सम्बन्धी आनन्द प्रदान करने का प्रलोभन दे सकता है। हमें सौन्दर्यबोध का जो आनन्द मिलता है, वह 'अग्रिम आनन्द' है और साहित्य के सच्चे आनन्द का उद्रेक हमारे मस्तिष्क के तनाव से मुक्त होने पर होता है। इस काव्य की प्राप्ति में कई उपकरणों का योग होता है। इन उपकरणों में से सबसे महत्त्वपूर्ण शायद 'कौशल' है। यह हमें एक ऐसी स्थिति में पहुँचा देता है, जहाँ हम बिना किसी तिरस्कार अथवा लाज्जा का बोध किये अपने दिवास्वप्नों का रसास्वादन करते हैं। यहाँ हम एक ऐसे पथ पर पहुँच जाते हैं, जिसके सम्बन्ध में नये एवं रोचक तथा जटिल अनुसन्धान हो सकते हैं।

इस प्रकार फ्रायड ने काम भावनाओं एवं दिवास्वप्नों को काव्य-सृजन की मूलप्रेरणा मानकर नवीन विचारधारा का सृजन किया।

2. भारतेन्दुपूर्व काल के हिन्दी गद्य का सामान्य परिचय

1. प्रमुख गद्यकार, 2. फोर्ट विलियम कॉलेज, 3. ईसाई मिशनरी, 4. आर्य समाज, 5. ब्रह्म समाज।

1. प्रमुख गद्यकार—आधुनिक काल के हिन्दी साहित्य का विकास पद्य साथ-साथ गद्य विधाओं के रूप में हुआ। इससे पूर्ववर्ती कालों में 'साहित्य' केवल पद्य में ही उपलब्ध होता है, अतः हिन्दी गद्य का विकास आधुनिक काल की प्रमुख उपलब्धि कही जा सकती

है। इस काल में गद्य की प्रचुरता को दृष्टिगत रखकर ही आचार्य शुक्ल ने इसे 'गद्य-काल' की संज्ञा से विभूषित किया था।

भाव एवं विचार को व्यक्त करने के लिए क्रमशः पद्य एवं गद्य का सहारा लिया जाता है। जैसे-तैसे संस्कृति, सभ्यता और विज्ञान का विकास हुआ, वैसे-वैसे विचारों को अभिव्यक्ति देने के लिए गद्य की आवश्यकता अनुभव की जाने लगी। खड़ीबोली गद्य के विकास के लिए भी यही कारण उत्तरदायी रहे हैं। हिन्दी गद्य की विकास- यात्रा का उल्लेख करने से पूर्व हमें ब्रजभाषा गद्य एवं राजस्थानी गद्य साहित्य पर भी दृष्टिपात कर लेना चाहिए। राजस्थानी गद्य में जैन साधुओं ने धर्मशास्त्र वैद्यक नीति के कुछ ग्रन्थ लिखे हैं। ब्रजभाषा गद्य की उल्लेखनीय कृतियों में सोलहवीं शती के उत्तरार्द्ध में लिखित विट्ठलनाथ कृत 'शृंगार रस मण्डन' तथा सत्रहवीं शती का वार्त्ता-साहित्य 'दों सौ बावन वैष्णवन की वार्त्ता' और 'चौरासी वैष्णवन की वार्त्ता' का नाम लिया जा सकता है। इनके अतिरिक्त नाभादास कृत 'अष्टयाम' में प्रभुराम की दिनचर्या का वर्णन ब्रजभाषा गद्य में किया गया है। ज्ञानमंजरी, नासिकेतोपाख्यान, बैताल पच्चीसी का अनुशीलन की ब्रजभाषा गद्य का स्वरूप समझने में सहायक है।

खड़ीबोली गद्य की सर्वप्रथम महत्त्वपूर्ण रचना है—चंद छंद वरनन की महिमा' जिसकी रचना अकबर के दरबारी कवि गंग द्वारा की गयी है। इसका रचनाकाल सन् 1570 ई. माना गया है। सन् 1781 में रामप्रसाद निरंजनी ने 'भाषा योगवाशिष्ठ' की रचना की। इस पुस्तक के विभिन्न संस्करणों में भाषा की भिन्नता दिखायी पड़ती है। निरंजनी जी का कार्य पटियाला दरबार में सेवा करते हुए महारानी जी को कथा बाँचकर सुनाना था। 1766 ई. में दौलतराम जैन ने 'पद्मपुराण वचनिका' में रामकथा खड़ीबोली में वर्णन किया।

मुन्शी सदासुखलाल ने हिन्दी गद्य में संस्कृत शब्दों का पुट बराबर बनाये रखा और खड़ीबोली का वह रूप लिखा जो कथावाचकों एवं पण्डितों की भाषा का था। उन्होंने हिन्दुओं की शिष्ट बोलचाल की भाषा ग्रहण की और उर्दू के प्रभाव से अछूते रहे।

इंशाअल्ला खाँ उर्दू के प्रसिद्ध शायर थे। उन्होंने 'रानी केतकी की कहानी' की रचना उद्‌देश्य स्पष्ट करते हुए लिखा—"कोई कहानी ऐसी कहिये कि जिसमें हिन्दवी छोड़ और किसी बोली का पुट ना मिले।...बाहर की बोली और गँवारी कुछ उसके बीच में न हो।. ..हिन्दवीपन भी न निकले और भाखापन भी न हो।"

स्पष्ट ही वे अपनी भाषा को तीन प्रकार से, शब्दों से मुक्त रखना चाहते थे—बाहर की बोली, गँवारी तथा भाषापन इनकी भाषा मुहावरेदार, चटपटी एवं चलती हुई है।

हिन्दी गद्य के उन्नायकों में लल्लूलाल जी का नाम भी महत्त्वपूर्ण है। वे आगरे के रहनेवाले थे। जिन्होंने 'प्रेमसागर' की रचना भागवत के दशम स्कन्ध को आधार बनाकर की। लल्लूलाल जी की रचनाओं में सिंहासन बत्तीसी, वैताल पच्चीसी, शकुन्तला नाटक और प्रेमसागर महत्त्वपूर्ण हैं। उन्होंने उर्दू, खड़ीबोली और ब्रजभाषा तीनों में गद्य की पुस्तकें लिखीं।

सदल मिश्र की 'नासिकेतोपाख्यान' रचना लल्लूलाल के प्रेमसागर की समकालीन है। इसकी भाषा पर ब्रजी और भोजपुरी का प्रभाव है। यद्यपि इन्होंने व्यवहारोपयोगी भाषा लिखने का प्रयास किया है तथापि इस रचना में संस्कृत शब्दों का पर्याप्त प्रभाव है।

अंग्रेजी ढंग के स्कूल-कॉलेजों की स्थापना से भी हिन्दी के विकास में योगदान मिला। तमाम पुस्तकों को विद्यार्थियों के लिए हिन्दी में भी लिखा गया। ईसाइयों के धर्म प्रचार से हिन्दू धर्म की रक्षा का विचार कई धर्मप्रेमी देशभक्तों में उत्पन्न हुआ। अनेक समाचार-पत्र भी निकलने लगे।

राजा शिवप्रसाद 'सितारेहिन्द' एवं राजा लक्ष्मणसिंह का योगदान भी हिन्दी गद्य के विकास में उल्लेखनीय है। राजा शिवप्रसाद सितारेहिन्द की भाषा में अरबी-फारसी एवं उर्दू के शब्द अधिक रहते थे जबकि राजा लक्ष्मणसिंह की भाषा में संस्कृत शब्द अधिक मिलते थे।

फोर्ट विलियम कॉलेज–अंग्रेजों ने 1800 ई. में कलकत्ता में 'फोर्ट विलियम कॉलेज' की स्थापना की, जिसने हिन्दी के भावी स्वरूप के सम्बन्ध में महत्त्वपूर्ण भूमिका का निर्वहन किया। जॉन गिलक्राइस्ट हिन्दुस्तानी के अध्यापक नियुक्त किये गये जो अरबी-फारसी शब्दों से लदी हुई भाषा के समर्थक थे। सन् 1824 ई. में जब विलियम प्राइस की नियुक्ति हिन्दुस्तानी विभाग के अध्यक्ष के रूप में इस कॉलेज में हुई, तब उन्होंने उर्दू के स्थान पर हिन्दी को महत्त्व प्रदान किया और ईसाई मिशनरियों ने भी धर्म प्रचार के लिए हिन्दी में पुस्तकें तैयार कीं।

जॉन गिलक्राइस्ट के समय में ही फोर्ट विलियम कॉलेज में लल्लूलाल और सदल मिश्र भाषा मुन्शी थे। जॉन गिलक्राइस्ट ने देशी भाषा की गद्य-पुस्तकें तैयार कराने की व्यवसाय करने हेतु उर्दू और हिन्दी के लिए अलग-अलग प्रबन्ध किया। लल्लूलाल जी ने खड़ीबोली गद्य में 'प्रेमसागर' और सदल मिश्र ने 'नासिकेतोपाख्यान' लिखा। आचार्य शुक्ल ने इस काल में खड़ीबोली गद्य के प्रसार के लिए जिन चार महानुभावों को श्रेय दिया है, उनके बारे में लिखा हैं–"खड़ीबोली गद्य को एक साथ आगें बढ़ानेवाले चार महानुभाव हुए हैं–मुन्शी सदासुख लाल, सैय्यद इंशा अल्ला खाँ, लल्लूलाल और सदल मिश्र।

ईसाई मिशनरी–ईसाई धर्म प्रचारक हिन्दुस्तान में धर्मप्रसारक का कार्य करना चाहते थे। उनके सामने एक व्यावहारिक कठिनाई आयी। उर्दू एक विशिष्ट नागरिक वर्ग तक ही सीमित भाषा थी। जनसामान्य हिन्दी ही बोलता था। देहात में रहनेवाले मुसलमान हिन्दी ही बोलते, लिखते, पढ़ते थे। उर्दू का प्रचार केवल नगरों तक ही सीमित था। ईसाई प्रचारकों ने देश में भ्रमण कर भाषा-सम्बन्धी इस स्थिति को समझ लिया। इसीलिए उन्होंने अपने धर्म का प्रचार हिन्दी के माध्यम से करना आरम्भ किया। उन्होंने धर्म प्रचार की दृष्टि से अनेक छोटी-बड़ी पुस्तकें प्रकाशित कीं। सन् 1801 में 'न्यू टेस्टामेण्ट' का अनुवाद छपकर प्रकाशित हो गया था। सन् 1801 से 1832 के बीच भारत की चालीस विभिन्न भाषाओं में धर्म-पुस्तकें प्रकाशित हुईं।

हिन्दी, अवधी, ब्रज, बघेली, मारवाड़ी, कन्नौजी आदि में लाखों पुस्तकें प्रकाशित की थीं। उनमें खण्डन-मण्डन, उपदेश आदि भी रहते थे। उनकी भाषा शिथिल, ब्रजरहित और अशुद्ध मुहावरों तथा व्याकरण के प्रयोग से मुक्त है। उनमें हिन्दी की उन्नति की भावना न रहते हुए भी हिन्दी गद्य प्रचार में उनसे, यथेष्ट सहायता प्राप्त हुई। शिक्षा सम्बन्धी पुस्तकें और नागरी का सुन्दर टाइप पहले-पहल इन्होंने ही तैयार किया था। हिन्दी संसार सदैव इसके लिए उनका कृतज्ञ रहेगा।

आर्यसमाज—सन् 1867 में दयानन्द सरस्वती ने मुम्बई में आर्यसमाज की स्थापना की। दयानन्द असाधारण व्यक्ति थे। वे संस्कृत के अनन्य विद्वान् और अत्यन्त मेधावी थे। उनका व्यक्तित्व अतिशय दृढ़ था। उन्होंने आर्यसमाज के लिए वेदों को आधार माना। सामाजिक और नैतिक मूल्यों को देखते हुए आर्यसमाज में एक आचार-संहिता या स्त्री-पुरुष में असमानता के लिए कोई स्थान नहीं था। निश्चित ही यह एक लोकतान्त्रिक दृष्टि थी। वैदिक धर्म के व्याख्याता होने के बावजूद वे समाज की भौतिक उन्नति के लिए पाश्चात्य ज्ञान-विज्ञान की शिक्षा को आवश्यक मानते थे। इसीलिए 1886 में दयानन्द ऐंग्लोवैदिक कॉलेज की स्थापना हुई और आगे चलकर हर प्रमुख स्थान पर स्कूल-कॉलेज खोले गये।

हिन्दूवादी दृष्टिकोण के बावजूद आर्यसमाज ने राष्ट्रीय विचारधारा को आगे बढ़ाने में आश्चर्यजनक योगदान दिया है। ब्रिटिश सरकार ने इसे दबाना चाहा। इसका प्रभाव गुजरात, पंजाब तथा उत्तरी भारत में आचार-विचार, रहन-सहन और साहित्य-संस्कृति पर गहरा था। गद्य की भाषा के परिष्कार में महत्त्वपूर्ण योगदान रहा है। अस्पृश्यता पर ऐसा प्रबल आघात अन्य किसी ने नहीं किया है। मानवीय समता, अस्मृश्यता आदि के सम्बन्ध में प्रगतिशील, तो मुसलमानों के प्रति इसका आक्रामक रुख प्रतिगामी प्रवृत्ति का सूचक है।

ब्रह्मसमाज—आधुनिक भारत की नींव का पहला पत्थर राजा राममोहन रॉय ने रखा। आधुनिकीकरण के सन्दर्भ में उन्होंने सन् 1828 में ब्रह्मसमाज की स्थापना की। वे अरबी-फारसी के ज्ञाता थे, संस्कृत का भी गहन अध्ययन किया था। उन्होंने प्लेटो, अरस्तू आदि के विचारों का अध्ययन किया था। उनकी विचारधारा पर इस्लामी एकेश्वरवाद तथा ईसाई धर्म का भी प्रभाव था। कर्मकाण्ड और अन्धविश्वासों का विरोध करने के लिए उन्होंने उपनिषदों का उपयोग किया और मूर्तिपूजा को धर्म का बाह्याडम्बर माना। उनके विचारों में तर्क की प्रधानता थी। उन्होंने सामाजिक कुरीतियों पर प्रहार किया। जातिप्रथा, अमानवीयता और राष्ट्रीयता का विद्रोही कहा। सती-प्रथा के विरोध में उनका प्रयास सर्वदा स्मरणीय रहेगा। विधवा-विवाह तथा स्त्री- पुरुष के समानाधिकार का समर्थन पाश्चात्य संस्कृति तथा अंग्रेजी शिक्षा का महत्त्व स्वीकृत किया था। ब्रिटिशों की अच्छाइयों की प्रशंसा की। देवेन्द्रनाथ टैगोर तथा केशवचन्द्र सेन ने इसे आगे बढ़ाया। केशवचन्द्र सेन के बाद शिक्षित समाज को प्रभावित करनेवाला ब्रह्मसमाज में कोई व्यक्ति नहीं रहा।

३. भारतेन्दुयुगीन हिन्दी गद्य साहित्य की सामान्य विशेषताएँ

भारतेन्दु-युग हिन्दी गद्य के बहुमुखी विकास का युग है। भारतेन्दु-युग में अर्थात् उन्नीसवीं शती के अन्तिम चरण में पूरे देश में सांस्कृतिक जागरण की लहर दौड़ चुकी थी। सामन्तीय सामाजिक ढाँचा टूट चुका था। अंग्रेजी-शिक्षा के विकास की गति चाहे जितनी धीमी रही है और उसके उद्द्श्य चाहे जितने सीमित रहे हों, उसका व्यापक प्रभाव देश के शिक्षित समाज पर पड़ रहा था। देश में एक सशक्त मध्यवर्ग तैयार हो गया था, जो अत्यधिक संवेदनशील था। यह वर्ग व्यापक राष्ट्रीय एवं सामाजिक हितों की दृष्टि से सोचने लगा था और यह अनुभव करने लगा था कि सभी दृष्टियों से हमारा देश अत्यन्त हीनावस्था में है, जीवन के सभी क्षेत्रों- सामाजिक, धार्मिक, आर्थिक, राजनीतिक में परिवर्तन और सुधार की आवश्यकता है। भारतेन्दु इसी प्रगतिशील चेतना के प्रतिनिधि थे। उन्होंने अपने साहित्य के माध्यम से ठीक समय पर उचित नेतृत्व प्रदान किया और अपने निबन्धों, नाटकों तथा भाषणों में जागरण का सन्देश दिया। उनके सहयोगियों और समर्थकों द्वारा पोषित भारतेन्दुकालीन साहित्य सांस्कृतिक जागरण का साहित्य है। इस युग में रचित गद्य-साहित्य की प्रत्येक विधा-नाटक, उपन्यास, कहानी, निबन्ध, आलोचना के समीक्षात्मक परिचय से विशेषतः इस सांस्कृतिक जागरण का स्वरूप ही स्पष्ट होता है।

खड़ीबोली गद्य का विकास इस युग की एक महत्त्वपूर्ण घटना है। भारतेन्दु ने न तो राजा लक्ष्मण सिंह की संस्कृतनिष्ठ पद्धति को अपनाया और न ही राजा शिवप्रसाद सिंह सितारे हिन्द की उर्दूमयी गद्य शैली को व्यवहृत किया। भारतेन्दु युग में अनेक नवीन गद्य रूपों का विकास हुआ जिनका माध्यम खड़ीबोली थी। ये नये रूप हैं—पत्रकारिता, उपन्यास, कहानी, नाटक, आलोचना और निबन्ध आदि। इन रूपों का प्रचार एवं विकास इस युग में हिन्दी में पहली बार हुआ।

इस काल में अनेक पत्र-पत्रिकाओं का खूब प्रचलन हुआ। प्रायः भारतेन्दु युग का प्रत्येक लेखक किसी-न-किसी पत्र का सम्पादन कर रहा था। भारतेन्दु जी स्वयं दो पत्रों कविवचनसुधा तथा हरिश्चन्द्र मैगजीन का सम्पादन करते थे। भारतेन्दु युग के लेखक प्रधानतः प्रचारक, सुधारक और पत्रकार थे, अतः पत्रकारिता द्वारा गद्य में काफी गति आयी।

शुक्ल जी ने श्रीनिवासदास द्वारा रचित परीक्षा गुरु को हिन्दी का प्रथम उपन्यास कहा है। सुना जाता है कि भारतेन्दु जी ने भी उपन्यास लिखने का उपाय किया और साथ-साथ खेद प्रकट किया कि जैसे मौलिक नाटक हिन्दी में लिखे जा रहे थे वैसे उपन्यास नहीं। गोस्वामी किशोरीलाल के उपन्यासों में पुष्ट चरित्र-चित्रण नहीं मिलता। इस युग के उपन्यास कला की दृष्टि से इतने उच्च नहीं बन पड़े।

भारतेन्दु काल के पूर्व हिन्दी में कई नाटक लिखे गये थे किन्तु उन्हें पद्यात्मक वर्णन कहा जा सकता है। ये नाटक आधुनिक नाटक की कसौटी पर पूरी तरह नहीं उतरते। हिन्दी का पहला नाटक गिरिधरदास कृत 'नहुष' है जो खण्डित रूप में मिलता है।

भारतेन्दु का हिन्दी नाटक साहित्य क्षेत्र एवं रंगमंच पर अवतीर्ण होना एक चिरस्मरणीय घटना है। उनके अनेक नाटक हैं, जिनमें से कई मौलिक, कई अनूदित और कई रूपान्तरित हैं। भारतेन्दु ने काशी में नाटक मण्डली की स्थापना की और वे स्वयं अभिनय में 'भाग लिया करते थे। इनके नाटकों में साहित्यिकता के साथ भारतीय गुणों का सुन्दर समन्वय माना जाता है। भारतेन्दु से प्रेरणा लेकर उनकी पीढ़ी के अनेक लेखकों ने अनेक रंगमंचीय नाटकों का निर्माण किया। हम नाटकों में देशप्रेम, समाज सुधार तथा धर्मसुधार की भावनाएँ आधिक हैं। इनमें उपदेशात्मकता अधिक है, कलात्मकता कम।

आधुनिक आलोचना की शैली श्रीनिवासदास के 'संयोगिता स्वयंवर' से शुरू होती है। लेखकों, पुस्तकों और साहित्य के रूपों की विवेचना इस युग में होने लगी थी। भारतेन्दु की नाटक रचना इसी प्रकार की आलोचना के अन्तर्गत आती है। अस्तु, इस युग की आलोचना का स्वरूप अत्यन्त साधारण है। इसका परिष्कार और विकास आगे चलकर द्विवेदी-युग में हुआ।

भारतेन्दु युग में गद्य साहित्य के अन्य रूपों—निबन्ध, जीवनी आदि का अभूतपूर्व सृजन एवं विकास हुआ। भारतेन्दु युग के साहित्य के गद्य-रूपों का अध्ययन करते हुए कहा जा सकता है कि इसमें गोष्ठी साहित्य की सम्पूर्ण विशेषताएँ और परिभाषाएँ हैं। इस काल के गद्य लेखकों की शैली में प्रौढ़तो तो नहीं है परन्तु व्यक्तित्व अवश्य है। भारतेन्दु युग के साहित्य में उस समय तीव्र राजनीतिक, सामाजिक, धार्मिक और आर्थिक चेतना का अनुमान सहज में लगाया जा सकता है। यह साहित्य मध्य वर्ग के पढ़े-लिखे व्यक्ति के लिए लिखा गया। इन युग के साहित्य में रीतिकाल जैसा श्रृंगार नहीं। इसमें प्राचीनता के प्रति मोह है किन्तु नवीनता के प्रति काफी भावुकता है। इस युग में खड़ीबोली गद्य का प्रचार एवं प्रसार हुआ। गद्य रूपा में 'नाटक; उपन्यासादि को अपनाया गया। भारतेन्दु' युग का गद्य और काव्य नवीन सीमा आकुलता तो व्यक्त करता है किन्तु उसके परिष्कार एवं विकास की अभी बड़ी आवश्यकता थी ।

4. द्विवेदीयुगीन हिन्दी गद्य साहित्य : साहित्य विषयक मान्यता, राष्ट्रीय भावना, सुखारवादी दृष्टि, भाषा सुधार

द्विवेदी युग में रचित गद्य-साहित्य के मूल में कार्य करनेवाली सांस्कृतिक चेतना का महत्त्व कई दृष्टियों से मान्य है। इस समय विदेशी शासन के प्रति जनता के असन्तोष में निरन्तर वृद्धि हुई और हमारी राष्ट्रीय चेतना क्रमशः विकसित होती हुई, एक निश्चित लक्ष्यपूर्ण स्वतन्त्रता की प्राप्ति की सिद्धि के संकल्प में परिणत हुई, जिसकी अभिव्यक्ति इस युग के साहित्य में प्रत्यक्ष-अप्रत्यक्ष दोनों रूपों में ध्यान आकृष्ट करती है। राजनीतिक चेतना के साथ ही इस अवधि में भारत की आर्थिक चेतना भी विकसित हुई। 1906 ई. में कांग्रेस ने भारतीय जनता के आर्थिक हितों को दृष्टि में रखकर शासन का खर्च घटाने, विशेषतः सेना पर व्यय की जानेवाली राशि को घटाने, करों में कभी करने, सिंचाई का उचित प्रबन्ध करने, कृषि-बैंकों की स्थापना करने, प्राचीन उद्योगों को पुनः जीवित

कर नये उद्योगों को स्थापित करने और गल्ले के निर्यात पर रोक लगाने का सुझाव दिया। विदेशी वस्तुओं के बहिष्कार और सामाजिक-धार्मिक चेतना के विकास की दृष्टि से भी आलोच्य काल का महत्त्व कम नहीं है। जहाँ 1892 ई. में ईसाई धर्मोपदेशकों के साथ लोकमान्य तिलक और न्यायमूर्ति रानाडे के मात्र चाय पी लेने पर समाज में तहलका मच गया था और इन नेताओं को गोमूत्र के प्राशन में प्रायश्चित्त करना पड़ा था, वहाँ 1918 ई. में महात्मा गाँधी ने एक अछूत कन्या को अपने आश्रम में रखकर अपनी पुत्री की तरह उसका पालन-पोषण किया, सभी जातियों के लोगों को एक साथ एक ही पंक्ति में बिठाकर भोजन कराने की व्यवस्था की और अन्तर्जातीय विवाह को प्रोत्साहित किया। यद्यपि आलोच्य काल मं आर्यसमाज और सनातन धर्म दोनों का द्वन्द्व चलता रहा, किन्तु यह निर्विवाद है कि धार्मिक-सामाजिक क्षेत्र में क्रमशः उदारता और सहिष्णुता की भावनाएँ फैलती जा रही थीं। यह राजनीतिक जागरूकता, आर्थिक समझदारी, सामाजिक-धार्मिक उदारता तथा राष्ट्रप्रेम मुख्यतः शिक्षित मध्यवर्ग की जागरण का परिणाम था। समाज को सभी क्षेत्रों में नेतृत्व प्रदान करनेवाला वर्ग यही था। साहित्य-रचना भी इसी शिक्षित मध्यवर्गीय समाज द्वारा की जा रही थी। यह वर्ग सर्वाधिक संवेदनशील था। साहित्यकारों के मन पर राष्ट्र की प्रत्येक महत्त्वपूर्ण घटना का प्रभाव पड़ता था और वह उनकी रचनाओं में प्रतिबिम्बित होता था। यही कारण है कि आलोच्य काल के गद्य-साहित्य की प्रत्येक विधा में अन्तर्निहित चेतना एक ही है और वह व्यापक राष्ट्रीय जागरण एवं सुधार की भावना से सम्बद्ध है।

नाटक, उपन्यास, कहानी और निबन्ध क्षेत्रों में भी इस युग के लेखकों ने भारतेन्दु युग की परम्परा का विकास किया। नाटक क्षेत्र में द्विवेदी काल को भारतेन्दु की अपेक्षा किसी भी दशा में उन्नत नहीं कहा जा सकता है। भारतेन्दु के बाद प्रसाद के पहले तक किसी नाटक परम्परा का निर्माण न हो सका। इस काल के बीच बँगला, संस्कृत और अंग्रेजी नाटक का मात्र अनुवाद ही होता रहा। गोपालराम गहमरी, जायसी, उपन्यास लिख रहे थे और देवकीनन्दन खत्री तिलस्मी उपन्यास। इस काल में किशोरीलाल गोस्वामी ने अनेक ऐतिहासिक तथा सामाजिक उपन्यास लिखे। किन्तु उन रचनाओं में सूक्ष्म मनोविज्ञान चरित्र-चित्रण आदि में अभी बहुत उन्नति और प्रौढ़ता की गुंजाइश थी। द्विवेदी युग में आलोचना का सन्तोषजनक विकास हुआ। द्विवेदी जी एक अच्छे सम्पादक, आलोचक, निबन्ध लेखक और कवि थे। उन्होंने संस्कृत कवियों पर अपनी आलोचनाएँ कीं। द्विवेदी जी सरस्वती पत्रिका में नयी पुस्तकों की आलोचना किया करते थे। इस क्रम के आलोचकों में मिश्रबन्धु, पद्मसिंह शर्मा तथा कृष्णबिहारी मिश्र का नाम उल्लेखनीय है हिन्दी आलोचना को आधुनिक रूप देने को इन लोगों का काफी हाथ है।

द्विवेदी युग वस्तुतः गद्य का युग है। उसने बीसियों कवियों को प्रेरणा दी जो कि हिन्दी के शृंगार हैं। किन्तु इस युग के महारथी गद्य को निखारने और सँभालने में लीन थे। द्विवेदी जी ने बँगला की कल्पना प्रधान शेली की अपेक्षा मराठी की इतिवृत्तात्मक पद्धति को अधिक आश्रय दिया और इस युग के लेखक इतिवृत्तात्मकता में रहे। भारतेन्दु युग की तुलना में इन लेखकों ने अपनी कला का शृंगार ही किया किन्तु फिर भी उनके

भावों, अनुभूति और कल्पना में गहराई ओर गम्भीरता की कमी थी। यह भी छायावाद ने पूरी की। भाषा का परिमार्जन और परिष्कार अवश्य इस युग में हुआ। जो रास्ता आधुनिक हिन्दी साहित्य ने भारतेन्दु युग में पकड़ी उस पर द्विवेदी युग ने हमें आगे बढ़ाया। साहित्य के विविध रूपों का विकास और प्रस्फुटन इस युग में हुआ किन्तु लक्ष्य से हम अभी दूर थे। निस्सन्देह खड़ीबोली से सुस्पष्टता और मधुरता व्यंजना में गम्भीरता और कोमलता आदि गुण आ गये थे फिर भी उस भाषा में एक आख्यान शेष था, जिसकी पूर्ति छायावादी भाषा द्वारा हुई। हिन्दी का उपवन द्विवेदी युग में अनेक तरु लताओं से लहलहाने लगा था किन्तु तृतीय उत्थान में शुक्ल जी, प्रेमचन्द, प्रसाद, निराला, पन्त और महादेवी वर्मा के समान उत्तम कोटि के साहित्यकार हिन्दी में उत्पन्न किये । इन पर किसी भी साहित्य और युग को गर्व हो सकता है। द्विवेदी युग उस अस्त्र को चमका रहा था। हिन्दी में आधुनिक साहित्य शैली का निर्माण हो चुका था और अनेक उत्कृष्ट कलात्मक प्रयास भी इसके माध्यम से हुए।

हिन्दी साहित्य के आधुनिक काल के प्रारम्भ में जिन शैलियों को जन्म मिला द्विवेदी युग में उन्हें विकास का पूर्ण अवसर मिला। इस पर अब बँगला, मराठी और उर्दू की शैलियों का प्रभाव पड़ा, किन्तु हिन्दी की जातिगत विशेषताओं के अनुरूप थी। हिन्दी ने अपनी जातीय विशेषताओ के अनुरूप अंग्रेजी साहित्य की स्पष्ट भाव व्यंजना बँगला की सरलता और मधुरता, मराठी की गम्भीरता और उर्दू का प्रवाह ग्रहण किया।

हिन्दी गद्य विधाओं का विकास—1. हिन्दी उपन्यास उद्‌भव और विकास : प्रेमचन्दपूर्व युग, प्रेमचन्द युग, प्रेमचन्दोत्तर युग, स्वातन्त्र्योत्तर युग।

आधुनिक काल में विकसित गद्य विधाओं में उपन्यास का महत्त्वपूर्ण स्थान है। हिन्दी उपन्यास के विकास का श्रेय अंग्रेजी एवं बँगला उपन्यासों को दिया जा सकता है क्योंकि हिन्दी में इस विधा का श्रीगणेश अंग्रेजी एवं बँगला उपन्यासों की लोकप्रियता से हुआ। आचार्य महावीरप्रसाद द्विवेदी ने 'सरस्वती' में प्रकाशित एक निबन्ध 'उपन्यास रहस्य' में इस बात को स्वीकार किया है कि उपन्यास के प्रचलन, विकास एवं सृजन का श्रेय पश्चिमी देशों के लेखकों को ही है जिनसे प्रेरणा लेकर हिन्दी में भी उपन्यास रचना की जाने लगी है। बालकृष्ण भट्ट ने भी इसकी पुष्टि करते हुए लिखा—"हम लोग जैसा और बातों में अंग्रेजी की नकल करते जाते हैं, उपन्यास का लिखना भी उन्हीं के दृष्टान्त पर सीख रहे हैं।" हिन्दी में उपन्यास का आरम्भ भी अंग्रेजी से अनूदित उपन्यासों से माना जाता है। सन् 1853 ई. में वंशीधर द्वारा थॉमस डे के लोकप्रिय उपन्यास 'सैण्डफोर्ड एण्ड मर्टन' का अनुवाद किया गया तथा डॉ. जॉन्सन के उपन्यास 'रासेलास' का हिन्दी अनुवाद सन् 1879 ई. में किया गया।

हिन्दी के प्रथम मौलिक उपन्यास के सम्बन्ध में विद्वानों में मतभेद रहा है। इस सम्बन्ध में जिन दो उपन्यासों का नाम लिया जाता है, वे हैं—श्रद्धाराम फुल्लौरी कृत 'भाग्यवती' (सन् 1877 ई.) तथा लाला श्रीनिवासदास द्वारा लिखा गया 'परीक्षा गुरु' (सन् 1882 ई.) इनमें से प्रथम उपन्यास में सुधारवादी प्रवृत्ति परिलक्षित होती है तथा द्वितीय

उपन्यास में भारतीय सभ्यता एवं संस्कृति को श्रेष्ठ प्रमाणित करते हुए उपदेशवृत्ति का आधार ग्रहण किया गया है।

हिन्दी उपन्यास के विकासक्रम का अध्ययन करने के लिए हम उसे तीन चरणों में विभक्त कर सकते हैं। यदि 'प्रेमचन्द' को हिन्दी उपन्यासकारों में केद्रबिन्दु मान लें तो ये तीन-चरण निम्नवत् हैं–

1. प्रेमचन्दपूर्व हिन्दी उपन्यास
2. प्रेमचन्दकालीन हिन्दी उपन्यास
3. प्रेमचन्दोत्तर हिन्दी उपन्यास।

1. प्रेमचन्दपूर्व हिन्दी उपन्यास–यह हिन्दी उपन्यास का प्रारम्भिक चरण था। अतः अभी तक उपन्यास विधा अपना स्वरूप ग्रहण करने का प्रयास कर रही थी। इस काल में लिखे गये उपन्यास प्रधानतः सुधारवादी एवं उपदेशवादी प्रवृत्ति से परिचालित थे और उनका मुख्य उद्‌देश्य मनोरंजन ही माना जाता है। श्रद्धाराम फुल्लौरी एवं लाला श्रीनिवासदास के उपन्यासों का उल्लेख पहले ही किया जा चुका है। इनके अतिरिक्त इस काल में सामाजिक, ऐतिहासिक, तिलस्मी, जासूसी उपन्यासों की रचना अधिक हुई है, जिनका जनजीवन से कोई प्रत्यक्ष सम्बन्ध नहीं दिखायी पड़ता। तिलस्मी उपन्यासों में यद्यपि प्रेम चित्रण का अवसर भी आ गया है, किन्तु उपन्यासकारों का मूल उद्‌देश्य रहस्य-रोमांच की ऐयारी एवं तिलस्मी दुनिया में ले जाकर पाठकों को चमत्कृत करना मात्र रहा है। इस काल के प्रमुख उपन्यासकारों में पण्डित बालकृष्ण भट्‌ट को माना जा सकता है। इनके लिखे तीन उपन्यास 'रहस्यकथा' (1879 ई.) नूतन ब्रह्मचारी (1886 ई.) तथा एक अजान सौ सुजान (1892 ई.) उल्लेखनीय हैं। इनके उपन्यासों का मूल स्वर सुधारवादी एवं उपदेशमूलक है।

भारतेन्दु जी के मित्र ठाकुर जगमोहन सिंह ने 'श्यामा स्वप्न' नामक एक वृहद् उपन्यास की रचना सन् 1888 ई. में की। इसका प्रमुख प्रतिपाद्य राधा-कृष्ण के प्रेम का चित्रण रीतिकालीन पद्धति पर करना रहा है। लज्जाराम मेहता ने सुधारवादी ढंग पर धूर्त रसिकलाल (1899 ई.), स्वतन्त्र रमा और परतन्त्र लक्ष्मी (1899 ई.) बिगड़े का सुधार (1907 ई.) तथा आदर्श हिन्दू (1907 ई.) इन चार उपन्यासों की रचना की। इनमें दुर्व्यसनों एवं सामाजिक बुराइयों के परिणामों को चित्रित कर पाठकों को उपदेश दिया गया है। राधाकृष्णदास ने 'गोवध' की समस्या का निवारण करने हेतु निस्सहाय हिन्दू (1890 ई.) नामक उपन्यास लिखा।

प्रेमचन्दपूर्व हिन्दी उपन्यासकारों में जिस उपन्यासकार का नाम सर्वाधिक आदर से लिया जाता है–वे हैं बाबू देवकीनन्दन खत्री। इन्होंने तिलस्मी एवं ऐयारी उपन्यासों की रचना करके पाठकों का पर्याप्त मनोरंजन किया। देवकीनन्दन खत्री के उपन्यासों को पढ़ने के लिए ही बहुत-से अहिन्दीभाषियों ने हिन्दी सीखी। इनके लिखे प्रसिद्ध उपन्यास हैं–चन्द्रकान्ता (1891 ई.), चन्द्रकान्ता सन्तति, काजर की कोठरी, भूतनाथ, कुसुम कुमारी, नरेन्द्र मोहिनी, वीरेन्द्र वीर आदि। इन उपन्यासों में घटनाओं का संयोजन इतनी कुशलता से किया गया है कि पाठक की कुतूहल वृत्ति अन्त तक जाग्रत रहती है और

वह अन्त तक उपन्यास के जादू में बँधा रहता है। भले ही साहित्यिक दृष्टि से वे उपन्यास उच्चकोटि के न हों, किन्तु पाठकों के बाँधने की इनकी शक्ति बेजोड़ है। खत्री जी के उपन्यासों ने पाठकों का भरपूर मनोरंजन किया है।

जासूसी उपन्यासों का श्रीगणेश करने का श्रेय हिन्दी में 'गोपालराम गहमरी' को दिया जा सकता है। वे अंग्रेजी के जासूसी उपन्यास लेखक आर्थर कानन डायल से बेहद प्रभावित थे। गहमरी जी के उपन्यासों में प्रमुख हैं–

सरकटी लाश (1900 ई.), जासूस की भूल (1901 ई.), जासूस पर जासूसी (1904 ई.) गुप्त भेद (1913 ई.), जासूस की ऐयारी (1914 ई.) आदि। इन उपन्यासों ने विशुद्ध मनोरंजन का ही कार्य किया है। जासूसी उपन्यासों में किशोरीलाल गोस्वामी कृत 'जिन्दे की लाश', 'तिलस्मी शीशमहल', 'लीलावती', 'याकूती तख्ती' आदि उल्लेखनीय हैं। गोस्वामी जी ने कुछ सामाजिक तथा ऐतिहासिक उपन्यास भी लिखे हैं जिनमें समाज सुधार पर विशेष बल दिया गया है। ऐसे उपन्यासों में 'मल्लिका देवी या बंग सरोजिनी, मस्तानी, सुखशर्वरी, प्रेममयी आदि का नाम लिया जा सकता है।

द्विवेदीयुगीन उपन्यासकारों में अयोध्यासिंह उपाध्याय का नाम भी आदर से लिया जाता है। उनके लिखे दो उपन्यास हैं–ठेठ हिन्दी का ठाट (1899 ई.) तथा अधखिला फूल (1907)। प्रथम में समाज में चल रही कुरीतियों पर प्रहार किया है जबकि द्वितीय उपन्यास में एक जमींदार की कामुकता का परिष्कार दिखाया गया है। उनके उपन्यास सुधारवादी परम्परा के उपन्यास हैं।

इस काल के कुछ अन्य उपन्यासकार हैं–लज्जाराम मेहता (आदर्श दम्पति, आदर्श हिन्दू, बिगड़े का सुधार), मन्नन द्विवेदी (रामलाल) तथा राधिकारमण प्रसाद सिंह (प्रेमलहरी) आदि। इस काल के उपन्यास प्रधानतः सुधारवादी एवं उपदेशात्मक वृत्ति को लेकर लिखे गये, जिनका मूल उद्‌देश्य मनोरंजन करना था।

2. प्रेमचन्दयुगीन हिन्दी उपन्यास–प्रेमचन्दयुगीन हिन्दी उपन्यासकारों में 'प्रेमचन्द' अपनी महान् प्रतिभा के कारण युग प्रवर्तक के रूप में जाने जाते हैं। वस्तुतः सही अर्थों में उन्होंने ही हिन्दी उपन्यास शिल्प का विकास किया। उनके उपन्यासों में पहली बार सामान्य जानता की समस्याओं की कलात्मक अभिव्यक्ति की गयी थी और जनजीवन का प्रामाणिक एवं वास्तविक चित्र पाठकों को देखना सुलभ हुआ था। अपने महान् उपन्यासों के कारण वे वास्तव में 'उपन्यास सम्राट्' की पदवी पाने की अधिकारी सिद्ध हुए।

प्रेमचन्द के उपन्यास राष्ट्रीय आन्दोलन, कृषक समस्या, मानवतावाद, भारतीय संस्कृति, शोषण, विधवा विवाह, अनमेल विवाह, दहेज प्रथा आदि विविध विषयों से सम्बन्धित हैं। आचार्य हजारीप्रसाद द्विवेदी ने प्रेमचन्द का मूल्यांकन करते हुए लिखा है–"प्रेमचन्द शताब्दियों से पददलित, अपमानित और उपेक्षित कृषकों की आवाज थे। अगर आप उत्तर भारत की समस्त जनता के आचार-विचार, भाषा-भाव, रहन-सहन, आशा-आकांक्षा, दुःख-सुख और सूझ-बूझ जानना चाहते हैं तो प्रेमचन्द से उत्तम परिचायक आपको नहीं मिल सकता।"

प्रेमचन्द के प्रमुख उपन्यासों में हैं—सेवा सदन (1918 ई.), प्रेमाश्रम (1922 ई.), रंगभूमि (1925 ई.), कायाकल्प (1926 ई.), निर्मला (1927 ई.), गबन (1931 ई.), कर्मभूमि (1933 ई.) और गोदान (1935 ई.) ।

प्रेमचन्द ने हिन्दी कथा-साहित्य को मनोरंजन के स्तर से ऊपर उठाकर जीवन के साथ जोड़ने का काम किया। वस्तुतः 'सेवासदन' के प्रकाशन के साथ ही हिन्दी उपन्यास को नयी दिशा प्राप्त हो गयी। इस उपन्यास में उन्होंने विवाह से जुड़ी समस्याओं—दहेज प्रथा, कुलीनता का प्रश्न, पत्नी का स्थान आदि को उठाया है, किन्तु इन्हें प्रस्तुत करने का ढंग पूर्ववर्ती उपन्यासों से एकदम अलग है। 'निर्मला' में उन्होंने दहेज प्रथा और अनमेल विवाह की समस्या को प्रस्तुत किया है। कृषक जीवन की समस्याओं का यथार्थ चित्रण उन्होंने 'गोदान' में किया है जो उनका सर्वश्रेष्ठ उपन्यास कहा जाता है। ग्रामीण जीवन का ऐसा यथार्थ एवं प्रामाणिक चित्रण इस उपन्यास में हुआ है कि इसे सर्वत्र सराहना प्राप्त हुई है। समाज में व्याप्त छूआछूत एवं साम्प्रदायिकता की समस्या को भी उन्होंने अपने उपन्यासों में अभिव्यक्ति दी है। इस प्रकार प्रेमचन्द के उपन्यास जीवन के विविध पहलुओं से जुड़े हुए हैं। वे हिन्दी के सर्वाधिक लोकप्रिय उपन्यासकार माने जाते हैं। विषय-वस्तु एवं शिल्प दोनों ही दृष्टियों से प्रेमचन्द के समकक्ष हिन्दी का कोई अन्य उपन्यासकार खड़ा नहीं किया जा सकता। प्रेमचन्द के उपन्यासों में विषय की विविधता एवं व्यापकता के साथ-साथ चरित्रों का स्वाभाविक विकास दिखाया गया है। उनके उपन्यासों में राजनीतिक समस्याओं का निरूपण भी किया गया है। रंगभूमि में शासक वर्ग के अत्याचारों का चित्रण है, तो कर्मभूमि में स्वतन्त्रता-संग्राम की एक झलक है। गबन में उन्होंने स्त्रियों के आभूषण-प्रेम के दुष्परिणामों का चित्रण किया है तो कायाकल्प पुनर्जन्म से सम्बन्धित है। प्रेमचन्द के उपन्यासों की एक प्रमुख विशेषता है—आदर्शोन्मुखी यथार्थवाद, जिसके कारण वे पाठकों में अति लोकप्रिय हुए हैं। भाषा प्रयोग में वे अपने समकालीन सभी उपन्यासकारों से श्रेष्ठ हैं और इस दृष्टि से वे एक मानदण्ड बन गये हैं। अपनी इन विशेषताओं के कारण ही वे हिन्दी उपन्यास में एक नये युग का सूत्रपात कर सकने में सफल हुए हैं।

प्रेमचन्द के समकालीन उपन्यासकारों में जयशंकर प्रसाद, विश्वम्भरनाथ शर्मा 'कौशिक', आचार्य चतुरसेन शास्त्री, प्रतापनारायण श्रीवास्तव, पाण्डेय बेचन शर्मा 'उग्र', वृन्दावनलाल वर्मा, भगवती प्रसाद वाजपेयी, जी. पी. श्रीवास्तव प्रमुख हैं। 'प्रसाद' जी बहुमुखी प्रतिभा के धनी थे। उन्होंने काव्य, नाटक आदि क्षेत्रों में सफलता पाने के साथ-साथ उपन्यासों की रचना करके भी ख्याति अर्जित की। उन्होंने 'कंकाल' (1929 ई.) 'तितली' (1934 ई.) नामक दो उपन्यासों की रचना की।

'इरावती' नामक एक अधूरा उपन्यास भी उन्होंने लिखा है जिसे वे अपनी अकाल मृत्यु के कारण पूरा नहीं कर सके। 'कंकाल' में प्रसाद जी ने व्यक्ति की स्वतन्त्रता का समर्थन किया है जबकि 'तितली' के द्वारा उन्होंने प्रेम के आदर्श स्वरूप की व्याख्या की है, साथ ही इसमें ग्रामीण समस्याओं का भी चित्रण किया गया है।

कौशिक जी के दो प्रसिद्ध उपन्यास हैं—भिखारिणी और माँ। 'भिखारिणी' उपन्यास में उन्होंने अन्तर्जातीय विवाह की समस्या को कथानक का आधार बनाया है तथा 'माँ' उपन्यास में उन्होंने मध्यवर्गीय परिवार का चित्रण करते हुए वेश्यालयों के वातावरण को प्रस्तुत किया है।

प्रेमचन्दयुगीन उपन्यासकारों में आचार्य चतुरसेन शास्त्री प्रतिभासम्पन्न उपन्यासकार थे। उन्होंने इतिहास-पुराण से कथानकों का चयन करने के साथ-साथ काल्पनिक पात्रों के द्वारा सामाजिक समस्याओं का उद्‌घाटन करनेवाले उपन्यास भी लिखे। वैशाली की नगरवधू, वयं रक्षामः, सोमनाथ, आलमगीर, सोना और खून, रक्त की प्यास, आत्मदाह, अमर अभिलाषा, मन्दिर की नर्तकी, नरमेध, अपराजिता आदि उनके प्रसिद्ध उपन्यास हैं।

'उग्र' जी के उपन्यासों में सामाजिक बुराइयों का पर्दाफाश किया गया है। समाज की यथार्थ एवं नग्न तस्वीर उनके उपन्यासों में उपलब्ध होती है। वे हिन्दी के प्रथम विवादास्पद उपन्यासकार कहे जा सकते हैं, क्योंकि उनके उपन्यासों में समाज के उस वर्ग का चित्रण है जो पतित वर्ग है, यथा—वेश्या वर्ग। उनकी सपाट- बयानी अधकचरे नवयुवक की रुचि को विकृत करने के दोष से बच नहीं पायी है। उग्र जी के कुछ प्रसिद्ध उपन्यास हैं। चन्द हसीनों के खतूत (1927 ई.), दिल्ली का दलाल (1927 ई.), बुधुआ की बेटी (1928 ई.), शराबी (1930 ई.), सरकार तुम्हारी आँखों में (1936 ई.), जीजा जी (1944 ई.), फागुन के दिन (1955 ई.)। ऋषभ चरण जैन 'उग्र' जी की परम्परा को विकसित करनेवाले उपन्यासकार कहे जा सकते हैं। उनके उपन्यासों की विषय-वस्तु उग्र जी की भाँति व्यभिचार, वेश्यालय, मदिरालय, रोमांस तक सीमित है। उनके प्रमुख उपन्यास हैं—दिल्ली का व्यभिचार, दुराचार के अड्डे, वेश्या पुत्र, चम्पाकली, मास्टर साहब, मयखाना, चाँदनी रात और गदर।

प्रतापनारायण श्रीवास्तव के उपन्यास आदर्शवादी परम्परा के उपन्यास कहे जा सकते हैं। विदा (1929 ई.), विजय (1937 ई.), विकास, विसर्जन, बेकसी का मजार आदि उनके प्रसिद्ध उपन्यास हैं। अन्तिम उपन्यास में उन्होंने आखिरी मुगल बादशाह जफर के चरित्र को 1857 ई. की क्रान्ति के परिप्रेक्ष्य में उजागर करने का प्रयास किया है।

वृन्दावनलाल वर्मा हिन्दी के सर्वश्रेष्ठ ऐतिहासिक उपन्यासकार माने जाते हैं। गढ़ कुण्डार (1929 ई.), विराटा की पद्‌मिनी (1936 ई.), झाँसी की रानी (1946 ई.), मृगनयनी (1950 ई.), टूटे काँटे (1954 ई.) माधव जी सिन्धिया (1957 ई.) आदि उपन्यासों में ऐतिहासिक पात्रों को चरितनायक के रूप में प्रस्तुत किया है। संगम (1928 ई.), लगन (1929 ई.), प्रत्यागत (1929 ई.) और कुण्डली चक्र (1932 ई.) उनके सामाजिक उपन्यास हैं।

प्रसिद्ध कवि सूर्यकान्त त्रिपाठी 'निराला' ने भी कुछ उपन्यास लिखे, जिनमें से प्रमुख हैं—अप्सरा (1931 ई.) अलका (1931 ई.), निरूपमा (1936 ई.) प्रभावती और कुल्लीभाट। निराला के उपन्यासों में भावुकता एवं काव्यात्मकता का समावेश हुआ है।

3. प्रेमचन्दोत्तर, स्वातन्त्र्योत्तर हिन्दी उपन्यास—प्रेमचन्द के उपरान्त हिन्दी उपन्यास किसी एक निश्चित दिशा की ओर अग्रसर नहीं हुआ। उसकी विविध धाराएँ

अनेक दिशाओं की ओर प्रवाहित हुईं। विषय की दृष्टि से यदि हम प्रेमचन्दोत्तर उपन्यासों का वर्गीकरण करें तो निम्नलिखित वर्ग बनाये जा सकते हैं–

1. मनोविश्लेषणवादी उपन्यास
2. साम्यवादी (प्रगतिवादी) उपन्यास
3. ऐतिहासिक उपन्यास
4. आंचलिक उपन्यास
5. प्रयोगवादी उपन्यास।

यदि कालक्रम को दृष्टिगत रखकर प्रेमचन्दोत्तर उपन्यासों का वर्गीकरण करें, तो उसे तीन कालखण्डों में विभक्त कर सकते हैं–

1. 1936 से 1950 तक के उपन्यास
2. 1950 से 1960 तक के उपन्यास
3. 1960 के उपरान्त के उपन्यास

मनोविश्लेषणवादी उपन्यासकारों में जैनेन्द्र, इलाचन्द्र जोशी एवं अज्ञेय का उल्लेखनीय योगदान है। जैनेन्द्र ने परख (1929 ई.), सुनीता (1935 ई.) और त्यागपत्र (1937 ई.) के द्वारा हिन्दी उपन्यास को एक नयी दिशा प्रदान की। उनके कुछ अन्य उपन्यास हैं–कल्याणी (1939 ई.) सुखदा (1952 ई.) विवर्त (1953 ई.) और व्यतीत (1953 ई.)। इन उपन्यासों में विभिन्न पात्रों के मन की उलझनों, गुत्थियों एवं शंकाओं का निरूपण कथा के माध्यम से किया गया है। त्यागपत्र में मृणाल के आत्मपीड़न की गाथा का मनोवैज्ञानिक चित्रण हुआ है, साथ ही अनमेल विवाह के दुष्परिणामों का चित्रण किया गया है। सुनीता में फ्रायड के सिद्धान्तों के आलोक में हरिप्रसन्न के व्यवहार का चित्रण है तथा कल्याणी एक अतृप्त और आधुनिक नारी की कथा है। सुखदा एक कुण्ठाग्रस्त नारी की कहानी है। जैनेन्द्र जी ने आधुनिक समाज में नारी की स्थिति का यथातथ्य निरूपण करने का प्रयास अपने उपन्यासों में किया है।

इस परम्परा के दूसरे उपन्यासकार इलाचन्द्र जोशी ने उच्चकोटि के लगभग एक दर्जन उपन्यासों की रचना की है। उनके प्रमुख उपन्यास हैं–संन्यासी (1941 ई.) पर्दे की रानी (1941 ई.), प्रेत और छाया (1945 ई.), निर्वासित (1946 ई.) जिप्सी (1952 ई.) और जहाज का पंछी (1955 ई.)। इन उपन्यासों में जोशी जी ने मानव मन की कुण्ठाओं एवं ग्रन्थियों का सुन्दर विश्लेषण किया है। यद्यपि उनके अधिकांश उपन्यासों की मूल विषय-वस्तु प्रेम एवं रोमांस है।

मनोविश्लेषणपरक उपन्यासों में अज्ञेय द्वारा रचित 'शेखर : एक जीवनी' (1941 ई.) नदी के द्वीप (1951 ई.) तथा अपने-अपने अजनबी का महत्त्वपूर्ण स्थान है। अज्ञेय में मनोविश्लेषण की गहन क्षमता के साथ-साथ सूक्ष्म सौन्दर्य बोध, कला के प्रति ईमानदार चेतना विद्यमान है। 'शेखर : एक जीवनी' वैयक्तिक मनोविज्ञान के अध्ययन के क्षेत्र में एक महती उपलब्धि मानी जा सकती है।

हिन्दी के साम्यवादी उपन्यास वे हैं जिनमें मार्क्सवादी विचारधारा का आधार शुरू करके कथानक का ताना-बाना बुना गया है। यशपाल, राहुल सांकृत्यायन, रांगेय राघव,

भैरव प्रसाद गुप्त और अमृतराय इसी कोटि के उपन्यासकार हैं। यशपाल ने पार्टी कॉमरेड (1945), दादा कॉमरेड, देशद्रोही 1943 ई.) मनुष्य के रूप (1949 ई.) अमिता (1946 ई.) दिव्या (1946 ई.), झूठा सच (1957 ई.) आदि उपन्यासों से अपने मार्क्सवादी विचारों को अभिव्यक्ति दी है। झूठा सच देश-विभाजन की त्रासदी पर आधारित एक ऐसा उपन्यास है। जिसमें तत्कालीन सामाजिक, राजनीतिक परिस्थितियों का सफलतापूर्वक चित्रण हुआ है। इनके अतिरिक्त भैरव प्रसाद गुप्त ने मशाल, सती मैया का चौरा आदि उपन्यासों में मार्क्सवादी चेतना का निरूपण किया है।

इस युग के दो महत्त्वपूर्ण उपन्यास लेखक हैं—भगवतीचरण वर्मा और अमृतलाल नागर। वर्मा जी के कई उपन्यास प्रसिद्ध हुए हैं—चित्रलेखा, भूले बिसरे चित्र, टेढ़े मेढ़े रास्ते, सामर्थ्य और सीमा तथा सबहिं नचावत राम गोसाईं। इन उपन्यासों में समकालीन राजनीति एवं समाज से कथानक लिये गये हैं तथा उपन्यासकार ने अपनी पैनी दृष्टि से संयुक्त परिवार की समस्या, शोषण, सत्याग्रह, मिल-मालिकों की दुरंगी नीति, पुलिस की धाँधली आदि का सटीक चित्रण किया है, चित्रलेखा में पाप-पुण्य की समस्या को प्रस्तुत किया गया है।

अमृतलाल नागर ने सेठ बाँकेमल, अमृत और विष, बूँद और समुद्र, महाकाल, शतरंज के मोहरे, सुहाग के नूपुर, मानस का हंस आदि अनेक उपन्यासों की रचना की है। बूँद और समुद्र इनका श्रेष्ठतम उपन्यास है जिसमें भारतीय समाज की रीति-नीति, आचार-विचार, जीवन दृष्टि, मर्यादाओं एवं मान्यताओं का चित्रण कथानक के द्वारा किया गया है 'मानस का हंस' उनका एक जीवनीपरक उपन्यास है जिसमें गोस्वामी तुलसीदास का वृत्तान्त प्रस्तुत किया गया है। इसी प्रकार 'खंजन नयन' में सूरदास के जीवन को कथानक के रूप में बाँधकर सूर की जीवनी देने का प्रयास किया गया है।

हिन्दी के ऐतिहासिक उपन्यासकारों में बाबू वृन्दावनलाल वर्मा का उल्लेख किया जा चुका है। उनके अतिरिक्त चतुरसेन शास्त्री एवं हजारीप्रसाद द्विवेदी का नाम इस वर्ग में लिया जा सकता है। हजारीप्रसाद जी ने बाणभट्ट की आत्मकथा, चारु चन्द्रलेख, पुनर्नवा और अथ रैकव उपाख्यान में इतिहास और कल्पना का सुन्दर समन्वय करते हुए रोचक उपन्यासों रचना की है।

स्वातन्त्र्योत्तर हिन्दी उपन्यासों में 'आंचलिक उपन्यास' एक महत्त्वपूर्ण उपलब्धि रही है। वे उपन्यास जिनमें किसी विशेष अंचल का चित्रण कथानक के द्वारा किया जाता है, इस वर्ग में आते हैं। हिन्दी के आंचलिक उपन्यासकारों में सर्वप्रमुख हैं—फणीश्वरनाथ रेणु जिन्होंने मैला आँचल (1954 ई.) तथा परती परिकथा (1957 ई.) नामक उपन्यासों में बिहार के ग्रामीण अंचल के रहन-सहन, रीति-रिवाज, राजनीतिक आस्थाओं आदि का विशद चित्रण किया है। रेणु के अतिरिक्त अन्य आंचलिक उपन्यासकार हैं—नागार्जुन (रतिनाथ की चाची, बलचनमा, बाबा बटेसरनाथ, दुखमोचन, वरुण के बेटे) उदयशंकर भट्ट (सागर लहरें और मनुष्य), रांगेय राघव (कब तक पुकारूँ) आदि।

ग्रामीण परिवेश को आधार बनाकर भी कुछ उपन्यास लिखे गये हैं। इनमें प्रमुख हैं—आधा गाँव (राही मासूम रजा), अलग-अलग वैतरणी (शिवप्रसाद सिंह), जंगल के फूल

(राजेन्द्र अवस्थी), बबूल (विवेकी राय), पानी के प्राचीर (रामदरश मिश्र), रथ के पहिये (हिमांशु श्रीवास्तव)। इन सभी उपन्यासों में आधुनिकीकरण के कारण बदले ग्रामीण-समाज का चित्रण किया गया है।

इसी सन्दर्भ में उन उपन्यासों को भी लिया जा सकता है जिनमें व्यंग्यात्मक लहजे में भारतीय समाज के समग्र रूप को चित्रित करने का प्रयास किया गया है। इस दृष्टि से श्रीलाल शुक्ल कृत 'राग दरबारी' उल्लेखनीय कृति है, जिसमें स्वातन्त्र्योत्तर भारत के ग्रामीण जीवन की मूल्यहीनता को उघाड़ने की कोशिश की गयी है। इस उपन्यास की कथाभूमि है बड़े नगर से कुछ दूर बसा हुआ गाँव शिवपालगंज जहाँ की जिन्दगी प्रगति और विकास के तमाम नारों के बावजूद निहित स्वार्थों एवं अवांछनीय तत्त्वों के सामने घिसट रही है। शिवपालगंज की पंचायत, कॉलेज की प्रबन्ध समिति और कोआपरेटिव सोसाइटी के सूत्रधार वैद्य जी साक्षात् रूप में वह राजनीतिक संस्कृति है जो प्रजातन्त्र और लोकहित के नाम पर हमारे चारों ओर फल-फूल रही है।

आधुनिक हिन्दी उपन्यासों की नवीनतम धारा को प्रयोगवादी उपन्यास या आधुनिकता बोध के उपन्यास कहा जा सकता है। औद्योगिकीकरण, बदलते हुए परिवेश, भ्रष्ट व्यवस्था, महानगरीय जीवन और यान्त्रिक सभ्यता के परिव्यय से आज जीवन में तनाव, अकेलापन एवं निराशा घर कर गयी है। कुण्ठा, सन्त्रास एवं असुरक्षा की भावना ने हमें सन्त्रस्त कर दिया है। उपन्यासकारों की दृष्टि इस ओर भी गयी है और उन्होंने अनेक उपन्यासों में इन्हें अभिव्यक्ति प्रदान की है। मोहन राकेश के 'अँधेरे बन्द कमरे' (1961 ई.) तथा 'न आनेवाला कल' (1968 ई.) ऐसे ही उपन्यास हैं।

इनके अतिरिक्त राजेन्द्र यादव के 'उखड़े हुए लोग' में उपन्यासकार ने टूटते हुए मानव का चित्रण किया है। मन्नू भण्डारी ने 'आपका बण्टी' में तलाकशुदा दम्पति के बच्चों पर पड़नेवाले दुष्प्रभाव का निरूपण किया है तो श्री नरेश मेहता के 'यह पथ बन्धु था' में अकेलपन एवं अजनबीपन का बोध कराया गया है। निर्मल वर्मा के उपन्यासों 'वे दिन' (1964 ई.), 'लालटीन की छत' और 'एक चिथड़ा सुख' में भी आधुनिकता-बोध मुखरित हुआ है।

उषा प्रियंवदा के उपन्यास 'रुकोगी नहीं राधिका' एवं 'पचपन खम्भे लाल दीवारें' में भी आधुनिकता-बोध का गहरा रूप उभरा है। भीष्म साहनी कृत 'तमस' में विभाजन की मानसिकता एवं उससे लाभ उठानेवाले लोगों को बेनकाब किया गया है। मनोहर श्याम जोशी कृत 'कुरु-कुरु स्वाहा' में युवापीढ़ी की दिशाहीनता को अभिव्यक्ति दी गयी है। उक्त उपन्यासकारों के अतिरिक्त भी सैकड़ों उपन्यासकार नये-नये कथानकों की कल्पना कर सुन्दर उपन्यास लिख रहे हैं। शिल्प की दृष्टि से भी नवीन प्रयोग किये जा रहे हैं। धर्मवीर भारती का 'सूरज का सातवाँ घोड़ा' गिरधर गोपाल का 'चाँदनी के खँडहर' भी नवीन-शिल्प की दृष्टि से उल्लेखनीय उपन्यास हैं।

आधुनिक उपन्यासों में विषय-वैविध्य के साथ-साथ शैलियों के विभिन्न रूप दिखायी पड़ते हैं। आत्मकथात्मक शैली, डायरी शैली, पत्र शैली, वर्णनात्मक शैली, संवाद शैली के विविध शैलियों के उपन्यास लिखे जा रहे हैं। आज उपन्यास का कथ्य जीवन

के अधिक नजदीक है, उसमें यथार्थ का पुट अधिक है। मानवीय सम्बन्धों के बदलते रूप को उसमें उजागर करने का प्रयास किया गया है तथा महानगरीय बोध से उत्पन्न मानसिकता को अभिव्यक्ति दी गयी है। मन के भीतर की परतों को उधेड़ने का प्रयास भी इन उपन्यासों में है। आज के उपन्यास ने चरित्र तो दिये हैं किन्तु जीवन्त पात्र अर्थात् होरी जैसा पात्र देने में वह सफल नहीं रहा। हिन्दी उपन्यास ने बहुत कम समय में आशातीत प्रगति की है। नये-नये उपन्यासकार नये-नये विषयों को लेकर उपन्यास लिख रहे हैं। अतः यह आशा की जा सकती है कि हिन्दी उपन्यास का भविष्य मंगलमय है।

2. हिन्दी कहानी उद्भव और विकास—1. प्रेमचन्दपूर्व युग 2. प्रेमचन्द युग 3. प्रेमचन्दोत्तर युग और स्वातन्त्र्योत्तर युग 4. नयी कहानी 5. साठोत्तरी कहानी 6. समसामयिक कहानी 7. अकहानी 8. सचेतन कहानी 9. समान्तर कहानी।

हिन्दी गद्य विधाओं में कहानी सबसे सशक्त विधा बनकर विकसित हुई है। आज कहानी के पाठक अन्य सभी विधाओं की तुलना में सर्वाधिक हैं, यही कारण है कि पत्र-पत्रिकाओं में कहानियों की माँग सर्वाधिक है। कई पत्रिकाएँ तो केवल कहानी-पत्रिकाएँ ही हैं, जो समकालीन कथाकारों की स्तरीय कहानियों के साथ-साथ उभरते हुए कहानीकारों की कहानियाँ भी छापती हैं। विगत 90 वर्षों में हिन्दी कहानी ने जो प्रगति की है, वह उत्साहवर्द्धक है। अन्य सभी गद्य विधाओं की अपेक्षा आज की हिन्दी कहानी में युगबोध की क्षमता सबसे अधिक दिखायी पड़ती है।

उपन्यास और कहानी दोनों में ही 'कथा' तत्त्व विद्यमान होता है, अतः प्रारम्भ में लोगों की यह धारणा थी कि उपन्यास और कहानी में केवल आकार का ही भेद है किन्तु अब यह धारणा निर्मूल हो चुकी है। ज्यों-ज्यों कहानी की शिल्प-विधि का विकास होता गया, उपन्यास से उसका पार्थक्य भी अलग झलकने लगा। वास्तव में कहानी में जीवन के किसी एक अंग या संवेदना की अभिव्यक्ति होती है जबकि उपन्यास में जीवन की समग्रता का अंकन किया जाता है।

हिन्दी कहानी की विकास-यात्रा का प्रारम्भ 1900 ई. के आस-पास ही मानना समीचीन है, क्योंकि इससे पूर्व हिन्दी में कहानी जैसी किसी विधा का सूत्रपात नहीं हुआ था। हिन्दी की प्रथम कहानी कौन-सी है?

1. रानी केतकी की कहानी	मुन्शी इंशा अल्ला खाँ
2. राजा भोज का सपना	शिवप्रसाद सितारेहिन्द
3. इन्दुमती	किशोरीलाल गोस्वामी
4. दुलाईवाली	बंगमहिला
5. एक टोकरी भर मिट्टी	माधव राय सप्रे
6. ग्यारह वर्ष का समय	आचार्य रामचन्द्र शुक्ल

इनमें से प्रथम दो में कहानी-कला के तत्त्व विद्यमान नहीं हैं। अतः उन्हें हिन्दी कहानी की श्रेणी में नहीं रखा जा सकता। आचार्य शुक्ल ने 'इन्दुमती' को ही हिन्दी की प्रथम मौलिक कहानी माना है जिसका प्रकाशन सन् 1900 ई. में 'सरस्वती' पत्रिका में हुआ था। 1903 में आचार्य शुक्ल की कहानी 'ग्यारह वर्ष का समय' 1907 में बंगमहिला

की 'दुलाईवाली' कहानी 'सरस्वती' पत्रिका में छपी। 1901 में 'एक टोकरी भर मिट्टी' 'छत्तीसगढ़ मित्र' में छपी। यही हिन्दी की प्रथम मौलिक कहानी है।

प्रेमचन्दपूर्व हिन्दी कहानी (सन् 1900 ई. से 1915 ई.)—इस काल में हिन्दी कहानी अपना स्वरूप ग्रहण कर रही थी। उसकी शिल्प-विधि का विकास हो रहा था और नये-नये विषयों पर कहानियाँ लिखी जा रही थी। हिन्दी की प्रथम कहानी के अन्तर्गत जिन कहानियों का उल्लेख किया जा चुका है, उनके अतिरिक्त इस काल में लिखी गयी अन्य प्रसिद्ध कहानियाँ हैं— माधवप्रसाद मिश्र की 'मन की चंचलता', लाला भगवानदीन की 'प्लेग की चुड़ैल', 'वृन्दावनलाल वर्मा की 'राखीबन्द भाई', 'नकली किला', विश्वम्भरनाथ शर्मा कौशिक की 'रक्षाबन्धन', ज्वालादत्त शर्मा की 'मिलन'। वस्तुतः 'सरस्वती' पत्रिका में प्रकाशित कहानियों ने हिन्दी कहानी को एक दिशा प्रदान की और हिन्दी कहानी अपने विकास-पथ पर अग्रसर हुई। उक्त सभी कहानियाँ इसी पत्रिका में प्रकाशित हुई थीं। सन् 1909 ई. में काशी से 'इन्दु' नामक पत्रिका का प्रकाशन प्रारम्भ हुआ, जिसमें जयशंकर प्रसाद की कहानियाँ प्रकाशित होने लगी थीं। बाद में इन कहानियों का संग्रह 'छाया' नाम से सन 1912 ई. में प्रकाशित हुआ। राधिकारमण प्रसाद की कहानी 'कानों में कंगना' भी 'इन्दु' में सन् 1913 में प्रकाशित हुई। सन् 1918 ई. में काशी से 'हिन्दी गल्पमाला' नामक पत्रिका का प्रकाशन प्रारम्भ हुआ जिसमें प्रसाद जी की कहानियों के अतिरिक्त इलाचन्द्र जोशी एवं गंगा प्रसाद श्रीवास्तव की कहानियाँ भी छपने लगी थीं। प्रेमचन्द जी की कुछ कहानियाँ भी सरस्वती में इस काल तक छपने लगी थीं। इन कहानियों का विषय प्रेम, समाजसुधार, नीति एवं उपदेश था।

चन्द्रधर शर्मा गुलेरी इस काल के सर्वश्रेष्ठ कहानीकार कहे जा सकते हैं। उन्होंने केवल तीन कहानियाँ लिखीं—उसने कहा था, सुखमय जीवन और बुद्धू का काँटा। इनमें से 'उसने कहा था' का प्रकाशन सन् 1915 ई. में 'सरस्वती' में हुआ था। काव्य एवं शिल्प दोनों ही दृष्टियों से यह अपने युग की सर्वश्रेष्ठ कहानी मानी जा सकती है। कहानी का मूल विषय है—आदर्श प्रेम जो त्याग और बलिदान के लिए प्रेरित करता है। इस दृष्टि से भी यह सशक्त एवं प्रभावपूर्ण कहानी मानी गयी है।

हिन्दी कथा—यात्रा के इस प्रथम चरण में कहानी अभी बाल्यावस्था में ही थी।

प्रेमचन्दयुगीन हिन्दी कहानी (सन् 1916 ई. से 1936 ई.)—प्रेमचन्द हिन्दी के युग प्रवर्तक कहानीकार माने जाते हैं। पहले वे नवाबराय नाम से उर्दू में लिखते थे। उर्दू में लिखा हुआ उनका कहानी संग्रह 'सोजेवतन' 1907 ई. में प्रकाशित हुआ था। स्वतन्त्र्य भावना से ओत-प्रोत होने के कारण इस कहानी- संकलन को अंग्रेज सरकार ने जब्त कर लिया था। कालान्तर में वे हिन्दी में 'प्रेमचन्द' नाम से लिखने लगे और उनका यह नाम कथा-साहित्य में अमर हो गया। उनकी पहली हिन्दी कहानी 'पंच परमेश्वर' सन् 1916 ई. में प्रकाशित हुई और अन्तिम 'कफन' 1936 ई. में। अतः इस काल के प्रेमचन्द युग कहना समीचीन प्रतीत होता है। मुन्शी प्रेमचन्द ने अपने जीवन-काल में लगभग 300 कहानियों की रचना की, जो 'मानसरोवर' के छह खण्डों में प्रकाशित हुई हैं।

प्रेमचन्द की कहानियों में विषय-वैविध्य दिखायी पड़ता है। किसी अन्य कथाकार ने जीवन के इतने व्यापक फलक को अपनी कहानियों में नहीं समेटा, जितना प्रेमचन्द ने। उनकी कहानियाँ अपने परिवेश से, अपने आस-पास के जीवन से जुड़ी हुई हैं। उनकी अधिकांश कहानियों का विषय ग्रामीण जीवन से लिया गया है किन्तु कई कहानियाँ कस्बे की जिन्दगी या स्कूल-कॉलेज से भी जुड़ी हुई हैं। उनकी कहानियों के पात्र हर वर्ग, धर्म, जाति के हैं। कोई हिन्दू है तो कोई मुसलमान, कोई किसान तो कोई विद्यार्थी। अपनी कहानियों में उन्होंने विविध समस्याओं को भी उठाया है—जमींदारों के द्वारा किसानों के शोषण की समस्या, सूदखोरों के शोषण से पिसते ग्रामीणों की समस्या, छूआछूत की समस्या, रूढ़ि एवं अन्धविश्वास, संयुक्त परिवार की समस्या, भ्रष्टाचार एवं व्यक्तिगत जीवन की समस्याएँ आदि।

प्रेमचन्द की प्रारम्भिक कहानियों में आदर्श का पुट दिया गया है। पंच परमेश्वर, आत्माराम, प्रेरणा, ईदगाह, नमक का दारोगा आदि। उनकी कहानियों का मूल उद्देश्य है—सच्चे का बोलबाला और झूठे का मुँह काला। जबकि परवर्ती कहानियाँ यथा—'पूस की रात' और 'कफन' तक आते-आते उनका दृष्टिकोण परिवर्तित हो गया। अब वे जीवन के यथार्थ से जुड़ गये थे। स्पष्ट है कि उनकी पहलेवाली कहानियाँ आदर्शवादी हैं और बाद में लिखी गयी यथार्थवादी कहानियाँ हैं।

प्रेमचन्द का कथाशिल्प भी उत्तरोत्तर विकास-पथ पर अग्रसर रहा है। प्रारम्भिक कहानियों में इतिवृत्तात्मकता अधिक है तथा चरित्र-चित्रण की मनोवैज्ञानिकता के स्थान पर व्यक्ति के आचरण का वर्णन अधिक किया गया है। पंच परमेश्वर इसी कोटि की कहानी है। सन् 1930 के बाद की कहानियों में कथानक छोटे एवं संश्लिष्ट होते गये तथा कहानी की मूल संवेदना को उभारनेवाली दो-तीन घटनाओं पर ही बल दिया जाने लगा। कहानियों के पात्रों का चरित्रांकन मनोविश्लेषणात्मक पद्धति पर किया जाने लगा और कहानी को चरम सीमा तक द्वन्द्व एवं समस्या के माध्यम से पहुँचाया गया। 'शतरंज के खिलाड़ी' इस प्रकार की कहानी है। इससे पूर्व की कहानियाँ प्रभाव की दृष्टि से कमजोर ही कही जायेंगी।

सन् 1930 से लेकर 1936 ई. तक का कालखण्ड प्रेमचन्द की कहानी-कला का उत्कर्ष-काल है। इस काल की कहानियों में मनोवैज्ञानिक विश्लेषण एवं जीवन के यथार्थ का चित्रण किया गया है। इन कहानियों में कथानक और घटनाओं को उतना महत्त्व नहीं दिया गया। प्रेमचन्द की प्रमुख कहानियों में पंच परमेश्वर, बूढ़ी काकी, गृहदाह, परीक्षा, आपबीती, सवा सेर गेहूँ, आत्माराम, सुजान भगत, माता का हृदय, कजाकी, शतरंज के खिलाड़ी, बड़े भाई साहब, नशा, ठाकुर का कुआँ, ईदगाह, लाटरी, पूस की रात और कफन के नाम लिये जा सकते हैं। समकालीन कहानीकारों में पं. विश्वम्भरनाथ शर्मा, सुदर्शन, जयशंकर प्रसाद, चतुरसेन शास्त्री, राय कृष्णदास, भगवती प्रसाद वाजपेयी, जैनेन्द्र, अज्ञेय, यशपाल आदि उल्लेखनीय हैं।

प्रेमचन्दोत्तर और स्वातन्त्र्योत्तर कहानी—सन 1936 ई. से सन् 1950 ई. तक का समय हिन्दी-जगत् में प्रेमचन्दोत्तर कहानी-काल के रूप में जाना जाता है।

प्रेमचन्दोत्तर कहानी किसी एक दिशा की ओर अग्रसर नहीं हुई अपितु विविध दिशाओं में उसका विकास हुआ। कहानी इस काल की केन्द्रीय विधा रही है। अतः उसने जीवन और जगत् के विविध पक्षों को अपनी परिधि में समेटने का प्रयास किया। इस काल में एक ओर तो प्रगतिवादी विचारधारा से अनुप्राणित कहानीकारों ने ऐसे विषयों पर कहानियाँ लिखीं जिनमें व्यक्ति के मन की आन्तरिक परतों को खोलकर देखा गया था।

प्रगतिवादी कथाकारों में सर्वप्रमुख हैं—यशपाल, जिन्होंने मार्क्सवादी चेतना से अनुप्राणित होकर अनेक कहानियों की रचना की। वर्ग-संघर्ष, शोषण, सामाजिक एवं नैतिक रूढ़ियों पर आक्रोश उनकी कहानियों के विषय रहे हैं। यशपाल की लिखी कहानियों के कई संग्रह प्रकाशित हुए हैं, जिसमें प्रमुख हैं— वो दुनिया, पिंजड़े की उड़ान, फूलो का कुर्ता, तर्क का तूफान एवं चक्कर क्लब आदि।

मनोविश्लेषणवादी कहानी लेखकों में अज्ञेय, इलाचन्द्र जोशी एवं जैनेन्द्र के नाम उल्लेखनीय हैं। अज्ञेय ने व्यक्ति परिवेश और संघर्ष को अपनी कहानियों में उकेरा है। उनकी कहानियों में मनोविश्लेषण के साथ-साथ प्रतीकात्मकता एवं बौद्धिकता का प्रभाव है। अज्ञेय ने कहानी को बौद्धिक एवं वैचारिक आदान प्रदान किये तथा प्रतीकों एवं बिम्बों के प्रयोग में वृद्धि की। अज्ञेय की कुछ प्रसिद्ध कहानियों के नाम है—रोज, खितीन बाबू, पुलिस की सीटी, हजामत का साबुन, कोठरी की बात, गैंग्रीन, पठार का धीरज आदि। उनके कई कहानी-संग्रह अब तक प्रकाशित हो चुके हैं—विपथगा, परम्परा, शरणार्थी कोठरी की बात, जयदोल आदि।

जैनेन्द्र की कहानियों में व्यक्ति मनोविज्ञान के दर्शन होते हैं। मानवीय दुर्बलताओं का यथार्थ चित्रण जैनेन्द्र की कहानियों में प्रमुखता से हुआ है। वे प्रसाद की भाँति आदर्श पात्रों को जन्म नहीं देते; अपितु यथार्थ धरातल से उठाये हुए पात्रों को अपनी कहानी का विषय बनाते हैं। उनके पात्र अपने आस-पड़ोस से उठाये हुए मानव-चरित्र हैं। उनकी प्रसिद्ध कहानियाँ हैं—जाह्नवी, पत्नी, मास्टर साहब, परख, एक रात, पानवाला आदि।

उक्त विश्लेषण के आधार पर यह कहा जा सकता है कि प्रेमचन्दोत्तर कथाकारों में मनोविश्लेषण प्रवृत्ति की प्रधानता है। वर्ग-संघर्ष एवं यथार्थवाद की ओर रूझान भी कुछ कहानीकारों का रहा है तथा उन्होंने प्रतीकात्मकता एवं सांकेतिकता का सहारा भी लिया है। इस काल में प्रेम, रोमांस एवं यौन समस्याओं को भी कहानीकारों ने अपनी विषय-वस्तु बनाया है। युगीन परिवेश को पूर्णतः व्यक्त करने में इस काल की कहानी ने महत्त्वपूर्ण भूमिका का निर्वाह किया है। कहानी के शिल्प ने भी इस काल में उत्तरोत्तर प्रगति की है। अब कहानी में घटना विरलता के साथ-साथ व्यक्ति-चरित्र पर विशेष बल दिया जाने लगा।

4. नयी कहानी—सन् 1950 के बाद की कहानी विषय और शिल्प दोनों ही दृष्टियों से पूर्ववर्ती कहानी से भिन्न है। पुरानी कहानी में जहाँ पूर्वाग्रह है, वहीं नयी कहानी पूर्वाग्रह से मुक्त है। पुराने कहानीकारों ने अपनी आँखों पर समाजवादी, नैतिकतावादी, रूमानी या मनोविश्लेषणवादी चश्मा लगाकर जीवन को देखा किन्तु नये

कहानीकारों ने सभी पूर्वाग्रहों से मुक्त होकर जीवन को यथार्थ रूप में देखने समझने का प्रयास किया। उसकी कहानी भोगे हुए यथार्थ से जुड़ी है।

स्वतन्त्रता के बाद हमारी मानसिकता में बदलाव आया है, प्रजातान्त्रिक मूल्यों के सम्बन्ध में हमारी आदर्शवादी कल्पनाएँ झूठी साबित हुई हैं। भूख, गरीबी, बेरोजगारी, अशिक्षा जैसी समस्याओं ने हमारे जन-जीवन को पूरी तरह प्रभावित किया है। नयी कहानी की विकास-यात्रा बीसवीं शताब्दी के छठे दशक में प्रारम्भ हुई। सन् 1955 में 'कहानी' पत्रिका का प्रकाशन प्रारम्भ हुआ, जिसमें प्रकाशित होनेवाली कहानियाँ परम्परागत कहानियों से कुछ अलग दिखायी पड़ रही थीं—कथ्य और टेकनीक, दोनों ही दृष्टियों से। बाद में इन कहानियों को वर्ष 1955-56 के आस-पास नयी कविता के वजन पर नयी कहानी कहा जाने लगा। नयी कहानी में जीवन के यथार्थ को ईमानदारी के साथ चित्रित किया गया है तथा वह कल्पनाप्रसूत होने पर भी अपने आस-पास के जीवन की कहानी दिखती है।

1. ग्रामीण अंचल की कहानियाँ
2. नगर बोध की कहानियाँ
3. यथार्थ बोध की कहानियाँ
4. यौन समस्याओं का चित्रण करनेवाली कहानियाँ
5. व्यंग्य-प्रधान कहानियाँ।

छठे दशक के आरम्भ में हिन्दी कहानी में ग्रामीण अंचल की कहानियों ने पाठकों को विशेष रूप से आकृष्ट किया। इन कहानीकारों में शिवप्रसाद सिंह, मार्कण्डेय, फणीश्वरनाथ रेणु के नाम प्रमुख हैं। इनकी कहानियों में गाँव की तस्वीर साफ-सुथरे रूप में उभरी है किन्तु उनमें रोमांस की प्रधानता है। शिवप्रसाद सिंह के कहानी-संकलनों के नाम हैं—आरपार की माला, मुर्दा सराय, इन्हें भी इन्तजार है आदि। मार्कण्डेय के कहानी-संकलनों में महुए का पेड़, भूदान, हंसा जाई अकेला, आदि प्रमुख हैं। रेणु जी के कहानियों में आंचलिकता उभर आयी है। 'लाल पान की बेगम' और 'तीसरी कसम' उनकी प्रमुख कहानियाँ हैं। उषा प्रियंवदा, मन्नू भण्डारी, कृष्णा सोबती, शिवानी, मेहरुन्निसा परवेज एवं रजनी पणिक्कर जैसी कहानी लेखिकाओं ने पति-पत्नी एवं नारी-प्रमुख सम्बन्धों को अपनी कहानियों में प्रमुखता से अभिव्यक्त किया है।

5. साठोत्तरी कहानी—इस दशक के कहानीकारों ने रोमांस-मुक्त होकर नये यथार्थ का साक्षात्कार किया। मूल्यों के पूर्ण विघटन के साथ-साथ व्यक्तित्वों का खण्डित होना स्वाभाविक था, जिसकी झलक सबसे अधिक नेतृत्व में दिखायी पड़ी। मूल्यहीनता की चरम परिणति कांग्रेस के विभाजन में हुई। सन् 1962 में चीन के हमले के समय ही मोहभंग हो चुका था। अकेलेपन और निर्वासन का एहसास गहरा हो गया, किन्तु इनकी अपेक्षा ऊब की स्थिति अधिक उभरी। अकेलेपन और निर्वासन में जहाँ गहन रचनात्मक दृष्टिकोण है, वहाँ ऊब में विघटनात्मक और सतही विद्रोहात्मक रवैया अधिक दिखायी पड़ता है। ज्ञानरंजन, दूधनाथ सिंह, गंगाप्रसाद विमल, गिरिराज किशोर, रवीन्द्र

कालिया, महेन्द्र भल्ला, ज्ञान प्रकाश, काशीनाथ सिंह आदि इस दशक के अन्य उल्लेखनीय कहानीकार हैं।

ज्ञानरंजन अपनी वस्तुनिष्ठता, सन्तुलन और संयम के कारण सबसे अलग और विशिष्ट हैं। 'फेन्स के इधर-उधर' में संगृहीत कहानियाँ इसकी परिचायक हैं। दूधनाथ सिंह कृत 'रक्तपात' में कटाव, अलगाव और निर्वासन चरम सीमा पर पहुँच गया है। उनकी कहानियाँ अनायास ही इस विचार को जन्म देती हैं कि जहाँ एक समय ऐसा था, जब आदर्श चरित्र निर्मित होते थे, दूसरा समय ऐसा आया, जब प्रामाणिक चरित्र निर्मित किये जाने लगे, वहीं एक समय यह भी है, जब अभिशप्त चरित्रों की सृष्टि होने लगी है। गंगाप्रसाद विमल की कहानी 'एक ओर विदाई' में भी गुमशुदा पहचान की तलाश है, पर यह कहानी सिद्धान्त के जल में उलझकर कहानीपन खो देती है।

गिरिराज किशोर आज की परिस्थितियों में निर्णय न ले सकनेवाले उन व्यक्तियों के कहानीकार हैं, जो तिलस्म में फँसे हुए हैं और बन्द होनेवाली दिशा में दरवाजा खोलते हैं। रवीन्द्र कलिया की कहानियों में स्पष्टतः रोमांस-विरोधी मुद्रा दिखायी पड़ती है। महेन्द्र भल्ला कृत 'एक पति के नोट्स' में आत्मनिर्वासन का वह दर्द है, जिससे वह खुद झेलता है। ज्ञानप्रकाश की कहानियाँ 'अँधेरे के सिलसिले' में संगृहीत हैं जिनमें जीवन की जड़ता और व्यर्थता को प्रभावी ढंग से चित्रित किया गया है।

कहानीकारों में सिद्धेश, प्रकाश बाथम, हृषिकेश, सुदर्शन नारंग, महीपसिंह, पानू खेलिया, सुरेश सिन्हा, रमेश उपाध्याय, जितेन्द्र भाटिया, राजकुमार भ्रमर, नरेन्द्र कोहली, गोविन्द मिश्र, हर्षनाथ, वेद राही, श्रवणकुमार आदि अनेक नाम आते हैं। महिलाओं में ममता कालिया, सुधा अरोड़ा, निरुपमा सेवती, वर्तिका अग्रवाल, दीप्ति खण्डेलवाल आदि ने भी आधुनिकताबोध की कहानियाँ लिखी हैं। इनकी कहानियों में सामान्यतः स्त्री के स्वतन्त्र व्यक्तित्व के चित्र आँके गये हैं। यहाँ तक कि सेक्स के सम्बन्ध में भी इन्हें कोई झिझक और रोमानी संकोच नहीं है। इनकी भाषा ऊपर से सपाट है, पर भीतर से जटिल अर्थों को व्यक्त करती है।

6. समसामयिक कहानी—नयी कहानी से आगे के समसामयिक कहानीकार जीवन के नये सन्दर्भों-सम्बन्धों के बदलाव को वर्णनात्मकता के झाड़ू से बटोरकर नहीं दिखलाता, बल्कि सम्बन्धों को प्रतीकों-बिम्बों में सतर्कता से परिभाषित करता है। गोविन्द मिश्र 'गिद्ध' कहानी में दफ्तरों के भ्रष्ट अधिकारियों की देहगाथा एक बिम्ब में कह देते हैं। इसराइल 'अर्थहीन' शीर्षक कहानी में शिक्षित युवक की शिक्षा और योग्यता का एक दारुण बिम्ब पैदा करते हैं, जो पढ़-लिखकर किसी मतलब का नहीं रहा। योगेश गुप्त की कहानी 'एन्क्लोजर' यन्त्रदानव की व्यथा का दारुण इतिहास है। वेद राही की कहानी, हर रोज' महानगर के अभिशाप का नमूना है। असगर वजाहत 'केक' अमितेश्वर 'हुक्कापानी', उदयप्रकाश 'टफ्चू' बलराम 'पालनहारे', धीरेन्द्र अस्थाना 'अपनी दुनिया' राजकुमार गौतम 'रिश्ते' नरेन्द्र मौर्य 'बिखरते-बिखरते सन्दर्भ' आदि कहानियों में समकालीन यथार्थ के विभिन्न रूपों को उघाड़ते हैं।

आठवें दशक की कहानियों ने संवाद-तत्त्व में नाटकीयता, प्रतीकात्मकता और रूप की स्वच्छता उत्पन्न की, जिससे इनका 'कथ्य' काफी दिलचस्प हो उठा। मंजुल भगत ने 'सफेद कौआ' में एक ढंग से प्रतीक साधकर व्यंग्य किया तो 'मृत्यु की ओर' में मरणासन्न व्यक्ति में माँ और पत्नी के अवचेतन का खुलासा किया। रमेश बतरा ने 'थप्पड़' कहानी में शिक्षित मध्यवर्ग के आदमी की कायरता को तथा रिक्शावाले व्यक्ति की निर्भयता और तड़प को व्यक्त किया तो 'लड़ाई' कहानी में प्राचीन कोरस के शिल्प का अच्छा उपयोग किया। मृदुला गर्ग ने 'दुनिया का कायदा' में पैसे के सामने मानवीयता की हत्या दिखायी तो सुरेन्द्र तिवारी ने 'वार्ड नम्बर टू' में सरकारी अस्पतालों का कच्चा चिट्ठा खोल दिया।

रोज़-रोज़ बढ़ती महँगाई और आर्थिक तंगी ने आदमी को इस तरह पीस डाला है कि वह अनिश्चितता से हाँफ उठा है। एक भीतरी सन्दर्भ में इधर के दो दशकों की कहानियाँ मामूली आदमी की लड़ाई और व्यथा का इतिहास उजागर करती हैं। श्रवणकुमार की 'भितर का आदमी', अजित पुष्कल की 'प्रतिरोध', कृष्णा अग्निहोत्री की 'एक और अश्वत्थामा, ओम गोस्वामी की 'दर्द की मछली' आदि महत्त्वपूर्ण कहानियाँ हैं।

नयी कहानी का व्यक्तिवादी-पीड़ावादी रूझान सामाजिक-राजनीतिक संघर्ष के आड़े आता था; और मज़ेदार बात यह है कि बदलते परिवेश में यह संघर्ष और तेज़ हो रहा था। राजनीतिक दलों के कार्यक्रमों की लाभभरी अवसरवादिता, मक्कारी, धोखेबाजी और फार्मूलाबद्ध तैयारी में सिद्धान्तहीनता एवं सरलीकरण साफ दिखायी देता था। आठवें दशक का कहानीकार समस्याओं से टकराता है पर इनमें आदमी पीड़ित हैं, वह खण्डित नहीं हैं।

7. अकहानी—सचेतन कहानी-आन्दोलन के साथ जुड़नेवाले कुछ कहानीकार वस्तुतः 'अकहानी' की प्रवृत्ति के कहानीकार हैं और वे अकहानी-आन्दोलन में बाकायदा सम्मिलित भी हुए। जगदीश चतुर्वेदी अकहानी-आन्दोलन में सम्मिलित ही नहीं हुए। उनकी कहानियों की मूल वस्तु स्त्री-पुरुष की संसर्गजनित लालसा, सम्भोग और प्रतारणा है। उनकी 'अँधेरे का आदमी', 'विवर्त', 'आदिम गन्ध','डेलिया के फूल' आदि संग्रहों की अधिकांश कहानियाँ इसका प्रमाण हैं। अनुभव की यथार्थता के कारण सरल कथाशिल्प के बावजूद उनकी कहानियाँ हमें प्रभावित करती हैं। गंगाप्रसाद विमल भी 'अकहानी' के पुरोधा रहे हैं, किन्तु उनकी 'खोयी हुई बाती' आदि संग्रहों की कहानियाँ अस्तित्ववादीबोध के ज्यादा निकट हैं। योगेश गुप्त की 'उन दो शहरों की तरह', कैमरे के गर्भ से' 'परास्वप्न', 'मेरे अन्तरिक्ष आदि संग्रहों में संगृहीत कहानियाँ उनके व्यक्तित्व की तरह ही अनूठी हैं। उनकी कहानियों में दलित-शोषित की पक्षधरता भी है और घोर व्यक्तिवादी अस्तित्ववादिता भी। दूधनाथ सिंह भी 'अकहानी' आन्दोलन के पक्षधर के रूप में उभरकर सामने आये। इस कालावधि में उनके कई कहानी-संग्रह प्रकाशित हुए हैं—'माई का शोकगीत, नमो अन्धकारं, धर्मक्षेत्रे-कुरुक्षेत्रे, निष्कासन आदि।

8. सचेतन कहानी–बीसवीं शताब्दी के सातवें दशक (1964) में डॉ. महीप सिंह के नेतृत्व में 'सचेतन कहानी' का आन्दोलन प्रवर्तित हुआ। इस आन्दोलन में जो कहानीकार सम्मिलित हुए, उनमें वे कहानीकार थे जिन्होंने छठे दशक के आन्दोलनों में सम्मिलित कहानीकारों से अलग अपनी पहचान बनायी। इस आन्दोलन में सम्मिलित हुए उनमें वे कहानीकार थे जिन्होने छठे दशक के आन्दोलनों में सम्मिलित कहानीकारों से अलग अपनी पहचान बनायी। वे हैं– महीप सिंह, गिरिराज किशोर, दूधनाथ सिंह, मेरा यात्री, धर्मेन्द्र गुप्त, हिमांशु जोशी, कामतानाथ, जगदीश चतुर्वेदी गंगाप्रसाद विमल, मधुकर सिंह, योगेश गुप्त आदि। इनमें से कुछ कहानीकार इसके बाद चलनेवाले आन्दोलनों में भी सम्मिलित रहे हैं, जिसका सीधा-सा अर्थ यह है कि इन कहानीकारों में जीवनदृष्टि या विशेष विचारधारा के प्रति कोई सामूहिक कटट्र प्रतिबद्धता नहीं थी। इसीलिए इनका कहानीकार-व्यक्तित्व स्वतन्त्र और विशिष्ट का है।

महीप सिंह ने 'सचेतन कहानी' की व्याख्या में 'नयी कहानी' की निषेधात्मक प्रवृत्तियों का विरोध करते हुए जीवन को सकारात्मक सचेत भाव से जानने और जीने पर बल दिया। इस दृष्टि को हम उनकी कहानियों में परिलक्षित होते देख सकते हैं। वर्तमान कलावधि में प्रकाशित 'धूप की उँगलियों' के निशान', 'सहमे हुए', 'दिल्ली कहाँ है' 'ऐसा ही है' कहानी-संग्रहों की कहानियों से उनकी सचेतन दृष्टि प्रमाणित होती है। वे सचेत भाव से अपनी कहानियों में अपना समय जी रहे हैं। सहजता की विशिष्टता को साधने में गिरिराज किशोर भी सफल रहे हैं। उन्होंने अपने जगत्तारनी और अन्य कहानियाँ, वल्दरोजी, यह देह किसकी है आदि संग्रहों की कहानियों में अपने समय को इस तरह प्रतिबिम्बित किया है कि वे अपने समय का दस्तावेज बन गयी हैं। समकालीन शहरी जीवन की विडम्बनाएँ, परम्परा की बेड़ियों में कैंद स्त्रियों की छटपटाहट, निम्नमध्यवर्गीय लोगों की आर्थिक विपन्नता, कार्यालयों की यातनादायक स्थितियाँ, बाजारी और उपभोगवादी संस्कृति आदि उनकी कहानियों में प्रामाणिक रूप से चित्रित हुई हैं।

कामतानाथ ने अपने 'सब ठीक हो जायगा, शिकस्त, रिश्ते-नाते आदि संग्रहों की कहानियों में मध्यवर्गीय जीवन के विविध रूपों और उसकी विविध समस्याओं का चित्रण किया है। मधुकर सिंह के संग्रहों–'पूरा सन्नाटा, अगनु कापड़, पहला पाठ, भाई का जख्म' आदि से स्पष्ट है कि वे हैं तो बहिर्मुखी प्रवृत्ति के कहानीकार ही, लेकिन वैचारिक स्तर पर दुविधाग्रस्त हैं। इसीलिए वर्णव्यवस्था और जातिवाद के कारण होनेवाली दलितों की दुर्दशा और वर्गसंघर्ष की बात करते-करते अपनी कहानियों में वे ऐसी चीज़ें उठा लेते हैं, जिनका न दलितों की दुर्दशा से कोई सम्बन्ध होता है और न वर्गसंघर्ष से। फलतः उनकी कहानियों की धार कुण्ठित हो जाती है।

9. समान्तर कहानी–'अकहानी' आन्दोलन के शिथिल पड़ते-पड़ते कमलेश्वर 'समान्तर कहानी' (1972) का आन्दोलन लेकर सामने आ गये। 1977 में 'जनवादी विचारमंच' की स्थापना हुई और जनवादी कहानी की चर्चा होने लगी। 1979 में राकेश

वत्स ने 'सक्रिय कहानी' का आन्दोलन अपनी पत्रिका 'मंच' के माध्यम से चलाया। इसके बाद हिन्दी में कोई आन्दोलन नहीं चला। इन आन्दोलनों से पूर्ववर्ती आन्दोलनों में सम्मिलित कहानीकारों के अतिरिक्त अनेक कहानीकार भी सामने आये, जिनमें से रमेश उपाध्याय 'पैदल अँधेरे में', 'बदलाव के पहले', 'राष्ट्रीय राजमार्ग', 'किसी देश के शहर में' आदि संग्रहों की कहानियों के माध्यम से विशेष रूप से सक्रिय रहे हैं। वे चाहे किसी भी आन्दोलन में सम्मिलित रहे हों, लेकिन उनकी निष्ठा जनवादी ही रही है। उनके अतिरिक्त इन आन्दोलनों के माध्यम से जितेन्द्र भाटिया, दामोदर सदन, सुदीप, हेतु भारद्वाज, असगर वजाहत, धीरेन्द्र अस्थाना, उदयप्रकाश आदि अनेक कहानीकार उभरकर सामने आये और इनमें से कुछ वर्तमान कालावधि में कहानी रचना में रत रहे। इनमें से कुछ ऐसे कहानीकारों ने भी अपनी पहचान बनायी, जो किसी आन्दोलन के सक्रिय अंग नहीं थे इनमें से एक कहानीकार हृदयेश हैं। उनका पहला कहानी-संग्रह 'छोटे शहर के लोग' 1972 में प्रकाशित हुआ। तब से लेकर अब तक वे निरन्तर कहानियाँ लिखते रहे हैं और उनके कहानी-संग्रह निरन्तर प्रकाशित होते रहे हैं। पहले संग्रह के बाद उनके संग्रह हैं 'अँधेरी गली का रास्ता, इतिहास, उत्तराधिकारी, अमरकथा, नागरिक, जीवनराग, उन्नीस सौ बीस, उसी जंगल में। हृदयेश की कहानियाँ छोटे शहर के छोटे लोगों के दैनन्दिन जीवन की कहानियाँ हैं, जिनमें वे समकालीन भारतीय जीवन में व्याप्त सामाजिक व राजनीतिक विद्रूपताओं और विडम्बनाओं को बड़ी सहजता से व्यंजित कर देते हैं। उनकी कहानियों में कहानीपन कभी समाप्त नहीं होता और वे अपनी बात कहने के लिए प्रतीकों, बिम्बों आदि का उपयोग तो करते हैं, लेकिन शिल्पगत चमत्कार का सहारा कभी नहीं लेते। रमेशचन्द्र शाह को इस दृष्टि से हृदयेश के साथ रखा जा सकता है कि वे आन्दोलनधर्मी कभी नहीं रहे। लेकिन उनकी कहानियाँ उनसे भिन्न हैं।

गोविन्द मिश्र की खुद के खिलाफ, खाक इतिहास, पगला बाबा, आसमान कितना नीला, हवाबाज आदि संग्रहों में संगृहीत कहानियाँ अपने समय के मध्यवर्गीय जीवन का वस्तुपरक चित्रण करती हैं। माहेश्वर ने वामपन्थी विचारधारा से कहानियाँ लिखीं। प्रगतिवादी या जनवादी आलोचकों ने उन्हें ज्यादा महत्त्व नहीं दिया। इसका कारण सम्भवतः यह था कि वे मजदूरों की पक्षधरता का दम भरनेवाले विभिन्न साम्यवादी दलों में व्याप्त विकृतियों और छद्मों पर प्रहार करते रहे। उनके 'डी. पी. डिस्पेन्सरी, मास्टर सेवाराम का सपना, हँसनेवाली औरत कहानी-संग्रह प्रसिद्ध हैं। राकेश वत्स भी इसी पीढ़ी के कहानीकार हैं। इस बीच उनके 'एक बुद्ध और इस हालात में महाकवि के वारिस आदि कहानी-संग्रह प्रकाशित हुए।

हिन्दी कहानी लोकप्रियता के चरम शिखर पर है। अतः यह आशा की जा सकती है कि कहानी का भविष्य भी उज्ज्वल है।

हिन्दी नाटक का उद्‌भव और विकास

(भारतेन्दुपूर्व युग, भारतेन्दु युग, प्रसाद युग, प्रसादोत्तर युग, स्वातन्त्र्योत्तर युग, साठोत्तर युग।)

हिन्दी में नाटक लिखने की परम्परा का सूत्रपात भारतेन्दु बाबू हरिश्चन्द्र से ही मानना चाहिए, क्योंकि इनसे पूर्व नाटक नाम से जो रचनाएँ हिन्दी में उपलब्ध होती हैं उनमें नाट्यकला के तत्त्वों का अभाव है।

भारतेन्दुपूर्व युग—प्राणचन्द चौहान कृत 'रामायण महानाटक' (1610 ई.) तथा कवि उदय कृत 'हनुमान नाटक' (1840 ई.) में पद्यात्मकता है तथा ये नाट्य रचनाएँ नहीं हैं। भारतेन्दु जी के 'पिता गोपालचन्द्र गिरिधरदास ने 'नहुष', गणेश कवि ने 'प्रद्युम्न विजय' तथा शीतलाप्रसाद त्रिपाठी ने 'जानकी मंगल' नाटकों की रचना की।

भारतेन्दु जी ने न केवल हिन्दी में मौलिक नाटकों की रचना की, अपितु उन्होंने दूसरी भाषाओं की श्रेष्ठ नाट्य रचनाओं के अनुवाद भी किये।

भारतेन्दु युग (सन् 1857 से 1900 ई. तक)—भारतेन्दु युग में मौलिक और अनूदित दोनों प्रकार के नाटकों की धूम रही। एक ओर तो दूसरी भाषाओं के श्रेष्ठ नाटक हिन्दी में अनूदित किये गये तथा दूसरी ओर मौलिक नाटकों की भी रचना की गयी। अनूदित नाटक मुख्यतः बँगला, संस्कृत, अंग्रेजी भाषाओं की नाट्य कृतियों पर आधारित हैं। इन अनूदित नाटकों से हिन्दी नाट्य साहित्य को नवीन दृष्टि प्राप्त हुई और हिन्दी में नाट्य रचना का सूत्रपात हुआ। भारतेन्दु जी ने अनूदित नाटकों की रचना की। इनकी सूची निम्नवत् है—

1. विद्यासुन्दर—संस्कृत के चौर पंचाशिका के बँगला संस्करण का अनुवाद
2. रत्नावली—संस्कृत से अनुवाद
3. धनंजय विजय—संस्कृत से अनुवाद
4. कर्पूर मंजरी—संस्कृत से अनुवाद
5. पाखण्ड विडम्बन—संस्कृत के प्रबोध चन्द्रोदय के तीसरे अंक का अनुवाद
6. मुद्रराक्षस—संस्कृत नाटककार विशाखदत्त के नाटक का अनुवाद
7. दुर्लभ बन्धु—अंग्रजी नाटककार शेक्सपियर के मर्चेण्ट ऑफ वेनिस का अनुवाद।

इनके अतिरिक्त भारतेन्दु जी ने जिन मौलिक नाट्य-कृतियों की रचना की, वे इस प्रकार हैं—1. भारत जननी 2. वैदिकी हिंसा हिंसा न भवति 3. सत्य हरिश्चन्द्र 4. श्री

चन्द्रावली नाटिका 5. विषस्य विषमौषधम् 6. भारत दुर्दशा 7. नीलदेवी 8. अन्धेर नगरी 9. सती प्रताप 10. प्रेमजोगिनी।

भारतेन्दु जी के मौलिक नाटकों में विषयों की विविधता है। 'वैदिकी हिंसा हिंसा न भवति' में उन्होंने धर्म के नाम पर की जानेवाली पशुबलि का विरोध किया है तो 'विषस्य विषमौषधम्' में उन्होंने देशी राजाओं की दुर्दशा का चित्रण किया है। भारत दुर्दशा में अंग्रेजी राज्य में भारत की दुर्दशा का निरूपण किया गया है तथा नीलदेवी में भारतीय नारी के आदर्श को प्रतिपादित किया गया है। अन्धेर नगरी में भ्रष्ट शासन तन्त्र पर प्रहार किया गया है जबकि चन्द्रावली नाटिका में प्रेम-भक्ति को प्रतिष्ठित करने का सुन्दर प्रयास है।

भारतेन्दु जी के नाटकों में सुधारवादी दृष्टिकोण के साथ-साथ राष्ट्रीय चेतना की अभिव्यक्ति हुई है—तथा युगीन समस्याओं को जनता तक पहुँचाने की चेष्टा की गयी है। उनके नाटक जनकल्याण की भावना से ओत-प्रोत हैं तथा उनका प्रधान स्वर उपदेशात्मक है। अतीत-गौरव एवं ऐतिहासिक श्रेष्ठता का प्रतिपादन करने का बीज भारतेन्दु युग में ही पड़ गया था, जिसका विकास प्रसादयुगीन नाटकों में दिखायी देता है।

भारतेन्दु काल के नाटककारों में निम्नलिखित नाटककार प्रमुख हैं—

लाला श्रीनिवासदास ने चार नाटकों की रचना की—श्री प्रह्लाद चरित्र, तप्ता संवरण; रणधीर प्रेम मोहिनी और संयोगिता स्वयंवर। इनमें से 'रणधीर प्रेम मोहिनी' उत्कृष्ट कोटि की रचना है, जिसका नायक अपने शौर्य के बल पर उत्पनी प्रेमिकाओं को प्राप्त करता है। संयोगिता स्वयंवर उनका ऐतिहासिक नाटक है।

राधाकृष्ण दास भारतेन्दु युग के एक अन्य लोकप्रिय नाटककार माने जाते हैं। उनके कुछ प्रसिद्ध नाटकों के नाम हैं—महारानी पद्मावती, धर्मालाप, महाराणा प्रताप तथा दुखिनीबाला। इनमें से महाराणा प्रताप उनका सर्वश्रेष्ठ नाटक है, जिसमें राणाप्रताप के शौर्य का वर्णन करते हुए राष्ट्रीय भावना उत्पन्न करने का प्रयास किया गया है।

बालकृष्ण भट्ट द्वारा रचित नाटकों में दमयन्ती स्वयंवर, वृहन्नला, वेणीसंहार, कलिराज की सभा, शिक्षादान, रेल का विकट खेल, बालविवाह आदि विशेष प्रसिद्ध हुए।

राधाचरण गोस्वामी ने तन मन धन, गोसाईं जी के अर्पन, बूढ़े मुँह मुँहासे, लोग देखें तमासे आदि नाटक लिखे।

भारतेन्दु युग के नाटकों में ऐतिहासिक, पौराणिक, काल्पनिक कथाओं को विषय-वस्तु बनाया गया। समाज सुधार, राष्ट्रीय गौरव, अतीत गौरव को नाटकों के माध्यम से दर्शकों तक सम्प्रेषित किया गया। भारतेन्दु युग नाटकों के विकास का प्रथम पड़ाव माना जा सकता है।

प्रसादयुगीन नाटक—भारतेन्दु जी ने हिन्दी नाट्य साहित्य को जो साहित्यिक भूमिका प्रदान की उसे कालान्तर में जयशंकर ने पल्लवित किया। हिन्दी नाट्य क्षेत्र में प्रसाद जी का आगमन वस्तुतः युगान्तर प्रस्तुत करता है। प्रसाद जी के समय तक हिन्दी रंगमंच का पूर्ण विकास नहीं हो सका था। उन्होंने पाठ्य नाटकों की रचना की। प्रसाद जी ऐतिहासिक नाटकों की रचना करनेवाले हिन्दी के प्रमुख नाटककार माने जाते हैं।

भारत के अतीत गौरव का चित्रण करने के साथ-साथ उन्होंने राष्ट्रीयता की भावना उत्पन्न करने का प्रयास किया।

प्रसाद जी ने कुल मिलाकर सात ऐतिहासिक नाटकों की रचना की—विशाख, अजातशत्रु, राज्यश्री, स्कन्दगुप्त, चन्द्रगुप्त, ध्रुवस्वामिनी, जनमेजय का नागयज्ञ, इनमें से कलात्मक उत्कृष्टता की दृष्टि से स्कन्दगुप्त, चन्द्रगुप्त और ध्रुवस्वामिनी विशेष महत्त्वपूर्ण हैं। अपने नाटकों में प्रसाद जी ने अतीत के पट पर वर्तमान का चित्रण किया है तथा इतिहास एवं कल्पना का सन्तुलित समन्वय करने में उन्हें सफलता प्राप्त हुई है। 'ध्रुवस्वामिनी' में प्रसाद जी ने नारी समस्या को प्रस्तुत किया है। तलाक एवं पुनर्विवाह का अधिकार हिन्दू स्त्री को है या नहीं। इस समस्या को बड़े कौशल से उन्होंने प्रस्तुत किया। प्रसाद जी ने अपने ऐतिहासिक नाटकों की भूमिका में नाटक की कथावस्तु के ऐतिहासिक स्रोतों तथा अन्य विवरणों पर विस्तार से प्रकाश डाला है। उन्होंने अपने नाटकों में भारतीय संस्कृति, जातीय गौरव एवं राष्ट्रीयता के गौरवपूर्ण चित्र अंकित किये हैं।

नाट्य शिल्प की दृष्टि से प्रसाद जी के नाटक बेजोड़ हैं। उनमें भारतीय एवं पाश्चात्य नाट्यकला का सन्तुलित समन्वय हुआ है। प्रसाद जी के नाटक न तो सुखान्त है और न ही दुखान्त, अपितु वे प्रसादान्त है। नायक अन्तिम फल का भोक्ता नहीं बन पाता और विषाद की एक छाया पाठकों के मन पर छूट जाती है। स्कन्दगुप्त अपने मार्ग में आनेवाली सारी विघ्न बाधाओं पर विजय प्राप्त करने के उपरान्त भी अन्त में नायिका देवसेना को प्राप्त नहीं कर पाता। प्रसाद जी प्रयोगधर्मी नाटककार थे। उन्होंने अपने परवर्ती नाटकों में विषय और शिल्प दोनों ही दृष्टियों से प्रयोग किये और अन्ततः ध्रुवस्वामिनी के रूप में एक ऐसा सशक्त नाटक लिखा जो पूरी तरह अभिनीत किये जाने योग्य है, क्योंकि इसमें वे त्रुटियाँ नहीं हैं जो उनके अन्य नाटकों की अभिनेयता में बाधक मानी गयी हैं।

हरिकृष्ण प्रेमी ने मध्यकालीन इतिहास से विषय-वस्तु का चयन करते हुए भव्य ऐतिहासिक नाटकों की रचना की। रक्षबन्धन, शिवासाधना, प्रतिशोध, स्वप्नभंग, आहुति, विषपान, उद्धार, शपथ, विजय स्तम्भ, कीर्तिस्तम्भ, संरक्षक, विदा, आन का मान, संवत् प्रवर्तन, अमृत पुत्री, छाया बन्धन 'प्रेमी' जी के प्रसिद्ध ऐतिहासिक नाटक हैं। प्रेमी जी ने अपने नाटकों से हिन्दू-मुस्लिम एकता को स्थापित करने का प्रयास किया।

प्रसाद युग के एक अन्य प्रमुख नाटककार के रूप में लक्ष्मीनारायण मिश्र का नाम उल्लेखनीय है। उनके प्रसिद्ध नाटकों में संन्यासी, राक्षस का मन्दिर, मुक्ति का रहस्य, राजयोग, सिन्दूर की होली और आधी रात के नाम लिये जा सकते हैं। मिश्र जी समस्याप्रधान नाटकों की रचना के लिए प्रख्यात रहे हैं। उन्होंने सामाजिक समस्याओं विशेषतः नारी समस्या को अपने नाटकों की कथावस्तु का आधार बनाया है। प्रेम और विवाह, काम और नैतिकता, दाम्पत्य जीवन एवं प्रणय जैसी अनेक समस्याएँ उनके नाटकों की विषय-वस्तु बनी हैं।

सेठ गोविन्ददास ने आदर्शवादी नाटकों की रचना में उल्लेखनीय योगदान दिया। उनके नाटकों में प्रमुख हैं—प्रकाश, स्वातन्त्र्य सिद्धान्त, सेवा पथ, कर्त्तव्य, सन्तोष कहाँ, त्याग और ग्रहण, बड़ा पानी कौन, सुख किसमें, महत्त्व किसे, गरीबी या अमीरी आदि। इन नाटकों में सेठ जी ने अनेक समकालीन समस्याओं-छूआछूत, भ्रष्टाचार, पाखण्ड, नेताओं की स्वार्थपरता आदि का निरूपण किया है।

गोविन्द वल्लभ पन्त ने राजनीति के साथ-साथ एक नाटककार के रूप में भी ख्याति अर्जित की। अंगूर की बेटी में उन्होंने शराब के दुर्गुणों की चर्चा की तथा सिन्दूर की बिन्दी नाटक में परित्यक्ता नारी की समस्या को चित्रित किया। राजमुकुट एवं अन्तःपुर उनके ऐतिहासिक नाटक हैं। उन्होंने अपने नाटकों से तत्कालीन परिस्थितियों एवं नारी मन को उजागर किया।

उपेन्द्रनाथ 'अश्क' ने स्वर्ग की झलक, छठा बेटा, अलग-अलग रास्ते, अंजो दीदी, अन्धी गली, कैद उड़ान एवं जय-पराजय आदि अनेक नाटकों की रचना की। इनमें से अन्तिम उनका ऐतिहासिक नाटक है, जो मण्डोवर की राजकुमारी हंसाबाई एवं मेवाड़ के राजकुमार चण्ड की गाथा है। अश्क जी के नाटकों में नारी मनोवृत्ति का यथार्थ निरूपण हुआ है तथा समसामयिक का लेख-जोखा प्रस्तुत किया गया है।

प्रसादयुगीन नाटककारों में उदयशंकर भट्ट ने पर्याप्त यश अर्जित किया। उन्होंने ऐतिहासिक एवं समस्यामूलक नाटकों की रचना की। अम्बा, सगर विजय उनके पौराणिक नाटक हैं, जिनके कथानक का स्रोत क्रमशः महाभारत एवं पुराण है। भट्ट जी ने जिन ऐतिहासिक नाटकों की रचना की उनमें दाहर, सगर, विजय, विक्रमादित्य, मुक्तिपथ विशेष उल्लेखनीय हैं।

वृन्दावनलाल वर्मा हिन्दी के ऐतिहासिक उपन्यासकार ही नहीं, अपितु ऐतिहासिक नाटककार के रूप में भी प्रसिद्ध रहे हैं। फूलों की बोली, पूर्व की ओर, बीरबल, ललित विक्रम लाज, सगुन, नीलकण्ठ, केवट, निस्तार और देखा-देखी।

प्रसाद युग में यद्यपि समाज-सुधार की प्रवृत्ति को आधार बनाकर नाटकों की रचना की गयी। बाल-विवाह, अनमेल विवाह, छूआछूत, वर्णव्यवस्था, नारी-स्वातन्त्र्य, धार्मिक अन्धविश्वास जैसी अनेक समस्याओं का चित्रण तत्कालीन नाटक में हुआ। प्रसाद युग हिन्दी नाटकों को प्रौढ़ता की ओर ले जानेवाला काल सिद्ध हुआ।

प्रसादोत्तर युग, स्वातन्त्र्योत्तर युग—प्रसादोत्तर नाटकों का प्रारम्भ हम सन् 1950 ई. से मान सकते हैं। इस काल के उपरान्त नाटक जीवन के यथार्थ से अधिक जुड़े हुए हैं तथा उनमें रंगमंचीयता एवं अभिनेयता का विशेष ध्यान रखा गया है। देश में स्वतन्त्रता के उपरान्त एक नयी चेतना का विकास हुआ तथा जनमानस ने जो अपेक्षाएँ की थीं, वे भी पूरी नहीं हो सकीं। सर्वत्र स्वार्थपरता, छलकपट, भ्रष्टाचार, अवसरवादिता का बोलबाला हो गया। बढ़ती हुई बेरोजगारी ने तनाव, संघर्ष एवं आपराधिक प्रवृत्तियों को जन्म दिया। नाटक ने नवीन मार्ग ग्रहण किया। जटिल जीवनानुभूतियों को अब नाटक में प्रस्तुत किया जाने लगा।

विष्णु प्रभाकर ने अपने नाटकों में आधुनिक भावबोध से उत्पन्न तनाव एवं जीवन-संघर्ष को सफलतापूर्वक प्रस्तुत किया है। इनके लिखे प्रसिद्ध नाटकों में डॉक्टर, युगे-युगे क्रान्ति और टूटते परिवेश के नाम लिये जा सकते हैं।

जगदीशचन्द्र माथुर ने हिन्दी रंगमंच को नयी दिशा देने का प्रयास अपने बहुचर्चित नाटकों के माध्यम से किया। कोणार्क, शारदीया, पहला राजा, दशरथनन्दन उनके प्रसिद्ध नाटक हैं। 'कोणार्क' नाटक की कथा भुवनेश्वर के कोणार्क मन्दिर के साथ जुड़ी है।

मोहन राकेश आधुनिक काल के सशक्त नाटककार माने जाते हैं। यद्यपि उन्होंने केवल तीन नाटकों की रचना की, तथापि संख्या में कम होने पर भी उनके नाटक हिन्दी में अपना विशिष्ट स्थान रखते हैं। उनके नाटकों के नाम हैं—आषाढ़ का एक दिन, लहरों के राजहंस तथा आधे-अधूरे। मोहन राकेश के नाटकों का शिल्प बेजोड़ है। रंगमंच की दृष्टि से ये पूर्ण सफल नाटक हैं। संवाद, भाषा प्रस्तुतीकरण, दृश्य संकेत, रंग निर्देश, छाया प्रकाश आदि सभी दृष्टियों से वे रंगमंच पर सफलतापूर्वक अभिनीत किये जाने योग्य हैं।

विनोद रस्तोगी ने नये हाथ, बर्फ की दीवार, आजादी के बाद, न्याय की रात में नवीनताओं का निरूपण किया है। वे एक सफल रेडियो नाटककार भी माने जाते हैं।

लक्ष्मीनारायण लाल एक बहुचर्चित नाटककार हैं। अन्धा कुआँ, दर्पण, मार्दा कैक्टस, सूर्य मुख, मिस्टर अभिमन्यु, कर्फ्यू, अब्दुल्ला दीवाना, व्यक्तिगत, एक सत्य हरिश्चन्द्र, सगुनपंक्षी और सबरंग, मोहगंग उनकी प्रसिद्ध नाट्य-कृतियाँ हैं।

धर्मवीर भारती कृत 'अन्धा युग' आधुनिक भावबोध को प्रस्तुत करनेवाला गीत नाट्य है। व्यक्ति को बाह्य संघर्ष ही नहीं, आन्तरिक संघर्ष भी झेलने पड़ते हैं और ये आन्तरिक संघर्ष अधिक भयावह होते हैं। अन्धा युग एक सशक्त कृति है जिसमें महाभारत के पात्रों के माध्यम से आधुनिक युग के सन्त्रास, तनाव, कुण्ठा, अन्तर्द्वन्द्व, आवेश एवं अभिशप्त जीवन को अभिव्यक्त किया गया है।

प्रसादोत्तर नाटककारों की सूची बहुत ही लम्बी है।

साठोत्तर युग—इस कालावधि में नाटककार के रूप में कृष्ण बलदेव वैद भी उभरकर सामने आये। उनके प्रकाशित नाटक हैं—भूख आग है, हमारी बुढ़िया, परिवार-अखाड़ा, मोनालिसा की मुस्कान, कहते हैं जिसको प्यार, सवाल और स्वप्न। बिना बात की बात, बात में से बात निकालनेवाले संवाद लिखनेवाले वैद को महारत हासिल है।

रामेश्वर प्रेम का पहला नाटक 'चारपाई' 1975 में पुस्तक रूप में प्रकाशित हुआ। यद्यपि यह 'नटरंग' के 26वें अंक में पहले ही प्रकाशित हो चुका था, किन्तु वे नाटककार के रूप में चर्चित इसी कालावधि में हुए। इस कालावधि में 'कैम्प', 'असाबघर', 'अन्तरंग', 'शस्त्र-सन्तान' आदि कई नाटक प्रकाशित और मंचित हुए हैं। रामेश्वर प्रेम ने अपने नाटकों के कथानक या तो समकालीन जीवन से चुने हैं था इतिहास से। 'कैम्प',में उन्होंने सीमा के उस क्षेत्र में से शरणार्थी परिवारों की कथा कही है, जो न इस देश में हैं न उस देश में।

नाट्यरचना की ओर नरेन्द्र मोहन बहुत बाद में मुड़े। पहले वे आलोचना और काव्यरचना में प्रवृत्त रहे। उनका पहला नाटक 'कहत कबीर सुनो भाई साधो' सामने आया। उसके बाद उनके पाँच नाटक प्रकाशित हुए, सींगधारी, कलन्दर; नो मैंस लैण्ड अभंगगाथा, मिस्टर जिन्ना। उनके इन नाटकों से स्पष्ट है कि उनकी रुचि या तो सन्तों का जीवन प्रस्तुत करने में है या विभाजन के इतिहास में।

स्वदेश दीपक ने 'बाल भगवान' कोर्ट मार्शल, जलता हुआ रथ, सबसे उदास कविता, काल कोठरी आदि नाटक लिखे। उन्होंने अपने नाटकों में अन्धविश्वास, स्वार्थी राजनीति, धर्म के नाम पर की जानेवाली ठगाई, क्रूर अमानवीय और भयावह तन्त्र में पिसते, छटपटाते आम आदमी की यातना, शोषण, वर्ग-संघर्ष, गुटबाजी, स्त्रियों की दुर्दशा, मजदूरों की गरीबी आदि को नाट्यवस्तु बनाया है। वे प्रगतिशील चेतना के नाटककार हैं।

मन्नू भण्डारी का 'बिना दीवारों के घर' 1965 में सामने आया, जिसमें आधुनिकों की विषम और तनावपूर्ण दाम्पत्य जीवन का सजीव और प्रामाणिक चित्र उपस्थित किया। उनका दूसरा नाटक 'महाभोज' (1982) है, जो उनके इसी नाम के उपन्यास का नाट्यरूपान्तर है।

मृदुला गर्ग ने नाट्यलेखन में अपनी विशिष्ट पहचान बनायी। उनका पहला नाटक 'एक और अजनबी' 1978 में प्रकाशित हुआ। उसके बाद जादू का कालीन, तीन कैदें, प्रकाशित हुआ। मृदुला गर्ग ने सभी नाटकों में विभिन्न सन्दर्भों में स्त्री- पुरुष सम्बन्ध ही प्रस्तुत किया।

मृणाल पाण्डे-नाटककार के रूप में उभरकर सामने आयी हैं। उनके प्रकाशित नाटक मौजूदा हालात देखते हुए, जो राम रचि राखा, आदमी जो मछुआरा नहीं था, काजल की कोठरी, चोर निकलकर भागा, मुक्तिकथा आदि हैं।

समकालीन हिन्दी नाटककार न नाट्यवस्तु की विविधता और सार्थकता के प्रति उदासीन हैं और न ही शिल्पगत विविधता और प्रयोगशीलता के प्रति।

हिन्दी निबन्ध का इतिहास

1. भारतेन्दु युग 2. द्विवेदी युग 3. शुक्ल युग 4. शुक्लोत्तर युग

5. स्वातन्त्र्योत्तर युग 6. साठोत्तर युग।

हिन्दी की अन्य गद्य विधाओं के समान हिन्दी निबन्ध का विकास भी भारतेन्दु युग से प्रारम्भ हुआ। इस काल में भारतीय समाज में एक नयी चेतना का विकास हो रहा था। पढ़े-लिखे लोग अपने विचारों को स्वच्छन्दतापूर्वक एक निजीपन लिये हुए ढंग से स्वतन्त्र रूप में व्यक्त करने में लगे थे। समाचार-पत्रों एवं पत्रिकाओं में विविध विषयों पर जो विचार व्यक्त किये जाते थे, उन्हें ही हिन्दी निबन्ध का प्रारम्भिक रूप कहा जो सकता है।

1. भारतेन्दु युग (सन् 1873 ई.से 1903 ई. तक)—भारतेन्दु युग को हिन्दी निबन्ध की विकास-यात्रा का प्रारम्भिक चरण माना जा सकता है। इससे पूर्व के गद्य लेखकों की रचनाओं में निबन्ध के गुण उपलब्ध नहीं थे। इससे पूर्व के भारतेन्दु जी के निबन्ध ही हिन्दी के प्रथमिक निबन्ध हैं, जिनमें निबन्ध-कला की मूलभूत विशेषताएँ उपलब्ध होती हैं। भारतेन्दु जी ने हिन्दी गद्य की अनेक विधाओं का न केवल सूत्रपात ही किया, अपितु उन्हें पल्लवित करने का श्रेय भी प्राप्त किया। उन्होंने समाज, इतिहास, धर्म, राजनीति, यात्रा, प्रकृति वर्णन एवं व्यंग्य-विनोद जैसे विषयों पर निबन्धों की रचना की। अपने सामाजिक निबन्धों में उन्होंने सामाजिक कुरीतियों पर प्रहार किये, तो राजनीतिक निबन्धों में अंग्रेजी राज्य पर तीखे व्यंग्य किये। भारतेन्दु जी के निबन्धों में विषयानुकूल भाषा-शैली का प्रयोग हुआ है।

पं. बालकृष्ण भट्ट 'हिन्दी प्रदीप' के यशस्वी सम्पादक थे और वर्णनात्मक, भावात्मक, विचारोत्तेजक, निबन्धों के लेखक के रूप में जाने जाते हैं। हास्य को वे बहुत महत्त्व देते थे। 'चन्द्रोदय' उनका भावात्मक निबन्ध है तो 'मुग्ध माधुरी' में विचार और भावना का सन्तुलित समन्वय दिखायी पड़ता है।

'ब्राह्मण' के सम्पादक पण्डित प्रतापनारायण मिश्र इस युग के प्रतिनिधि निबन्धकार थे। वे मनोरंजक एवं व्यंग्य-प्रधान निबन्धों को लिखने में अतिकुशल थे। भौं, पेट, दाँत, नाक आदि पर उन्होंने विनोदपूर्ण शैली में निबन्ध लिखे हैं। कैसा भी विषय क्यों न हो, वे उनमें विनोद की सामग्री खोज ही लेते हैं। मिश्र जी की भाषा मुहावरेदार है जिसमें कहीं-कहीं व्यर्थ की उछल कूद एवं चंचलता भी देखी जा सकती है।

श्री बदरी नारायण चौधरी 'प्रेमघन', आनन्द, कादम्बिनी नामक मासिक पत्रिका के सम्पादक थे और भारतेन्दु जी के मित्र थे। उनके निबन्धों की भाषा में आलंकारिकता, कृत्रिमता एवं चमत्कारप्रियता सर्वत्र दिखायी देती है।

बालमुकुन्द गुप्त ने 'शिवशम्भु का चिट्ठा' नाम से लॉर्ड कर्जन को सम्बोधित करते हुए जो निबन्ध लिखे हैं, उनमें भारतवासियों की राजनीतिक विवशता का कच्चा चिट्ठा पेश किया गया है।

संक्षेप में, भारतेन्दु युग के निबन्धकारों में विषय की व्यापकता एवं विविधता है। इन निबन्धों का प्रमुख उद्देश्य राजनीतिक विषमता और सामाजिक कुरीतियों पर चोट करना है।

2. द्विवेदी युग—हिन्दी निबन्ध के विकास के द्वितीय चरण को आचार्य महावीरप्रसाद द्विवेदी के नाम पर द्विवेदी युग कहा गया है। द्विवेदी जी ने 'सरस्वती' पत्रिका का सम्पादकत्व सन् 1903 ई. में सँभाला था, अतः द्विवेदी युग का प्रारम्भ हम इसी समय से मान सकते हैं। द्विवेदी जी ने सरस्वती के माध्यम से भाषा संस्कार एवं व्याकरण-शुद्धि के जो प्रयास प्रारम्भ किये, उनका प्रभाव तत्कालीन सभी निबन्धकारों पर किसी-न-किसी रूप में अवश्य पड़ा।

आचार्य द्विवेदी ने 'बेकन' के निबन्धों को आदर्श निबन्ध मानते हुए उनके निबन्धों का हिन्दी अनुवाद 'बेकन-विचार रत्नावली' के नाम से किया। इसके अतिरिक्त उनके अपने निबन्धों का संग्रह 'रसज्ञ रंजन' नाम से प्रकाशित हुआ है। द्विवेदी जी के कुछ प्रसिद्ध निबन्धों के नाम हैं—कवि और कविता, कवि कर्त्तव्य, प्रतिभा, साहित्य की महत्ता, लोभ, मेघदूत आदि। उनके निबन्धों में वैचारिकता एवं गम्भीरता है तथा भारतेन्दु युग की हास्य-व्यंग्य शैली का यहाँ अभाव है। इन निबन्धों की भाषा शुद्ध, सार्थक एवं परिमार्जित है।

माधवप्रसाद मिश्र के निबन्धों का संग्रह 'माधव मिश्र निबन्धमाला' नाम से प्रकाशित हुआ है। इन्होंने 'धृति, सत्य' जैसे निबन्धों की रचना विचार-प्रधान गम्भीर शैली में की है।

बाबू श्यामसुन्दर दास द्विवेदी युग के श्रेष्ठ निबन्धकार थे। वे एक उच्चकोटि के आलोचक थे। अतः उनके निबन्धों का विषय प्रायः आलोचना से सम्बन्धित रहा। यथा—भारतीय साहित्य की विशेषताएँ, कर्त्तव्य और सभ्यता, समाज और साहित्य आदि। इन्होंने विचारों की अभिव्यक्ति पर ध्यान केन्द्रित किया है। शैली प्रौढ़ दिखायी देती है।

तुलनात्मक समालोचना के लिए प्रख्यात पं. पद्मसिंह शर्मा के दो निबन्ध-संग्रह 'पद्मपराग' एवं 'प्रबन्ध मंजरी' नाम से प्रकाशित हुए हैं। इनके निबन्धों में वैयक्तिकता एवं भावुकता की प्रधानता है। इनकी शैली प्रशंसात्मक एवं प्रभावपूर्ण है।

चन्द्रधर शर्मा 'गुलेरी' के निबन्धों में प्रखर पाण्डित्य की झलक दिखायी देती हैं गोबर गणेश संहिता, कछुआ धर्म, मारेसि मोहि कुठाँव उनके निम्न-संग्रह हैं।

सरदार पूर्णसिंह भावात्मक निबन्धों की रचना के लिए तथा शैली की विशिष्टता एवं भाषा की लाक्षणिकता के लिए सुविख्यात रहे हैं। उनके निबन्ध हैं—आचरण की सभ्यता,

मजदूरी और प्रेम, सच्ची वीरता, पवित्रता, कन्यादान और अमेरिका का मस्त योगी वाल्टेह्विटमैन। इन निबन्धों में स्वाधीन चिन्तन दिखायी देता है।

3. शुक्ल युग—हिन्दी निबन्ध के तृतीय चरण को शुक्ल युग की संज्ञा प्रदान की गयी है। आचार्य रामचन्द्र शुक्ल के निबन्ध क्षेत्र में पदार्पण करने से इसे नये आयाम एवं नयी दिशाएँ प्राप्त हुईं। उन्होंने 'चिन्तामणि' में जो निबन्ध संकलित किये हैं, उनसे हिन्दी निबन्ध अपने चरमोत्कर्ष पर पहुँचा दिखायी पड़ता है। शुक्ल जी के निबन्धों में भाव एवं विचार का अर्थात् हृदय एवं बुद्धि का सन्तुलित समन्वय है। उनके निबन्ध दो प्रकार के हैं— साहित्यिक समीक्षा सम्बन्धी निबन्ध तथा मनोविकार-सम्बन्धी निबन्ध। तुलसी का भक्ति मार्ग, कविता क्या है, साधारणीकरण और व्यक्ति वैचित्र्यवाद प्रथम कोटि के निबन्ध हैं, तो उत्साह, लज्जा और ग्लानि, श्रद्धा-भक्ति, क्रोध द्वितीय प्रकार के निबन्ध हैं। शुक्ल जी के निबन्धों में चिन्तन की मौलिकता, विश्लेषण की सूक्ष्मता एवं शैली की प्रौढ़ता के एक साथ दर्शन होते हैं। उनके निबन्धों के सम्बन्ध में यह निर्णय करना दुष्कर है कि वे विषय-प्रधान हैं या व्यक्ति-प्रधान? शुक्ल जी के निबन्धों में परिष्कृत, प्रांजल साहित्यिक भाषा का प्रयोग हुआ है।

बाबू गुलाबराय को हिन्दी निबन्ध की एक उपलब्धि कहा जा सकता है। उनके निबन्ध-संग्रहों के नाम हैं—'मेरे निबन्ध, मेरी असफलताएँ और फिर निराशा क्यों। उनके निबन्धों में साहित्यिक समस्याओं पर विचार किया गया है। कुछ निबन्ध नितान्त वैयक्तिक हैं, जिन्हें रोचक ढंग से लिखा गया है।

पदुमलाल पुन्नालाल बख्शी के भी निबन्ध 'कुछ' और 'पंचपात्र' में संकलित हैं, जिनमें मौलिक विचार एवं नूतन शैली के दर्शन होते हैं। अतीत स्मृति, उत्सव, रामलाल पण्डित, श्रद्धांजलि के दो फूल जैसे निबन्धों में लेखक की भावुकता, आत्मीयता और व्यंग्य का समन्वय मिलता है।

शान्तिप्रिय द्विवेदी ने एक ओर तो आलोचनात्मक निबन्ध लिखे, तो दूसरी ओर वैयक्तिक निबन्धों की रचना की। 'कवि और काव्य' तथा 'साहित्यिकी' में संकलित निबन्धों में भावुकता एवं आत्मीयता की प्रधानता हे।

डॉ. वासुदेवशरण अग्रवाल ने प्रायः सांस्कृतिक विषयों पर निबन्ध लिखे हैं जिनमें उच्चकोटि की विद्वत्ता झलकती है। माखनलाल चतुर्वेदी ने भावप्रधान निबन्धों की रचना की है किन्तु उनमें गम्भीर चिन्तन भी विद्यमान हे। उनके निबन्धों में प्रयुक्त भाषा-शैली भी लाक्षणिक एवं प्रतीकात्मक है।

शुक्ल युग हिन्दी निबन्ध के विकास का स्वर्ण युग है। इस युग में निबन्धों का विषय-क्षेत्र अधिक व्यापक हुआ, साथ ही उसमें गम्भीरता एवं सूक्ष्मता भी आयी। भाषा-शैली की दृष्टि से यह युग द्विवेदी युग की तुलना में अधिक विकसित एवं प्रौढ़ है। आचार्य रामचन्द्र शुक्ल इस युग की महानतम उपलब्धि हैं और वे हिन्दी के सर्वश्रेष्ठ निबन्धकार कहे जा सकते हैं।

4. शुक्लोत्तर युग स्वातन्त्र्योत्तर युग—शुक्ल जी ने हिन्दी निबन्ध को जो आयाम दिये, उससे हिन्दी निबन्ध का परवर्ती काल में विविधमुखी विकास हुआ। विषय

क्षेत्र, वैचारिकता, भाषा-शैली सभी दृष्टियों से हिन्दी निबन्ध ने नयी दिशाएँ खोजीं। इस काल में केवल समीक्षात्मक और विचारात्मक निबन्धों की ही रचना हुई।

आचार्य नन्ददुलारे वाजपेयी के निबंन्ध 'आधुनिक साहित्य' नया साहित्य : नये प्रश्न में संकलित हैं। वैयक्तिकता एवं व्यंग्य-विनोद की झलक भी उनके निबन्धों में पर्याप्त मात्रा में उपलब्ध है।

आचार्य हजारीप्रसाद द्विवेदी शुक्लोत्तर युग के सर्वश्रेष्ठ निबन्धकार माने जा सकते हैं। इनके प्रकाशित निबन्ध-संग्रहों में कल्पलता, अशोक के फूल, कुटज, विचार-प्रवाह, विचार और वितर्क उल्लेखनीय हैं। इनके निबन्धों में विषय और व्यक्ति का सन्तुलित समन्वय तो है ही साथ ही उनकी विद्वत्ता एवं विषय की गहरी पकड़ भी परिलक्षित होती है। उनके निबन्धों में भाषा की लय, संस्कृत, तत्सम शब्दों से गुम्फित पदावली के साथ-साथ विषयान्तर जुड़े हुए हैं।

हिन्दी के सुप्रसिद्ध कवि रामधारीसिंह 'दिनकर' ने भी निबन्ध रचना में योगदान किया है। अर्द्धनारीश्वर, हमारी सांस्कृतिक एकता, प्रसाद पन्त और मैथिलीशरण, राष्ट्रभाषा और राष्ट्रीय साहित्य उनके निबन्ध-संग्रहों के नाम हैं।

डॉ. वासुदेवशरण अग्रवाल के निबन्ध पुरातत्त्व एवं भारतीय संस्कृति से सम्बन्धित हैं। पृथ्वीपुत्र, मातृभूमि, कला और संस्कृति आदि उनके प्रमुख निबन्ध-संकलन हैं। इन निबन्धों में एक ओर तो निबन्धकार के गम्भीर अध्ययन की झलक मिलती है तो दूसरी ओर चिन्तन की मौलिकता एवं शैली की विशिष्टता भी झलकती है।

डॉ. नगेन्द्र शुक्लोत्तर युग के एक प्रमुख निबन्धकार हैं। उनके प्रमुख निबन्ध-संग्रहों के नाम हैं—विचार और विवेचन, विचार और अनुभूति, विचार और विश्लेषण आदि। 'कला, कल्पना और साहित्य' तथा 'साहित्य की झाँकी' में उन्होंने उत्कृष्ट निबन्ध प्रस्तुत किये।

डॉ. रामविलास शर्मा प्रगतिशील निबन्धकार माने जाते हैं, जिन्होंने व्यंग्यपूर्ण शैली में गम्भीर विचारों को निबन्ध का रूप दिया है। प्रगति और परम्परा तथा प्रगतिशील साहित्य की समस्याएँ में उन्होंने विषय का प्रतिपादन प्रगतिवादी दृष्टिकोण से किया है। साहित्य, कला-संस्कृति और राजनीति पर भी उन्होंने अपने विचार निबन्ध रूप में प्रस्तुत किये हैं।

इनके अतिरिक्त इस काल में पं. विद्यानिवास मिश्र, कुबेरनाथ राय, दिनेशनन्दिनी, विनयमोहन शर्मा, कन्हैयालाल मिश्र प्रभाकर, नलिन विलोचन शर्मा, प्रभाकर माचवे आदि अनेक निबन्धकारों ने निबन्ध रचनाएँ प्रस्तुत की हैं। सभी निबन्धकारों ने समीक्षक की भूमिका का निर्वाह करते हुए निबन्ध लिखे हैं।

5. साठोत्तर युग—इस कालावधि में निबन्धकार धर्मवीर भारती सक्रिय रहे हैं। उनके निबन्ध- संग्रह हैं—'पश्यन्ती, कहानी-अनकहनी, कुछ चेहरे कुछ चिन्तन, शब्दिता। धर्मवीर भारती के निबन्धों में चित्रात्मकता, सांकेतिकता और चिन्तन तीनों हमें एक साथ मिलते हैं।

विद्यानिवास मिश्र के निबन्धों में गाँव बराबर सक्रिय दिखायी देता है, लेकिन उन्हीं के साथ निबन्धकार के रूप में सामने आये। इस कालावधि में प्रकाशित होनेवाले उनके निबन्ध-संग्रह हैं—नया गाँव, आम रास्ता नहीं है, आस्था और चिन्तन, जगत तपोवन सो कियो, वनतुलसी की गन्ध, चली फगुनाहट बौरे आम आदि। लेखक ने गाँव की अदम्य जिजीविषा, प्रतिकूल स्थिति में परिहास और व्यंग्य तथा अदम्य आशावादिता को भी प्रस्तुत किया है।

शिवप्रसाद सिंह ने निबन्धकार के रूप में अपनी पहचान बनायी है। उनका पहला निबन्ध-संग्रह 'शिखरों के सेतु' है। उनके मानसी गंगा, किस-किस को नमन करूँ, क्या कहूँ कुछ कहा ना जाये आदि निबन्ध-संग्रह प्रकाशित हुए। एक सच्चे ललित निबन्धकार की तरह वे भी अपने निबन्धों मन की मौज के साथ इधर-उधर खूब भटकते हैं।

आचार्य हजारीप्रसाद द्विवेदी के शिष्य रामदरश मिश्र के तीन निबन्ध-संग्रह प्रकाशित हो चुके हैं। वे हैं—'कितने बजे हैं, बबूल और कैक्टस, घर परिवार। उनके निबन्धों में अतीत का नस्ताल्जिक स्मरण है, वर्तमान का द्वन्द्व है और भविष्य की चिन्ता है।

निर्मल वर्मा ने प्रचुर मात्रा में व्यक्तिव्यंजक निबन्धों की रचना की है। उनके निबन्ध-संग्रह हैं—'शब्द और स्मृति, कला का जोखिम, ढलान से उतरते हुए, दूसरे शब्दों में, अन्त और आरम्भ, साहित्य का आत्मकथा आदि। उन्होंने साहित्य और कला-सम्बन्धी विषयों पर बड़े मौलिक ढंग से विचार किया है।

रमेशचन्द्र शाह के निबन्ध-संग्रह भी 1970 के आस-पास प्रकाशित होना प्रारम्भ हुए। वर्तमान कालावधि में प्रकाशित उनके निबन्ध-संग्रहों में 'उगडू का पेड़, शब्द निरन्तर, भूलने के विरुद्ध, स्वधर्म और कालगति' विशेषरूप से उल्लेखनीय हैं। शाह के निबन्धों में उनका 'आत्म' उभरकर सामने आया है।

आचार्य हजारीप्रसाद द्विवेदी और विद्यानिवास मिश्र के बाद सबसे अधिक प्रतिभाशाली निबन्धकार कुबेरनाथ राय हैं। कुबेरनाथ राय का 1968 में पहला निबन्ध-संग्रह 'प्रिया नीलकण्ठी' प्रकाशित हुआ, तो उसने न केवल उनकी ओर पाठकों व आलोचकों का ध्यान आकर्षित किया, बल्कि उन्हें एक ललित निबन्धकार के रूप में प्रतिष्ठित भी कर दिया। समकालीन कालावधि में 'मन पवन की नौका, किरात नदी में चन्द्रमधु, दृष्टि अभिसार, प्रेक्षा बृहत्साम, मराल, उत्तरकुरु, वाणी का क्षीरसागर, आगम की नाव आदि प्रकाशित हुए। उन्हें एक सफल निबन्धकार कहा जा सकता है।

नवीन पीढ़ी के विशिष्ट निबन्धकारों की चर्चा करने से पहले यह कह देना उचित होगा कि सर्वेश्वरदयाल सक्सेना, रघुवीर सहाय, मनोहरश्याम जोशी, राजेन्द्र यादव आदि साहित्यकारों में भी निबन्धों की झलक दिखायी देती हैं। हिन्दी में मुख्यतः हास्य-व्यंग्य लिखनेवाले अनेक लेखकों की अनेक रचनाओं को भी ललित निबन्धों की श्रेणी में परिगणित किया जा सकता है। इन हास्य-व्यंग्यकारों के शिरोमणि तो हरिशंकर परसाई और शरद जोशी हैं। परसाई में व्यंग्य प्रधान है तो शरद जोशी में हास्य। लेकिन हरिशंकर

परसाई के तुलसीदास चन्दन घिसैं, प्रेमचन्द के फटे जूते या शरद जोशी के 'जादू की सरकार, तिलिस्म, यत्र-तत्र सर्वत्र या यथासमय आदि संग्रहों की सभी रचनाएँ 'निबन्ध' हों यह मानना गलत होगा।

कृष्णबिहारी मिश्र के ललित निबन्ध-संग्रह प्रसिद्ध हैं–'बेहया का जंगल, मकान उठ रहे हैं, सम्बुद्धि, आँगन की तलाश आदि। उनके निबन्धों की कथावस्तु नस्ताल्जिया, वर्तमान के प्रति विक्षोभ और भविष्य के प्रति आशावादिता से निर्मित हुई हैं।

रामअवध शास्त्री के कई निबन्ध-संग्रह प्रकाशित हो चुके हैं–'डायरी के उड़ते पृष्ठ, बूझत श्याम कौन तुम गोरी, कास फूल गये आदि। उनके निबन्धों में भारतीय एवं पाश्चात्य साहित्य-परम्परा, भारतीय प्रकृति, तीज-त्योहार, पर्व-उत्सव आदि के सन्दर्भ में प्राचीन एवं नवीन सकारात्मक तत्त्वों एवं मूल्यों के बीच सामंजस्य देखने को मिलता है।

श्रीराम परिहार ने भी व्यक्तिव्यंजक निबन्धों को अपनी सर्जना के केन्द्र में रखा। उनके प्रकाशित निबन्ध-संग्रह में–आँच अलाव की, अँधेरे से उम्मीद, धूप का अवसाद, बजे तो वंशी, गूँजे तो शंख, ठिठके पंख पंखुरी पर उल्लेखनीय हैं। उनके निबन्धों में उनकी प्रगतिशील सोच ने अभिव्यक्ति पायी है।

निबन्ध-रचना के लिए व्यक्तित्व की सम्पन्नता की तरह अभिव्यक्ति की सम्पन्नता भी आवश्यक है। निबन्धकार की अभिव्यक्ति ऐसी होनी चाहिए कि पाठक निबन्ध पढ़ते ही उससे अभिभूत हो जाये। वह रसमग्न भी हो और विचारमग्न भी। ये चीजें दुष्कर्म अवश्य हैं, लेकिन असम्भव नहीं। इसलिए भविष्य में निबन्धकार पैदा तो होंगे, लेकिन बहुत कम।

हिन्दी गद्य विधाओं का उद्भव एवं विकास

1. रेखाचित्र का उद्भव एवं विकास, 2. संस्मरण साहित्य का उद्भव और विकास, 3. जीवनी साहित्य का विकासै 4. आत्मकथा साहित्य का विकासए 5. रिपोर्ताज साहित्य का विकास

---

1. रेखाचित्र का उद्भव एवं विकास—रेखाचित्र अंग्रेजी के 'स्केच' का अनुवाद है। जिस प्रकार चित्रकला में बिना रंगों का प्रयोग किये रेखाओं से रेखाचित्र निर्मित किये जाते हैं, उसी प्रकार जब शब्दों के माध्यम से किसी व्यक्ति के व्यक्तित्व को उभारा जाता है, तब उस रचना को 'रेखाचित्र' कहा जाता है। डॉ. गोविन्द त्रिगुणायत के शब्दों में—"रेखाचित्र वस्तु, व्यक्ति अथवा घटना का शब्दों द्वारा विनिर्मित वह मर्मस्पर्शी और भावमय रूप-विधान है, जिसमें कलाकार का संवेदनशील हृदय और उसकी सूक्ष्म पर्यवेक्षण दृष्टि अपना निजीपन उँडेलकर प्राण-प्रतिष्ठा कर देती है।" रेखाचित्र अपने वर्ण्य-विषय का अध्येता, व्याख्याता और सूत्रधार है। रेखाचित्र में वैयक्तिक अनुभूति अनिवार्य रूप से रहती है, इसमें व्यक्ति अथवा वस्तु का ऐसा 'क्लोज अप' प्रस्तुत किया जाता है कि उसकी प्रत्येक विशेषता उभर आती है।

रेखाचित्र से मिलती-जुलती विधा संस्मरण है, जिसके लिए अंग्रेजी शब्द है—'मेमोयर्स'। रेखाचित्र में वस्तुपरक दृष्टिकोण की प्रधानता होती है, जबकि संस्मरण आत्मपरक रचना है। रेखाचित्र में लेखक का व्यक्तित्व नहीं उभरता, संस्मरण में लेखक का व्यक्तित्व आ जाता है।

हिन्दी में रेखाचित्र साहित्य का उद्भव इस शताब्दी के तीसरे दशक से प्रारम्भ हुआ। डॉ. हरवंशलाल शर्मा ने पण्डित पद्मसिंह शर्मा को संस्मरण एवं रेखाचित्रों का जनक माना है। उनका 'पद्मपराग' संग्रह उल्लेखनीय है। सन् 1907 में बालमुकुन्द गुप्त ने प्रतापनारायण मिश्र पर एक रोचक संस्मरण लिखा था। विशाल भारत में आचार्य रामदेव ने स्वामी श्रद्धानन्द पर सन् 1929 ई. में और पं. बनारसीदास चतुर्वेदी ने श्रीधर पाठक पर सन् 1932 ई. में संस्मरण लिखे।

स्वतन्त्र पुस्तक के रूप में रेखाचित्र संग्रह प्रकाशित कराने का श्रेय पण्डित बनारसीदास चतुर्वेदी को है। इस विधा से सम्बन्धित इनकी कुछ प्रमुख कृतियाँ हैं—संस्मरण, हमारे आराध्य, रेखाचित्र, सेतुबन्ध। 'संस्मरण' नामक संग्रह में कई प्रसिद्ध व्यक्तियों के रेखाचित्र संकलित हैं।

हिन्दी रेखाचित्रकारों में पण्डित श्रीराम शर्मा का नाम आदर से लिया जाता है। उनकी विषय प्रतिपादन क्षमता अत्यन्त आकर्षक एवं रोचक है। रेखाचित्रों का उनका प्रथम संकलन 'जंगल के जीव' सन् 1949 ई. में प्रकाशित हुआ था। इसमें जंगली जानवरों को रेखाचित्रों का विषय बनाया गया है। उनका दूसरा संग्रह 'वे कैसे जीते हैं' प्रकाशित हुआ, जिसमें कुल बीस रेखाचित्र संकलित हैं। 'बोलती प्रतिभा' सन् 1967 ई. में प्रकाशित हुआ। उनकी वर्णन शैली सजीव, भाव विश्लेषण। मनोविज्ञानसम्मत और भाषा विषयानुकूल है।

महादेवी वर्मा हिन्दी रेखाचित्रकारों में निस्सन्देह सर्वोच्च स्थान की अधिकारिणी हैं। उनके रेखाचित्र एवं संस्मरण साहित्य को हिन्दी में बेजोड़ माना जाता है। अब तक उनके चार संकलन इस विधा से सम्बन्धित प्रकाशित हो चुके हैं—अतीत के चलचित्र, स्मृति की रेखाएँ, पथ के साथी और मेरा परिवार। उनके संकलनों में ऐसे व्यक्तियों को रेखाचित्र का विषय बनाया गया है जो सामाजिक एवं आर्थिक दृष्टि से अत्यन्त साधारण स्तर के हैं। महादेवी के रेखाचित्रों का मूल विषय है— करुणा। ग्रामीण जीवन के दीनहीन उपेक्षित पात्र- घीसा, मुन्नू की माई, बिबिया आदि उनके रेखाचित्रों के विषय बने हैं।

हिन्दी रेखाचित्रों के विकास में रामवृक्ष बेनीपुरी का नाम अग्रगण्य है। रेखाचित्र लेखन में उन्हें अपूर्व सफलता प्राप्त हुई है। 'माटी की मूरतें' नामक संकलन में बारह रेखाचित्र उन्होंने संकलित किये हैं। 'लालतारा' में 16 शब्द-चित्र हैं तथा 'गेहूँ और गुलाब' में 25 रेखाचित्रों का संकलन किया गया है।

रेखाचित्र विधा को पल्लवित करने का श्रेय कन्हैयालाल मिश्र 'प्रभाकर', प्रकाशचन्द्र गुप्त, सत्यवती मलिक, विनयमोहन शर्मा, देवेन्द्र सत्यार्थी, विष्णु प्रभाकर, अमृतलाल नागर और अमृतराय जैसे अनेक हिन्दी लेखकों को दिया जा सकता है।

कन्हैयालाल मिश्र प्रभाकर के कई रेखाचित्र संकलन अब तक प्रकाशित हुए हैं—भूले हुए चेहरे, जिन्दगी मुस्करायी, माटी हो गयी सोना, दीप जले शंख बजे आदि। संस्मरण लेखन की कला में पारंगत प्रभाकर जी की भाषा सादगी और प्रवाह लिये हुए है। भावुकतापूर्ण शैली में लिखे गये उनके रेखाचित्रों में विषय के प्रति पूर्ण तटस्थता बरतने का प्रयास किया गया है।

रेखाचित्र लेखन में प्रो. प्रकाशचन्द्र गुप्त का भी महत्त्वपूर्ण स्थान है। 'हंस' के रेखाचित्र विशेषांक में उन्होंने हरिवंशराय बच्चन पर एक रेखाचित्र लिखा था। उनके रेखाचित्र-संग्रह के नाम हैं— रेखाचित्र, पुरानी स्मृतियाँ और विशाखा।

आचार्य विनयमोहन शर्मा का नाम भी रेखाचित्र में बहुत प्रसिद्ध है। रेखाएँ और रंग नामक रेखाचित्र संग्रह में उन्होंने एक ओर तो भूमिका के अन्तर्गत, रेखाचित्रों के सैद्धान्तिक पक्ष का उद्घाटन किया है, तो दूसरी ओर एक कुशल रेखाचित्रकार होने का परिचय भी दिया है।

देवेन्द्र सत्यार्थी को भी हिन्दी का प्रमुख रेखाचित्रकार माना गया है। उनके प्रमुख संकलन हैं– क्या गोरी क्या साँवरी, रेखाएँ बोल उठीं, एक युग एक प्रतीक आदि। इनके रेखाचित्रों में भावात्मक शैली का प्रयोग किया गया है।

हिन्दी रेखाचित्र एवं संस्मरण विधा के अन्तर्गत पर्याप्त कार्य हुआ है। पत्र-पत्रिकाओं में इस विधा से सम्बन्धित लेख प्रायः निकलते रहते हैं। साहित्यकारों, राजनेताओं और समाजसेवियों से सम्बन्धित अनेक संस्मरणात्मक रेखाचित्र विभिन्न पत्र-पत्रिकाओं में प्रकाशित होते रहते हैं, अतः इस विधा का भविष्य निश्चित रूप से उज्ज्वल है।

2. संस्मरण साहित्य का उद्भव और विकास—आधुनिक हिन्दी गद्य साहित्य में संस्मरण एक आकर्षक एवं आत्मनिष्ठ आधुनिकतम विधा है। जीवनीपरक साहित्य का यह अत्यन्त ललित एवं लघु कलात्मक अंग है। जीवन अभिव्यक्ति का यह रूप संस्मरण पर आधारित है। संस्मरण किसी स्मर्यमाण की स्मृति का शब्दांकन है। संस्मरणकार अपनी स्मृति के धरातल पर व्यक्तिगत जीवन में अपने सम्पर्क में आये हुए अन्य व्यक्तियों के जीवन के विशिष्ट पहलू को कथात्मक शैली में रेखांकित करता है। हर व्यक्ति अपने जीवन में अनेक व्यक्तियों के सम्पर्क में आता है।

संस्मरण में मूल में अतीत की स्मृतियाँ निहित रहती हैं, जो व्यक्तिगत सम्पर्क का परिणाम होती हैं। उन्हीं स्मृतियों को संस्मरणकार सजीव रूप में प्रस्तुत करता है। संस्मरणकार केवल महत्त्वपूर्ण बातों को ही नहीं लेता है, अपितु छोटी-से-छोटी घटना को भी चारुता के साथ अंकित कर देता है।

संस्मरण सफलता की प्रथम शर्त सहानुभूतिपूर्ण हृदय की अनिवार्यता है। व्यक्ति के स्वभाव में झाँकने का अवसर सहानुभूति के द्वारा ही प्राप्त होता है। संस्मरण की दूसरी शर्त व्यक्तिगत सम्पर्क है, जिसके अभाव में व्यक्ति की रुचि-अरुचि, आकर्षण-विकर्षण आदि का पता नहीं चल सकता है।

संस्मरण लेखकों में **अयोध्या प्रसाद गोपलीय** के कई संकलन समय-समय पर प्रकाशित हो चुके हैं। 'जग जागरण के अग्रदूत' संग्रह इनका प्रसिद्ध संग्रह है। इनके संस्मरण अधिकतर जीवनीपरक हैं।

उपेन्द्रनाथ अश्क 'मण्टो : मेरा दुश्मन' संस्मरण में सबसे अधिक सूझ-बूझ मिलती है। इस विषय में अश्क जी उत्कृष्ट संस्मरणकार कहे जा सकते हैं।

हिन्दी का संस्मरण साहित्य 20वीं शताब्दी में जन्मा है, परन्तु अल्पकाल में ही उसमें उल्लेखनीय प्रगति हुई है। हिन्दी का संस्मरण साहित्य आज बहुत समृद्ध और पर्याप्त लोकप्रिय हो चुका है।

शर्मा जी के संस्मरण अधिकतर शिकार-सम्बन्धी हैं, परन्तु उनके संस्मरणों में व्यक्तिगत अनुभवों का पुट होने के कारण एक विचित्र यथार्थपरक रोचकता आ गयी है। श्रीराम शर्मा के 'सन् बयालीस के संस्मरण' संज्ञक कृति संस्मरण विधा के सच्चे प्रतिनिधि हैं। महादेवी वर्मा के संस्मरण तो हिन्दी गद्य साहित्य की अक्षय निधि हैं।

'स्मृति की रेखाएँ' और 'पथ के साथी' में संकलित संस्मरणों में उनके संस्मरण-लेखन का उत्कर्ष दिखायी देता है। महादेवी मूलतः कवयित्री हैं। यही कारण है कि उनके संस्मरणों में कवि हृदय की कोमलता, भावुकता और मधुरता मिलती है और वे भाषा की चित्रोपमता, ध्वन्यात्मकता, लाक्षणिकता आदि गुणों से सजे होते हैं।

आधुनिक संस्मरण लेखकों में श्री राजेन्द्र लाल हाण्डा का नाम प्रचलित है। इनके संस्मरण 'दिल्ली में बीस वर्ष' नामक संकलन में प्रकाशित हो चुके हैं। इसी प्रकार श्रीमती शिवरानी इस युग की प्रमुख संस्मरण लेखिका हैं। 'प्रेमचन्द : घर में' एक सर्वश्रेष्ठ कृति है। इसमें प्रेमचन्द के आजीवन भाँति-भाँति के संघर्षों से जूझने का, उनसे उत्पन्न सफलता-असफलता का, हर्ष-विषाद का तथा सुख-दुःख का वर्णन लेखिका ने किया है। श्रीनिधि विद्यालंकार का नाम भी संस्मरण लेखिका में गिना जाता है। इनके संस्मरण 'शिवालिक की घाटियों मे' शीर्षक से प्रकाशित हो चुके हैं। संस्मरण-लेखन के क्षेत्र में राजा राधिकारमण प्रसाद सिंह के संस्मरण कई संग्रहों में प्रकाशित हुए हैं। जैसे-पूरब और पश्चिम, हवेली का झोंपड़ी, वे और हम, जानी-सुनी-देखी माला आदि।

भारतेन्दु जी आधुनिक काल के जनक माने जाते हैं। उन्होंने गद्य साहित्य की अन्य विधाओं की तरह संस्मरण-लेखन का भी कार्य किया। उनका 'कुछ आप बीती कुछ जग बीती' शीर्षक एक सुन्दर संस्मरण है। हिन्दी में संस्मरण साहित्य विधा का वास्तविक लेखन द्विवेदी-युग से ही माना जाता है। हजारीप्रसाद द्विवेदी ने सर्वप्रथम संस्मरणात्मक निबन्ध प्रस्तुत किया। वर्णन के विषय बालकृष्ण भट्ट थे। द्विवेदी जी की प्रेरणा से 'सरस्वती' में बहुत-से संस्मरणात्मक जीवन-परिचय प्रकाशित हुए थे।

हिन्दी संस्मरण-साहित्य-सर्जना में स्वामी सत्यदेव परिव्राजक का नाम उल्लेखनीय है। इन्होंने सन् 1905 के आस-पास अमेरिका की यात्रा की थी। उस यात्रा से सम्बन्धित संस्मरणों का उन्होंने सजीव वर्णन किया है। उनके संस्मरण परिपूर्ण हैं।

हेमचन्द्र जोशी ने भी फ्रांस की यात्रा की थी और यात्रा से सम्बन्धित संस्मरणों को शब्द श्रृंखलाओं में बाँधकर सुन्दर वर्णन किया है। इनके संस्मरणों में साहित्यिकता अधिक है। बाद में जोशी जी के संस्मरण 'फ्रांस यात्रा और संस्मरण' पुस्तकाकार के रूप में प्रकाशित हुई।

कुछ विद्वान् हिन्दी का पहला संस्मरण लेखक पण्डित पद्मसिंह शर्मा को मानते हैं। बिहारी-सतसई' का तुलनात्मक अध्ययन प्रस्तुत करनेवाले शुक्लयुगीन संस्मरण लेखक शर्मा ने अनेक साहित्यकारों के रस-भीने संस्मरण अत्यन्त रोचक शैली में प्रस्तुत किया, जिसमें एक ओर अकबर का जीवन मुखरित हो उठा है, वहीं स्वयं शर्मा जी की विद्वत्ता एवं हाजिर-जवाबी प्रवृत्ति साकार हो उठी है। 'लखनऊ से देहरादून तक की यात्रा' तथा 'मनोरंजक संस्मरण' शीर्षक से पुस्तक रूप में प्रकाशित करानेवाले पं. श्रीनारायण चतुर्वेदी का नाम संस्मरण साहित्य में उल्लेखनीय है।

संस्मरण साहित्य विधा लेखन के प्रति पूर्ण समर्पित पं. बनारसीदास चतुर्वेदी अत्यन्त सिद्धहस्त लेखकों में अग्रणी हैं। उनके महापुरुषों पर लिखे गये सुन्दर और उत्कृष्ट संस्मरण संगृहीत हैं। पण्डित श्रीराम शर्मा का स्थान भी संस्मरण लेखकों में महत्त्वपूर्ण है।

3. जीवनी साहित्य का विकास—जब किसी लेखक द्वारा किसी महान् व्यक्ति के जीवन की घटनाओं को क्रमबद्ध रूप में प्रस्तुत किया जाता है, तब उस रचना को 'जीवनी' कहते हैं। भारतीय साहित्य में जीवनी लिखने की वैसी वस्तुपरक परम्परा नहीं रही है, जैसी कि पाश्चात्य देशों में पायी जाती है। हिन्दी जीवनी के विकास को निम्नलिखित बिन्दुओं के अन्तर्गत समझा जा सकता है—

1. आरम्भिक काल—हिन्दी साहित्य के आरम्भिक काल में जीवनी का प्रारम्भिक रूप चरित-काव्यों के रूप में देखा जा सकता है। सामाजिक, धार्मिक एवं राजनीतिक दृष्टि से यह युग 'विरोधों तथा व्याघातों का युग' रहा है। इस समय के कवि लोग राजाओं के आश्रय में रहते और अपने आश्रयदाताओं के शौर्यपूर्ण एवं विलासी व्यक्तित्व को अपनी काव्य-साधना का इष्ट बनाकर अपनी जीविका कमाते थे। इस युग के चारणों द्वारा रचित ऐतिहासिक ग्रन्थों को 'ऐतिहासिक चरित काव्य' कहा जाता है जिनमें से 'पृथ्वीराज रासो', 'हम्मीर रासो', 'जयचन्द प्रकाश' आदि प्रमुख हैं।

2. मध्यकाल—हिन्दी साहित्य के मध्यकाल में सन्त-महात्माओं एवं भक्तों के जीवन-चरित लिखने की प्रवृत्ति को बड़ा प्रोत्साहन मिला। आलोच्य युग में कबीर, तुलसी, सूर जैसे भक्त कवियों और मीराँ जैसी भक्तिन कवयित्री की रचनाओं से हिन्दी-साहित्य धन्य और धनी हो उठा। समय-समय पर इन महान् विभूतियों के प्रति श्रद्धा व्याक्त करने के लिये हिन्दी साहित्य में इनके जीवन-चरित लिखे गये। भक्तों के जीवन-चरित नाभादास कृत 'भक्तमाल', स्वामी गोकुलनाथ कृत 'चौरासी वैष्णवन की वार्त्ता','दो सौ बावन वैष्णवन की वार्त्ता' तथा' अष्टसखान' में संकलित हैं। इस काल के उत्तर में आचार्य केशवदास रचित 'वीरसिंहदेव चरित', 'जहाँगीर जसचन्द्रिका', सूदन कृत 'सुजान चरित' 'तथा चन्द्रशेखर कृत 'हम्मीर हठ' ग्रन्थ चरित काव्य के परम्परा में ही आते हैं।

3. आधुनिक काल—आधुनिक काल में जीवनी साहित्य प्रचुर मात्रा में लिखा गया है। इसलिए इस काल में रचित जीवनी साहित्य का समुचित एवं व्यवस्थित रूप में अध्ययन करने के लिए दो भागों में विभाजित करना उचित होगा-

(i) स्वतन्त्रता-पूर्व काल में हिन्दी-जीवनी का विकास

(ii) स्वतन्त्रता-प्राप्ति के उपरान्त हिन्दी-जीवनी का विकास

(i) स्वतन्त्रता-पूर्व काल में हिन्दी-जीवनी का विकास—हिन्दी-जीवनी का उत्कर्ष भी साहित्य की अन्य विधाओं के समान आधुनिक काल में भारतेन्दु हरिश्चन्द्र के साहित्य-सृजन से ही हुआ। इस युग में जीवनी साहित्य ने अपना पुराना स्वरूप

त्यागकर एक नव-रूप में अपना परिचय दिया। अब जीवनी गद्य साहित्य की एक विधा के रूप में प्रतिष्ठित हो गयी। इन जीवनियों में मुख्यतः सन्त-महात्माओं, राजा-महाराजाओं, विदेशी शासकों, समकालीन राष्ट्रीय नेताओं, देशभक्त क्रान्तिकारी युवकों तथा सुप्रसिद्ध साहित्यकारों के जीवन-चरित का अंकन राष्ट्रीय पृष्ठभूमि के आलोक में हुआ है। डॉ. भगवानशरण भारद्वाज ने अपनी पुस्तक 'हिन्दी जीवनी-साहित्य : सिद्धान्त और अध्ययन' में भारतेन्दु से लेकर स्वतन्त्रता-प्राप्ति के पूर्व तक लिखित सैकड़ो जीवनियों की सूची प्रस्तुत की।

जागरण युग के प्रणेता भारतेन्दु हरिश्चन्द्र ने साहित्य की अन्य विधाओं के साथ जीवनी लेखन में भी अपनी कलम चलायी, उन्होंने 'चरितावली' विभिन्न क्षेत्रों के महत्त्वपूर्ण व्यक्तियों के संक्षिप्त जीवन-चरित्र प्रस्तुत किये। उसके बाद 'पंच पवित्रात्मा' में मुस्लिम धर्माचार्यों महात्मा मुहम्मद, मुहम्मद अली, बीबी फातिमा, इमाम हसन और इमाम हुसैन की संक्षिप्त जीवनियाँ लिखीं। आचार्य महावीरप्रसाद द्विवेदी ने जीवन-चरित सम्बन्धी पाँच पुस्तकें लिखीं, जिनमें से 'प्राचीन पण्डित और कवि, सुकवि संकीर्तन, चरितचर्चा प्रमुख हैं।

इस युग के धार्मिक और सामाजिक क्षेत्र के जन-नायकों में स्वामी सत्यानन्द कृत 'श्रीमद् दयानन्द प्रकाश' एक महत्त्वपूर्ण जीवन-चरित है। राजनीतिक पुरुषों की जीवनियों में शिवनारायण टण्डन द्वारा लिखित 'पण्डित जवाहरलाल नेहरू', जगपति चतुर्वेदी द्वारा लिखित 'लाला लाजपतराय', ब्रजेन्द्र शंकर द्वारा लिखित 'श्री सुभाषबोस', मन्मथनाथ द्वारा लिखित 'चन्द्रशेखर आजाद', रामनाथ लाल 'सुमन' द्वारा लिखित 'मोतीलाल नेहरू' उल्लेखनीय हैं।

साहित्यिक विभूतियों पर लिखी गयी जीवनियों में सर्वप्रथम जीवनी कार्तिक प्रसाद खत्री द्वारा लिखित मीराँबाई का जीवन-चरित्र उपलब्ध होता है। हिन्दी साहित्य में सफल जीवनी लेखक के रूप में शिवनन्दन सहाय का पदार्पण एक महत्त्वपूर्ण उपलब्धि है। उनके द्वारा प्रणीत 'भारतेन्दु हरिश्चन्द्र' विषय-वस्तु की पूर्णता एवं भाषा-शैली की सरसता व रोचकता के कारण सफल जीवनी है। बनारसीदास चतुर्वेदी द्वारा लिखित सन् 1926 में प्रकाशित 'कविरत्न सत्यनारायण की जीवनी' एक उल्लेखनीय जीवनी है। श्रीमती शिवरानी देवी द्वारा लिखित एवं 1944 में प्रकाशित जीवनी 'प्रेमचन्द : घर में' आलोच्य-काल की एक महत्त्वपूर्ण जीवनी है।

(ii) स्वतन्त्रता-प्राप्ति के उपरान्त हिन्दी-जीवनी का विकास—इस काल को हिन्दी जीवनी का 'चरमोत्कर्ष ' कहा जा सकता है। इस काल में हुई विश्व की वैज्ञानिक प्रगति तथा पाश्चात्य देशों में प्रचलित मानव-विकास के विभिन्न आन्दोलनों ने व्यक्ति के जीवन को प्रभावित किया। इस युग में धार्मिक-सामाजिक सन्त-महात्माओं की जीवनियों में पं. ललिता प्रसाद द्वारा लिखित 'हरिबाबा', रंगनाथ रामचन्द्र दिवाकर द्वारा लिखित अरविन्द की जीवनी, महायोगी ब्रह्मचारी सेवानन्द आंजनेय द्वारा लिखित

उड़िया बाबा की जीवनी 'हमारे महाराज जी' तथा डॉ. शिवप्रसाद सिंह द्वारा लिखित तथा सन् 1972 में प्रकाशित 'उत्तर योगी' उल्लेखनीय हैं।

राजनीतिक महापुरुषों के जीवनी लेखकों में राहुल सांकृत्यायन का नाम सर्वोपरि है। उन्होंने साम्यवादी विचारधारा के दिशा-पुरुषों को अपनी दृष्टि का केन्द्र बनाकर सन् 1953 में 'स्टालिन', सन् 1954 में 'कार्ल मार्क्स', तथा 'लेनिन' और सन् 1956 में 'माआत्से-तुंग' की जीवनियाँ लिखीं। ओंकार शरद कृत सुप्रसिद्ध समाजसेवी नेता डॉ. राममनोहर लोहिया की जीवनी, 'लोहिया', और स्वर्गीय प्रधानमन्त्री श्रीमती इन्दिरा गाँधी की जीवनी 'इन्दिरा गाँधी', श्री शरण द्वारा लिखित श्रीमती इन्दिरा गाँधी की जीवनी 'धरती की बेटी आकाश हो गयी' प्रमुख जीवनियाँ हैं।

इस युग में कुछ सुप्रसिद्ध क्रान्तिकारियों की भी सफल जीवनियाँ लिखी गयी हैं, जिनमें से सुप्रसिद्ध क्रान्तिकारी विश्वनाथ वैशम्पायन द्वारा लिखित 'अमर शहीद चन्द्रशेखर आजाद', प्रो. वीरेन्द्र सिन्धु द्वारा लिखित 'युगद्रष्टा भगतसिंह और उनके मृत्युंजय पुरखे', धर्मवीर द्वारा लिखित 'लाला हरदयाल', मन्मथनाथ गुप्त द्वारा लिखित 'क्रान्तिदूत भगतसिंह और उनका युग' प्रमुख जीवनियाँ हैं।

स्वतन्त्रता-प्राप्ति के बाद के काल में लिखित साहित्यिक व्यक्तियों की जीवनियों में सुप्रसिद्ध पत्रकार ऋषि जैमिनी कौशिक 'बरुआ' द्वारा लिखित तथा सन् 1960 ई. में प्रकाशित 'माखनलाल चतुर्वेदी', अमृतराय द्वारा लिखित तथा सन् 1962 में प्रकाशित 'प्रेमचन्द कलम का सिपाही', डॉ. रामविलास शर्मा द्वारा प्रणीत तथा सन् 1969 में प्रकाशित 'निराला की साहित्य-साधना' और विष्णु प्रभाकर द्वारा रचित 'आवारा मसीहा' प्रमुख हैं।

हिन्दी का जीवनी-साहित्य अल्पायु का होते हुए भी आधुनिक काल में पर्याप्त है। विषय का वैविध्य तथा शैली की प्रौढ़ता उसमें विद्यमान है। जीवनी का मूलाधार रचना के अन्त तक विषयगत बना रहा है। जीवनी में व्यक्ति-विशेष का चित्र प्रस्तुत करने में व्यापकता एवं गहराई होती है। शैली को शुष्कता तथा नीरसता से बचाये रखकर लेखकों ने अद्भुत सन्तुलन का परिचय दिया है।

4. आत्मकथा साहित्य का विकास—यह भी हिन्दी की आधुनिक नवीन विधाओं में एक मुख्य विधा है। आत्मकथा का शाब्दिक अर्थ है—'अपनी कथा'। जिस विधा में लेखक स्वयं ही अपना जीवन-वृत्त प्रस्तुत करे उसे 'आत्मकथा' कहते हैं अर्थात् आत्मकथा ऐसी जीवन-कथा है, जो उसी व्यक्ति द्वारा लिखी जाती है, जिसके जीवन-वृत्त का वर्णन अभीष्ट है। दूसरे शब्दों में अपने विषय में लिखे गये संस्मरणों का अधिक और विस्तृत रूप ही आत्मकथा है। इसे आत्मचरित, आत्मचरित्र कहते हैं।

आत्मकथा में लेखक निष्पक्ष भाव से अपने गुण-दोषों की सम्यक् अभिव्यक्ति करता है और अपने चिन्तन, संकल्प, विकल्प, उद्देश्य एवं अभिप्राय को व्यक्त करने हेतु जीवन के अनेक महत्त्वपूर्ण पक्षों को उद्घाटित करता है। साहित्यिक विधा में

लेखक अपने वैयक्तिक जीवन के ही खट्टे-मीठे अनुभवों को क्रमानुसार बाह्य सामग्रियों तथा स्मृति के आधार पर लिपिबद्ध करता है।

आत्मकथा प्रस्तुत करना लेखक के लिए एक कष्टप्रद कार्य है, क्योंकि कष्ट का एकमात्र कारण रचनाकार का आत्मकथा में द्रष्टा एवं भोक्ता दोनों बने रहना है इसमें आत्मकथाकार को द्रष्टा का कर्त्तव्य निभाना पड़ता है और उसे भोक्ता भी बने रहना पड़ता है। मानव-जीवन में अटूटआस्था का पग-पग पर प्रकट होना आत्मकथा का दूसरा महत्त्वपूर्ण तत्त्व है। देश, काल, वातावरण आत्मकथा का तीसरा तत्त्व है।

आत्मवर्णन की दिशा में भारतीयों की दृष्टि अद्वैतवादी दर्शन के कारण अग्रसर नहीं हो सकी। हमारे पुराने साहित्यकार और विचारक आत्मवर्णन की ओर झुके ही नहीं। उन्हें व्यक्तिगत सुख-दुःख को, व्यक्ति के अस्तित्व को, काल के अनन्त प्रवाह के सम्मुख नगण्य मानने के कारण महत्त्व प्रदान नहीं किया।

स्वतन्त्र-ग्रन्थ के नाम पर गोकुलनाथ कृत 'निजवार्त्ता' पर केवल निगाह टिकती है। ये आचार्य वल्लभ के पौत्र तथा आचार्य विट्ठल के पुत्र थे। आचार्य गोकुलनाथ ने अपनी प्रसिद्ध कृति 'निजवार्त्ता' में निजी जीवन से सम्बन्धित कुछ प्रसंगों का भी उल्लेख किया है, परन्तु यह उल्लेख मात्र ही है, आत्मकथा स्तर का नहीं। 'अर्द्धकथा' आत्मकथा के स्तर का एकमात्र ग्रन्थ है, जिसकी रचना सुप्रसिद्ध जैन कवि बनारसीदास द्वारा की गयी। इस ग्रन्थ की भाषा खड़ीबोली तथा ब्रजभाषा मिश्रण से युक्त 'मध्य प्रदेश' की बोली है। इस ग्रन्थ का समय सन् 1941 माना जाता है। डॉ. रामचन्द्र तिवारी ने आत्मकथा—लेखन का प्रारम्भ वहीं से माना है। इसके अतिरिक्त पूरे मध्यकाल में किसी अन्य आत्मकथा का उल्लेख नहीं मिलता। आत्मकथा के विकासक्रम को हम इस प्रकार से समझ सकते हैं—

1. भारतेन्दु युग—भारतेन्दु हरिश्चन्द्र बहुमुखी प्रतिभा के साहित्यकार थे। अधिकांश विद्वानों द्वारा प्रथम आत्मकथा लेखन का श्रेय भारतेन्दु को ही दिया जाता है। उन्होंने 'कुछ आप बीती कुछ जग बीती' नामक आत्मकथा लिखी, जिसमें उनकी यौवनकालीन रोचक काव्यात्मक घटनाएँ निरूपित हैं किन्तु यह कृति अपूर्ण है। भारतेन्दु के समकालीन पण्डित अम्बिकादत्त व्यास ने 'निजवृत्तान्त' नामक आत्मकथा लिखी। इसके पश्चात् सत्यानन्द अग्निहोत्री कृत 'मुझमें देव-जीवन का विकास', स्वामी श्रद्धानन्द कृत 'कल्याण पथ का पथिक' आदि प्रकाश में आयीं।

2. द्विवेदी युग—भारतेन्दु के बाद आचार्य महावीरप्रसाद द्विवेदी ने 'सरस्वती' पत्रिका में अपनी अधूरी कहानी प्रकाशित करायी, बाबू श्यामसुन्दर दास द्वारा लिखित 'मेरी आत्मकहानी' एक श्रेष्ठ आत्मकथा है। इस सम्बन्ध में हम कह सकते हैं कि यह एक समृद्ध आत्मकथा है। इसी युग में जयशंकर प्रसाद ने पद्य में और मुन्शी प्रेमचन्द ने 'मेरी कहानी' नामक आत्मकथा लिखी। वियोगी हरि ने भावात्मक शैली

में 'मेरा जीवन प्रवाह' नामक आत्मकथा लिखी। भाई परमानन्द ने 'आप बीती' और रामविलास शुक्ल ने 'मैं क्रान्तिकारी कैसे बना' आत्मकथाएँ लिखीं।

3. स्वातन्त्र्योत्तर युग–द्विवेदी युग के बाद स्वातन्त्र्योत्तर युग में आत्मकथा का बहुमुखी विकास हुआ। स्वाधीन भारत में प्रकाशित प्रथम उल्लेखनीय आत्मकथा यशपाल रचित 'सिंहावलोकन' है। इसमें क्रान्तिकारियों की आत्मकथा की मार्मिकता दर्शनीय है। इनके बाद पाण्डेय बेचन शर्मा 'उग्र' जी ने अपने 20 वर्षों की कथा को निष्पक्ष, पर कलात्मक ढंग से किया है। सेठ गोविन्ददास रचित 'आत्मनिरीक्षण' तीन भाग, आचार्य चतुरसेन शास्त्री कृत 'मेरी आत्मकहानी', वृन्दावनलाल वर्मा कृत 'अपनी कहानी' आदि महत्त्वपूर्ण रचनाएँ हैं। डॉ. हरिवंशराय बच्चन की आत्मकथा चार खण्डों में विभाजित है–क्या भूलूँ क्या याद रखूँ, नीड़ का निर्माण फिर-फिर, बसेरे से दूर और दशद्वार से सोपान तक।

डॉ. देवराज उपाध्याय कृत 'यौवन के द्वार पर', राजकमल चौधरी कृत 'भैरवी तन्त्र', डॉ. रामविलास शर्मा कृत 'घर की बात', शिवपूजन सहाय कृत 'मेरा जीवन', कन्हैयालाल मिश्र प्रभाकर कृत 'तपती पगडण्डियों पर पद्यात्रा', फणीश्वरनाथ रेणु कृत 'आत्मपरिचय', डॉ. नगेन्द्र कृत 'अर्द्धकथा', अमृतलाल नागर कृत 'टुकड़े टुकड़े दास्तान' आदि आत्मकथाएँ विशेष रूप से चर्चित हैं।

उपर्युक्त आत्मकथाओं के प्रकाशन के बावजूद हिन्दी का आत्मकथा साहित्य अभी समृद्ध नहीं कहा जा सकता है।

5. रिपोर्ताज का विकास–'रिपोर्ताज' मूलतः फ्रेंच भाषा का शब्द है। यह पर्याय रूप में अंग्रेजी शब्द 'रिपोर्ट' के माध्यम से आया है, परन्तु 'रिपोर्ताज' रिपोर्ट से भिन्न है। रिपोर्ताज का आशय किसी घटना, खबर, आँखों देखा हाल का यथातथ्य वर्णन है। जब किसी विषय का आँखों-देखा या कानों-सुना वर्णन कलात्मक, साहित्यिक और प्रभावशाली ढंग से किया जाता है कि उसकी अमिट छाप हृदय-पटल पर अंकित हो जाती है तब उसे 'रिपोर्ताज' कहते हैं। लेखक के व्यक्तित्व के साथ इसमें संवेदना और भावना का आवेश भी निहित रहता है।

रिपोर्ताज के मूलोद्गम तथा रचना-तत्त्वों में सबसे अधिक प्रयत्न डॉ. रामविलास शर्मा का है। 'प्रगति और परम्परा' नामक संग्रह के रिपोर्ताज निबन्ध लिखा है। डॉ. शर्मा के इस कथन से रिपोर्ताज का मूलोद्गम द्वितीय महायुद्ध के रण-स्थल में कुछ तत्त्वों का होना आवश्यक है।

'रिपोर्ताज' विधा के रूप में पत्र-पत्रिकाओं में उपलब्ध तथा उपन्यासों में प्रसंगवश आगत रिपोर्ताजों को महत्त्वपूर्ण नहीं माना जा सकता। हिन्दी में इस विधा का प्रारम्भ सन् 1940 ई. के आस-पास से माना जा सकता है। शिवदान सिंह चौहान कृत 'मौत के खिलाफ जिन्दगी की लड़ाई' शीर्षक पहला रिपोर्ताज 'हंस' नामक पत्रिका में 'समाचार और विचार' स्तम्भ के अन्तर्गत प्रकाशित हुआ था, जिसमें उन्होंने राष्ट्र का स्वतन्त्रता से पूर्व का जीवन्त चित्र उकेरा।

डॉ. रांगेय राघव ने 'अदम्य जीवन' शीर्षक से दूसरा रिपोर्ताज लिखा। 'हंस' में प्रकाशित 'स्वराज्य भवन', 'अल्मोड़े का बाजार', 'बंगाल का अकाल' प्रकाशचन्द्र गुप्त के रिपोर्ताज हैं। स्वतन्त्रता-प्राप्ति के पश्चात् देश में ऐसी महत्त्वपूर्ण घटनाएँ घटीं जिन्होंने रिपोर्ताज को बदल दिया। उपेन्द्रनाथ अश्क कृत—पहाड़ों में प्रेममय संगीत, रामनारायण उपाध्याय कृत—गरीब और अमीर पुस्तकें, शिवसागर मिश्र कृत—वे लड़ेगे हजारों साल, डॉ. धर्मवीर भारती कृत—युद्ध यात्रा, कामताप्रसाद कृत—काम, मैं छोटा नागपुर से बोल रहा हूँ, जगदीशचन्द्र जैन कृत—पीकिंग की डायरी, यशपाल कृत—चक्कर-क्लब, विवेकी राय कृत—जुलूस रुका है, कन्हैयालाल मिश्र प्रभाकर कृत—क्षण बोल कण मुस्काये, रेणु कृत—ऋण जल धन जल, नेपाली क्रान्ति कथा, लाल धरती, एकलव्य के नोट्स।

हिन्दी साहित्य में अब रिपोर्ताज एक स्वतन्त्र गद्य विद्या के रूप में स्थापित हो चुका है। इसने अपनी विकास-यात्रा के कुल 35-40 वर्ष ही व्यतीत किये हैं, फिर भी इसकी साहित्यिक प्रगति यह सिद्ध करती है कि भविष्य में अपने साहित्यिक भण्डार में अन्यतम उपलब्धि प्राप्त करेगा।

आधुनिक हिन्दी पद्य (काव्य) का विकास

1. भारतेन्दुयुगीन कविता की सामान्य प्रवृत्तियाँ—भारतेन्दु युग के कवियों ने अपने कर्त्तव्य का पालन करते हुए तत्कालीन भारतीय समाज का यथातथ्य निरूपण अपने काव्य में किया है। ये कवि जनता के सामाजिक, आर्थिक, राजनीतिक पहलू से परिचित थे, अतः उसका उद्घाटन करने में ही अपने कवि-कर्त्तव्य की इतिश्री समझते थे। भाव, भाषा, छन्द सभी दृष्टियों से परिष्कार की प्रवृत्ति भी हमें इस काल के काव्य में दिखायी पड़ती है। भारतेन्दुयुगीन काव्य-प्रवृत्तियों का विश्लेषण निम्न शीर्षकों के अन्तर्गत किया जा सकता है—

राष्ट्र प्रेम की भावना—भारतेन्दुयुगीन कवियों ने विदेशी शासन के बर्बर अत्याचारों से पीड़ित भारतीय जनता में देशभक्ति की भावना को जगाने का पूरा-पूरा प्रयास किया। राधाचरण गोस्वामी की कविता 'हमारो उत्तर भारत देश' राधाकृष्णदास की 'भारत बारहमासा' और प्रेमघन जी की कविता 'धन्य भूमि भारत सब रतननि की उपजावनि' इसी भावना से ओत-प्रोत हैं। भारतेन्दु बाबू हरिश्चन्द्र ने अंग्रेजों के द्वारा किये जा रहे शोषण की ओर जनता को सचेत करते हुए लिखा—

'भीतर-भीतर सब रस चूसै, हँसि-हँसि के तन-मन-धन मूसै।
जाहिर बातन में अति तेज, क्यों सखि साजन नहिं अँगरेज।। "

अंग्रेजों के शासनकाल में इस प्रकार की बात कह सकना भी साहसपूर्ण कृत्य ही माना जायगा। भारतेन्दुयुगीन कवियों की कुछ राजभक्तिपरक कविताओं को उनकी राजनयिक विवशता माना जा सकता है, देशद्रोह नहीं।

समाज की दुर्दशा का चित्रण—भारतेन्दु युग के कवियों ने भारतीय समाज एवं जनजीवन के प्रति अपनी आँखें बन्द कर ली थीं ऐसा हम नहीं कह सकते क्योंकि उन्होंने जनसामान्य की समस्याओं का निरूपण अपने काव्य में किया। 'आर्यसमाज' ब्रह्मसमाज जैसे सामाजिक आन्दोलनों के प्रभाव से इस काल में नवीन सामाजिक चेतना का उदय हुआ और विधवा-विवाह, नारी- शिक्षा, अस्पृश्यता निवारण की ओर जनता का ध्यान आकर्षित करने हेतु कवियों ने लेखनी चलायी। रूढ़ियों का विरोध करते हुए बाल-विवाह, सती-प्रथा, छूआछूत आदि को नकारते हुए जनता की सामाजिक चेतना को जाग्रत करने का प्रयास किया गया। सामाजिक कुरीतियों, धार्मिक पाखण्ड, छल-कपट, स्वार्थपरता आदि का यथार्थ चित्रण भारतेन्दु युग के कवि ने किया—

रोवहु सब मिलि आवहु भारत भाई।

हा-हा भारत दुर्दशा न देखी जाई।।

शृंगारिकता—भारतेन्दु एवं उनके समकालीन कवियों के काव्य में शृंगार भावना की मर्यादित अभिव्यक्ति हुई है। कृष्ण को नायक मानकर तथा राधा को नायिका मानकर प्रेम- लीलाओं का चित्रण इन कवियों ने किया। भारतेन्दु जी की रचनाओं—'प्रेम सरोवर', 'प्रेम-तरंग', 'प्रेम माधुरी', 'प्रेम फुलवारी' में शृंगार-भावना की सुन्दर अभिव्यक्ति हुई है। शृंगार के वियोग पक्ष का चित्रण भी इन कवियों ने मनोयोगपूर्वक किया है।

भक्ति-भावना—भारतेन्दु बाबू हरिश्चन्द्र को भक्ति-भावना पैतृक विरासत में प्राप्त हुई थी। इनकी भक्तिपरक रचनाओं में प्रमुख हैं—भक्ति सर्वस्व, वैशाख माहात्म्य एवं कार्तिक स्नान। वे पुष्टिमार्गी भक्त थे और वल्लभ सम्प्रदाय में दीक्षित थे। प्रतापनारायण मिश्र एवं राधाकृष्णदास के काव्य में भक्ति-भावना का स्वरूप दिखायी पड़ता है।

प्रकृति-चित्रण—भारतेन्दुयुगीन कवियों ने प्रकृति का स्वच्छन्द रूप में चित्रण किया, यद्यपि कहीं-कहीं परम्परा निर्वाह करते हुए भी प्रकृति निरूपण किया गया है। एक ओर तो इन्होंने बसन्त, वर्षा आदि ऋतुओं के मनोहारी चित्र अंकित किये, तो दूसरी ओर गंगा, यमुना, चाँदनी आदि का सुन्दर चित्रण किया है। भारतेन्दु कृत 'बसन्त होली' में बसन्त का वर्णन है तथा चन्द्रावली नाटिका में यमुना वर्णन किया गया है। प्रकृति के माध्यम से नायक-नायिका के शृंगार चेष्टाओं का निरूपण भी किया गया है।

हास्य-व्यंग्य की प्रधानता—इस काल के कवियों ने हास्य-व्यंग्यपरक रचनाओं के महत्त्व को समझते हुए इनके माध्यम से अंग्रेजी शासन, पाश्चात्य सभ्यता, सामाजिक अन्धविश्वास एवं रूढ़ियों पर करारी चोट की । भारतेन्दु जी ने अपने नाटकों एवं एकांकियों में व्यंग्योक्तियों के माध्यम से तत्कालीन परिस्थितियों का सुन्दर चित्रण किया।

चूरन साहब लोग जो खाता।

सारा हिन्द हजम कर जाता।।

'नये जमाने की मुकरी' में कवि ने अमीर खुसरो की पद्धति पर ऐसी मुकरियाँ लिखी हैं जिनके द्वारा सामाजिक बुराइयों पर व्यंग्य किये गये हैं।

मुँह जब लागै तब नहिं छूटै, जाति, मान, धन सब कुछ लूटै।

पागल करि मोहि करै खराब, क्यों सखि साजन, नहीं सराब ।।

समस्या-पूर्ति—भारतेन्दु काल में काव्य की रचना 'समस्या-पूर्ति' के रूप में भी होती थी। कोई एक पंक्ति या पद्यांश समस्या-पूर्ति के रूप में कवि-समाज को दे दिया जाता था और कविगण विलक्षण कल्पनाएँ करते हुए उस समस्या-पूर्ति हेतु काव्य निर्माण करते थे। समस्या-पूर्ति की यह परम्परा कवियों की प्रतिभा को परखने एवं उनके रचना-कौशल की थाह पाने की कसौटी मानी जाती थी।

समस्या-पूर्ति के माध्यम से उक्ति-वैचित्र्य, अलंकरण एवं कल्पना का मनोहारी प्रयोग करने की रीतिकालीन प्रवृत्ति को काव्य में पर्याप्त प्रश्रय मिला।

ब्रजभाषा का प्रयोग—काव्य क्षेत्र में भारतेन्दु युग के कवियों ने ब्रजभाषा का प्रयोग ही अधिक किया है, यद्यपि गद्य में खड़ीबोली का प्रयोग प्रारम्भ हो चुका था। इस काल के कवियों की ब्रजभाषा रीतिकालीन कवियों—पद्माकर एवं घनानन्द के समान परिष्कृत तो नहीं हैं, किन्तु उसमें प्रवाहमयता एवं स्वाभाविकता का गुण विद्यमान है।

भारतेन्दु युग के कवियों की सबसे बड़ी साहित्यिक देन केवल यही मानी जा सकती है कि इन्होंने कविता को रीतिकालीन परिवेश से मुक्त करके समसामयिक जीवन से जोड़ दिया। कवियों की दृष्टि नायिका के नख-शिख वर्णन से हटकर देश, समाज एवं जनजीवन की समस्याओं की ओर भी गयी। इनकी सबसे बड़ी देन प्राचीन और नवीन का समुचित समन्वय करना है। राष्ट्र और समाज को लोकमंगलकारी उद्‌बोधन देते हुए इन्होंने कवि-कर्त्तव्य का बखूबी पालन किया।

2. द्विवेदीयुगीन कविता की सामान्य प्रवृत्तियाँ—भारतेन्दु युग यदि आधुनिक काल का प्रवेश-द्वार है, तो द्विवेदी युग उसका विस्तृत प्रांगण, जहाँ कविता सुन्दरी को फलने-फूलने एवं विकसित होने का पूर्ण अवसर प्राप्त हुआ। इस युग का नामकरण सुप्रसिद्ध पत्रकार एवं निबन्ध लेखक आचार्य महावीरप्रसाद द्विवेदी के गरिमामण्डित व्यक्तित्व को केन्द्र में रखकर किया गया है।

राष्ट्रीयता की भावना—भारतेन्दु युग के कवियों में राष्ट्रीयता की भावना तो थी, किन्तु वे महारानी विक्टोरिया की प्रशस्तियाँ भी लिख रहे थे। द्विवेदी युग में इस प्रकार की प्रशस्तियाँ पूर्णतः समाप्त हो गयीं और देशप्रेम, राष्ट्रीयता की भावना से युक्त कविताएँ सभी कवियों ने लिखीं। नाथूराम शर्मा 'शंकर' की निम्नलिखित पंक्तियों में देश के लिए बलिदान करने की प्रेरणा दी गयी है—

देशभक्त वीरो मरने से नेक नहीं डरना होगा।
प्राणों का बलिदान देश की वेदी पर करना होगा।।

राष्ट्र-प्रेम की यह भावना तत्कालीन विदेशी शासन के विरुद्ध एक संग्राम का सूत्रपात करने का प्रयास था, शायद इसी कारण भारत-भारती को सरकार ने जब्त कर लिया। मैथिलीशरण गुप्त के काव्य में राष्ट्रीय भावना इतनी प्रखर है कि उन्होंने मातृभूमि में भगवान् के दर्शन किये हैं।

इतिवृत्तात्मकता—द्विवेदी युग की प्रमुख विशेषताओं में से एक है— इतिवृत्तात्मकता। द्विवेदी जी के अंकुश के कारण शृंगारी कविताओं पर एक प्रकार से रोक-सी लग गयी थी, परिणामतः काव्य में 'इतिवृत्त' पर जोर दिया जाने लगा। शृंगार वर्णन में मुक्तक शैली को प्रमुखता स्वयमेव मिल जाती है, किन्तु यहाँ शृंगार का अभाव होने से मुक्त रचना में कमी आयी और इतिवृत्त (कथा) प्रधान प्रबन्ध काव्यों की रचना प्रचुरता से हुई। मैथिलीशरण गुप्त ने अधिकांश रचनाएँ प्रबन्ध काव्य के रूप में लिखीं। साकेत, जयद्रथ वध, पंचवटी, यशोधरा, द्वापर उनके प्रसिद्ध प्रबन्ध काव्य हैं। अयोध्यासिंह उपाध्याय कृत महाकाव्य प्रियप्रवास में तथा खण्डकाल वैदेही वनवास में भी इतिवृत्तात्मक प्रवृत्ति परिलक्षित होती है।

आदर्शवाद एवं नैतिकता—आचार्य महावीरप्रसाद द्विवेदी ने आदर्श एवं नीति को प्रमुखता देते हुए सही अर्थों में एक आचार्य के कर्त्तव्य का निर्वहन किया। काव्य क्षेत्र में वे रीतिकालीन शृंगारी कविताओं के विरोधी थे। निराला जी ने 'जुही की कली' नामक कविता सरस्वती में प्रकाशित करने हेतु द्विवेदी जी को भेजी थी, किन्तु आचार्य जी ने इसे अश्लील मानते हुए प्रकाशित करने से इन्कार कर दिया। रामनरेश त्रिपाठी, मैथिलीशरण गुप्त, अयोध्यासिंह उपाध्याय 'हरिऔध' जी के काव्य में आदर्शवाद एवं नैतिकता को प्रश्रय दिया गया है।

प्रकृति-चित्रण—द्विवेदीयुगीन कविता में प्रकृति को विषय बनाकर स्वतन्त्र रूप से काव्य-रचना की गयी। इस काल के कवि प्रकृति सुन्दरी के बाह्य रूप का उद्घाटन करने में पर्याप्त रुचि लेते हुए दिखायी देते हैं। श्रीधर पाठक ने कश्मीर सुषमा और देहरादून के प्राकृतिक सौन्दर्य का अंकन अपने काव्य में किया है—

बीता कातिक मास शरद् का अन्त है।
लगा सकल सुखदायक ऋतु हेमन्त है।।

सामाजिक समस्याओं का चित्रण—द्विवेदी युग को सुधारवादी काव्य की संज्ञा भी प्रदान की गयी है, क्योंकि इस काल के कवियों ने देश के उत्थान के लिए सामाजिक तथा धार्मिक व्यवस्था में सुधार लाने की बात कही है। कविगण धर्म और समाज में व्याप्त रूढ़ियों के विरोधी थे।

अनेक सामाजिक समस्याओं, यथा—छूआछूत, दहेज-प्रथा, बाल-विवाह आदि को विषय बनाकर इन कवियों ने कविताएँ लिखीं। मैथिलीशरण गुप्त ने भारत-भारती में एक ओर तो अतीत के गौरव के चित्र उतारे तो दूसरी ओर वर्तमान भारत की दयनीय दशा पर आँसू भी बहाये हैं। नारी की दयनीय दशा का चित्रण करनेवाली निम्नलिखित पंक्तियाँ भारतीय नारी की करुण गाथा को सजीव कर देती हैं।

अबला जीवन हाय तुम्हारी यही कहानी।
आँचल में है दूध और आँखों में पानी।।

अनुवाद की प्रवृत्ति—द्विवेदी युग के कवियों ने मौलिक रचनाओं के साथ-साथ अनुवाद कार्य भी किया। भारतीय और विदेशी भाषाओं की श्रेष्ठ रचनाओं के हिन्दी अनुवाद प्रस्तुत किये गये। मैथिलीशरण गुप्त ने माइकेल मधुसूदन के दो बँगला-काव्यों 'मेघनाद वध' और 'विरहिणी ब्रजांगना' का भव्य अनुवाद किया। श्रीधर पाठक ने गोल्ड स्मिथ के कृत 'हरमिट' का अनुवाद 'एकान्तवासी योगी' के बहुत दिनों बाद पं. श्रीधर पाठक ने खड़ीबोली में और भी रचनाएँ कीं। खड़ीबोली में इनकी दूसरी पुस्तक श्रान्त पथिक (गोल्डस्मिथ के ट्रैवेलर का अनुवाद) निकली। 'डेजर्टड विलेज' का अनुवाद 'ऊजड़ ग्राम' नाम से ब्रजभाषा में किया। अंग्रेजी कवियों की कविताओं के सुन्दर अनुवाद भी इस काल के रचनाकारों ने किये।

काव्य रूपों की विविधता—द्विवेदीयुगीन काव्य में एक ओर तो 'साकेत' और 'प्रियप्रवास' जैसे महाकाव्य लिखे गये तो दूसरी ओर 'पंचवटी', 'जयद्रथ वध' जैसे खण्डकाव्यों की रचना हुई। प्रगीतात्मक मुक्तकों की रचना भी इस काल में पर्याप्त मात्रा

में हुई। छोटे-छोटे विषयों को लेकर स्वतन्त्र-पद्य-रचना की प्रवृत्ति इस काल के प्रायः सभी कवियों में दिखायी पड़ती है। छायावादी काल में जो 'प्रगीतों' की प्रमुखता दिखायी पड़ती है, उसका सूत्रपात द्विवेदी युग में ही हो गया था।

काव्यभाषा के रूप में खड़ीबोली का प्रयोग—द्विवेदी युग की महती उपलब्धि है—खड़ीबोली को काव्यभाषा पद पर प्रतिष्ठित कर देना। द्विवेदी युग से पूर्व भारतेन्दु युग तक ब्रजभाषा में ही काव्य रचनाएँ होती थीं। सूरदास से लेकर भारतेन्दु युग तक जो ब्रजभाषा काव्यभाषा के पद पर प्रतिष्ठित रही, उसे अपने पद से हटा देना मामूली कार्य नहीं था। उनकी प्रेरणा से ही मैथिलीशरण गुप्त ने साकेत, जयद्रथ वध, पंचवटी जैसे काव्य-ग्रन्थ खड़ीबोली में लिखे। जिन लोगों को यह सन्देह था कि खड़ीबोली काव्य-रचना के लिए उपयुक्त नहीं है, उन्हें भी साकेत और जयद्रथ वध को पढ़कर अपनी धारणा बदलनी पड़ी।

छन्द-वैविध्य—द्विवेदीयुगीन काव्य में छन्दों की विविधता दिखायी देती है। वंशस्थ, शिखरिणी इन्द्रवज्रा, हरिगीतिका, मन्दाक्रान्ता शार्दूलविक्रीड़ित, ताटंक, लावनी छन्दों का कुशलतापूर्वक प्रयोग द्विवेदीयुगीन कवियों ने किया है। हरिऔध जी ने प्रिय प्रवास की रचना संस्कृत के वर्णिक छन्दों में की।

संक्षेप में कहा जा सकता है कि हिन्दी कविता को प्राचीन रूढ़िबद्ध काव्य से पृथक् करने में द्विवेदी युग की महत्त्वपूर्ण भूमिका रही है।

3. छायावादी कविता की सामान्य प्रवृत्तियाँ—द्विवेदीयुगीन कविता के उपरान्त हिन्दी काव्य में जिस धारा का विकास हुआ उसे 'छायावाद' कहा जाता है। छायावादी काव्य की समय-सीमा सन् 1920 से 1936 ई. तक स्वीकार की गयी है। छायावादी काव्य विषय-वस्तु एवं शैली दोनों ही दृष्टियों से अपने पूर्ववर्ती काव्य से अलग है। इस काव्यधारा की प्रमुख प्रवृत्तियाँ निम्नलिखित हैं—

आत्माभिव्यंजना—छायावादी कवियों ने काव्य की विषय-वस्तु, अपने व्यक्तिगत जीवन से ही खोजने का प्रयास किया। अपने जीवन के निजी प्रसंगों, घटनाओं एवं व्यक्तिगत भावनाओं को अनेक छायावादी कवियों ने काव्यवस्तु बनाया। छायावादी कविता में वैयक्तिक सुख-दुख की खुलकर अभिव्यक्ति हुई। प्रसाद कृत 'आँसू' काव्य और पन्त कृत 'उच्छ्वास' नामक कविता इस कथन के समर्थन में पेश की जा सकती हैं।

निराला की कई कविताओं में उनके व्यक्तिगत जीवन का सत्य व्यक्त हुआ है। 'राम की शक्ति-पूजा' में राम की हताशा, निराशा में कवि के अपने जीवन की निराशा की अभिव्यक्ति हुई है।

धिक् जीवन जो पाता ही आया विरोध।
धिक् साधन जिसके लिए सदा ही किया शोध।।

महादेवी वर्मा की कविताओं में आत्माभिव्यंजना की प्रवृत्ति उपलब्ध होती है। वेदना की जो प्रधानता उनकी कविताओं में है, उस पर उनके जीवन की छाया है।

सौन्दर्य चित्रण—छायावादी कवि मूलतः प्रेम और सौन्दर्य के कवि हैं, किन्तु उनकी सौन्दर्य-भावना सूक्ष्म एवं उदात्त है। उसमें रीतिकालीन स्थूलता एवं मांसलता का नितान्त अभाव है। सौन्दर्य चित्रण में उनकी वृत्ति बाह्य वर्णनों में उतनी नहीं रमी, जितनी आन्तरिक सौन्दर्य के उद्घाटनों एवं भाव दशाओं के वर्णन में रमी। शारीरिक अंगों की कान्ति का वर्णन भी उसमें बड़े आकर्षक ढंग से हुआ है। 'कामायनी' में प्रसाद जी ने श्रद्धा के सौन्दर्य का वर्णन इस प्रकार किया है—

नील परिधान बीच सुकुमार,
खुल रहा मृदुल अधखुला अंग।
खिला हो ज्यों बिजली का फूल,
मेघ बन बीच गुलाबी रंग ।।

श्रृंगार-निरूपण—द्विवेदीयुगीन कविता में श्रृंगार-निरूपण बहुत कम हुआ है और जहाँ हुआ है वहाँ भी मर्यादित रूप में ही है। छायावाद में आकर कविता में पुनः श्रृंगार की प्रतिष्ठा हुई। इन कवियों ने श्रृंगार के संयोग एवं वियोग दोनों पक्षों के आकर्षक चित्र अंकित किये। कविवर पन्त ने भी वियोग व्यथा का मार्मिक वर्णन अपनी कविताओं में किया है। वे तो यह मानते हैं कि कविता का जन्म वियोग-व्यथा से हुआ होगा।

वियोगी होगा पहला कवि
आह से उपजा होगा गान।
निकलकर आँखों से चुपचाप
बही होगी कविता अनजान।।

महादेवी वर्मा के काव्य में तो विरह एवं वेदना की ही अधिकता है।

नारी-भावना—छायावादी कवियों ने नारी के प्रति उदात्त दृष्टिकोण अपनाकर समाज में उसके सम्माननीय स्थान को प्रतिष्ठित किया। छायावादी कवियों ने नारी को प्रेरणा का पावन उत्स मानते हुए गरिमा प्रदान की। वह दया, क्षमा, करुणा, प्रेम की देवी है।

नारी तुम केवल श्रद्धा हो
विश्वास रजत मग पग तल में।
पीयूष स्रोत सी बहा करो
जीवन के सुन्दर समतल में ।।

पन्त ने देवि, माँ, सहचरि, प्राण कहकर नारी के प्रति अपने आदर का परिचय दिया—

तुम देवि! आह कितनी उदार
वह मातृमूर्ति है निर्विकार।
हे सर्वमंगले! तुम महती
सबका दुख अपने पर सहती।।

निराला ने भी नारी को निराश पुरुष के हृदय में आशा का संचार करनेवाली शक्ति के रूप में प्रतिष्ठित किया।

रहस्य भावना—छायावादी काव्य में रहस्यवाद की प्रवृत्ति भी प्रमुख रूप से उपलब्ध होती है। आचार्य शुक्ल ने इसी कारण से छायावाद का अर्थ 'रहस्यवाद' माना है।

छायावादी कवियों ने अज्ञात सत्ता के प्रति जिज्ञासा के भाव व्यक्त किये हैं।

निराला की 'तुम और मैं' कविता में उस परमात्मा से, अनेक प्रकार के सम्बन्ध जोड़े गये हैं। यदि वह हिमालय है तो मैं उससे निःसृत होनेवाली गंगा, यदि वह हृदय के भाव हैं तो मैं उससे जन्म लेनेवाली कविता–

तुम तुंग हिमालय शृंग और मैं चंचल गति सुरसरिता।
तुम विमल हृदय उच्छ्वास और मैं कान्त कामिनी कविता।।

प्रकृति-चित्रण–छायावादी कवि प्रकृति के कुशल चितेरे हैं। इन कवियों ने प्रकृति पर मानवीय चेतना का आरोप करते हुए उसे हँसते-रोते हुए भी दिखाया है। पन्त जी ने प्रकृति को अपनी काव्य-प्रेरणा माना है। पन्त जी प्रकृति के सुकुमार कवि कहे जाते हैं। प्राकृतिक सुषमा का चित्रण उन्होंने प्रकृति को आलम्बन बनाकर अपनी अनेक कविताओं में किया है। वस्तुतः आलम्बन रूप में प्रकृति-निरूपण छायावादी प्रकृति-चित्रण की प्रमुख विशेषता मानी जा सकती है। पन्त की 'बादल' कविता में आलम्बन रूप में प्रकृति-चित्रण किया गया है। कामायनी में प्रसाद जी ने 'हिमालय' का चित्र अंकित किया है–

सन्ध्या घन माला की सुन्दर
ओढ़े रंग-बिरंगी छींट।
गगन चुम्बिनी शैल श्रेणियाँ
पहने हुए तुषार किरीट।।

दुःख और वेदना की विवृत्ति–छायावादी काव्य में दुख और वेदना भाव की अभिव्यक्ति हुई है। महादेवी तो वेदना की ही कवयित्री हैं। वे अपने वेदना-विह्वल हृदय की तुलना मेघखण्ड से करती हुई कहती हैं–

मैं नीर भरी दुःख की बदली
विस्तृत नभ का कोई कोना
मेरा न कभी अपना होना
परिचय इतना इतिहास यही
उमड़ी कल थी मिट आज चली।।

महादेवी के गद्य-पद्य में जो दुखवाद और करुणा के भाव दिखायी पड़ते हैं, वे बौद्ध दर्शन के प्रभावस्वरूप माने जा सकते हैं। प्रसाद के 'आँसू' काव्य में भी वेदना की कहानी है। पन्त जी ने 'परिवर्तन' कविता में यह स्वीकार किया है कि संसार में दुःख की अधिकता है, यहाँ शान्ति जीवनपर्यन्त प्राप्त नहीं हो सकती।

राष्ट्र-प्रेम की अभिव्यक्ति–छायावादी काव्य में राष्ट्रीयता के स्वर भी मुखरित हुए हैं। प्रसाद जी ने अपने नाटकों में जो गीत योजना की है–उसमें राष्ट्रीय भावना की सुन्दर अभिव्यक्ति हुई है। उन्होंने भारत के अतीत गौरव के चित्र अंकित करते हुए देश की महिमा का बखान किया है–

अरुण यह मधुमय देश हमारा।
जहाँ पहुँच अनजान क्षितिज को मिलता एक सहारा।।

माखनलाल चतुर्वेदी के गीतों में राष्ट्रभक्ति अपने चरम उत्कर्ष पर है। 'पुष्प की अभिलाषा' में उन्होंने एक पुष्प की यह इच्छा व्यक्त की है कि उसे शहीदों के चरणों तले आने का सौभाग्य मिले—

मुझे तोड़ लेना वनमाली उस पथ पर देना तुम फेंक ।
मातृभूमि पर सीस चढ़ाने जिस पथ जावें वीर अनेक ।।

शैलीगत प्रवृत्तियाँ—छायावादी काव्य विषय-वस्तु एवं शिल्प दोनों ही दृष्टियों से नवीनता लिये हुए है। लाक्षणिक भाषा का प्रयोग, प्रतीकात्मक शैली, उपचारवक्रता एवं नवीन अलंकार विधान के कारण इस काव्य में शिल्पगत नवीनता दिखायी पड़ती है।

संक्षेप में यह कहा जा सकता है कि छायावादी हिन्दी काव्य का गौरवपूर्ण अध्याय है तथा प्रसाद, पन्त, निराला और महादेवी इस युग के ऐसे हस्ताक्षर है जिनके योगदान से हिन्दी साहित्य को श्रीसमृद्धि प्राप्त हुई है।

4. प्रगतिवादी कविता की सामान्य प्रवृत्तियाँ—प्रगतिवादी साहित्य की मूल भित्ति मार्क्सवादी विचारधारा है, अतः इसमें प्रायः सभी मार्क्सवादी मान्यताओं का समावेश मिलता है। 'मार्क्स' समाज में साम्यवादी व्यवस्था स्थापित करना चाहता था और इस लक्ष्य की पूर्ति के लिए वह हिंसात्मक क्रान्ति को साधन के रूप में स्वीकारता है। समाज को वह दो वर्गों में विभाजित करता है— शोषक और शोषित। शोषक वर्ग के प्रति आक्रोश और शोषितों के प्रति सहानुभूति मार्क्सवाद का मूल आधार है। मार्क्स न तो ईश्वर में विश्वास करता है और न ही स्वर्ग-नरक में। प्रगतिवादी काव्य में धर्म और ईश्वर पर अविश्वास, क्रान्ति की भावना, नारी के प्रति यथार्थ दृष्टिकोण और आडम्बरहीनता जैसी विशेषताएँ उपलब्ध होती हैं।

शोषक वर्ग के प्रति आक्रोश—प्रगतिवादी कवि समाज के उस वर्ग के प्रति अपना आक्रोश व्यक्त करता है, जो शोषक है, स्वार्थी, अन्यायी, निर्दय एवं कण्टी है। इस वर्ग के अन्तर्गत हैं— पूँजीपति, जमींदार, मिल मालिक एवं स्वार्थी राजनीतिज्ञ। ये लोग अपनी स्वार्थ- सिद्धि के लिए पूँजीवादी व्यवस्था बनाये रखना चाहते हैं। प्रगतिवादी कवि पूँजीवादी शोषण और अन्याय के विरुद्ध विद्रोह का बिगुल बजाकर वर्गहीन समाज की स्थापना करना चाहता है। निराला ने 'कुकुरमुत्ता' नामक कविता में प्रतीकात्मक शैली में अपना आक्रोश व्यक्त किया है—

अबे सुन बे गुलाब
भूल मत जो पायी खुशबू रंगो आब।
खून चूसा खाद का तूने अशिष्ट
डाल पर इतराता है कैपिटलिस्ट।।

शोषितों की दीनता का चित्रण—शोषित वर्ग के अन्तर्गत वे मजदूर, किसान, छोटे आदमी हैं जो शोषण की चक्की में सदियों से पिसते रहे हैं। प्रगतिवादी कवि ने इनकी कारुणिक दशा का सहानुभूतिपूर्वक चित्रण किया है। रामधारीसिंह 'दिनकर' ने शोषक और शोषित की तुलनात्मक विवेचना करते हुए इस व्यवस्था पर करारा व्यंग्य किया है—

श्वानों को मिलता दूध वस्त्र भूखे बालक अकुलाते हैं।
माँ की गोदी में चिपक ठिठुर जाड़े की रात बिताते हैं।।

निराला जी ने बंगाल के अकाल से पीड़ित सामान्य व्यक्ति की दीन-हीन दशा का चित्रण निम्नलिखित पंक्तियों में किया है–

बाप बेटा बेचता है, भूख से बेहाल होकर।
धर्म धीरज प्राण खोकर, हो रही अनरीति बर्बर।।

प्रगतिवादी कवि ने अपनी पूरी सहानुभूति शोषक वर्ग के प्रति दिखायी है और कामना की है कि अन्याय, अनीति और शोषण की यह प्रक्रिया समाप्त हो जाये।

धर्म और ईश्वर के प्रति अनास्था–प्रगतिवादी काव्य में धर्म और ईश्वर के प्रति अनास्था प्रकट की गयी है। उसकी मान्यता है कि धर्म और ईश्वर का आवरण शोषकों ने शोषण की प्रक्रिया को जारी रखने के लिए डाल रखा है। प्रगतिवादी कवि की दृष्टि में यह पाखण्ड है। ईश्वर, भाग्य, धर्म, पूर्व जन्म के कर्म, स्वर्ग-नरक की धारणा आदि शोषण के हथियार हैं, जिनके विरुद्ध प्रगतिवादी काव्य में बोला गया है।

कविवर 'दिनकर' ने कुरुक्षेत्र में इस भाग्यवाद को शोषण का शस्त्र और पाप का आवरण मानते हुए लिखा है–

भाग्यवाद आवरण पाप का और शस्त्र शोषण का।
जिससे रखता दबा एक जन भाग दूसरे जन का ।।

प्रगतिवादी कवि ने धार्मिक विश्वासों एवं रूढ़ियों को तोड़कर विप्लव के गीत गाये हैं।

क्रान्ति की भावना–सामाजिक समता के लिए मार्क्सवाद में क्रान्ति का समर्थन किया गया है। प्रगतिवादी कवि भी शोषण और अन्याय की परम्परा को समाप्त करने के लिए हिंसात्मक क्रान्ति का आह्वान करता है। दिनकर जी ने कुरुक्षेत्र में स्पष्ट रूप से स्वीकार किया–

न्यायोचित अधिकार माँगने से न मिले तो लड़ के।
तेजस्वी छीनते समर को जीत या कि खुद मर के।।
किसने कहा पाप है समुचित स्वत्व प्राप्ति हित लड़ना।
उठा न्याय का खड्ग समर में अभय मारना-मरना।।

विषमता को मिटाकर ही सामाजिक न्याय प्राप्त किया जा सकता है तथा इस विषमता को दूर करने के लिए यदि हिंसा का भी सहारा लेना पड़े तो वह न्यायोचित है। केदारनाथ अग्रवाल ने इस हिंसा का समर्थन करते हुए मजदूरों का आह्वान किया है–

काटो-काटो-काटो कर लो साइत और कुसाइत क्या है।
मारो-मारो-मारो हँसिया हिंसा और अहिंसा क्या है।।

प्रगतिवादी कवि ने अनाचार के विरुद्ध गाँधीवादी अहिंसा को पूरी तरह नकार दिया है।

नारी-भावना–छायावादी कवियों ने नारी के जिस रूप का चित्रण अपने काव्य में किया, उससे प्रगतिवादी कवि सहमत नहीं है। छायावाद में जहाँ नारी कल्पना-लोक की

अप्सरा है, वहीं प्रगतिवादी कवियों की नारी इस पृथ्वी की ऐसी मानवी है जो रात-दिन पुरुष के साथ सामाजिक एवं आर्थिक विषमताओं को झेलती है और उसके साथ खेतों-कारखानों में काम करती हुई शोषण का शिकार हो रही है। 'निराला' ने 'वह तोड़ती पत्थर' नामक कविता में मजदूरनी का करुण चित्रण किया है—

गर्मियों के दिन
दिवा का तमतमाता रूप
उठी झुलसाती हुइ लू, रुई ज्यों जलती हुई भू।
गर्द चिनगी छा गयी, प्रायः हुई दुपहर।
वह तोड़ती पत्थर ।।

यथार्थवादी दृष्टिकोण—प्रगतिवादी कवि जीवन के यथार्थ चित्रण में तल्लीन रहा। काल्पनिक सुख और आदर्श उसे आकर्षित नहीं कर पाये। वह तो जीवन के दुःख दैन्य को, निराशा कुरूपता और कठोरता को चित्रित करने में ही अपनी काव्य-साधना को सार्थक मानता है। निम्न वर्ग की जनता के जीवन में व्याप्त भूख, बेरोजगारी, गरीबी उसके हृदय को झंकृत करते रहे हैं।

अभिव्यक्ति पक्ष—प्रगतिवादी काव्य का अभिव्यक्ति पक्ष कृत्रिमता के उपादानों से रहित है। वह अपने सहजता को ही काव्य का सौन्दर्य मानकर चला है। न तो उसमें क्लिष्ट-कल्पना का चमत्कार है और न ही लाक्षणिक भाषा का प्रयोग।

प्रगतिवादी काव्य ने सामाजिक विषमता का चित्रण करके एक अभाव की पूर्ति की, किन्तु अति यथार्थवादी दृष्टिकोण होने से उसमें नीरसता का समावेश हो गया।

5.6. प्रयोगवादी और नयी कविता की सामान्य प्रवृत्तियाँ—नयी कविता विषयवस्तु एवं शिल्प दोनों ही दृष्टियों से पुरानी परम्परा से हटकर है। इस काव्यधारा की प्रमुख प्रवृत्तियों का विश्लेषण निम्नलिखित शीर्षकों के अन्तर्गत किया जा सकता है—

नवीनता—नयी कविता में नयापन है। भाव, विषयवस्तु, शिल्प सभी दृष्टियों से वह परम्परा से विच्छेद की कविता है। अज्ञेय ने सम्भवतः इसी कारण इन कवियों को नयी राहों के अन्वेषी का नाम दिया है। स्वदेश और शिल्प की नवीनता के प्रति अदम्य आकर्षण ने इन्हें कुछ ऐसा कहने को बाध्य किया है जो पुरानी कविता में नहीं है। नये कवि नवीन मूल्यों की स्थापना करने को उत्सुक हैं और अतीत को विस्मृत करना चाहते हैं—

आओ हम उस अतीत को भूलें
और आज की अपनी रग-रग के अन्तर को छू लें।।

इस कविता में पहली बार कंकरीट के पोर्च, चाय की प्याली, सायरन, रेडियम की घडी, चूड़ी का टुकड़ा, बाथरूम, पकौड़ी जैसे विषय का चित्रण हुआ।

बौद्धिकता—परम्परागत कविता में जहाँ भावना की प्रधानता है, वहीं नयी कविता में बौद्धिकता की। आज का कवि भावनाओं की कैद से छूटकर बुद्धि के दुर्ग में बैठकर शब्दों का ताना-बाना बुनने में विश्वास करता है। नया कवि पाठक के हृदय को झंकृत करने के स्थान पर उसकी बुद्धि को झकझोरना अधिक पसन्द करता है। बौद्धिकता के

कारण नयी कविता रसहीन हो गयी है। प्रयोगवादी कविता में भावना है, किन्तु हर भावना के आगे प्रश्नचिह्न लगा हुआ है।

अतिशय वैयक्तिकता—नये कवि ने अपने व्यक्तिगत जीवन के सुख-दुःख को काव्य का विषय बनाकर कोई अनहोनी बात नहीं की, क्योंकि कवि अपने वैयक्तिक जीवन से एकदम असम्पृक्त रहकर काव्य-रचना में प्रवृत्त नहीं हो सकता। व्यक्तिगत जीवन का सत्य काव्य में दिखायी देता है—

साधारण नगर के
एक साधारण घर में
मेरा जन्म हुआ।

बचपन बीता अति साधारण
साधारण रहन-सहन
साधारण खान-पान।।

क्षणवादिता—नया कवि क्षणवादी जीवन-दर्शन को अंगीकार करता है। उसे कल पर विश्वास नहीं, भविष्य का भरोसा नहीं, इसलिए यह वर्तमान को ही सब-कुछ समझकर उसे पूरी तरह भोगने का अकांक्षी हैं। मानव-मूल्यों के विघटन, सामाजिक विषमताओं एवं सुख की विभीषिकाओं के कारण निराशा के स्वर नयी कविता में व्याप्त हैं। नयी कविता का यह निराशावाद एवं क्षणवाद कुछ तो व्यक्तिगत कारणों से है और कुछ सामाजिक कारणों से। उसका दृष्टिकोण क्षणवादी है। अतः वह हर क्षण को पूर्णतः भोगने का आकांक्षी है।

भोगवाद एवं वासना—नयी कविता में भोग और वासना के स्वर विद्यमान हैं। आज का कवि प्रत्येक क्षण को ऐन्द्रिक स्तर पर भोगने के लिए उत्सुक है। नयी कविता में दूषित मनोवृत्तियों का चित्रण अपनी चरम सीमा पर पहुँच गया है। आधुनिक युग का साधारण व्यक्ति सेक्स-सम्बन्धी वर्जनाओं से आक्रान्त है। नये कवि कविता के नाम पर अश्लील टिप्पणियाँ मात्र की हैं, जो सभ्य समाज में पढ़े जाने योग्य नहीं हैं।

यथार्थवादिता—नये कवि का दृष्टिकोण यथार्थवादी है। जीवन को उसके वास्तविक रूप में प्रस्तुत करना नये कवि का उद्देश्य रहा है। नयी कविता की विषय-वस्तु, प्रतीक, उपमान, भाषा आदि यथार्थ पर आधारित हैं।

बन्द कमरे की गरमायी फिजा में
गठरी-सा गुड़मुड़ मैं
दुबका रजाई में सुन रहा
खिड़की की सँकरी दरारों से आती
नल पर झगड़ती औरतों की चखचख।।

आधुनिक युगबोध—प्रयोगवादी कवियों ने आधुनिक मानव के जीवन में विद्यमान यातना, घुटन, सन्त्रास, द्वन्द्व और निराशा को अपने काव्य का विषय बनाया है। इस कविता में ब्रह्म की सत्ता के स्थान पर मानव की सत्ता की स्थापना हुई। अन्धविश्वासों व रूढ़ियों का खण्डन है तथा वर्जनाओं को नकारा गया है। वर्तमान जीवन के कटु सत्य

को ईमानदारी से व्यक्त किया गया है। दुख जीवन का कटु सत्य है किन्तु सत्य का मानव-जीवन पर क्या प्रभाव पड़ता है इसे अज्ञेय जी ने बड़े सटीक शब्दों में व्यक्त किया है—

दुख सबको माँजता है
और
चाहे सबको मुक्ति देना वह न जाने
किन्तु जिनको माँजता है,
उन्हें यह सीख देता है कि सबको मुक्त रखे।

प्रणयानुभूति—प्रयोगवादी कवि ने प्रणय भावना का निरूपण अकुण्ठ रूप में किया है। प्रेम को वे यौनाकर्षण ही मानते हैं जो शरीर के स्तर पर जन्म लेता है। अज्ञेय की कविताओं में प्रेम का स्वरूप दिखायी देता है। नयी कविता में कवियों ने कहीं-कहीं यौनाकर्षण की अकुण्ठ अभिव्यक्ति करते हुए अश्लील चित्र भी अंकित किये हैं।

लोक सम्पृक्ति—नया कवि लोक से जुड़ा हुआ है। लोक-जीवन की अनुभूति, सौन्दर्यबोध, प्रकृति, बिम्ब और प्रतीक, शब्द और उपमान नयी कविता में प्रचुरता से मिलते हैं। नयी कविता ने शब्दों के प्रयोग की दृष्टि से लोक-भाषा के महत्त्व को पहचाना है।

शिल्प-विधान—नयी कविता का शिल्प भी परम्परागत काव्य से भिन्न है। नये उपमान, नये प्रतीक और नये बिम्बों के प्रति इन कवियों का विशेष मोह जान पड़ता है। पुराने प्रतीकों का जादू और उनकी अर्थवत्ता अब खो गयी है। उपमान और शब्द का निरन्तर प्रयोग उसके जादू को समाप्त कर देता है। बिम्ब-विधान की दृष्टि से नयी कविता ने महती उपलब्धियाँ अर्जित की हैं। बिम्बों द्वारा दृश्य को साकार करने में कवियों को पूर्ण सफलता प्राप्त हुई है।

नयी कविता हिन्दी काव्य के विकास का एक महत्त्वपूर्ण सोपान है। नयी कविता हिन्दी काव्य के विकास में अपना महत्त्वपूर्ण योगदान करती दिखायी देती है।

7. साठोत्तरी कविता की सामान्य प्रवृत्तियाँ—सन् 1960 के बाद की कविता को अनेक नाम दिये गये, जिनमें प्रमुख हैं— समकालीन कविता, अकविता, अभिनव कविता, अस्वीकृत कविता, वीट कविता सहज कविता आदि। समकालीन हिन्दी कविता में जीवन और जगत् से जुड़ी प्रत्येक स्थिति-परिस्थिति को अत्यन्त यथार्थपूर्ण ढंग से चित्रित किया गया है। साठोत्तरी कविता की सामान्य प्रवृत्तियाँ निम्नलिखित हैं—

विघटित व्यवस्था के प्रति आक्रोश एवं विद्रोह—व्यवस्था एक व्यापक प्रत्यय है। यह समूचे परिवेश का पर्याय है जिसके अन्तर्गत समाज, धर्म, राजनीति, संस्कृति आदि सब-कुछ समाहित है। समकालीन हिन्दी कविता में ऐसी अव्यवस्थित व्यवस्था के प्रति तीव्र आक्रोश एवं असन्तोष दिखायी पड़ता है। कवि को विश्वास है कि इस विषम व्यवस्था को दूर करने का उपाय 'जनक्रान्ति' है।

जीवन का वास्तविक निरूपण—कोई भी रचना तभी जीवन्त और प्राणवान् बन सकती है, जब उसका जुड़ाव जीवन से हो। साठोत्तरी कविता में निर्मम वास्तविकताओं

को अत्यन्त ईमानदारी से निरूपित किया गया है। अभिव्यक्ति के सारे खतरे उठाने को तत्पर यह कविता जीवन की विसंगतियों को बेपर्द करना चाहती है। वह उन रुग्ण एवं विकृत व्यवस्थाओं के भीतर तक झाँक लेना चाहती है, जिसके कारण जीवन जटिल, संघर्षपूर्ण बनता जा रहा है—

मुझे लगा मुझे एक दाने के अन्दर
घुस जाना चाहिए
पिसने के पहले मुझे पहुँच जाना चाहिए
आटे के शुरू में
चक्की की आवाज के पत्थर के नीचे
मुझे होना चाहिए इस समय
जहाँ से गाने की आवाज आ रही थी।

मोहभंग की स्थिति—छठे दशक की कविता पूर्णतः मोहभंग की कविता है। भ्रष्ट व्यवस्था, राजनेताओं की वादाख़िलाफी, बढ़ते विदेशी ऋण, पूँजीवादी अधिनायकत्व, महँगाई, भुखमरी, बेरोजगारी, कालाबाजारी आदि समस्याओं ने आम आदमी के मन में असन्तोष एवं आक्रोश की भावना को ही उपजाया। आम आदमी को लगता है कि उसे बुरी तरह ठगा गया है । नेताओं के वादे खोखले साबित हुए। स्वतन्त्रता-प्राप्ति के समय लोगों को लगता था कि अब सबके घर में खुशहाली का चिराग जलेगा, किन्तु यथार्थ में यही नहीं हो सका—

कहाँ तो तय था चिरागां हरेक घर के लिए।
कहाँ चिराग मयस्सर नहीं शहर के लिए।।

राजनेताओं के प्रति क्षोभ की अभिव्यक्ति—देश की उत्तरोत्तर ह्रासोन्मुखी स्थिति के लिए कवि भ्रष्ट राजनेताओं को ही दोषी मानता है, क्योंकि इनकी क्षुद्र राजनीति केवल कुर्सी तक सीमित है, इनका दीन-ईमान सब कुर्सी है—

अरमान बसे हैं कुर्सी में
मन प्राण बसे हैं कुर्सी में
भगवान बसे हैं कुर्सी में
सब धर्म-कर्म कुर्सी, उनके
वे कुर्सी छोड़ नहीं सकते लाचारों को आवाज न दो।

परम्परागत मूल्यों का विघटन—सन् '60 के बाद के वर्षों में उपजी मोहभंग की स्थिति ने हर पारम्परिक प्रणाली के प्रति नकार का भाव अपनाया । धर्म, सत्य, ईश्वर, न्याय उसके लिए बेमानी शब्द हो गये, क्योंकि विज्ञान की महती उपलब्धियों ने आज मनुष्य को इतना समर्थ और शक्तिसम्पन्न बना दिया कि मिथ्या दर्प में चूर होकर वह स्वयं को ईश्वर के समकक्ष समझने लगा।

आस्था और अनास्था का संकुल चित्रण—समकालीन हिन्दी काव्य में आस्था और अनास्था दोनों का संकुल चित्रण मिलता है। बदलते मानव-मूल्यों ने मानवीय संवेदनाओं को भोथरा बना दिया है। प्यार-प्रेम जैसी सुकोमल भावनाएँ केवल छलावा बनकर रह गयी

हैं, इनकी आड़ में मनुष्य कोई भी घटिया-से-घटिया कर्म करने से नहीं चूकता है–

सहानुभूति और प्यार अब एक ऐसा छलावा है
जिसके जरिये एक आदमी दूसरे को अकेले
अँधेरे में ले जाता है और उसकी पीठ में
छुरा भोंक देता है।

व्यक्ति मन का सहज अभिकथन–समकालीन कविता की सबसे बड़ी विशेषता यही है कि इसमें पूर्ण ईमानदारी के साथ आम आदमी के दैनन्दिन संसार को सुरेखित किया गया है। औसत व्यक्ति की सहज-साधारण संवेदनाओं को इतने कलात्मक ढंग से उकेरा गया है कि वे स्वयं में अद्भुत असाधारण बन गयी हैं।

काम का उन्मुक्त चित्रण–पाश्चात्य जीवन-दृष्टि से प्रभावित समकालीन साहित्यकारों की रचनाओं में काम का उन्मुक्त चित्रण देखने को मिलता है। भारतीय संस्कृति के चतुर्वर्गों में महत्त्वपूर्ण स्थान रखनेवाला 'काम' अपनी प्राचीन गरिमा को खोकर केवल पाशविक उपभोग तक सीमित रह गया है। नारी को केवल भोग-विलास की वस्तु माना जा रहा है और अधिक आश्चर्य होता है यह देखकर कि अश्लीलता की इस दौड़ में कवयित्रियाँ भी पीछे नहीं हैं। भारतीय नारी की सारी मान-मर्यादा को भूलकर वह निःसंकोच स्वर में कहती हैं–

सुबह से दिन डूबने तक
मैं इन्तजार करती हूँ
रात का
जब हम दोनों एक ही कोने में सिमटकर
एक-दूसरे को कुत्ते की तरह चाटेंगे।

प्रकृति-चित्रण–समकालीन हिन्दी कविता में प्रकृति का वह बहुरंगी रूप देखने को नहीं मिलता है जो छायावाद में था। प्रकृति के प्रति इस तटस्थ रागात्मकता का कारण इसके केन्द्र में स्वयं मानव का होना है।

जनवादी चेतना की विस्तृत व्यंजना–सामान्य रूप से जनवाद से तात्पर्य उन मार्क्सवादी विचारधाराओं से है, जिनके मूल में सर्वहारा वर्ग की मुक्ति और संघर्ष के लिए किये गये सचेतन प्रयास एवं वर्ग- विहीन समाज की परिकल्पना प्रमुख है। लोकतन्त्र की इस जनतन्त्री व्यवस्था से क्षुब्ध होकर कवि मानस का ऐसा विराट् विश्वव्यापी चिन्तन प्रक्रिया के प्रति आकर्षित होना सहज-स्वाभाविक ही था। कवि का अकम्प विश्वास है कि इन भयावह परिस्थितियों से टकराने का एकमात्र उपाय संघर्ष ही है।

भाषिक भंगिमा–भाषा भावों अथवा विचारों की वाहिका होती है। भाव-विचार जैसे होंगे, भाषा का तेवर भी वैसा ही होगा। यदि कविता का प्रतिपाद्य यथार्थपरक और आम आदमी के दैनन्दिन से लिया गया है तो स्वाभाविक है कि उसका शिल्प भी तदनुरूप सहज सपाट होगा। समकालीन काव्यभाषा आभिजात्य और संस्कार की भाषा नहीं है, आम बोलचाल की भाषा है।

अप्रस्तुत विधान—प्रस्तुत को अधिक स्पष्ट तथा सुबोध बनाने के लिए रचनाकार अप्रस्तुत का संयोजन करता है। प्रस्तुत का यह संयोजन सादृश्य संस्थापन के माध्यम से होता है, इन्हें उपमान भी कहा जाता है। समकालीन वस्तुस्थिति से अवगत कराने कि लिए कवि ने अप्रस्तुत हमारे आस-पास के परिवेश, हमारे रोजमर्रा जीवन के चिरपरिचित क्षेत्रों से ही लिये हैं।

बिम्ब-विधान—बिम्ब-विधान का जितना सम्बन्ध काव्य से है, उतना ही सम्बन्ध उसके रूप से भी है, इसीलिए काव्य में बिम्बों की महत्ता स्वयंसिद्ध है। जहाँ तक समकालीन काव्य का प्रश्न है तो स्पष्ट है कि इसमें बिम्बों की अत्यन्त सुन्दर और कलात्मक नियोजना हुई है।

प्रतीक विधान—अमूर्त भावों को मूर्तता प्रदान कर अभिव्यक्ति को सशक्त-प्रखर बनाने में प्रतीकों का बहुत बड़ा योगदान है। समसामयिक युगबोध को व्यंजित करने के लिए समकालीन रचनाकारों ने जहाँ पारम्परिक प्रतीकों को अभिनवता प्रदान की है, वहीं नये-नये प्रतीकों का भी निर्माण किया है।

छन्द-योजना—समकालीन रचनाकार अपनी रचनाओं को पारम्परिक छन्द-बन्ध में बाँधने के कायल नहीं थे, फिर भी कविता के अनिवार्य तत्त्व लय की उपेक्षा सहन नहीं कर पाये और जहाँ लयात्मकता हो, वहाँ तुकबन्दी भी होगी।

समकालीन हिन्दी कविता युगीन सच को साक्षात्कृत करनेवाली कविता है। साधारण व्यक्ति तथा साधारण घटनाओं को अपना प्रतिपाद्य बनानेवाली यह कविता सचमुच अपने-आप में अनन्य तथा असाधारण है।

प्रमुख साहित्यकार और उनकी साहित्यकृतियों का सामान्य परिचय

1. आचार्य हजारीप्रसाद द्विवेदी, 2. जयशंकर प्रसाद, 3. अज्ञेय, 4. यशपाल, 5. जैनेन्द्र कुमार, 6. आचार्य रामचन्द्र शुक्ल, 7. मन्नू भण्डारी, 8. उषा प्रियंवदा, 9. नागार्जुन, 10. हरिवंशराय बच्चन, 11. धूमिल, 12. दुष्यन्त कुमार, 13. केदारनाथ सिंह, 14. चन्द्रकान्त देवताले, 15. केदारनाथ अग्रवाल

1. आचार्य हजारीप्रसाद द्विवेदी

जन्म सन् 1907 ई. : मृत्यु 1979 ई.

सामान्य परिचय—डॉ. हजारीप्रसाद द्विवेदी आधुनिक हिन्दी साहित्य के मर्मज्ञ विद्वान्, इतिहासकार, निबन्धकार और उपन्यास-लेखक हैं। उन्होंने हिन्दी साहित्य के इतिहास के सम्बन्ध में प्रचलित अनेक मान्यताओं का खण्डन कर नयी मान्यताएँ स्थापित की हैं। वह अत्यन्त उच्चकोटि के आलोचक, शोधकर्त्ता, निबन्धकार और समन्वयवादी दृष्टिकोणवाले लेखक माने जाते हैं। हिन्दी साहित्य में द्विवेदी जी का महत्त्व उनके ललित निबन्धों और ऐतिहासिक उपन्यास के कारण अधिक है। उन्होंने 'बाणभट्ट की आत्मकथा', 'चारु चन्द्रलेख', 'पुनर्नवा' नामक ऐतिहासिक उपन्यास लिखकर अपने संस्कृत साहित्य तथा इतिहास के विशाल अध्ययन का परिचय दिया हैं। इसके अतिरिक्त द्विवेदी जी एक सफल अध्यापक के रूप में विशेष प्रसिद्ध हैं।

जीवन-परिचय—डॉ. हजारीप्रसाद द्विवेदी का जन्म उत्तर प्रदेश के बलिया जिले के 'आरत दुबे का छपरा' नामक गाँव में सन् 1907 ई. को हुआ था। उनका वंश अपने संस्कृत-प्रेम और अपनी ज्योतिष-विद्या के कारण प्रसिद्ध रहा है। उनके बाबा तथा पिता ज्योतिषशास्त्र के प्रसिद्ध विद्वान् थे। उनकी आरम्भिक शिक्षा बसरियापुर में हुई थी। वहाँ से वे मिडिल पास कर संस्कृत पढ़ने के लिए काशी चले आये। इसके उपरान्त उन्होंने इण्टर की परीक्षा उत्तीर्ण कर बी. ए. की पढ़ाई प्रारम्भ कर दी। उन्होंने अपने विद्यार्थी-जीवन में ही लिखना प्रारम्भ कर दिया था और उनका थोड़ा-बहुत नाम भी हो गया था। 'शान्ति निकेतन' में अध्यापन करने के बाद वह हिन्दू विश्वविद्यालय बनारस के हिन्दी विभाग के अध्यक्ष बनकर आये और कई वर्ष तक वहाँ कार्य करते रहे। उनकी साहित्य-सेवा से

प्रभावित होकर लखनऊ विश्वविद्यालय ने उन्हें डी. लिट्., की मानद उपाधि से विभूषित किया था और भारत सरकार ने 'पद्मभूषण' की उपाधि देकर सम्मानित किया। उनके ग्रन्थ 'कबीर' पर उन्हें 'मंगलाप्रसाद' पारितोषिक मिल चुका है।

रचनाएँ—द्विवेदी जी आलोचक, निबन्धकार, उपन्यास-लेखक, सम्पादक आदि सभी कुछ हैं—

(i) मौलिक ग्रन्थ—सूरसाहित्य, हिन्दी साहित्य की भूमिका, कबीर, सूरदास और उनका काव्य, हमारी साहित्यिक समस्याएँ, प्राचीन भारत का कलाविलास, नख-दर्पण में हिन्दी कविता, नाथ सम्प्रदाय, मध्यकालीन धर्म साधना, हिन्दी साहित्य का आदिकाल, हिन्दी साहित्य, साहित्य का मर्म, प्राचीन भारत के कलात्मक विनोद, मेघदूत-कहानी, कल्पलता।

(ii) निबन्ध-संग्रह—अशोक के फूल, विचार और वितर्क, कल्पना, साहित्य के साथी।

(iii) उपन्यास—बाणभट्ट की आत्मकथा, चारु चन्द्रलेख, पुनर्नवा, अनामदास का पोथा।

(iv) अनूदित ग्रन्थ—प्रबन्ध चिन्तामणि, पुरातन प्रबन्ध-संग्रह, प्रबन्ध कोश, विश्व-परिचय, लाल कनेर, मेरा बचपन।

(v) सम्पादित ग्रन्थ—निबन्ध-संग्रह, संक्षिप्त पृथ्वीराज रासो, सन्देश रासक

साहित्य-साधना—द्विवेदी जी हिन्दी, संस्कृत, प्राकृत, अपभ्रंश और बँगला आदि भाषाओं के प्रकाण्ड विद्वान् हैं। गम्भीर अध्ययन करने में सदैव व्यस्त रहते हैं और अपने उस अध्ययन द्वारा प्राप्त ज्ञान को उन्होंने अपनी साहित्यिक रचनाओं के रूप में प्रस्तुत कर हिन्दी भाषा के भण्डार को बढ़ाया है। शोध-कार्य द्वारा प्राचीन ग्रन्थों के सम्बन्ध में प्रचलित मतों के सबन्ध में नयी दृष्टि दी है।

आलोचक का रूप—उन्होंने दो प्रकार की आलोचनाएँ लिखी हैं—सैद्धान्तिक और व्यावहारिक। 'साहित्य का मर्म' आदि में उनके सैद्धान्तिक आलोचक का रूप मिलता है। व्यावहारिक समीक्षा में उन्होंने सूर, कबीर आदि का संस्कृत-साहित्य की समीक्षा-पद्धति के अनुसार मूल्यांकन करने का प्रयत्न किया है। हमें उनकी आलोचनाओं में समन्वयवादी प्रवृत्ति अधिक मिलती है।

निबन्धकार का रूप—द्विवेदी जी का असली सुन्दर रूप उनके निबन्धों में मिलता हैं। वह आधुनिक निबन्धकारों में सर्वश्रेष्ठ माने जा सकते हैं। मनुष्य और उसका कल्याण ही उनके निबन्ध-लेखन का प्रधान लक्ष्य रहा है।

भाषा और शैली—द्विवेदी की भाषा की विशेषता उनकी स्वाभाविकता है। उर्दू, फारसी, अंग्रेजी, अरबी आदि भाषा का प्रयोग उन्होंने किया है। उनकी शैली के दो रूप मिलते हैं— विवेचनात्मक और भावात्मक। कहीं-कहीं व्यंग्य और हास्य का स्पुट भी मिल जाता है। उनकी शैली अधिक मधुर, सरस और प्रवाहमयी है।

2. जयशंकर प्रसाद

जन्म सन् 1890 : मृत्यु सन् 1937 ई.

सामान्य परिचय—जयशंकर प्रसाद हिन्दी साहित्य में 'प्रसाद' के नाम से प्रसिद्ध हैं। वह आधुनिक हिन्दी साहित्य के सर्वश्रेष्ठ नाटककार, अत्यन्त उच्चकोटि के कवि, प्रसिद्ध कहानीकार, मर्मज्ञ विद्वान् और निबन्ध-लेखक तथा श्रेष्ठ उपन्यासकार माने जाते हैं। प्रसाद ने साहित्य के विभिन्न अंगों को अपनी विविध प्रकार की रचनाओं द्वारा समृद्ध बनाया था और नयी दिशा प्रदान की थी। छायावादी कविता की रचना कर उन्होंने द्विवेदी युग की नीरस कविता के स्थान पर ऐसी नयी काव्यधारा को जन्म दिया, जिससे हिन्दी भाषा और कविता को नयी शक्ति, नया सौन्दर्य और नयी भावभूमि प्रदान की थी। उन्होंने ही आधुनिक युग के सर्वश्रेष्ठ महाकाव्य 'कामायनी' की रचना की थी।

नाटकों के क्षेत्र में उन्होंने ऐसे ऐतिहासिक नाटक लिखे थे जिन्होंने हिन्दी नाटकों की दिशा को मोड़कर उन्हें नवीन रूप प्रदान किया था। भाषा, नाट्यशिल्प, चरित्र-चित्रण आदि सभी दृष्टियों से उनके नाटक सर्वश्रेष्ठ माने जाते हैं। प्रसाद हिन्दी के ऐसे बहुमुखी प्रतिभा के धनी साहित्यकार थे, जिनकी प्रसिद्धि तब तक बनी रहेगी जब तक हिन्दी भाषा और उसका साहित्य जीवित रहेगा।

जीवन-परिचय—प्रसाद का जन्म बनारस के 'सुँघनी साहु' के नाम से प्रसिद्ध धनी परिवार में सन् 1890 में हुआ था। इनके पिता देवीप्रसाद नगर के सम्भ्रान्त, प्रसिद्ध, उदार और साहित्य-प्रेमी व्यक्ति थे। उनके घर पर प्रायः साहित्यकारों, कलाकारों, संगीतज्ञों आदि का जमघट लगा रहता था। प्रसाद का बचपन ऐसे ही वातावरण में बीता था जिसने उनमें साहित्य के प्रति प्रारम्भ से ही प्रेम उत्पन्न कर दिया था। प्रसाद को बचपन में स्थानीय क्वीन्स कॉलेज में दाखिल करवा दिया गया। वहाँ उन्होंने सातवीं कक्षा तक शिक्षा प्राप्त की। जब वे बारह वर्ष के थे तभी इनके पिता का देहान्त हो गया और तीन वर्ष बाद माता भी चल बसीं।

प्रसाद के पिता बड़े खर्चीले स्वभाव के थे। इसलिए उन पर काफी कर्ज हो गया था। बड़े भाई शम्भुरत्न भी खर्चीले थे। सम्पत्ति का बँटवारा हो गया तो मुकदमेबाजी शुरू हो गयी। प्रसाद को उनके परिवारवाले हमेशा परेशान करते थे। उन्होंने व्यापार सँभाला, बढ़ाया, अपना विवाह किया, कर्ज चुकाया, मुकदमे लड़े और सबसे अधिक आश्चर्य की बात यह है कि इतनी जिम्मेदारियों और संकटों के रहते हुए भी प्रसाद बराबर साहित्य-सृजन करते रहे। उन्होंने अपनी लेखनी से हिन्दी को अमूल्य और दुर्लभ कृतियाँ प्रदान कीं।

निरन्तर बनी रहनेवाली चिन्ताओं और काम की अधिकता ने उनके सुन्दर, पुष्ट, सशक्त शरीर को रोगी बना दिया। उन्हें तपेदिक हो गयी। बहुत इलाज करवाया परन्तु उनका रोग बराबर बढ़ता चला गया और इसी रोग में सन् 1937 में उनका स्वर्गवास हो गया। प्रसाद स्वभाव से मधुर, कोमल, गम्भीर थे। बचपन में उन्हें कसरत, घुड़सवारी,

संगीत आदि का शौक रहा था। अध्ययन के प्रति उनकी सदैव गहरी रुचि रही थी। उनके घर पर साहित्यकारों का जमघट लगा रहता था।

रचनाएँ—प्रसाद हिन्दी के बहुमुखी प्रतिभासम्पन्न साहित्यकार थे। उनकी समस्त कृतियों की सूची इस प्रकार है—

(i) काव्य—चित्राधार, कानन-कुसुम, करुणालय, महाराणा का महत्त्व, झरना, आँसू, लहर और कामायनी।

(ii) नाटक—सज्जन, कल्याणी-परिणय, प्रायश्चित्त, राज्यश्री, विशाख, अजातशत्रु, कामना, जनमेजय का नागयज्ञ, चन्द्रगुप्त, स्कन्दगुप्त, एक घूँट, ध्रुवस्वामिनी।

(iii) चम्पू काव्य—उर्वशी, प्रेमराज्य।

(iv) कहानी-संग्रह—छाया, प्रतिध्वनि, आकाशदीप, चित्राधार की कहानियाँ, आँधी, इन्द्रजाल।

(v) उपन्यास—कंकाल, तितली, इरावती।

(vi) निबन्ध-संग्रह—काव्य, कला तथा अन्य निबन्ध।

काव्य-साधना—प्रसाद पहले ब्रजभाषा में कविता किया करते थे, फिर बाद में खड़ीबोली में करने लगे। प्रसाद ने हिन्दी साहित्य में पहली बार अपने काव्य में मानव की इन भावनाओं का चित्रण कर एक नये काव्य-युग का सूत्रपात किया जो 'छायावाद' के नाम से प्रसिद्ध हुआ। इसी कारण प्रसाद को छायावाद का प्रवर्तक माना जाता है।

प्रसाद मूलतः प्रेम, आनन्द और सौन्दर्य के कवि थे। 'प्रेम' उनके काव्य का मुख्य विषय रहा है। उन्होंने प्रेम के मानसिक सूक्ष्म रूप का चित्रण किया है जिसने आनन्द और सौन्दर्य को जन्म दिया। प्रसाद ने अपने 'आँसू' नामक काव्य में प्रेम के इस मानसिक रूप का बड़ा हृदयग्राही चित्रण किया है। उन्होंने विरही हृदय की करुण-स्मृतियों, सुख-दुःख, हास-रुदन, आशा-निराशा का बड़ा मार्मिक, अनुभूति जन्य चित्रण किया है। आँसू के बाद उन्होंने 'कामायनी' नामक प्रसिद्ध महाकाव्य लिखा। यह आधुनिक हिन्दी का सर्वश्रेष्ठ महाकाव्य माना जाता है। इसके पात्र मानव-मन की विभिन्न प्रवृत्तियों के प्रतीक हैं। इसका मूल उद्‌देश्य यह बताना रहा है कि श्रद्धा और बुद्धि के सहयोग द्वारा ही मानव-जीवन सुखी बन सकता है।

गद्य-साधना—संख्या की दृष्टि से प्रसाद ने कविता की अपेक्षा गद्य अधिक लिखा है।

(i) नाटककार—प्रसाद के हिन्दी नाटक-क्षेत्र में आते ही हिन्दी नाटकों का कायाकल्प हो गया। उन्हीं के नाटकों में पहली बार नाटकों के पूर्ण साहित्यिक स्वरूप के दर्शन हुए। प्रसाद के नाटकों की कुछ विशेषताएँ इस प्रकार हैं—सांस्कृतिक पुनरुत्थान की भावना, दार्शनिक चिन्तन, स्वाभाविक चरित्र-चित्रण, राष्ट्रीय भावना, संघर्ष द्वारा जीवन को उन्नत बनाना। इन्हीं विशेषताओं ने उन्हें हिन्दी का सर्वश्रेष्ठ नाटककार बना दिया था। उनके नाटक आदर्शवादी हैं।

(ii) उपन्यासकार—प्रसाद ने केवल दो उपन्यास लिखे हैं—कंकाल और तितली। उनका तीसरा ऐतिहासिक उपन्यास 'इरावती' अधूरा रह गया था। उनका 'कंकाल' समाज

के असली, भीतरी घिनौने, गन्दे और आडम्बर-भरे रूप को उघाड़कर रख देता है। 'तितली' प्रेमचन्द के उपन्यासों की तरह आदर्शोन्मुख यथार्थवादी उपन्यास है। इनके उपन्यास श्रेष्ठ एवं सफल हैं।

(iii) कहानीकार–प्रसाद अपने युग के कहानीकारों में प्रेमचन्द के समकक्ष माने जाते हैं। उन्होंने अनेक ऐतिहासिक और सामाजिक कहानियाँ लिखी हैं। इन कहानियों का प्रमुख विषय प्रेम और रोमांस रहा है। अनेक कहानियों में भावुकता की प्रधानता होने के कारण उन्हें भावात्मक कहानियाँ माना जाता है। कहानी-कला की दृष्टि से उनकी कहानियाँ उच्चकोटि की मानी जाती हैं।

भाषा और शैली–उनके काव्य की भाषा सर्वत्र संस्कृतगर्भित है। उनकी भाषा में रंगीनी, चुलबुलापन, मुहावरों-कहावतों आदि की विशेषताएँ नहीं मिलतीं। प्रसाद की भाषा में एक ऐसा अद्भुत आकर्षण और सौन्दर्य है कि वह अपने प्रभाव के साथ हमें बरबस बहा ले जाती है।

उनकी शैली गम्भीर, संयत, प्रवाहपूर्ण, सुगठित और प्रांजल है। उनकी भावात्मक शैली इतनी सशक्त, मधुर और सरस है कि हम उसे पढ़कर मुग्ध हो उठते हैं। भाषा-शैली की दृष्टि से, अपने क्षेत्र में, प्रसाद को अद्वितीय कलाकार माना जा सकता है। उनके बाद आज तक हमें ऐसी मोहक, प्रांजल, प्रभाव डालनेवाली भाषा- शैली किसी भी लेखक की नहीं मिली।

3. अज्ञेय

जन्म सन् 1911 ई. : मृत्यु 4 अप्रैल, 1987 ई.

सामान्य परिचय–अज्ञेय का असली नाम 'सच्चिदानन्द वात्स्यायन है। 'अज्ञेय' उनका उपनाम है। वह अपने इसी नाम से लिखते चले आ रहे हैं। गुजराती पद्धति के अनुसार वे कभी-कभी अपने नाम के साथ अपने पिता श्री हीरानन्द शास्त्री का नाम भी जोड़कर अपना नाम लिखते रहे हैं–सच्चिदानन्द हीरानन्द वात्स्यायन। वह आरम्भ से ही बहुचर्चित, अमित प्रभाव और प्रसिद्धि के स्वामी और अत्यन्त सतर्क तथा जागरूक साहित्यकार रहे हैं। हिन्दी-जगत् में वह एक अत्यन्त उच्चकोटि के उपन्यासकार-कहानीकार, कवि, विचारक-आलोचक और सम्पादक के रूप में प्रसिद्ध हैं। हिन्दी की प्रयोगवादी कविता के वे जनक और संरक्षक रहे हैं। उनके उपन्यास 'शेखर : एक जीवनी' ने प्रकाशित होते ही हिन्दी-जगत् में तहलका मचा दिया ।

जीवन-परिचय–अज्ञेय का जन्म मार्च सन् 1911 में हुआ था। उनके पिता डॉ. हीरानन्द शास्त्री भारत के प्रसिद्ध पुरातत्त्ववेत्ता थे। पिता अपने कार्य के सिलसिले में भारत के विभिन्न प्रान्तों में घूमते रहते थे। इसी कारण बालक अज्ञेय को भी उनके साथ चारों ओर घूमते रहना पड़ता था। यही कारण था कि उनका बचपन लखनऊ, कश्मीर, बिहार, पंजाब और मद्रास में ही अधिक बीता था। पहले उन्होंने बी. एस-सी. किया और फिर अंग्रेजी साहित्य विषय लेकर एम. ए. में दाखिला ले लिया। उन्होंने किसान-आन्दोलन

में भाग लिया। इसके उपरान्त अनेक वर्ष तक सैनिक, विशाल भारत, बिजली, प्रतीक जैसी पत्र-पत्रिकाओं का सम्पादन करते रहे। सन् 1943 में वे सेना में भर्ती हो गये। सन् 1943 में उन्होंने हिन्दी के सात नवोदित कवियों की कुछ चुनी हुई कविताओं का एक नया संग्रह 'तार सप्तक' के नाम से किया। अज्ञेय स्वतन्त्र साहित्य सृजन में भी लगे रहे। इस बीच उन्होंने अनेक कविताएँ, उपन्यास, कहानियाँ, निबन्ध आदि लिखे जो निरन्तर चर्चा के विषय बने रहे।

रचनाएँ—उनके साहित्य की सूची इस प्रकार है—

(i) उपन्यास—शेखर : एक जीवनी, नदी के द्वीप, अपने-अपने अजनबी।

(ii) कहानी-संग्रह—विपथगा, परम्परा, कोठरी की बात, शरणार्थी, जयदोल।

(iii) यात्रा-वृत्तान्त—अरे यायावर रहेगा याद, एक बूँद सहसा उछली

(iv) आलोचना—त्रिशंकु, आत्मने पद।

(v) सम्पादित ग्रन्थ—आधुनिक हिन्दी साहित्य, तारसप्तक, दूसरा सप्तक, तीसरा सप्तक, पुष्करिणी, नये एकांकी, रूपाम्बरा आदि।

(vi) काव्य-संग्रह—भग्नदूत, चिन्ता, इत्यलम्, हरी घास पर क्षण भर, बावरा अहेरी, इन्द्रधनु रौंदे हुये, अरी ओ करुणा प्रभामय, आँगन के पार द्वार, कितनी नावों के कितनी बार, क्योंकि मैं उसे जानता हूँ, सागर मुद्रा, पहले मैं सन्नाटा बुनता हूँ, महावृक्ष के नीचे, नदी की बाँक पर छाया, ऐसा कोई घर आपने देखा है।

साधना-साहित्य—अज्ञेय हिन्दी के बहुचर्चित ऐसे व्यक्तिवादी विचारधारावाले साहित्यकार हैं जिनकी हिन्दी-जगत् में प्रशंसा कम, विरोध अधिक हुआ है। अज्ञेय एक घोर व्यक्तिवादी दृष्टिकोणवाले साहित्यकार हैं। उनका एकांकी संघर्ष न तो सार्थक और सफल हो पाता है और न समाज को ही कोई प्रेरणा देता है। इसका कारण यह है कि उनके पात्र केवल अपनी ही व्यक्तिगत समस्याओं और कुण्ठाओं के लिए संघर्ष करते हैं।

मनोविश्लेषणवादी साहित्यकार—अज्ञेय फ्रायड से प्रभावित मनोविश्लेषणवादी साहित्यकार हैं। सामाजिक या व्यक्तिगत मनोवैज्ञानिक गुत्थियों को सुलझाना ही उनके साहित्य का प्रधान उद्‌देश्य रहता है। उनके कथा-साहित्य में राजनीति, समाज, प्रेम और कर्त्तव्य, द्वन्द्व, घृणा और विद्वेष आदि सभी कुछ मिल जाता है। अज्ञेय की एक विशेषता है कि वे जैनेन्द्र आदि अन्य व्यक्तिवादी कथाकारों के समान, व्यक्ति के अन्तर्जगत् का ही उद्‌घाटन करने में व्यस्त न रह, समाज की आर्थिक विषमता, शोषित, दीन समाज, प्रेम और कर्त्तव्य आदि बाह्य समाज के रूपों की ओर भी आकर्षित होते हैं।

भाषा-शैली—अज्ञेय जी की शैली पर अंग्रेजी की गद्य-शैली का गहरा प्रभाव मिलता है। उन्होंने अपनी व्यंग्यभरी उक्तियों द्वारा वर्तमान सभ्यता की नाना प्रकार की विषमताओं पर बड़े निर्मम और गहरे प्रहार किये हैं। उनका वाक्य-विन्यास, शब्द- चयन, गठन आदि पर अंग्रेजी गद्य-शैली का प्रभाव रहते हुए। भी एक ऐसा लचीलापन, स्वच्छन्दता एवं प्रवाह मिलता है जिसने हिन्दी गद्य को एक सर्वथा नवीन, सशक्त और मनोरम रूप प्रदान कर दिया है।

4. यशपाल

जन्म सन् 1903 ई. : मृत्यु सन् 1976 ई.

सामान्य परिचय—यशपाल हिन्दी कथा-साहित्य के पहले ऐसे लेखक थे जिनके उपन्यासों, कहानियों में साम्यवादी विचारधारा अपने मुखर रूप में सबसे पहले प्रकट हुई थी। उनके 'दादा कामरेड' को हिन्दी का पहला मार्क्सवादी उपन्यास माना जाता है। यशपाल ने दर्जनों कहानियाँ और उपन्यास लिखे हैं। साथ ही उनके अनेक निबन्ध-संग्रह भी प्रकाशित हुए हैं। यशपाल अपने समय के ऐसे प्रसिद्ध क्रान्तिकारी रहे थे, जिन्होंने तत्कालीन भारत की अंग्रेज-सरकार के खिलाफ, हाथ में बम और पिस्तौल लेकर युद्ध छेड़ रखा था। यशपाल को प्रेमचन्द का उत्तराधिकारी समाजवादी लेखक माना जाता है।

जीवन-परिचय—यशपाल का जन्म 3 दिसम्बर, सन् 1903 में पंजाब के फीरोजपुर नामक नगर में हुआ था। उनके परिवार की आर्थिक दशा सामान्य थी, इसलिए इनकी माता को भी नौकरी करनी पड़ी थी। गुरुकुल काँगड़ी की शिक्षा और वातावरण ने बालक यशपाल के हृदय में देश के प्रति उत्कट भावना उत्पन्न कर दी थी। गुरुकुल की पढ़ाई पूरी करने के बाद यशपाल लाहौर के 'नेशनल कॉलेज' में दाखिल हुए। वहाँ सरदार भगतसिंह और सुखदेव से उनका परिचय हुआ और यशपाल सशक्त क्रान्तिकारी आन्दोलन से प्रभावित हो क्रान्तिकारी दल के सदस्य बन गये। सन् 1932 में पुलिस से हुई एक मुठभेड़ में यशपाल को गिरफ्तार कर चौदह वर्ष की सजा दे दी गयी। सन् 1941 में उनका पहला उपन्यास 'दादा कामरेड' प्रकाशित हुआ। सन् 1945 में यशपाल जेल से मुक्त हुए और जीवन के अन्तिम क्षणों तक लखनऊ में ही निरन्तर साहित्य-सृजन में जुटे रहे। सन् 1976 में भारतीय स्वतन्त्रता-संग्राम के इस अद्भुत विचारक-लेखक सेनानी का स्वर्गवास हुआ था।

रचनाएँ—यशपाल उपन्यासकार, कहानीकार, निबन्ध-लेखक, सम्पादक, अनुवादक, नाटककार आदि के विभिन्न रूपों में अपनी कृतियों द्वारा हिन्दी साहित्य के भण्डार को आजीवन भरते रहे थे। उनके सारे साहित्य को विन्द्यानुसार इस प्रकार प्रस्तुत किया जा सकता है—

(i) उपन्यास—दादा कामरेड, देशद्रोही, पार्टी कामरेड, दिव्या, मनुष्य के रूप, सूठासच, तेरी, मेरी उसकी बात आदि।

(ii) कहानी-संग्रह—पिंजरे की उड़ान, वो दुनिया, ज्ञानदान, अभिशप्त, तर्क का तूफान, भस्मावृत्त चिंगारी, फूलो का कुर्त्ता, धर्मयुद्ध, उत्तराधिकारी, चित्र का शीर्षक तुमने क्यों कहा था कि मैं सुन्दर हूँ, उत्तमी की माँ, ओ भैरवी।

(iii) निबन्ध-संग्रह—मार्क्सवाद, न्याय का संघर्ष, गाँधीवाद की शव-परीक्षा, चक्कर क्लब, बात-बात में बात, देखा-सोचा-समझा, चीनी कम्युनिस्ट पार्टी आदि।

(iv) अन्य रचनाएँ—नशे-नशे की बात (नाटक), सिंहावलोकन।

साहित्य-साधना—यशपाल साम्यवादी विचारधारा से प्रभावित क्रान्तिकारी साहित्यकार थे। साहित्य का सृजन करते समय उनका मूल उद्देश्य समाज और व्यक्ति के जीवन में व्याप्त विकृतियों और विषमताओं का यथार्थ चित्रण कर उनको दूर करने की प्रेरणा प्रदान करना रहा था। वह हर प्रकार के सामाजिक अन्याय, शोषण, अनाचार और असमानता के घोर विरोधी थे। उन्होंने अपनी कहानियों के माध्यम से जीवन के यथार्थ रूप का चित्रण करते हुए जीवन की विभिन्न समस्याओं के समाधान प्रस्तुत किये थे। यशपाल भारतीय नागरिक मध्यवर्गीय जीवन के चितेरे थे, क्योंकि वह स्वयं इसी वर्ग के अंश थे। उनका दृढ़ विश्वास था कि सशक्त क्रान्ति द्वारा ही समाजवादी शासन की स्थापना हो सकती है।

भाषा और शैली—यशपाल साहित्य की यथार्थवादी धारा से साहित्यकार रहे थे, इसलिए उनके साहित्य में प्रयुक्त भाषा और शैली का रूप भी यथार्थवादी ही रहा है। वह विषय और वातावरण के अनुरूप भाषा का प्रयोग करने में निपुण हैं। उनके साहित्य में हिन्दी, उर्दू, अंग्रेजी के जनसामान्य प्रचलित शब्दों का खुलकर प्रयोग हुआ है। यशपाल की भाषा का दूसरा रूप आधुनिक बोलचाल की भाषा का है। उसमें हमारे प्रतिदिन व्यवहार में आनेवाले शब्दों का ही प्रयोग किया गया है।

यशपाल की भाषा-शैली के उपर्युक्त दोनों रूप यह सिद्ध कर देते हैं कि यशपाल देश, काल और वातावरण के अनुरूप उपर्युक्त भाषा का प्रयोग करने में सफल हैं। यशपाल की भाषा की सबसे बड़ी विशेषता यह है कि उसमें व्यंग्य, वक्रोक्ति और आक्रोश के रूप खूब उभरते हैं। यशपाल की भाषा-शैली सशक्त, प्रभावपूर्ण, चुस्त, व्यंग्य-वक्रोक्ति से परिपूर्ण और वर्ण्य-विषय के पूर्ण अनुरूप रहती है। इस दृष्टि से उन्हें हिन्दी का एक श्रेष्ठ कलाकार माना जा सकता है। सरलता-सुबोधता उनकी भाषा-शैली की सर्वप्रधान विशेषता है।

5. जैनेन्द्र कुमार

(जन्म सन् 1905 ई. : मृत्यु सन् 1988 ई.)

सामान्य परिचय—हिन्दी कथा-साहित्य में प्रेमचन्द के उपरान्त जैनेन्द्र का विशिष्ट और महत्त्वपूर्ण स्थान माना जाता है। उनकी आरम्भिक कहानियों और उपन्यासों ने हिन्दी-संसार का ध्यान अपनी ओर आकर्षित कर लिया था। उनका लिखने का अपना एक विशिष्ट ढंग और चिन्तन था, जिसमें पाठक को चौंका देने और अपनी ओर आकर्षित कर लेने की अद्भुत शक्ति थी। जैनेन्द्र मूलतः व्यक्तिवादी विचारधारा के कथाकार रहे हैं। उन्होंने समाज की अपेक्षा व्यक्ति के मनोभावों और स्थितियों का चित्रण ही अधिक किया है।

संक्षिप्त जीवन-परिचय—जैनेन्द्र कुमार को हिन्दी साहित्य में 'जैनेन्द्र' के नाम से जाना जाता है। उनका जन्म अलीगढ़ जिले के कौड़ियागंज नामक कस्बे में सन् 1905 में हुआ था। इनका घर का असली नाम 'आनन्दीलाल' था। जब ये केवल दो वर्ष के

थे, इनके पिता की मृत्यु हो गयी। तब इनकी माता बच्चों को साथ लेकर अपने भाई महात्मा भगवानदीन के साथ रहने चली गयीं। बालक जैनेन्द्र का अक्षरारम्भ उर्दू लिपि और भाषा से किया गया। पंजाब से मैट्रिक की परीक्षा उत्तीर्ण की। इसके उपरान्त वे काशी हिन्दू विश्वविद्यालय में दाखिल हो गये, परन्तु दो वर्ष बाद ही गाँधी जी के असहयोग आन्दोलन में भाग लेने के लिए उन्होंने पढ़ाई छोड़ दी। सन् 1926 ई. में उनका पहला उपन्यास 'परख' प्रकाशित हुआ और उस पर उन्हें हिन्दी अकादमी का पाँच सौ रुपये का पुरस्कार मिला। सन् 1935 में उनका दूसरा उपन्यास 'सुनीता' निकला। कुछ समय तक उन्होंने प्रेमचन्द के मासिक पत्र 'हंस' के सह-सम्पादक के रूप में सम्पादन किया। सन् 1936 तक जैनेन्द्र के कई उपन्यास और कहानी-संग्रह प्रकाशित हो चुके थे और वे हिन्दी साहित्य में एक मौलिक और प्रतिभाशाली कलाकार के रूप में माने जाने लगे थे। सन् 1951 के पुत्र ने 'पूर्वोदय प्रकाशन' नाम से अपनी प्रकाशन संस्था स्थापित कर जैनेन्द्र के साहित्य का स्वयं प्रकाशन करना आरम्भ कर दिया।

रचनाएँ—जैनेन्द्र ने उपन्यास, कहानी, निबन्ध, नाटक आदि खूब लिखे हैं।

(i) उपन्यास—परख, सुनीता, त्यागपत्र, कल्याणी, सुखदा, विवर्त, जयवर्द्धन, मुक्तिबोध। 'मुक्तिबोध' पर साहित्य अकादमी का पुरस्कार मिला।

(ii) कहानी-संग्रह—फाँसी, वातायन, नीलम देश की राजकन्या, एक रात, दो चिड़ियाँ, पाजेब, जयसन्धि, जैनेन्द्र की कहानियाँ, जैनेन्द्र की श्रेष्ठ कहानियाँ।

(iii) निबन्ध-संग्रह—प्रस्तुत प्रश्न, जड़ की बात, पूर्वोदय, साहित्य का श्रेय और प्रेय, ये और वे, मन्थन, सोच-विचार, काम प्रेम और परिवार।

(iv) अनुवाद—मग्दालिनी (नाटक), प्रेम में भगवान (कहानी-संग्रह), पाप और प्रकाश, यामा।

(v) सहलेखन—तपोभूमि-उपन्यास ऋषभरण जैन के साथ सन् 1932 में लिखा था।

(vi) सम्पादन—साहित्य-चयन, विचार-वल्लरी, हंस के सह-सम्पादक ।

साहित्य-साधना—जैनेन्द्र की साहित्य-साधना का मूल उत्स उनके व्यक्तित्व में समाये अहंकार और राग के भाव रहे हैं। उनके पात्रों में अहंकार और अहिंसा पर आधारित प्रेम का तीखा संघर्ष होता रहता है और अन्त में अपने अहंकार के वशीभूत हो अपने-आप को छोड़कर भाग जाते हैं। जैनेन्द्र में राग की, रागजनित करुणा की प्रवृत्ति इतनी प्रबल है कि वे अपने कथा-साहित्य में उसकी अबाध धारा प्रवाहित कर पाठक के मन को बाँध लेते हैं।

जैनेन्द्र का बिचार-दर्शन—विचारों से जैनेन्द्र अहिंसावादी होने के कारण, गाँधीवादी माने जाते हैं। परन्तु उनका यह गाँधीवाद, अकर्मण्यों का गाँधीवाद है। उन्होंने अपने कथा-साहित्य में अहिंसा, मानव-प्रेम, सर्वोदय आदि की भावनाओं का अंकन करते हुए भी एक सच्चे गाँधीवादी की उस चारित्रिक दृढ़ता, उदारता और शक्ति के रहस्य को नहीं समझ पाया है।

भाषा और शैली—जैनेन्द्र की कथा-लेखन की शैली नितान्त मौलिक और नवीन रही है। जैनेन्द्र की भाषा सर्वत्र स्वाभाविक रही है। उसके व्याकरण अथवा प्रयोग की कुछ

गलतियाँ मिलती हैं परन्तु उन्हें महत्त्वपूर्ण नहीं माना जा सकता। वे भाषा को भावों को व्यक्त करनेवाली मात्र मानते हैं। उसमें लक्षणा और व्यंजना का होना महत्त्वपूर्ण मानते हैं। जैनेन्द्र भाषा में सूक्ष्मता और सांकेतिक के भी समर्थक हैं। भाषा के बोलचाल के रूप के छोटे-छोटे वाक्य लिखते हैं। वे भाव-जगत् के चितेरे हैं। इस प्रकार जैनेन्द्र हिन्दी साहित्य जगत् में अपनी अलग पहचान रखते हैं।

6. आचार्य रामचन्द्र शुक्ल

जन्म सन् 1884 ई. : मृत्यु सन् 1942 ई.

सामान्य परिचय—आचार्य रामचन्द्र शुक्ल हिन्दी के सर्वश्रेष्ठ निबन्धकार, आलोचक-सम्राट्, हिन्दी साहित्य के इतिहास के एकमात्र ऐसे लेखक थे जिनके लिखे इतिहास के आधार पर आज भी हिन्दी साहित्य के विभिन्न इतिहास लिखे जा रहे हैं। रामचन्द्र शुक्ल के रूप में हिन्दी को एक ऐसा महान् गद्य-लेखक मिला था जिसने अपने रचनाओं द्वारा सम्पूर्ण हिन्दी साहित्य का पथ-प्रदर्शन किया था, उसे एक नयी दीप्ति प्रदान की थी। हिन्दी साहित्य के इतिहास के क्षेत्र में शुक्ल जी ने प्रमुख-प्रमुख प्रवृत्तियों के आधार पर उसे विभिन्न कालों में बाँटकर प्रमुख साहित्यकारों का परिचय दिया और उनकी आलोचना की।

जीवन-परिचय—शुक्ल जी का जन्म उत्तर प्रदेश के बस्ती के 'अगोना' नामक गाँव में सन् 1884 में हुआ था। उनके पिता पण्डित चन्द्रबली शुक्ल सुपरवाइजर कानूनगो थे। वह उर्दू और फारसी के भक्त थे, इसलिए बालक रामचन्द्र को आठवीं कक्षा तक उर्दू और फारसी पढ़नी पड़ी। हिन्दी के प्रति उनका स्वाभाविक लगाव था, इसलिए समय और अवसर मिलते ही हिन्दी की कक्षा में बैठकर हिन्दी पढ़ा करते थे। सन् 1901 में एण्ट्रेन्स की परीक्षा पास की। उसके बाद में ड्राइंग-मास्टर हो गये। शुक्ल जी जब विद्यार्थी थे तभी से उन्होंने निबन्ध लिखना प्रारम्भ कर दिया था। साथ ही वे नाटक, कहानी, कविता आदि भी लिखते थे। काशी नागरी प्रचारिणी सभा ने 'हिन्दी शब्द-सागर' हिन्दी कोश का काम आरम्भ किया तो उसमें शुक्ल जी को सहायक-सम्पादक के रूप में काम करने के लिए बुला लिया। शुक्ल जी 'बनारस हिन्दू विश्वविद्यालय' में हिन्दी विभाग में अध्यापक बन गये और जब हिन्दी विभाग के अध्यक्ष डॉ. श्यामसुन्दर दास ने उस पद से अवकाश ग्रहण किया तो शुक्ल जी को हिन्दी विभाग का अध्यक्ष बना दिया गया। शुक्ल जी को दमे की बीमारी थी। बहुत अधिक काम करने से उनका शरीर गिरता चला गया और बस बीमारी में सन् 1942 के फरवरी मास के आरम्भ में उनका स्वर्गवास हो गया।

रचनाएँ—शुक्ल जी ने निबन्ध, आलोचना, कहानी, कविता, साहित्य का इतिहास आदि विभिन्न साहित्य के अंगों को अपनी रचनाओं द्वारा समृद्ध बनाया था। बँगला, अंग्रेजी के ग्रन्थों का अनुवाद किया था। अनेक ग्रन्थ, पत्र-पत्रिकाओं का सम्पादन किया था।

(*i*) *निबन्ध-संग्रह*—चिन्तामणि, विचार वीथी।

(ii) आलोचना—तुलसी, सूर और जायसी की विस्तृत आलोचनाएँ, सूरदास, रस-मीमांसा।

(iii) इतिहास—हिन्दी साहित्य का इतिहास।

(iv) कहानी—ग्यारह वर्ष का समय।

(v) कविता—बुद्ध चरित, अभिमन्यु वध।

साहित्य साधना—निबन्धकार—शुक्ल जी हिन्दी साहित्य के सर्वश्रेष्ठ, निबन्धकार माने जाते हैं। उन्होंने हिन्दी में नये ढंग के मौलिक, विचारपूर्ण, मनोवैज्ञानिक, गूढ़ विवेचन तथा सूक्ष्म-विश्लेषण से युक्त निबन्ध लिखकर निबन्धों के क्षेत्र में एक नयी परम्परा डाली। रचनात्मक निबन्धो में उन्होंने मनोविकारों जैसे-उत्साह, लज्जा, घृणा, क्रोध, ईर्ष्या आदि का विवेचन किया है।

आलोचक—शुक्ल जी ने दो प्रकार की आलोचनाएँ लिखी हैं। पहली, साहित्य की विभिन्न धाराओं से सम्बधित तथा दूसरी प्रसिद्ध साहित्यकारों से सम्बन्धित। पहले प्रकार की आलोचना में उनका 'हिन्दी साहित्य का इतिहास' अमर है तथा दूसरी में तुलसी, सूर, जायसी की विस्तृत अलोचनाएँ आती हैं। आपने 'रस मीमांसा' नामक ग्रन्थ में 'रस' का विवेचन किया है।

भाषा-शैली—शुक्ल जी की गठी हुई भाषा ने उनकी शैली को भावव्यंजक, प्रौढ़ एवं प्रांजल, बना दिया है। शुक्ल जी की शैली वैज्ञानिक विवेचन की शैली है। उनकी शैली के पाँच रूप मलते हैं—समीक्षात्मक, गवेषणात्मक, वर्णनात्मक, भावात्मक तथा हास्य व्यंग्य प्रधान।

भाषा की दृष्टि से शुक्ल जी की भाषा प्रायः संस्कृतगर्भित, सुगठित, संयत और गम्भीर रही है। उन्होंने जो कुछ लिखा है, बड़ी नपी-तुली, साफ-सुथरी भाषा में लिखा है। व्यंग्य करते समय उनकी भाषा बड़ी मनोरंजक, चुटीली और व्यावहारिक बन जाती है। उनकी क्लिष्ट-गम्भीर तथा हास्य-व्यंग्यात्मक शैली सुन्दर जान पड़ी है। उनके साहित्य में कहावतें और मुहावरें भी दिखायी देते हैं।

7. मन्नू भण्डारी

जन्म—3 अप्रैल, 1931 में भानपुरा (मध्य प्रदेश)

पूरा नाम—महेन्द्र कुमारी (घर में सबसे छोटी होने के कारण प्यार से मन्नू)

माता—अनूप कुँवारी। **पिता**—सुखसम्पतराय (समाज सुधारक, देशप्रेमी)

शिक्षा—सन् 1952 में एम. ए. काशी विश्वविद्यालय से।

नौकरी—सन् 1952 से 1961 तक 'बालीगंज शिक्षा सदन' कलकत्ता में अध्यापिका।

विवाह—राजेन्द्र यादव के साथ सन् 1959 में प्रेमविवाह।

सन्तान—1961 में एक पुत्री का जन्म-रचना (टिंकू)

व्यक्तित्व—साहसी, त्यागी, राष्ट्रप्रेमी, निर्भीक, वक्तृत्व कला में निपुण, संवेदनशील, नम्र कथा-लेखिका, नाटककार।

मान-सम्मान—'महाभोज' पर भारतीय भाषा परिषद् की ओर से 1979-80 में 11,0001 रुपये का पुरस्कार। 'महाभोज' पर उत्तर प्रदेश हिन्दी संस्थान से 6000 रुपये का पुरस्कार। सन् 1880-81 में केन्द्रीय हिन्दी निदेशालय की ओर से अहिन्दी भाषा क्षेत्र की हिन्दी लेखिका के रूप में सम्मानित।

कहानी-संग्रह—मैं हार गयी, तीन निगाहों की तस्वीर, यही सच है, एक प्लेट सैलाब, आँखों देखा झूठ, त्रिशंकु, प्रिय कहानियाँ, श्रेष्ठ कहानियाँ ।

उपन्यास—एक इंच मुस्कान, कला, आपका बण्टी, महाभोज, स्वामी।

नाटक—बिना दीवारों के घर, महाभोज।

8. उषा प्रियंवदा

जन्म 24 दिसम्बर, 1930

उषा प्रियम्वदा का जन्म 24 दिसम्बर, 1930 में कानपुर के एक संस्कृत परिवार में हुआ। वह बचपन से ही सुशील स्वभाव की थीं। उषा प्रियंवदा हिन्दी की उपन्यासकार और कहानीकार हैं। उन्होंने बचपन से ही शिक्षा क्षेत्र में रुचि दिखायी है। उषा प्रियंवदा ने 3 साल तक दिल्ली के श्रीराम कॉलेज में अध्यापन कार्य किया। उसके बाद उन्होंने इलाहाबाद विश्वविद्यालय में प्राध्यापक का काम भी किया। साहित्य क्षेत्र में उषा प्रियंवदा का कार्य अनन्य एवं अलौकिक है। उन्होंने हिन्दी और अंग्रेजी भाषा में साहित्य लेखन किया है।

उषा प्रियंवदा हिन्दी साहित्य जगत् की महत्त्वपूर्ण हस्ती रही हैं। उन्होंने हिन्दी साहित्य के लिए कुछ उपन्यास और अनेक कहानियाँ लिखकर अनमोल देन दी है।

उपन्यास—पचपन खम्बे लाल दिवारें, रुकोगी नहीं राधिका, शेष यात्रा। उषा प्रियंवदा ने हिन्दी के तीन उपन्यासों का लेखन किया है।

कहानी—उषा प्रियंवदा ने अनेक हिन्दी कहानियों का लेखन किया है। उनके कहानी-संग्रह इस प्रकार हैं—फिर वसन्त आया, जिन्दगी और गुलाब के फूल, एक कोई दूसरा, कितना बड़ा झूठ, शून्य तथा अन्य रचनाएँ।

उषा प्रियंवदा एक सशक्त एवं प्रभावी विचारों का व्यक्तित्व है। उनका व्यक्तित्व उनके साहित्य में प्रतिबिंबत होता है। उषा प्रियंवदा ने पति-पत्नी के सम्बन्ध पर कहानियाँ लिखी जैसे—जाने मोहबन्ध, दृष्टि-दोष, चाँदनी में बर्फ पर आदि हैं। लेखिका आधुनिक मध्यवर्गीय परिवारों की क्या स्थिति है। उस परिवेश में उच्च शिक्षा एवं अस्तित्व रक्षा से ओत-प्रोत चित्रण है जैसे—कच्चे धागे, वापसी, जिन्दगी और गुलाब के फूल।

उनकी कहानियों में जगह-जगह मानवीयता और करुणा के स्वर भी फूट पड़ते हैं। उनकी भाषा वस्तुपरक है। उनके पात्र वर्तमान जीवन की विसंगतियों, कुण्ठाओं, वेदना, पीड़ा और शून्यता से ग्रस्त हो गये हैं।

9. नागार्जुन

जन्म सन् 1911 ई. : मृत्यु सन् 1998 ई.

कविवर नागार्जुन का वास्तविक नाम 'वैद्यनाथ मिश्र' है। उनका जन्म बिहार राज्य के दरभंगा जिले में तरौनी नामक गाँव में सन् 1911 में हुआ। जब वे चार वर्ष के थे, तभी उनकी माता जी का स्वर्गवास हो गया। उनके पिता रूढ़िवादी मैथिल ब्राह्मण थे। वे गरीब लेकिन स्वभाव से अत्यन्त कठोर और रूढ़िवादी विचारधारा के थे। नागार्जुन जी ने स्वामी सहजानन्द से शिक्षा तथा अच्छे संस्कार पाये।

नागार्जुन जी का बचपन ग्राम्य वातावरण में बीता। वहाँ उन्होंने दयनीयता, रूढ़िबद्धता, अन्धविश्वासों को बहुत नजदीक से देखा। जब बड़े हुए तो जवानी में नगरों का जीवन भी देखा। उन पर मार्क्सवादी विचारधारा का गहरा प्रभाव पड़ा। पूँजीवादी व्यवस्था को ही मानव-कल्याण में सबसे बड़ी बाधा माना। पूँजीवादी व्यवस्था को बदलने की मानसिक पीठिका तैयार करने में उनका तरुण मन जुट गया। वे संघर्ष और द्वन्द्वात्मक दृष्टि से परिचित हैं, उपेक्षित, दलित, शोषित जनसमुदाय के पक्षधर हैं। भ्रष्टाचार, आडम्बर, साम्प्रदायिकता, भाषावाद और रूढ़ियों के प्रति उनके मन में तीव्र आक्रोश भोगा हुआ यथार्थ है। उनमें अनुभूति की प्रामाणिकता है। दर असल नागार्जुन का काव्य विविध आन्दोलनों के सहकर्मी रहे है, अभावों में जिये हैं। यही कारण है कि हमारे देश के मजदूर-किसानों का सांस्कृतिक प्रतिनिधित्व करते हैं। उनकी रचनाएँ तत्कालीन समाज, लोकजीवन और विविध आन्दोलनों का ऐतिहासिक दस्तावेज बन गयी हैं। वे देश के हालातों के प्रतिबिम्ब हैं।

नागार्जुन की पक्षधरता बहुत स्पष्ट है, वे जनवादी कवि हैं और कलाकार की प्रतिबद्धता के हिमायती हैं। वास्तव में 'नागार्जुन' जी जन-जीवन के अन्तस्तल में घुसना चाहते हैं। वे सजग चित्त की विराट् भूमि पर संकल्पों का मेला लगाना चाहते हैं, जिससे नयी पौध का रास्ता साफ हो और वे सतर्कता के साथ दायित्व निभा सकें। नागार्जुन की भाव-भूमि बहुत व्यापक है क्योंकि शब्द-रूप-स्पर्श-गन्ध सब साथ-साथ इस भू-पर भोगने के बाद उन्होंने जीवन की बहुरंगी कृतियाँ प्रस्तुत की हैं।

नागार्जुन जी ने एक ओर विषम दारिद्र्य तो दूसरी ओर झूठा अभिमान, मनोबल, आत्मशक्ति आदि का जंजाल देखा। साथ ही भारतीय किसान और मजदूर, झाड़-फूँक, जादू-टोना, देवी-देवता, श्राद्ध-विवाह आदि के चक्कर में बुरी तरह फँस गया है। कर्ज के रुपयों से वह सत्यनारायण पूजा, दान-दक्षिणा, मानी हुई मन्नत को पूरा करता है। सामाजिक विषमता दिन-ब-दिन बढ़ती जा रही है।

नागार्जुन जी आजादी के बाद भी 'जैसी को तैसी' देखकर बेचैन हो जाते हैं। उनकी आस्था क्रान्ति की ओर उन्मुख हो जाती है। दीन-दलित, उपेक्षित-पीड़ित मानव के बिना क्रान्ति नहीं हो सकती है। इसलिए क्रान्ति के लिए प्रोत्साहित करना वे अपना कवि-कर्म मानते हैं। इस विद्रोह के लिए वे युवकों को ललकारते हैं।

नागार्जुन जी की रचनाओं को मुख्यतः चार श्रेणियों में देखा जा सकता है– 1. सामाजिक यथार्थ की हू-ब-हू तस्वीर खींचनेवाली रचनाएँ, जिनमें उनकी व्यंग्यपरक दृष्टि भी शामिल है। 2. राष्ट्रीय-अन्तरराष्ट्रीय रचनाएँ हैं जो मानवतावादी चेतना को लेकर चलती हैं। 3. उन्मुक्त, उल्लसित-प्रकृति चित्र एवं प्रणयपरक रचनाएँ जिनमें प्रगतिशील नारी भावना भी समाहित है। 4. आख्यानक काव्य–जिसके अन्तर्गत 'भस्मांकुर' का विवेचन पौराणिक तो 'भूमिजा' में ऐतिहासिक आधार भूमि के रहते हुए भी आधुनिक सामाजिक कृति में समझा जा सकता है। छायावादोत्तर काव्यधारा को नया मोड़ देनेवालों में आपका महत्त्वपूर्ण स्थान है।

नागार्जुन जी का साहित्य

काव्य–युगधारा, सतरंगे पंखोंवाली, प्यासी पथरायी आँखें, भस्मांकुर, खून और शोले, चना जोर गरम, शपथ, प्रेत का बयान, तुमने कहा था, भूमिजा, खिचडी, विप्लव देखा हमने, पुरानी जूतियों का कोरस, हजार-हजार बाहोंवाली, रत्न-गर्भ, आखिर ऐसा क्या कह दिया हमने, इस गुब्बारे की छाया में, तालाब की मछलियाँ।

उपन्यास–रतिनाथ की चाची, बलचनमा, वरुण के बेटे, दुख-मोचन, बटेसरनाथ, नयी पौध, हीरक जयन्ती, उग्रतारा, जमनिया बाबा, अभिनन्दन।

मैथिली उपन्यास–पारो, नव तुरिया।

अनुवाद–मेघदूत, गीत गोविन्द, विद्यापति के गीत।

लघु प्रबन्ध–'एक व्यक्ति-एक युग' इनका निराला पर लघु प्रबन्ध है।

बालकथा साहित्य–सयानी कोयल, तीन अहदी, प्रेमचंन्द, अयोध्या का राजा, वीर विक्रम।

संस्कृत–देश दशकम्, कृषक दशकम्, श्रमिक दशकम्।

सम्पादक–दीपक (अबोहर-पंजाब), विश्वबन्धु (लाहौर), कौमी बाला (हैदराबाद)।

10. हरिवंशराय बच्चन

(जन्म सन् 1907 ई. : मृत्यु सन् 2003 ई.)

वर्तमान हिन्दी कवियों में सर्वाधिक लोकप्रिय कवि डॉ. हरिवंशराय बच्चन का जन्म 27 नवम्बर, 1907 को इलाहाबाद में हुआ। आपकी सम्पूर्ण शिक्षा इलाहाबाद में हुई। 1929 में इलाहाबाद विश्वविद्यालय से एम. ए. की उपाधि प्राप्त की। 1934 से 36 तक अग्रवाल विद्यालय में अध्यापक का कार्य करते रहे। 1938 में इलाहाबाद ट्रेनिंग कॉलेज तथा 1942 में इलाहाबाद विश्वविद्यालय में अंग्रेजी के लोकप्रिय अध्यापक। उसी वर्ष कीट्स पर कैम्ब्रिज विश्वविद्यालय से पी-एच. डी. प्राप्त। 1955 में वे भारत सरकार के विदेश मन्त्रालय में हिन्दी के विशेषज्ञ नियुक्त हुए। 1966 में भारत के राष्ट्रपति ने आपको राज्यसभा का सदस्य मनोनीत किया।

डॉ. बच्चन जी हिन्दी में 'हालावाद' के निर्माता समर्थक और अकेले कवि हैं। आपके काव्य की विशेषता यह रही कि वे अपनी अनुभूतियों के प्रति पूर्ण प्रामाणिक हैं। आप में छल, कपट, दिखावा, आडम्बर बिल्कुल नहीं है। आरम्भ में आप पर उमर खय्याम की रुबाइयों का काफी प्रभाव रहा। इन रुबाइयों को भारतीयता के साँचे में ढालकर हालावादी रचनाएँ प्रस्तुत की जो उनकी ही बन गयीं।

बच्चन जी प्रणय के गायक तथा उद्‌बोधक भी रहे हैं। उनके मतानुसार "प्यार, जवानी, जीवन इनका जादू मैंने सब दिन माना।" प्यार, जवानी, जीवन के जादू को पहचानकर गीत के जादूगर डॉ. बच्चन जी हिन्दी के श्रोता तथा पाठकों पर छा गये। हिन्दी गीतों को लोकप्रिय बनाने में उनका बहुत बड़ा हाथ रहा है। हिन्दी कवि-सम्मेलनों के सरताज डॉ. बच्चन युवक-युवतियों के गले का हार बने। वे उनके गीतों के दीवाने बने। आपकी मधुबाला युवा पीढ़ी की गीता बन गयी। इसमें आपने हाला, प्याला, मधुबाला, मधुशाला के प्रतीकों को स्वीकार करके उनका प्रयोग विभिन्न अर्थों में किया है। सृष्टि की अनेक वस्तुओं में मदिरालय तथा हाला की कल्पना कर लेना बच्चन जी की दूरदर्शिता तथा मर्मज्ञता का द्योतक है। 'मधुशाला' में बच्चन जी एक सुधारक के रूप में दिखायी देते हैं। सामाजिक विषमताओं, जातीय विभिन्नताओं, धार्मिक आडम्बरों पर किये व्यंग्य जाति और धर्म की एकता के लिए अत्यन्त हृदयस्पर्शी प्रतीत होते हैं। 'मधुबाला' में अध्यात्मवाद का सुन्दर रूपक उपस्थित किया है।

डॉ. बच्चन जी की लोकप्रियता उनके गीतों में है, जिसमें आत्मानुभूति और कोमलकान्त पदावली का सुन्दर संगम हुआ है। उन्होंने लोकगीत, साहित्यिक गीत और मुक्त छन्द गीत इन तीनों का सुन्दर प्रयोग किया है। उनके गीतों की भाषा में नैसर्गिक प्रवाह है। उनके काव्य में अभिधा शक्ति का अधिक प्रयोग हुआ है। साथ ही उनकी भाषा चित्रमय और ध्वन्यात्मकता से युक्त है। गेयता उनके गीतों की अपनी विशेष खासियत है। आपकी कविता में कल्पना और भावना का मणिकांचन संयोग हुआ है।

डॉ. बच्चन जी का साहित्य

काव्य–मधुशाला, मधुबाला, मधुकलश, निशा-निमन्त्रण, एकान्त संगीत, आकुल-अन्तर, सतरंगिनी, हलाहल, बंगाल का काल, सूत की माला, मिलनयामिनी, प्रणय-पत्रिका, धार के इधर उधर, आरती और अंगारे, खादी के फूल, बुद्ध और नाचघर, त्रिभंगिमा, चार खेमे चौंसठ खूँटे, दो चट्टानें, तेरा घर, जाल समेटा, बहुत दिन बीते, उभरती प्रतिमानो का रूप।

अनूदित काव्य रचनाएँ–शेक्सपियर के नाटक 'मैकबेथ', आथैलो, उमर खैय्याम की मधुशाला, जनगीता, खय्याम की रुबाइयाँ, चौंसठ रूसी कविताएँ, नागरगीता।

संकलन–आधुनिक कवि : 7 बच्चन, सोपान

आत्मकथा—क्या भूलूँ क्या याद करूँ?, नीड़ का निर्माण फिर-फिर, प्रवासी की डायरी, बसेरे से दूर, टूटी छूटी कड़ियाँ; दश द्वार से सोपान तक (विविध संस्मरण, समीक्षात्मक निबन्ध)

कहानियाँ—प्रारम्भिक रचनाएँ -1, 2, 3

अन्य—1. नेहरू- राजनीतिक जीवन-चरित्र

2. कवियों में सौम्य सन्त।

11. धूमिल

जन्म सन् 9 नवम्बर, 1936 ई : मृत्यु सन् 10 फरवरी, 1975 ई.

धूमिल का असली नाम 'सुदामा पाण्डे' है। आपका जन्म उत्तर प्रदेश के वाराणसी जिले के बारह मील दूर 'खेवली' नामक ग्राम में 9 नवम्बर, 1936 को हुआ। पिता की असामयिक मृत्यु के कारण बारह वर्ष की कच्ची उम्र में ही परिवार का बोझ उनके नन्हें कन्धों पर आ पड़ा। अतः इस पारिवारिक बोझ को उठाते हुए दसवीं कक्षा उत्तीर्ण कर रोजी-रोटी की तलाश में भटकना पड़ा। पढ़ाई छोड़कर नौकरी की तलाश में कलकत्ता आये, जहाँ लोहा ढोने का काम किया, फिर एक लकड़ी बेचनेवाली कम्पनी में 'पासिंग अफसर' नियुक्त हो गये। यहाँ आपने डेढ़ साल तक ईमानदारी से काम किया, लेकिन वहाँ मजदूरों का शोषण और व्यापारी वर्ग की घिनौनी करतूतों ने धूमिल को चैन न लेने दिया। समाज के दरिन्दों का घिनौना मुखौटा, पूँजीपतियों की पाशविक चाल, रईसों की चुगलखोरी, अमीरों के वेश में लुटेरों की दुर्वृत्ति और सत्ता के ठेकेदारों का कुचक्र तथा गिरता स्वास्थ्य। यही कारण है कि कलकत्ता से नौकरी छोड़कर पुनः वाराणसी लौट आये।

धूमिल जी ने वाराणसी में आकर औद्योगिक प्रशिक्षण संस्था से विद्युत् डिप्लोमा प्रथम श्रेणी में पास किया। वहीं पर 'विद्युत् अनुदेशक' पद पर वे नियुक्त हुए। धूमिल जी जैसे साहसी, परिश्रमी और अध्यवसायी व्यक्ति के लिए स्वाभिमान से बढ़कर और कुछ नहीं। वहाँ के वरिष्ठ अधिकारियों की नौकरशाही प्रवृत्ति ने उन्हें चैन न लेने दिया। एक ओर पारिवारिक झंझटों और दूसरी ओर घर से दूर रहने की समस्याएँ। फिर भी वे अदम्य साहस और हिम्मत बँधाते रहे।

धूमिल जी मानसिक तनाव, पारिवारिक झंझटों, पड़ोसियों द्वारा चलाये गये फर्जी मुकदमों से तंग, खेती-गाँववालों के कुचक्र को झेलता, कचहरी-कोर्ट की सुनवायी से परेशान, साहित्यिक चालबाजी को सहना, देश की अव्यवस्था से दुखी राजनीति की गन्दी हरकतें, जीवन की विसंगतियों से खिन्न परिणामतः स्वभाव में क्रोध, बगावत, क्रान्ति, उत्तेजना के कारण विद्रोही की भूमिका में कठघरे में खड़ा होकर सार्थक वक्तव्य तथा कविता देनेवाला स्पष्टवादी कवि के नाते ख्याति प्राप्त हो गयी।

साठोत्तरी कविता के सबसे अधिक चर्चित कवि रहे धूमिल आपके जीवन्- काल में एक ही कविता-संग्रह—'संसद् से सड़क तक' छपा था। किन्तु एक कृति ने उन्हें लोकप्रिय बनाया। अपने समकालीन तथा परवर्ती कवियों पर केवल धूमिल जी के शिल्प का नहीं तो आपके कथ्य का भी गहरा प्रभाव पड़ा। देश के सामाजिक, आर्थिक और राजनैतिक पतन से उत्पन्न प्रत्येक परिस्थिति की ओर कवि की दृष्टि गयी है। कहीं-कहीं तो आपका व्यंग्य भदेस रूप में प्रकट हुआ है।

धूमिल जी की कविताओं का प्रमुख स्वर राजनीति रहा है। आपकी मान्यता थी कि बिना राजनीतिक समझदारी के आज का लेखन सम्भव नहीं है। आपकी कविता वर्तमान राजनीतिक जीवन की विकृतियों और विसंगतियों को समझदारी के साथ उद्घाटित करती है। पूँजीवादी लोकतन्त्र का छद्म अन्य सभी युवा कवियों की तरह धूमिल के व्यंग्य प्रहारों का भी लक्ष्य बना हैः "सिर कटे मुर्गे की तरह फड़कते हुए। जनतन्त्र में सुबह-सिर्फ, चमकते हुए रंगों की चालबाजी है।" धूमिल जी समझते हैं कि उसके देश का समाजवाद माल-गोदाम में लटकती हुई उन बाल्टियों की तरह है, जिस पर 'आग' लिखा है और उनमें बालू और पानी भरा है। वर्तमान राजनीति में घुसी सिद्धान्तहीनता, सत्ता के लोभी, खोखली नारेबाजी, दिशाहीनता, लोकतन्त्र के नाम पर किया जानेवाला वर्ग तथा वर्ण -विशेष की सत्ता बनाये रखने का प्रयास भी मिलकर देश की, समाज की प्रगति की बजाय अधोगति की ओर ही ले जा रहे हैं। राजनेताओं की निरर्थक नारेबाजी, दोगलापन, चरित्रहीनता आदि पर आपने करारा व्यंग्य किया है।

धूमिल जी के अनुसार इस मुल्क में आज भी आम आदमी रोटी, कपड़ा और मकान के लिए रहा है। विश्वशान्ति, पंचशील, जनतन्त्र, स्वतन्त्रता, संस्कृति, सफेद टोपी, चुनाव, संविधान, शासक, नेता, पंचवर्षीय योजनाएँ, मनुष्यता, त्याग, शान्ति ये सारे शब्द जनसाधारण के लिए निरर्थक साबित हुए हैं। नेता लोगों को नचा रहे हैं। आजादी एक झांसा है, फरेब है। नेता गिरगिट की तरह रंग बदल रहे हैं, एक-दूसरे को काट रहे हैं तथा गले मिल रहे हैं। भाषा और प्रान्त की दीवारें उन्होंने ही खड़ी कर दी हैं।

धूमिल जी विश्वास के कवि हैं अतः वे बिगड़ी हुई व्यवस्था के विरोध में अपने को खड़ा करते हैं। प्रचलित व्यवस्था को बदल देना चाहते हैं। मनुष्य को मनुष्यत्व का अनुभव कराना ही आपकी कविता का काम है। धूमिल जी की कविता व्यक्तिवादी और सौन्दर्यवादी आलोचकों की पकड़ के बाहर की चीज है।

धूमिल की रचनाएँ

काव्य—बाँसुरी जल गयी, संसद् से सड़क तक, कल सुनना मुझे, सुदामा पाण्डे का प्रजातन्त्र, धूमिल की कविताएँ (धूमिल की चुनी हुई 27 रचनाएँ)

निबन्ध—'विनियोग' पत्रिका में 'चार घोंघे' व्यंग्यात्मक निबन्ध।

सम्मान पुरस्कार—1975 में धूमिल जी मध्य प्रदेश की 'साहित्य परिषद्' द्वारा 'मुक्तिबोध' पुरस्कार से सम्मानित। 1979 में साहित्य अकादमी पुरस्कार (मरणोपरान्त)

12. दुष्यन्त कुमार

जन्म सितम्बर 1933 ई. : मृत्यु 1975 ई.

श्री दुष्यन्त कुमार त्यागी का जन्म उत्तर प्रदेश के बिजनौर जनपद के राजपुर-नवादा नामक गाँव में सितम्बर, 1933 ई. में हुआ। आपकी प्रारम्भिक शिक्षा क्रमशः मुजफ्फरनगर, नहटौर, चन्दौसी में हुई। इलाहाबाद विश्वविद्यालय से हिन्दी विषय लेकर एम. ए. उपाधि प्राप्त की। स्कूली जीवन में वे 'परदेसी' उपनाम से कविताएँ लिखने लगे। आपके साहित्यिक जीवन की शुरूआत इलाहाबाद में हुई। 1966 में आप आकाशवाणी भोपाल में हिन्दी कार्यक्रम निर्देशक रहे, फिर मध्यप्रदेश प्रशासन में भाषा विभाग में सहायक संचालक नियुक्त हुए। दुष्यन्त जी नयी कविता के प्रगतिशील हस्ताक्षर हैं। आपके लिए मनुष्य मात्र की अवमानना सबसे अधिक कष्टप्रद है। इसलिए आपने व्यक्तिगत पीड़ा को व्यापक चेतना के रूप में प्रस्तुत किया है। आत्मा की भूख के रूप में अभिव्यक्त इनका प्रेम समष्टिगत रूप धारण कर लेता है। 'सूर्य का स्वागत' नाम ही आपके भीतर घुटन, पराजयबोध, अनास्था, निराशा से ऊबकर निरन्तर ऊर्ध्वमुख हो आशा, विश्वास, विजय तथा विश्वास के प्रति प्रतिश्रुत होने का प्रतीक है। एक स्वर्णिम भविष्य के प्रति अखण्ड आस्था दुष्यन्त जी की शक्ति का स्रोत है। 'आवाजों के घेरे में' की भावभूमि लगभग इसी के आस-पास है। 'एक कण्ठ विषपायी' नाट्य काव्य है, जिसमें परम्परागत देवताओं को आधुनिक युग के सन्दर्भ में चित्रित करने का प्रयास किया गया है। उसमें जीवन की जटिलताओं को सुन्दरता से प्रस्तुत किया गया है। आपकी वाणी में शक्ति और शैली में नवीनता है।

दुष्यन्त जी की विशेष ख्याति का आधार हैं—गज़लें। हिन्दी में कई कवियों ने गजल विधा को आजमाया, उनमें निराला जैसे महाकवि से लेकर बलवीर सिंह 'रंग' जैसे कवि-सम्मेलनी गीतकार तक शामिल हैं। लेकिन कोई भी उर्दू- फारसी की इस विधा को साध नहीं पाया। इसका कारण शायद यह था कि किसी ने भी इस विदेशी मूल की पुरानी विधा को युगानुकूल नया संस्कार करने की कोशिश नहीं की। यह काम सबसे पहले दुष्यन्त जी ने किया। गजल को उसकी सामन्ती संवेदना और नूतन अभिव्यक्ति में ढाला।

दुष्यन्त कुमार जी की रचनाएँ

काव्य—सूर्य का स्वागत, आवाजों के घेरे में, जलते हुए वन का बसन्त, साये में धूप।

नाट्य काव्य—एक कण्ठ विषपायी।

नाटक—मसीहा मर छाया।

उपन्यास—छोटे-छोटे सवाल, दुहरी जिन्दगी, आँगन में एक वृक्ष।

एकांकी—मन के कोण।

आलोचना—चेतन-एक अध्ययन।

13. केदारनाथ सिंह

जन्म सन् 7 जुलाई, 1934 ई. : मृत्यु सन् 19 मार्च, 2018 ई.

डॉ. केदारनाथ सिंह का जन्म 7 जुलाई, 1934 को उत्तर प्रदेश के बलिया जिले में चकिया गाँव के निम्नमध्यवर्गीय सामान्य किसान परिवार में हुआ। आपने बनारस हिन्दू विश्वविद्यालय से बी. ए., एम. ए., पी-एच. डी. की उपधि हासिल की। आपके शोध-प्रबन्ध का विषय था—'बिम्ब-विधान'। तभी से हिन्दी के प्राध्यापक के नाते पडरौना, देवरिया, गोरखपुर और जवाहरलाल नेहरू विश्वविद्यालय, नयी दिल्ली में आज तक कार्यरत हैं। डॉ. केदारनाथ सिंह अपनी कथन-भंगिमा या शिल्प के कारण अपनी एक खास अलग पहचान बनायी। आप साम्यवादी विचारधारा के प्रति प्रतिबद्ध तथा भारतीय आंचलिक परिवेश के अत्यन्त संवेदनशील एवं प्रभावी चित्रण के कुशल चितेरे माने जाते हैं।

केदारनाथ सिंह समकालीन कविता के केन्द्रीय बिन्दु हैं। परम्परा की दृष्टि से आपने गीत लिखे और नवगीत से आपका नाता जोड़ा जाता है, पर आपको ख्याति 'तीसरा सप्तक' के एक महत्त्वपूर्ण कवि के रूप में अधिक मिली। तीसरे सप्तक में आने के कारण वे सहज में ही प्रयोगवादी माने गये। केदारनाथ सिंह प्रारम्भ में एक सरस गीतकार थे। आगे चलकर आपने गीत विधा को तो त्याग दिया लेकिन प्रकृति और संवेदना रससिक्त बनी रही।

केदारनाथ सिंह ने पहले कविताओं में सबसे अधिक ध्यान बिम्ब-विधान जो विषय को मूर्त बनाता है, उस पर ही दिया है। केदारनाथ जी के काव्यभाषा की प्रमुख विशेषता है—प्रकृति के ताजे और टटके बिम्ब, लोक-जीवन की भाषा जिसमें आंचलिकता की गन्ध है।

केदारनाथ सिंह की रचनाएँ

काव्य-संग्रह—अभी बिलकुल अभी, जमीन पक रही है, यहाँ से देखो, अकाल में सारस।

आलोचना—कल्पना और छायावाद, आधुनिक हिन्दी कविता में बिम्ब-विधान।

पुरस्कार—1980 में कुमारन आसान पुरस्कार से सम्मानित।

'अकाल में सारस' काव्य-संग्रह के लिए साहित्य अकादमी पुरस्कार।

इस प्रकार केदारनाथ सिंह आज की राजनीति, प्रभुता, समाजसत्ता, परिवर्तन क्रान्ति के सवालों, समाजवादी संघर्ष की भूमिका, भारतीय यथार्थ से सीधे न जुड़कर कविता की नयी जमीन तैयार करते हैं।

14. चन्द्रकान्त देवताले

जन्म 7 नवम्बर, 1936

डॉ. चन्द्रकान्त देवताले का जन्म मध्य प्रदेश के बैतूल जिले के जौलखेड़ा नामक गाँव में 7 नवम्बर, 1936 को हुआ। आपने एम.ए., पी-एच. डी. की उपाधि हिन्दी विषय लेकर प्राप्त की। शिक्षा-समाप्ति के बाद आप हिन्दी के कुशल प्राध्यापक की हैसियत से कार्यरत रहे। इसके साथ ही 'आवेग' तथा 'जमीन' नामक लघु पत्रिकाओं के सलाहकार सम्पादक रहे।

हिन्दी की साठोत्तरी कविता के शीर्षस्थ कवि के नाते डॉ. चन्द्रकान्त देवताले प्रसिद्ध हैं। राजनीति की बात हो या आर्थिक वैषम्य की, स्त्री-पुरुष सम्बन्धों की हो या अन्तरराष्ट्रीय गिरते जा रहे मानव-मूल्यों की हो, देवताले जी की कविता अपने बेलौस रवैये के साथ हाजिर है। 'हडिड्यों में छिपा ज्वर' काव्य-संग्रह में मानव के भीतरी बेचैनी को उकेरा है, जो सामयिक दबावों से पैदा होनेवाले घात-प्रतिघातों, वैचारिक अन्तर्द्वन्द्व और अपनी सीमाओं में निर्णायक मुद्रा प्रस्तुत कर लेती है। एक ओर जहाँ कविता देश की तत्कालीन स्थितियों का बयान करती है, तब एकदम साफ एवं निर्भीक स्वर निकलता है, तो दूसरी ओर वही आदमी की असलियत का एहसास दिलाती है।

डॉ. देवताले जी की रचनाएँ

काव्य—हडिड्यों में छिपा ज्वर, दीवारों पर खून से, लकड़बग्घा हँस रहा है, रोशनी के मैदान की तरफ, भूखण्ड तप रहा है, आग हर चीज में बतायी गयी थी।

अनुवाद—मराठी के कवि दिलीप चित्रे की कविताओं का हिन्दी में अनुवाद।

पुरस्कार—माखनलाल चतुर्वेदी पुरस्कार। काव्य के लिए मुक्तिबोध फेलोशिप। मध्य प्रदेश शासन की ओर से 1986-87 में पुरस्कार। इटली के अन्तरराष्ट्रीय काव्य-सम्मेलन में सहभाग।

देवताले जी को विशेष ख्याति मिली—'लकड़बग्घा हँस रहा है' काव्य-संग्रह से। लकड़बग्घा प्रतीक है व्यवस्था का। व्यवस्था अपना उल्लू सीधा करने में कामयाब होती रहती है, अतः हँसती रहती है। डॉ. देवताले जी का दूसरा प्रसिद्ध काव्य-संग्रह है—'दीवारों पर खून से'। इसमें आपने व्यवस्था की भ्रष्टताओं का सही अंकन करते हुए उसके परिवर्तन की माँग को बड़ी बेचैनी के साथ प्रस्तुत किया है। साथ ही क्रान्ति में अपना विश्वास प्रकट करते हैं।

15. केदारनाथ अग्रवाल

जन्म—1 अप्रैल, 1911 ई. : मृत्यु 2000 ई. में।

जन्म स्थान—बाँदा (उत्तर प्रदेश) जिले के कमासिन ग्राम में हुआ।

शिक्षा—आगरा विश्वविद्यालय से बी. ए., एल-एल. बी.।

व्यवसाय—उन्होंने वकालत का पेशा अपना लिया। वकालत के साथ-साथ उनकी साहित्य-सेवा भी चलती रही। सन् 1930 के पहले उनकी काव्ययात्रा आरम्भ हो चुकी। 'नया साहित्य', 'हंस' तथा अन्य प्रगतिवादी पत्र-पत्रिकाओं में उनकी रचनाएँ प्रकाशित हुईं।

रचनाएँ—नींद के बादल, युग की गंगा, लोक और आलोक, फूल नहीं रंग बोलते हैं, गुल मेंहदी, जो शिलाएँ तोड़ते हैं, अपूर्वा आदि।

हिन्दी के प्रगतिवादी चेतना के प्रमुख कवि के रूप में केदारनाथ अग्रवाल हिन्दी काव्य -जगत् में पहचाने जाते हैं। प्रगतिवादी कवि होने के कारण शोषण और अन्याय का विरोध उनके काव्य में सर्वत्र वर्तमान है। सर्वहारा मजदूर वर्ग और किसान वर्ग के प्रति उनके मन में सहानुभूति है। इसी कारण उनकी गरीबी का सजीव और मार्मिक चित्र अंकित किया है।

'जो शिलाएँ तोड़ते हैं' कविता में कवि केदारनाथ अग्रवाल ने क्रान्ति के बल पर नवनिर्माण की क्षमता रखनेवाले नये इन्सान का परिचय दिया है। 'नींद के बादल' काव्य-संग्रह में प्रणय का आवेग है, मिलन का उत्साह है, वियोग का उच्छ्वास है।

अग्रवाल जी धरती और किसान के जनवादी कवि हैं। किसान की हालत अधिक चिन्तनीय है। 'इस जीवन में' कविता द्वारा अग्रवाल जी का आशावादी स्वर मुखरित होता है। कवि के नये सृजन के प्रति दुर्दम्य आशा और आस्था है।

●●●